모니터링의 새로운 미래 관측 가능성

© 2023. 정현석, 진미란 All rights reserved.

1판 1쇄 발행 2023년 12월 8일

지은이 정현석, 진미란
펴낸이 장성두
펴낸곳 주식회사 제이펍

출판신고 2009년 11월 10일 제406-2009-000087호
주소 경기도 파주시 회동길 159 3층 / **전화** 070-8201-9010 / **팩스** 02-6280-0405
홈페이지 www.jpub.kr / **투고** submit@jpub.kr / **독자문의** help@jpub.kr / **교재문의** textbook@jpub.kr

소통기획부 김정준, 이상복, 김은미, 송영화, 권유라, 송찬수, 박재인, 배인혜, 나준섭
소통지원부 민지환, 이승환, 김정미, 서세원 / **디자인부** 이민숙, 최병찬

진행 송영화 / **교정·교열** 김은미 / **내지디자인** 이민숙 / **내지편집** 남은순
용지 에스에이치페이퍼 / **인쇄** 한승문화사 / **제본** 일진제책사

ISBN 979-11-92987-57-6 (93000)
값 38,000원

제이펍은 독자 여러분의 아이디어와 원고를 기다리고 있습니다. 책으로 펴내고자 하는 아이디어나 원고가 있는 분께서는 책의 간단한 개요와 차례, 구성과 지은이/옮긴이 약력 등을 메일(submit@jpub.kr)로 보내주세요.

프로메테우스, 그라파나, 오픈텔레메트리까지
마이크로서비스와 인공지능 중심의 옵저버빌리티 구현

정현석, 진미란 지음

모니터링의 새로운 미래
관측 가능성

Jpub
제이펍

차 례

CHAPTER 1 **관측 가능성의 개념과 방향성** 1

CHAPTER 4

오픈소스 관측 가능성, 그라파나 189

추천사 _____

저는 개발자로 일을 시작하여 그래파이트-웹Graphite-web, 그레이로그Graylog, 제니퍼소프트JenniferSoft, 네이버 핀포인트Pinpoint 등에서 근무하며 모니터링 솔루션을 구축 및 운영하였고, 현재는 사이트 신뢰성 공학site reliability engineering, SRE을 담당하고 있습니다.

이 책은 관측 가능성의 메트릭, 로그, 추적에 이르는 세 가지 핵심 요소의 개념과 이들의 상관관계를 설명하여 이를 어떻게 활용할지 알려줍니다. 모니터링을 처음 접하는 입문자부터 경험이 많은 데브옵스 엔지니어까지 유용하게 활용할 수 있는 실무 서적입니다. 관측 가능성을 처음 접하는 개발자가 쉽게 시작할 수 있도록 개인 컴퓨터에 프로그램을 설치하는 방법부터 대규모 서비스를 위한 클라우드 환경에서의 구축 방법까지 모든 가이드를 제공합니다. 단순히 설치하는 것에 끝나지 않고 예제를 통해 메트릭, 로그, 추적을 활용해서 이들 지표를 어떻게 이해해야 하는지 설명하는 부분은 데브옵스 엔지니어에게 큰 도움을 줄 것입니다.

또한, 관측 가능성으로 시작하여 데이터 분석까지 이어지는 구성이 알찬 책입니다. 주로 관측 가능성에 대해 설명하지만, 대용량 서비스에 필요한 회복 탄력성을 갖추기 위한 방법 또한 다양한 경험을 곁들여 설명합니다. 이는 모든 개발자가 알아야 할 내용이라고 생각합니다. SRE 업무를 담당하는 사람이라면 기본으로 알아야 하는 개념, 도구, 실무를 모두 아울러 설명하고 있습니다.

관측 가능성을 처음 접하는 인프라 엔지니어부터 SRE까지 모두에게 추천합니다.

이은호(우아한형제들 서비스 인프라실)

요즘은 생활 전반에 IT 기술이 영향을 미치지 않는 곳이 없습니다. 본격적인 디지털 시대에서 IT 인프라는 기업의 중추신경 시스템과도 같습니다. 그 중심에서 효율적으로 시스템을 관리하고, 문제를 예방하며, 필요한 경우 신속하게 대응하는 것은 필수적인 과제입니다. 그리고 IT 모니터링 기술 없이는 이러한 것들을 실현하는 것이 불가능합니다.

이 책은 모니터링에 대한 요구를 충족시키기 위한 다양한 방법을 제시하고, 복잡한 관측 가능성 개념을 명확하게 설명합니다. 특히 로그, 메트릭, 추적을 기반으로 이벤트의 상관관계에 대한 자세한 설명이 인상적입니다. 또한, 실제 운영 환경에서 발생할 수 있는 다양한 문제 상황에 대응하는 전략과 방법론까지 깊이 있게 다룹니다. 책을 읽다 보면 현장에서 바로 적용할 수 있는 지식을 얻을 수 있습니다. 그리고 단순히 문제 해결만을 넘어서, 비즈니스 성공의 필수라고 할 수 있는 안정적인 IT 인프라 구축으로 연결되는 혜안을 얻을 수 있을 것입니다.

IT 업계에 종사하는 한 사람으로서 없는 것을 만들어 새로 쓰기보다는 다른 사람이 개발한 것을 빠르게 습득해서 내 것으로 만드는 것이 효율적이라고 생각합니다. 이 책에서는 그라파나, 프로메테우스 등 오픈소스에 대한 설치부터 활용까지 설명하고 있어 처음 접하는 사람도 따라 할 수 있을 것입니다. 쿠버네티스의 디플로이먼트Deployment, 파드pod 등 일반적인 용어의 개념을 알고 있고, Go, 파이썬 등 프로그래밍 언어에 대한 사전 지식이 있으면 좀 더 쉽게 책의 내용을 이해할 수 있을 것입니다.

앞으로 현장은 챗GPT 등 AI를 활용하는 운영 환경으로 변화할 것입니다. 이번 책에서는 AIOps에 대해 간단히 다루지만, 이러한 시대적 흐름에 발맞춰 AIOps에 대해 좀 더 심층적인 내용을 다룰 후속작도 기대됩니다.

이 책은 어느 정도 IT 모니터링에 대해 경험이 있는 사람, 각종 오픈소스를 다루기 좋아하는 사람, IT 전문가 혹은 전공자, 기업의 의사 결정권자 등 IT 모니터링을 사랑하는 모든 독자에게 가치 있는 지침서가 될 것입니다. 이 책에서 제공하는 귀중한 통찰력과 전문 지식을 통해 여러분의 IT 환경 관리를 한 단계 업그레이드할 수 있는 기회를 잡으시기 바랍니다.

김성수(SK C&C 하이브리드 클라우드팀)

관측 가능성은 단순히 모니터링에 그치지 않고 인프라 운영 및 보안에 이르기까지 다양한 분야로 확대되고 있습니다. 이미 해외에서는 다양한 분야에서 사용하고 있지만, 국내에서는 아직도 모니터링의 옵션으로 인식되며 평가절하되는 게 사실입니다. 이런 상황에서 저자의 경험과 실제 구성을 바탕으로 한 관측 가능성 서적이 출간되어 너무 반갑습니다.

인프라 엔지니어와 데브옵스 엔지니어에 이르기까지 다양한 분야에 적용할 수 있는 메트릭 처리 방식들을 차근차근 따라가다 보면, 어느새 여러분의 운영 인프라 또한 관측 가능성에 의해 운영되는 시스템이 될 수 있을 거라 생각합니다. 장별로 잘 정리한 자세한 설명에서 저자의 꼼꼼함이 묻어납니다.

오늘날 시스템 사용자와 시스템 운영자는 서비스 품질을 판단하기 위해 SLO~service level objective~(서비스 수준 목표), SLA~service level agreement~(서비스 수준 계약), SLI~service level indicater~(서비스 수준 지표)를 이용합니다. 최근 다양한 인프라 환경(온프레미스, 멀티 클라우드 등)에서 운영하는 각기 다른 형태의 데이터를 하나의 표준으로 통합 정리한 것이 바로 관측 가능성으로, 이것이 서비스 품질을 판단하는 하나의 좋은 예가 되었으면 좋겠습니다.

많은 독자가 구체적인 설명과 실습으로 저자가 정리한 노하우를 직접 몸으로 느끼는 시간이 되길 바랍니다.

유상규(크래프톤 DLOPS팀)

김진영(야놀자)

관측 가능성의 중요성은 내심 인지하고 있었습니다. 하지만 Go, 파이썬, 도커, 쿠버네티스 등을 이용한 관측 가능성을 학습하면서 낯선 용어와 개념이 많아 '어렵다!'고 생각하고 있었습니다만, 이 책은 시중의 도서에서는 미처 찾아보지 못한 내용들이 꽉꽉 채워져 있어, 관측 가능성에 대해 관심을 가진 분들에게 희소식이 될 것으로 생각합니다.

 김호준(프리랜서)

관측 가능성이란 단어의 생소함에 이끌려 베타리딩을 신청했는데, 요즘같이 갈수록 시스템의 복잡도가 증가하는 시대에 꼭 필요한 기술이라는 생각이 듭니다. 분산 서비스를 다루는 데브옵스 엔지니어와 개발자에게 도움되는 내용이 많습니다. 분산 서비스라면 쿠버네티스를 빼놓을 수가 없는데, 쿠버네티스를 기반으로 관측 가능성에 대해 배울 수 있어 좋았습니다. 다음 책에서 쿠버네티스를 실습 환경으로 좀 더 상세한 데모를 보여준다고 하니 더욱 기대됩니다.

신진욱(네이버)

책을 통해 관측에 필요한 다양한 설루션을 간접적으로 경험할 수 있으며, 관측에 필요한 지표들의 설명을 확인할 수 있습니다. 이러한 경험은 실제 서비스에 맞는 모니터링 시스템을 구축할 때 많은 도움이 되었습니다.

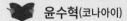 **윤수혁**(코나아이)

책의 내용이 조금 어렵기는 하지만, 그만큼 좋은 내용이 많다는 반증이 아닐까 싶습니다.

이기하(오픈플랫폼 개발자 커뮤니티)

오픈소스 기반의 메트릭 도구(프로메테우스, 그라파나 등)를 쿠버네티스 기반으로 활용하는 내용이 좋았습니다. 쿠버네티스를 사용하면서 관측 가능성에 관심이 있으신 분들이라면 다양한 오픈소스에 대한 소개와 활용법을 배울 수 있는 좋은 기회가 될 것입니다.

이석곤(아이알컴퍼니)

모니터링 시스템과 관측 가능성에 관심이 있는 사람이라면 반드시 읽어야 할 책입니다. 저자의 풍부한 지식, 실용적인 통찰력, 해당 분야의 미래를 엿볼 수 있는 인사이트를 제공합니다. 새로운 트렌드에 대한 미래 지향적인 관점은 진화하는 디지털 환경에서 앞서 나가고자 하는 전문가들이 반드시 가져야 할 소양입니다.

이학인(대법원)

관측 가능성이란 개념부터 시작하여 메트릭, 추적, 로그, 트래픽 관리 등을 전반적으로 아우르는 구성을 통해 관측 가능성 시스템을 구축하는 데 필요한 기본 개념과 기술을 제공합니다. 또한, 쿠버네티스와 프로메테우스를 기본으로 최대한 클라우드 네이티브에 가까운 설명을 곁들여 클라우드 네이티브 환경에서의 관측 가능성 구현에 대한 이해도를 높여줍니다.

이현수(글래스돔코리아)

이 책에서 소개하는 오픈텔레메트리는 요즘 가장 트렌디한 관측 가능성 도구입니다. 그리고 이를 함께 활용할 수 있는 프로메테우스와 그라파나 LGTM 스택에 관해서도 다루고 있습니다. 운영 엔지니어의 관점으로 보면 이것은 가성비가 높고 유용한 기술입니다. 실용적인 내용이 많아 실무에 필요한 통찰을 얻을 수 있습니다.

한상곤(부산대학교 산업수학센터)

회사에서 AWS EKS를 사용한다고 결정했을 때, 백엔드 팀 업무로 할당된 것 중 하나가 장애 상황을 빠르게 전파하는 작은 서비스를 만드는 것이었습니다. 그 시절, 이 책을 만났더라면 더 빠르게 업무를 진행할 수 있었을 듯합니다. 프로메테우스가 아니더라도 모니터링 업무나 주변 기술에 관심이 있다면 읽어보길 추천합니다.

제이펍은 책에 대한 애정과 기술에 대한 열정이 뜨거운 베타리더의 도움으로
출간되는 모든 IT 전문서에 사전 검증을 시행하고 있습니다.

머리말 _____

이 책의 주제인 '관측 가능성'은 텔레메트리를 통해 신호를 수집하고 근본 원인을 분석하는 방법입니다. 관측 가능성 이전부터 우리는 모니터링을 통해서 IT 인프라와 애플리케이션을 운영하고 관리해왔습니다. 관측 가능성은 과거의 모니터링 방식을 개선하고, 클라우드와 쿠버네티스 환경에 적합한 IT 운영 방식입니다.

필자는 관측 가능성을 포함한 다양한 프로젝트를 경험해왔지만 실무에서 참고하고 활용할 만한 서적이 부족해 아쉬웠습니다. 그래서 저의 시행착오와 경험을 공유하기 위해 이 책을 집필하게 되었습니다.

주니어 시절에 《마이크로소프트웨어》라는 잡지를 보았습니다. 내용이 어려워서 그 당시에는 이해하지 못했습니다. 책장에 오랜 시간 보관하며 필요할 때마다 다시 보고, 학습했던 기억이 있습니다. 이 책도 순간의 유행에 그치지 않고, 필요할 때마다 항상 찾아볼 수 있는 지침서가 되었으면 하는 바람입니다.

정현석

급변하는 IT 환경에서 이 책이 독자 여러분에게 어떻게 다가갈 수 있을지, 어떤 역할을 해낼 수 있을지 많이 고민했습니다. 유행에 발맞춘 단순한 기술서가 아닌 앞으로 조직의 방향과 비전에 대한 아이디어를 얻을 수 있는 책이 되기를, 눈으로 한 번 읽고 책장에 꽂아두는 책보다는 늘 곁에서 함께하며 손때 묻은 책이 되기를 바라는 마음을 담았습니다.

다소 어려울 수 있는 주제를 조금 더 잘 읽히도록 쓰기 위해 몇 번을 다듬는 과정을 거치고 나니 어느덧 1년이 훌쩍 넘는 시간이 흘렀습니다. 늦은 밤까지 그리고 종종 주말까지도 통째로 부재해도 늘 제 성장을 지지해주고 노력에 박수를 보내주는 남편 마이클, 당신 없이는 이런 소중한 기회를 얻지 못했을 것입니다. 삶의 새로운 챕터를 열고 또 다른 의미와 기쁨을 알게 해준 꼬마 천사 마일스, 사랑한다. 제 삶의 목적을 이룰 수 있도록 어떤 선택에도 물심양면 지원해주시는 부모님, 감사하고 사랑합니다. 이런 멋진 기회를 제 삶에 계획해주신 신께 감사합니다.

진미란

이 책에 대하여 _____

대상 독자

과거의 IT 운영 절차와 모니터링 방식을 고수하는 기업들이 상당수 존재한다. 아직은 큰 불편함이 없을 수도 있지만, 클라우드 네이티브가 고도화되고, 쿠버네티스와 같이 시스템이 복잡해질수록 근본 원인 분석이 어렵다. 바로 관측 가능성이 필요한 이유다.

1. 성장하고 학습하기를 원하는 주니어라면

관측 가능성이 국내에서는 아직 생소한 개념이지만, 곧 많은 기업들이 활발히 도입할 것이다. 이런 흐름에 따라 많은 관측 가능성 전문가를 필요로 하게 될 것이다. 성장하고 학습하기를 원하는 주니어라면 책에서 제공하는 예제를 천천히 따라 해보며 실습해보자. 분명 단기간에 실력을 향상시킬 수 있을 것이다. 국내에 관측 가능성에 대해서 체계적이고 깊이 있게 설명한 도서가 많지 않다. 성장하고 학습하고자 하는 분들에게 분명 도움이 될 것이다.

2. 그라파나와 일래스틱서치를 운영 중인 운영자라면

이 책에서는 프로메테우스, 그라파나 오픈소스들과 일래스틱서치를 사용해 관측 가능성을 구축한다. 그간 다루어보지 못한 그라파나와 일래스틱서치의 신기술에 대해서도 설명한다. 이미 일래스틱서치와 그라파나를 사용 중이거나 운영하고 있다면, 향후 어떻게 관측 가능성을 도입하고, 어떻게 일래스틱서치와 그라파나를 개선할지에 대한 아이디어를 얻을 수 있을 것이다.

3. 개발에 관심이 많은 데브옵스 개발자라면

마이크로서비스를 개발하는 데 Go 언어와 파이썬을 사용했다. 국내에는 자바를 사용하는 비중이 높아 자바도 고려했지만, 클라우드 네이티브에 적합한 Go와 데이터 분석에 유리한 파이썬을 선택했다. 이 책은 프로그래밍을 목적으로 하는 도서가 아니므로 많은 분량의 코딩이 필요하지는 않다. 하지만 개발을 잘하는 운영자라면 이 책을 통해서 더 좋은 관측 가능성을 만들 수 있을 것이다.

4. 사이트 신뢰성 엔지니어라면

이 책과 가장 가까운 직무는 SRE라고 생각한다. SRE의 가장 큰 업무는 근본 원인을 분석하고, 서비스를 안정적으로 운영하는 것이다. 이때 가장 필요한 기술이 관측 가능성이다. 현업에서 고생하는 많은 SRE분들에게 조금이나마 도움이 되었으면 하는 진심을 담았다.

이 책의 구성

1장에서는 관측 가능성의 개념과 메트릭, 추적, 로그 등 신호에 대해서 설명한다.

1. 관측 가능성은 무엇이며, 그 필요성에 대해 설명한다. 관측 가능성을 도입하는 경우 기대할 수 있는 개선점은 무엇인지, 기존의 근본 원인을 분석하는 방법과 비교해서 어떠한 차이점이 있는지 알아본다.

2. 메트릭, 로그, 추적이 무엇인지, 어떻게 개발하는지 간략한 예제로 실습을 진행한다.

3. 관측 가능성의 목적은 근본 원인 분석에 있다. 이를 위해서는 각 신호 간의 상관관계가 정의되어야 한다. 상관관계가 무엇이며, 상관관계를 구성함으로써 어떻게 운영 프로세스가 변화되고 개선될 수 있는지 살펴본다.

4. 이 책의 장점은 다양한 실습을 제공한다는 점이다. 책에서 제공하는 실습에 대한 소개와 기술 아키텍처, 사용되는 오픈소스들을 설명한다.

2장에서는 관측 가능성의 기반 기술을 소개한다.

1. 관측 가능성은 대용량 트래픽을 처리하기 때문에 신뢰성과 확장성을 갖춘 시스템을 설계하고 구성해야 한다. 이때 필요한 기술은 마이크로서비스, 로드 밸런서, 오토스케일 등이다. 이러한 기술에 대해 알아본다.

2. 관측 가능성 시스템은 쿠버네티스처럼 분산된 환경에서 운영되므로 안정적으로 데이터를 수집하고 관리하는 기술이 필요하다. 이때 필요한 기술은 해시, 샤딩sharding, 읽기와 쓰기, 객체 스토리지 등이다. 이러한 기술에 대해서 살펴본다.

3장에서는 관측 가능성에 필수인 프로메테우스 생태계에 대해 설명한다.

1. 프로메테우스의 시계열 데이터, 수평적 오토스케일, 쿠버네티스 설정, 알람 규칙 등에 대해서 설명하고, 운영 환경에서 어떻게 확장할 수 있는지 알아본다.
2. 타노스는 프로메테우스의 단점을 보완하여 롱텀 스토리지를 지원하고 클러스터를 구축할 수 있는 오픈소스다. 타노스에 대해서 간략히 살펴본다.

4장에서는 관측 가능성 오픈소스 툴인 그라파나에 대해서 자세하게 설명한다. 로키, 템포, 미미르에 대해 설치부터 튜닝까지 상세히 살펴본다.

1. 관측 가능성 시스템의 내부 구조와 동작 원리에 대해 알아본다. 내부에 대한 이해가 있으면 운영 중 문제 발생 시 신속하게 해결할 수 있다.

5장에서는 그라파나와 오픈서치 기반으로 개발된 4개의 예제를 다룬다. 각 예제를 직접 구축함으로써 소스를 이해하고, 복잡한 상관관계를 통해 근본 원인을 분석하는 것을 실습한다.

1. 그라파나와 오픈서치 관측 가능성 기반으로 구성된 예제를 실습한다. 다양한 예제를 통해서 제공되는 시스템을 처음부터 끝까지 구축해보면서 근본 원인을 분석하는 방법에 대한 이해도를 높인다.

6장에서는 관측 가능성의 미래인 오픈텔레메트리에 대해서 설명한다. 오픈텔레메트리 신호들과 컬렉터, 그리고 오픈서치 기반으로 개발된 오픈텔레메트리 예제를 설명한다.

1. 오픈텔레메트리 API에 대해서 상세하게 설명한다. 오픈텔레메트리의 다양한 객체들, 메시지를 해석하는 방법을 설명하고, 다양한 예제를 통해서 실습을 제공한다.
2. 오픈서치 관측 가능성 기반으로 애플리케이션을 구성하고, 소스를 분석한다.

7장에서는 AIOps와 운영 자동화에 대해서 알아본다. 관측 가능성의 다음 단계는 AIOps를 통해서 운영을 자동화하는 것이다. AIOps의 개념과 향후 과제에 대해서 설명한다.

이 책의 본문 뒤에는 관측 가능성에서 필수적으로 알아야 할 용어를 정리해놓았다. 본격적으로 책을 보기 전에 용어를 먼저 살펴본다면 도움이 될 것이다.

관측 가능성의
개념과 방향성

시스템을 운영하는 데 모니터링의 역할은 매우 중요하다. 근래 들어서는 관측 가능성의 소개와 함께, 분산 모니터링 설루션을 통합하고 연계하는 것이 필요해졌다. 분산 시스템인 클라우드와 마이크로서비스는 예전에 비해 기술 스택의 종류가 다양하고 복잡해졌다. 그로 인해 과거의 모니터링으로 새로운 시스템과 아키텍처를 담아내기에는 역부족이다.

현업에서는 커뮤니케이션의 어려움과 다양한 레거시로 인해 관측 가능성 구축에 많은 어려움을 겪고 있다. 개발자와 운영자 간 소통의 어려움, 다양한 이해관계의 충돌로 인한 불필요한 대립 등은 항상 존재해왔다. 현실에서 마주치는 문제는 이 책에서 설명하는 기술 이상으로 복잡하다.

1장에서 설명하는 내용을 통해 관측 가능성을 이해하고 동료들과 함께 공감대를 형성하는 데 도움이 되기를 바란다. 많은 관측 가능성 프로젝트가 목적을 달성하지 못하거나 생각했던 것만큼 좋은 결과를 보여주지 못하는 이유는, 기술의 문제가 아니라 일하는 조직의 구태의연한 관습과 협업의 어려움 때문이라고 필자는 생각한다. 관측 가능성은 기술적으로 뛰어난 특정 개인의 주도하에 이루어지는 것이 아니며, 리더의 강력한 의지와 지원 아래에서 유능한 개발자와 엔지니어가 협업했을 때 소기의 목적을 달성할 수 있다.

1.1 관측 가능성의 세 가지 요소

1.1.1 모니터링과 차이점

관측 가능성observability의 정의는 다음과 같다.

'시스템에서 외부로 출력되는 값만을 사용해서, 시스템의 내부 상태를 이해하고 예측하는 것.'

그림 1.1과 같이 모니터링과 관측 가능성을 구분할 수 있다.

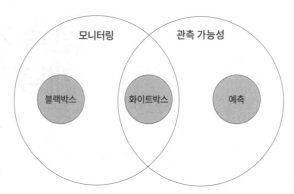

그림 1.1 모니터링과 관측 가능성 차이점

관측 가능성은 모니터링을 대체하는 개념이 아니다. 하지만 다수 유사한 점을 가지고 있다. 그림 1.1에서 보여주는 것처럼 모니터링은 블랙박스와 화이트박스 영역을 포함하지만, 관측 가능성은 화이트박스와 예측 영역을 포함한다. 즉, 관측 가능성이 지향하는 목표는 내부 시스템에 대한 자세한 이해를 기반으로 미래에 발생할 이벤트를 예측하는 것이고, 이러한 예측을 바탕으로 IT 운영을 자동화하는 것이다(예를 들면, 장애가 발생할 위험이 있으면 미리 예측하고 운영자에게 통지하거나, 서비스에 필요한 리소스의 증감을 미리 예측하는 것). 관측 가능성은 학술적인 용어일 뿐 새로운 개념은 아니다. 제어 이론control theory을 설명할 때 기계공학, 수학 등에서 많이 사용해왔다. 이미 많은 회사에서 관측 가능성을 도입하고 사용해오고 있다. 예를 들어, **일래스틱서치**Elasticsearch를 사용해서 로그 관리를 하거나, 다이나트레이스Dynatrace APMapplication performance management(애플리케이션 성능 관리)을 사용해서 처리량과 지연시간을 모니터링하고, 인플럭스 데이터베이스InfluxDB와 텔레그래프Telegraph, 다양한 에이전트를 통해서 메트릭을 수집하고 측정하는 것이 이러한 것에 속한다. 만약 이러한 도구를 사용해왔다면 이미 어떤 형태로든 관측 가능성을 구현해온 것이다.

모니터링에 비해 관측 가능성을 어렵게 생각하는 큰 이유는 용어의 차이에 있다. 관측 가능성에서는 APM 대신에 **추적**tracing이라고 부르며, **계측**instrumentation과 **텔레메트리**telemetry라는 용어를 범용적으로 사용한다. 익스포터, 컬렉터 등 어려운 용어로 인해서 관측 가능성을 새로운 개념으로 이해하곤 한다. 예를 들어 스플렁크Splunk는 로그, 뉴렐릭New Relic은 성능 관리, **프로메테우스**Prometheus는 메트릭에 전문성을 가지고 있다. 벤더의 전문성을 기반으로 관측 가능성을 정의하고 접근하기 때문에 관측 가능성의 용어에 대한 정의와 이해가 다를 수 있다. 일반적으로 모니터링 대비 관측 가능성의 특징은 다음과 같다.

- 관측 가능성은 **화이트박스 모니터링**을 포함하며 **블랙박스 모니터링**과 다르다. 블랙박스 모니터링이 제공하는 정보는 상세하지 못하므로 상세한 디버깅 정보로 활용하기 어렵다. 이는 관측 가능성의 목적에 부합하지 않는다.
- 관측 가능성은 애플리케이션 내부의 상태를 디버깅할 수 있는 정보를 제공하므로 장애가 발생했을 경우 신속하고 수월하게 대응할 수 있다.
- 관측 가능성에서는 제공된 결과를 보고 이해하는 수준에 그치지 않고, 원하는 계측을 추가할 수 있다. 그걸 통해 보다 자세하게 이해할 수 있을 뿐 아니라 향후 발생할 가능성이 높은 장애에 대한 예측이 가능하다.

모니터링은 전체적인 시스템 상태를 이해하는 데 적합하다. '모든 것을 수집하고 모니터링'하기보다는 가능한 **샘플링**을 사용해 적은 데이터를 수집하더라도 의미 있고 예측 가능한 결과를 도출해내는 것이 좋은 모니터링 방법이다. 전통적인 모니터링은 블랙박스 모니터링을 기본으로 핵심적인 애플리케이션과 시스템 메트릭에 집중한다. 반면 관측 가능성은 클라우드 네이티브처럼 분산되고 복잡한 시스템에서 발생하는 이벤트에 대한 통찰력 그리고 태그, 로그 등을 결합해서 서비스(마이크로서비스)에 대한 **콘텍스트**conetxt(문맥) 정보를 제공하는 것이 목표다. 관측 가능성은 세부적인 시스템 내용을 포함하고 있으므로 디버깅에 더 적합하다.

근래 들어 많은 벤더와 고객들이 언급하는 관측 가능성의 세 가지 요소는 메트릭, 로그, 추적이다. 이 세 가지 요소는 각각 추구하는 방향과 목적이 다르고, 서로 다른 측면에서 시스템의 내부를 관찰할 수 있는 데이터와 시각적인 화면을 제공한다.

자세한 내용을 설명하기 이전에 이 책에서 사용하는 용어를 먼저 정의하고자 한다. 시스템, 애플리케이션, 인프라 등의 개념이 유사하게 보이고 혼란스러울 수 있다. 그림 1.2처럼 용어 간 관계를 정의하고 범위를 명확히 설정한다.

그림 1.2 용어 간 관계

관측 가능성은 주로 인프라와 애플리케이션의 데이터를 수집한다. 인프라의 메모리, 디스크, 네트워크에서 발생하는 다양한 신호와 이벤트를 수집하는 것도 중요하지만, 이 책에서는 관측 가능성의 범위를 애플리케이션으로 집중했다. 관측 가능성은 기본적으로 API_{application programming interface}, SDK_{software development kit}를 제공하며, 다양한 언어를 사용해서 개발하고 구현할 수 있다. 하지만 IT 운영의 범위는 인프라를 포함한다. 인프라도 IT 시스템 운영의 중요한 범위다. 안정적이고 신뢰할 수 있는 클라우드에서도 인프라와 관련한 다양한 에러를 접하게 마련이다. 특히, 클라우드 환경에서는 많은 장애와 에러가 네트워크로 인해서 발생한다. 따라서 네트워크 이벤트와 신호를 수집하고 원인 분석과 문제 해결에 활용하는 방안을 마련해야 한다.

이 책에서는 인프라와 네트워크 레벨에서 문제 원인을 이해하고, 이를 해결하는 방법과 절차를 **가시성**visibility이라고 지칭한다. 예전부터 많은 기업은 보안 정보와 이벤트 관리security information and event management, SIEM를 구축했는데, 가시성은 이벤트 관리를 포함하며 인프라와 네트워크 복원력을 강화한다. 관측 가능성과 가시성은 서로 다른 영역이지만, 서로를 상호보완하며 밀접하게 영향을 끼치고 전체 IT 시스템 운영을 위한 청사진을 제공한다.

다음과 같은 다양한 예시 상황에서 관측 가능성의 필요성을 생각해볼 수 있다.

- 일반적으로 기업에서는 다수의 모니터링 솔루션을 사용한다. 정책과 방향성이 모호하여 다수의 오픈소스, 상용 서비스 등을 사용한다. 다수의 모니터링 솔루션을 소수의 운영 팀이 관리하기 때문에 업무에 부담이 된다.

- 규모가 작은 기업의 경우에는 상용 모니터링 서비스를 사용하지만, 비즈니스가 성장하면서 비용 절감의 필요성이 커짐에 따라 오픈소스로 전환하는 것을 계획하게 된다.
- 이번 책에서는 **그라파나**Grafana, 후속작에서는 **오픈서치**와 다양한 오픈소스를 사용해서 유연하고 확장성 있는 관측 가능성을 구축하는 방법을 설명한다. 관측 가능성 분야는 빠르게 변화하고 새로운 기술이 속속 등장하고 있다. 특정 기술을 고집하는 것보다 유연하고 아키텍처를 쉽게 개선 가능하도록 설계하는 것이 중요하다.

1.1.2 관측 가능성 구성 요소

▶ 메트릭

메트릭metric은 일정 시간 동안 측정된 데이터를 집계하고 이를 수치화한다. 예를 들어 큐의 **대기**pending 메시지 개수, 사용 중인 CPU와 메모리의 크기, 서비스에서 초당 처리하는 개수 등이 있다. 메트릭은 전체적인 시스템의 상태를 보고하는 데 특히 유용하며, 일반적으로 **히스토그램** 또는 게이지 등 차트를 사용해 시각적으로 표현한다. 애플리케이션에서 기본으로 제공해주는 메트릭 외에 커스텀 메트릭이 필요한 경우가 있다. 이를 위해서 계측 API와 SDK를 사용해서 커스텀 메트릭을 개발할 수도 있지만, 운영자가 직접 커스텀 메트릭을 개발하는 것은 쉽지 않다. 패키지 애플리케이션, 일부 레거시legacy, 로드 밸런서load balancer 등은 커스텀 메트릭의 개발과 추가를 어렵게 해서 설루션을 구입한 벤더를 통해서만 커스텀 메트릭을 지원받을 수 있다.

▶ 로그

로그log는 애플리케이션 실행 시 생성되는 텍스트 라인으로 구조적인 JSON 형식이나 비구조적인 텍스트 형식으로 출력된다. 로그는 애플리케이션 에러와 경고를 확인하고, 문제점에 대한 정확한 원인을 이해하기 위해서 필요하다. 로그는 시스템을 이해하는 기본적인 방법을 제공하며, 집계와 알람 중심의 메트릭 시스템이 지원해주지 못하는 세부적인 정보를 제공한다. 오래된 레거시 시스템과 패키지 애플리케이션일수록 메트릭보다 로그를 사용해서 시스템 내부를 이해하고, 문제 해결을 하는 것이 일반적이다.

▶ 추적

메트릭과 로그는 이미 많이 사용하고 있는 데 반해, **추적**tracing이라는 용어는 좀 생소할 것이다. 그림 1.3은 추적에 대한 사용자 화면의 한 예시다.

추적은 마이크로서비스가 시스템을 경유하며 **트랜잭션**을 처리하는 과정에서 발생하는 세부적인 정보를 보여준다. 또한, 트랜잭션이 시스템을 이동하는 경로, 트랜잭션을 처리하는 과정에서 발생하는 대기시간과 지연시간, 병목현상이나 에러를 일으키는 원인을 문맥context과 로그, 태그 등의 **메타데이터**metadata에 출력한다. 분산 **마이크로서비스**microservice 간에 복잡한 상호작용이 발생하는 클라우드 네이티브 운영 환경에서 생기는 문제점은 그 현상을 이해하고 해결하는 데 과거의 툴과 로그, 메트릭만으로는 한계가 있다.

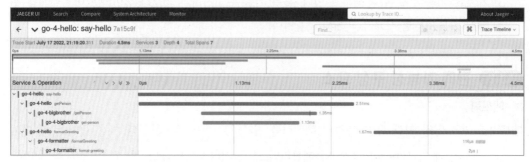

그림 1.3 예거 추적 화면

이러한 이유로 인해서 오픈트레이싱과 오픈텔레메트리와 같은 다양한 계측과 추적을 위한 표준 제정과 더불어 올바른 도입을 위한 논의가 활발하게 이루어지고 있다. 근래 들어 많은 기업들이 오픈소스 기반의 추적을 도입하고 있는데, 고가의 APM과 비교해도 부족하지 않은 다양한 기능을 제공한다.

이제 이 책에서 다룰 메트릭, 추적, 로그에 대한 세부 내용을 살펴보자.

- 메트릭에서는 시계열과 히스토그램 차트를 설명한다. 프로메테우스의 네 가지 메트릭 유형 중에서 히스토그램이 특히 중요하다.
- 추적에서는 콘텍스트 전파를 설명한다. 추적은 아직 익숙하지 않고, 소개하는 개념도 난해한 경우가 많다. **예거**Jaeger 사용자 화면에서 추적 결과를 분석하고, 추적에 대한 이해를 돕는다.
- 로그에서는 오픈텔레메트리를 사용해서 구조화된 로그를 생성하는 방법에 대해서 설명한다. 이 책에서는 오픈텔레메트리 로깅을 사용해서 로그 표준화에 대해 상세하게 기술한다.

1.2 메트릭

1.2.1 가용성

가용성 신호는 시스템의 전반적인 상태와 정상 작동 여부를 거시적 관점에서 측정하며, **SLI**service level indicater(서비스 수준 지표)로 정량화한다. 이는 메트릭의 의도, 목적과 일치한다. 시스템 소비 자원 등 시스템의 상태 신호 또는 비즈니스 메트릭이 가용성 신호에 포함된다. SLI는 **SLO**service level objective(서비스 수준 목표)라고 불리는 임계 기준을 달성해야 하며, SLO는 SLI의 상한과 하한 범위를 지정한다. SLO는 사업적으로 합의한 수준 또는 **SLA**service level agreement(서비스 수준 협약)에 명시된 제공 수준보다 제한적이거나 보수적인 추정치다. SLA를 위반할 위험이 생겼을 때 사전 경고를 제공하고, 실제로 SLA를 위반하는 상태에 이르지 않도록 방지하는 것이 핵심이다. 메트릭은 가용성을 측정하는 주요 관찰 수단이며 SLI를 측정하는 지표다.

1.2.2 구글의 골든 시그널

주요 SLO 지표는 가용성 외에도 지연과 에러가 있다. 이는 구글 SRE에서 제시하는 지표와 중복되므로 함께 알아보도록 한다. 구글 SRE 팀에서는 메트릭을 수집할 때, 네 가지 **골든 시그널**golden signal에 집중해야 한다고 강조한다. 골든 시그널은 주로 네트워크에서 발생하는 이벤트와 많은 연관성이 있으며, 중요한 것에 보다 더 집중할 수 있도록 가이드라인을 제공한다. 여기에는 지연, 에러, 트래픽, 포화가 있다.

▶ 지연

빈번하게 발생하는 **지연**latency은 에러가 아닌 경우가 많다. 지연과 에러를 구분해야 한다. 지연을 확인할 수 있는 차트는 다양하다. 시계열, 히트맵, 히스토그램 차트는 지연을 시각화할 수 있다. 그림 1.4는 그라파나에서 제공하는 히스토그램을 사용하여 지연시간의 분포를 시각화한 것으로 다양한 유형의 **PromQL**Prometheus Query로 지연을 계산할 수 있다.

그림 1.4 히스토그램 차트

사용자가 지연을 자주 경험하면 시스템이 정상적이지 않다는 것을 추론할 수 있다. 지연은 잠재적인 장애를 예측할 수 있는 유용한 신호로, 서비스 요청 후 완료까지 걸리는 시간을 측정한다. 이 신호에서 많은 것을 판단할 수 있다. 지연이 증가하면 서비스 품질이 저하되는 것을 예측할 수 있다. 하지만 이 신호를 에러와 연관 짓는 것은 주의를 기울여야 한다. 예를 들어, 요청 처리 중에 애플리케이션이 신속하게 응답했지만, 에러가 발생했다고 가정해보자. 이 경우 지연은 짧지만, 기대한 결과가 아니다. 에러는 지연 없이 빠르게 처리되는 경향이 있고, 정상 응답은 지연을 포함하는 경우가 많다. 1초의 지연을 포함하는 정상 응답과 60초의 지연을 포함하는 정상 응답을 동일하다고 판단할 수 없다. 60초 지연은 에러로 판단하거나 타임아웃으로 에러 처리를 하는 것이 현명하다. 이는 SLI를 명확하게 정의해야 하는 이유이기도 하다.

▶ 에러

에러라고 판단할 수 있는 기준이 불분명한 경우가 많으므로 **에러**error의 기준을 명확히 설정한다. USEUtilization Saturation and Errors 대시보드 외에도 이상치와 에러를 포함한 별도의 **대시보드**를 생성해야 한다.

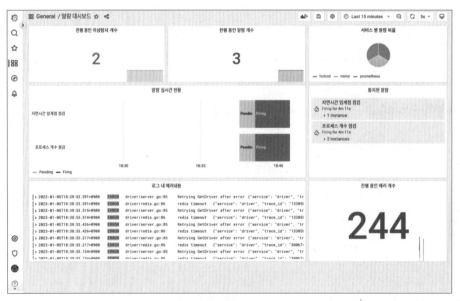

그림 1.5 에러 대시보드

다음은 에러를 출력하고 알람과 연계되는 대시보드의 예를 나타낸 것이다. 단순히 에러의 목록을 출력하는 것뿐만 아니라, 추가적인 기능을 제공한다.

- 각 에러는 추적 ID와 연결되어 있다. 추적 화면을 통해 보다 상세한 근본 원인을 분석할 수 있다.

- 다양한 유형의 에러를 포함한다. 이상 탐지, 인프라, 애플리케이션에서 발생하는 다양한 유형의 에러가 서로 구분되어 출력된다.

- 에러는 세 가지 상태를 가지고 있다. 초기에는 정상normal이지만, 에러가 처음 발견되면 대기 pending 상태로 변한다. 에러가 계속 활성acctive 상태를 유지할 경우에는 파이어링firing 상태로 변하고, 알람을 전송한다. 에러 대시보드는 에러의 상태 변화를 **시계열**로 출력한다.

에러는 문제점과 에러 내용을 직접적으로 출력한다는 점에서 명시적이다. 하지만 애플리케이션 개발에는 수십 개 유형의 에러가 발생할 수 있다. 이를 분류하고 그룹화(상태 코드 200, 500)하는 과정은 중의적이며, 개인의 경험에 따라서 다르게 판단할 수 있다. 즉, 개발자와 운영자의 주관이 개입될 수 있는 여지가 크다. 예를 들어, HTTP 500과 잘못된 내용을 가진 HTTP 200 응답이 있다고 가정해보자. 후자는 모니터링하기가 쉽지 않은데, HTTP 코드에만 전적으로 의지할 수 없기 때문이다. 즉, 응답 코드 하나만으로 정상과 에러를 구분하기는 쉽지 않다. 에러 코드의 설계와 개발이 부정확할 수도 있으며, 시스템에서도 개발자가 미처 예상치 못한 에러가 발생할 수 있기 때문이다. HTTP 200은 일반적으로는 정상 응답이지만, 소스 버그 혹은 인프라 문제로 인해서 에러가 발생할 수 있다. 이 경우에는 잘못된 내용을 테스트하고 분석해서 에러를 결정해야 한다.

다음은 에러 SLO를 계산하는 프로메테우스 PromQL이다. 운영에서 사용하는 에러 대시보드와는 별개로, 에러 SLO의 대시보드 제공과 더불어 알람과도 연계되어야 한다.

```
sum(rate(hotrod_frontend_http_requests_total{status_code="4xx"}[{{.window}}]))
/
total_query: sum(rate(hotrod_frontend_http_requests_total[{{.window}}]))
```

SLO 지표는 멀티 윈도와 멀티 레이트[1]를 지원해야 하므로 복잡하다. 후속작에서 상세한 데모를 진행할 예정이다.

▶ **트래픽**

트래픽traffic은 발생하는 요청의 양을 뜻한다. 그것은 관찰되는 시스템의 유형, 초당 요청의 수, 네트워크 입출력 등에 따라 다양하다.

---

[1] 윈도는 일반적으로 초, 분, 시, 일 간격으로 분할하는 것을 의미한다. 즉, 10분 간격의 윈도, 2시간 간격의 윈도를 생성해서 해당 윈도 기간 동안 집계 등의 작업을 수행한다. 이렇게 다양한 윈도를 생성해야 하므로 멀티 윈도라고 칭한다. 기업은 다수의 SLO를 관리한다. 애플리케이션마다 가용성 99.99%와 처리 속도 0.1초 이내 등 여러 개의 레이트를 관리하므로 멀티 레이트라고 칭한다.

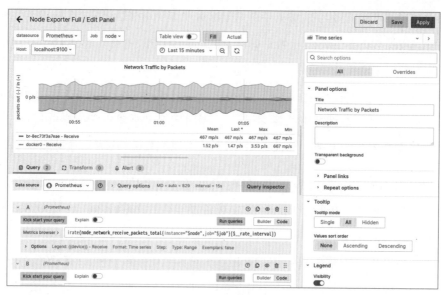

그림 1.6 트래픽 차트

네트워크 트래픽을 계산하는 프로메테우스 PromQL은 다음과 같다.

```
irate(node_network_receive_packets_total{instance="$node",job="$job"}[$__rate_interval])
```

트래픽은 양이 적을 때는 문제가 없다. 하지만 양이 급격하게 많아지거나 임계치를 초과하거나 포화 상태가 되면 지연과 에러가 발생하며, 최종적으로 장애에 이른다. 트래픽은 다른 신호와 연관성이 많은데, 지연과 에러가 발생하더라도 중단 없이 적정 수준의 트래픽을 처리할 수 있는 시스템을 구축하는 것이 클라우드 네이티브의 사상이다.

골든 시그널의 원칙은 트래픽의 증가에 따른 지연과 에러를 최소화하고 최종적으로 장애에 이르지 않도록 설계하는 것이다. 장애가 발생하더라도 사용자 서비스를 제공하기 위한 최소한의 트래픽은 처리해주는 것을 권고하고 있다.

▶ 포화

포화saturation는 리소스가 '현재 얼마나 채워졌는지'와 '얼마나 가득 채울 수 있는지'를 나타내는 것이다. 전체 총대역폭과 처리 가능한 트래픽에 대비해서 현재 트래픽 혹은 대역폭이 어느 정도인지 이해할 수 있는 지표인 셈이다. 포화를 통해 향후 트래픽이 증가했을 경우에 이용 가능한 자원 총사용률을 예측할 수 있다. 또한 CPU, 메모리, 네트워크와 같이 제약이 큰 리소스에 주로 적용한다.

다음은 CPU 사용률utilization, CPU 포화율saturation SLO를 계산하는 프로메테우스 PromQL 계산식이다. 먼저 CPU 사용률 계산식을 살펴보자.

```
(
  instance:node_cpu_utilization:rate1m{job="node"}
*
  instance:node_num_cpu:sum{job="node"}
)
/ scalar(sum(instance:node_num_cpu:sum{job="node"}))
```

이번엔 CPU 포화율 계산식을 살펴보자. 사용률과 포화율을 함께 대시보드에 표현하면 시스템을 더 효과적으로 이해할 수 있다.

```
instance:node_load1_per_cpu:ratio{job="node"}
/ scalar(count(instance:node_load1_per_cpu:ratio{job="node"}))
```

지연 증가는 종종 포화의 선행 지표가 된다. 오류와 재시도 메시지가 트래픽에 더해지면서 상황은 더욱 악화한다. 이 사이클이 계속 확산해나가 결국 임계치를 넘으면 트랜잭션이 실패하고, 정상 상태로 복귀했다가 다시 같은 패턴을 반복한다.

포화 상태가 되지 않도록 시스템을 설계하는 것이 중요한데, 동적인 트래픽에 맞추어 스케일하는 방법을 제공하는 것이 적합하다. 애플리케이션 레벨에서 오토스케일링, 데이터베이스의 샤딩 등이 좋은 예다.

신호를 명확히 구분하고 개선하기 위해서는 개발자, 운영자 등 관련 구성원이 함께 협업하고 개선하려고 노력해야 한다. 네트워크와 시스템이 생성하는 신호는 다양하므로 이를 명확히 구분해야 한다. 신호가 에러, 지연, 정상, 오류(소스상의 버그)인지 정의하는 작업이 필요하다. 구현 이전에 신호가 의미하는 바를 이해하고 분류해야만 올바른 메트릭 시스템을 구축하고 메트릭을 측정할 수 있다.

신호에 대한 최종 결과는 SLO, SLI로 요약할 수 있다. 근래에는 기존 SLA를 대처하는 SLO 지표를 많이 사용한다. SLO 대시보드의 개발 시 참고할 사항은 다음과 같다.

- SRE 대시보드에 SLO를 출력한다. 필수적인 SLO는 에러율error rate, 지연시간latency, 가용성availability 등이 있다.

- SLO 대시보드에는 오류 예산error budget과 번 레이트burn rate를 다양한 윈도(분, 시, 일, 월 등의 주기)에 따라서 알람과 연계하여 출력해야 한다.
- 프로메테우스 레코딩 규칙과 알람 규칙으로 구현할 수 있으며, 이러한 규칙은 자동 생성 방식을 선호한다.
- 쿠버네티스 API 서버와 코어 DNS, AWS 클라우드 워치, 데이터독 등 다양한 데이터로부터 데이터를 수집할 수 있다.

신호를 이해하고 기본적인 대시보드와 알람을 개발하는 방법에 대해서 이해하는 것이 우선이므로 이 책에서는 SLO의 요구 사항보다는 신호에 더 집중했다. SLO에 대한 내용은 후속작에서 다룰 예정이다.

클라우드 네이티브를 도입하기 이전 레거시 환경에서는 커스텀 메트릭을 개발하려는 요구 사항이 적었고, 주로 인프라 메트릭에 집중하였다. 미들웨어, 데이터베이스 패키지와 관련한 메트릭은 벤더에서 제공받거나, 값비싼 추가 개발 보수를 지불하고 메트릭을 추가하는 방식이었다. 하지만 쿠버네티스Kubernetes, 프로메테우스Prometheus 등 다양한 언어로 개발된 애플리케이션 모니터링 등의 등장과 더불어 커스텀 메트릭을 필요로 하는 상황이 도래했다.

관측 가능성과 가시성 등은 네트워크와 많은 관련이 있다. 하지만 네트워크에서 발생하는 데이터는 너무나 방대해서 운영자는 그것이 정상인지 잡음인지 구분하지 못하는 경우가 대부분이다. 또한, 최종 사용자가 문제점을 보고하거나 장애에 이르기 전까지 문제점과 장애 발생 가능성을 인식하지 못하는 경우가 발생한다.

1.2.3 메트릭 유형

메트릭을 수집하는 동안 모니터링하려고 하는 리소스에 가장 적절한 유형을 결정해야 한다. 일반적으로 메트릭에는 카운터, 게이지, 요약, 히스토그램의 네 가지 유형이 있다.

▶ 카운터

카운터counter는 모니터링하는 이벤트의 누적 개수 혹은 크기를 표현한다. 일반적으로 **rate** 함수와 함께 이벤트를 추적하는 데 많이 사용한다.

- 초당 요청 개수
- 초당 처리 개수

또한, 증감할 수 있는 메트릭을 나타내는 데 카운터를 사용해서는 안 된다. 이를 위해서는 게이지를 사용해야 한다.

▶ 게이지

게이지gauge는 카운터와 달리 증가하거나 감소하는 임의의 값을 나타내는 메트릭이고, '현재 상태'를 표현하는 메트릭 타입이다. 게이지를 사용하는 메트릭의 예는 다음과 같다.

- 데이터베이스에 연결된 커넥션 개수
- 현재 동작하는 스레드 개수
- 사용률

▶ 요약

요약summary은 응답의 크기response size와 대기시간을 추적하는 데에도 사용하며, 측정한 이벤트의 합계와 카운트를 모두 제공한다. 집계가 필요하거나 범위와 분포에 대해서 측정하는 경우에는 히스토그램을 권장한다. 범위와 분포에 관계없이 정확한 백분위수가 필요하다면 요약이 적합하다.

▶ 히스토그램

히스토그램histogram은 시간 경과에 따른 추세와 데이터가 단일 범주category에서 어떻게 분포되어 있는지를 나타낸다. 분포를 이해하는 방법에는 분위수 외에도 표준편차와 그래프가 있다. 히스토그램은 분위수를 주로 사용한다.

분위수quantile는 오름차순(혹은 내림차순)으로 정렬되어 있는 전체 자료를 특정 개수로 나눌 때 그 기준이 되는 수다. 따라서 분위수 앞에는 자료를 몇 개로 나눌지 결정하는 숫자가 붙어 있다. 예를 들어, 이분위수는 자료 전체를 2등분하는 수라는 의미이고, 사분위수는 자료 전체를 4등분하는 수라는 의미다.

1.2.4 시계열 데이터

관측 가능성에서는 시계열 데이터를 다루는데, 이를 차트로 표현하고 시각화해야 한다. 정해진 시간 내의 분포와 변화를 출력하기 위해서 적합한 차트 형식은 히스토그램이다. 그라파나 히스토그램은 각 범위 내에 있는 데이터 포인트의 수를 표시하여 숫자 데이터를 시각적으로 출력한다. 상관관계에 따라서 타 관측 가능성으로 이동하거나 화면을 전환할 수 있다.

그림 1.7 그라파나 로키 로그 조회 화면

로키Loki는 히스토그램과 유사한 차트를 사용하며, 이를 통해 특정 시간 동안의 분포를 이해할 수 있을 뿐 아니라 '추적'의 간트Gantt 화면으로 전환할 수 있다.

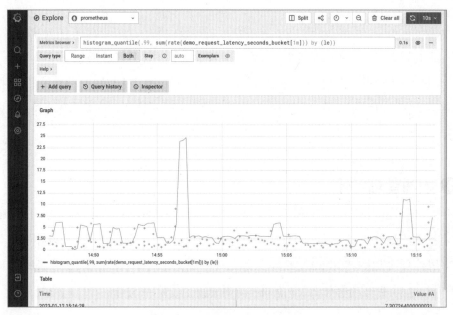

그림 1.8 프로메테우스 메트릭 화면

프로메테우스 **이그젬플러**Exemplar는 추적에 대한 근사치를 시계열로 표현한다.

그림 1.9의 왼쪽은 메트릭을, 오른쪽은 로그 간의 상관관계를 표현한다. 특별한 구성 없이 간단한 쿼리만으로 하나의 화면에서 실시간으로 지연시간, 에러를 확인할 수 있다. 상관관계는 시스템의 복잡성을 낮추고 이해도를 높여준다. 상관관계를 효과적으로 활용하면 운영자와 개발자는 복잡한 문제를 신속하게 해결할 수 있으며, 통계적으로 계산하고 상관계수를 구할 수도 있다. 예를 들어, 회귀분석은 통계적인 상관관계를 구하는 데 자주 사용하는 방법이다. 시각화를 통해 보다 간단하게 상관관계를 이해할 수 있다. 히트맵은 다양한 변수들 간의 관계를 차트로 표현하는 것으로, 이를 통해 계산 없이 직관적으로 상관관계를 이해할 수 있다. 데이터와 시스템에 대한 이해를 높이기 위해서 상관관계를 정의하는 것은 원인을 분석하고 문제점을 해결하기 위한 중요한 단서가 되는 경우가 많다.

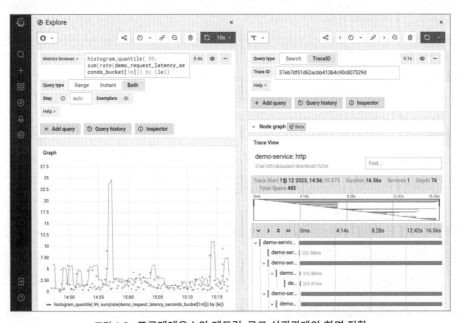

그림 1.9 **프로메테우스의 메트릭-로그 상관관계의 화면 전환**

통계와 머신러닝을 통해서 상관관계를 수치화하고 자세히 분석하는 것은 중요한 작업이지만, 오랜 시간과 많은 자원을 투자해야 하므로 이 책에서는 신속하게 상관관계를 분석할 수 있는 시각적인 방법인 히스토그램, 히트맵을 주로 활용할 것이다.

프로메테우스의 히스토그램

히스토그램에서의 버킷은 특정 범위를 의미하며, 이를 활용하면 특정 버킷에 속하는 측정값의 개수(빈도)를 계산할 수 있다. 히스토그램의 내부 구조는 다음과 같다.

- 히스토그램은 구성된 버킷당 1개의 시계열을 생성하고, 관측한 횟수(프로메테우스에서 접미사 _count가 붙어 있는 시계열)와 관측한 값의 합계(접미사 _sum이 붙어 있는 시계열)에 대한 2개의 시계열을 추가로 생성한다. 관측한 횟수와 관측한 값들의 합계를 함께 관리하기 때문에 관측한 값들의 평균을 계산할 수 있다.

- 그림 1.10과 같이 히스토그램은 프로메테우스에서 카운터 메트릭으로 표시되고, 단일 히스토그램은 다수 시계열을 생성한다.

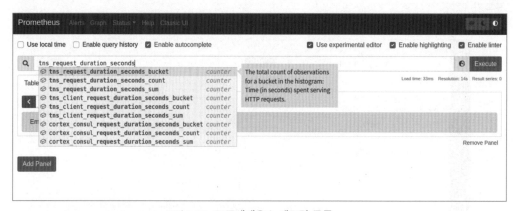

그림 1.10 프로메테우스 메트릭 목록

- 히스토그램은 관측 결과를 샘플링한다. 일반적으로 히스토그램은 요청 지속 기간request duration, 응답 크기response size를 수집하고, 이를 버킷에 저장한다.

- 히스토그램은 각 버킷마다 이전 버킷의 값에 현재 버킷의 값을 추가하는 형태로 누적된다.

- 히스토그램의 x축은 시간, y축은 요청 지속 기간, 응답 크기 등이며, 데이터 포인트의 최소, 최대, 합, 개수, 평균, 분포 등을 구할 수 있다.

- 히스토그램 단점은 선택한 버킷이 수집될 것으로 예상되는 값의 범위와 분포에 적합해야 한다는 것이다. 버킷이 너무 적거나 잘못 선택하면 분위수 계산의 허용 오차가 증가한다.

- 그라파나 대시보드의 히스토그램 차트는 프로메테우스 버킷의 값과 일치하므로 히스토그램의 시각화를 쉽게 이룰 수 있다.

프로메테우스 카운터 메트릭에 le라는 특수한 태그가 달려 있는데, 그 의미는 다음과 같다.

- le는 허용(허용치)되거나 목표(목표치)로 하는 요청 지속 시간(초_second로 측정)이다.
- le는 less than or equal to, 즉 작거나 같다는 의미다. le 태그의 값은 초 단위로 기록되며, 이 값보다 작거나 같은 모든 샘플의 개수가 메트릭의 값으로 기록된다.

그림 1.11 프로메테우스 쿼리 결과

표 1.1 프로메테우스 메트릭 쿼리 예시

메트릭명	값
tns_request_duration_seconds_bucket{status_code="200",le="0.1",job="tns/app"}	64293
tns_request_duration_seconds_bucket{status_code="200",le="0.25",job="tns/app"}	65154
tns_request_duration_seconds_bucket{status_code="200",le="1.0",job="tns/app"}	66712

- le가 0.1에서 0.25로 증가함에 따라 값도 누적해서 증가하는 것을 확인할 수 있다.
- 메트릭 히스토그램에 le를 추가하면 총 스토리지가 늘어난다. 범위가 세분화되는 개수만큼 스토리지가 늘어난다.
- 이 예시는 le를 3개(0.1, 0.25, 1.0)로 세분화한 것이다.

히스토그램을 사용해서 요청 지속 시간과 응답 크기를 구할 수 있다. 예를 들어, 지난 5분간의 요청 지속 시간의 평균을 계산하는 식은 다음과 같다.

```
rate(tns_request_duration_seconds_sum[5m])
/
rate(tns_request_duration_seconds_count[5m])
```

프로메테우스 관리 화면에서 직접 쿼리를 실행함으로써 구체적인 결과와 시각적인 차트를 출력한다.

그림 1.12 프로메테우스 테이블 결과

히스토그램을 사용해서 특정 버킷에 속하는 데이터 포인트의 개수를 계산할 수 있다. 예를 들어, 다음과 같은 히스토그램 요구 사항은 다음과 같이 각각 프로메테우스의 표현식으로 나타낼 수 있다.

- SLO는 요청의 95%를 0.1초(100ms) 이내에 처리한다. 이 수치가 0.95 미만으로 내려가면 알람을 생성한다. 이를 계산할 함수를 생성하자.

```
sum(rate())
```

- 히스토그램에 상한이 0.1초인 버킷을 구성한다.

```
{le="0.1"}
```

- job마다 5분간 요청을 대상으로 비율을 계산한다.

```
((([5m])) by (job)
```

- 요청 지속 시간은 tns_request_duration_seconds이다.

```
rate(tns_request_duration_seconds_bucket)
```

위의 요구 사항과 계산식을 표현한 것은 다음과 같다.

```
  sum(rate(tns_request_duration_seconds_bucket{le="0.1"}[5m])) by (job)
/
  sum(rate(tns_request_duration_seconds_count[5m])) by (job)
```

지연시간에 대한 SLO 계산식을 확인해보았는데, 다른 SLO 계산식도 유사하다. 후속작에서는 지연시간, 에러율, 가용성 등의 SLO 계산식도 살펴볼 것이다.

프로메테우스는 자체 쿼리 PromQL을 제공한다. 이를 사용해서 프로메테우스 관리 화면에서 쿼리를 실행하고 메트릭 결과를 확인할 수 있다.

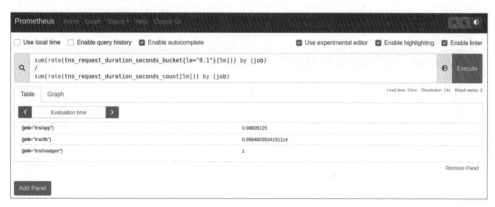

그림 1.13 지연시간 SLO 결과 화면

프로메테우스에서는 테이블과 그래프로 시각화를 지원하며, 이그젬플러, 오픈메트릭 결과도 출력할 수 있다. Apdex(사용자 만족도 측정) 점수도 근사치를 계산할 수 있다. 목표로 하는 요청 지속 시간request duration을 갖는 버킷과, 허용하는 요청 지속 시간을 구성한다. 그림 1.14는 테이블 형식으로 결과를 출력한 것을 보여준다.

그림 1.14 Apdex 점수도 근사치 결과 화면

예를 들어, 목표 요청 지속 시간은 250ms이고, 허용 요청 지속 시간은 1.0초다. job마다 지난 5분간의 Apdex 점수를 출력한다.

```
(
  sum(rate(tns_request_duration_seconds_bucket{le="0.25"}[5m])) by (job)
+
  sum(rate(tns_request_duration_seconds_bucket{le="1.0"}[5m])) by (job)
) / 2 / sum(rate(tns_request_duration_seconds_count[5m])) by (job)
```

히스토그램 버킷에는 누적되는 값이 저장되므로 두 버킷의 합계를 나누도록 한다. 그림 1.15는 그래프 형식으로 결과를 출력한 것이다.

그림 1.15 프로메테우스 화면에서 메트릭 결과 확인

그렇다면 요약과 히스토그램의 차이점은 무엇일까? 요약은 클라이언트 측에서 계산하고 분위수당 시계열을 생성하며 히스토그램의 분위수는 서버에서 계산하고 버킷당 시계열을 생성한다.

```
histogram_quantile(0.95, sum(rate(tns_request_duration_seconds_bucket[5m])) by (le))
```

히스토그램 버킷에서 백분위수를 계산할 때는 `histogram_quantile` 함수를 이용해서 계산한다. 예를 들어, 250ms 이내로 처리한 요청의 비율이 아니라, 요청의 95%가 몇 초 이내로 처리되었는지 표현하고자 한다.

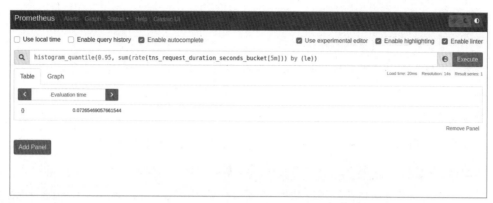

그림 1.16 프로메테우스 화면에서 메트릭 결과 확인

이 표현식은 향후에도 자주 사용하므로 그 의미에 대해서 정확히 이해하고 넘어가는 것이 좋다. 5장 예제에서는 앞서 사용한 메트릭을 생성한다. 메트릭의 결과를 확인하면서 이해하기 바란다.

1.2.6 메트릭 관리 방안

메트릭은 단순히 집계 모니터링에 그치지 않고 오토스케일링 등 다양한 분야와 연계되므로 여러 가지 추가적인 개발과 구성을 필요로 한다. 예를 들어, 기본적으로 제공해주는 메트릭이 부족할 경우에 커스텀 메트릭을 개발해야 한다. 실제 운영 환경에서는 기본 메트릭만으로는 부족하며, 복잡한 커스텀 메트릭을 사용해서 쿠버네티스 오토스케일링을 수행할 수 있다.

- 중요한 점은 한 번에 너무 많은 정보가 전달돼 추론하기 어렵지 않도록 데이터를 대시보드에 나타내고, 점진적으로 정보를 설정해야 한다는 것이다. 단일 대시보드는 다수의 차트를 포함한다. 상관관계를 가지는 차트를 대시보드에 구성하고, 도메인/서비스의 흐름대로 차트를 구성하는 것을 추천한다. 장애가 발생하거나, 도메인/서비스에 문제가 발생한 것을 빠르게 인지할 수 있도록 대시보드를 구성해야 한다.

- 서비스별로 몇 개의 대시보드를 상세 보기와 함께 만들 수 있지만, 가장 중요한 정보를 표시하는 상위 수준의 대시보드는 1개만 유지하면 된다. 이 대시보드는 서비스가 제대로 작동하는지 한눈에 보여준다. 서비스에 대한 전체 보기를 제공하고, 좀 더 자세한 정보는 특화된 대시보드에 표시한다.

- 메트릭을 표시할 때 응답시간, 에러, 트래픽 같은 가장 중요한 것에 집중해야 한다. 이것은 관측 역량의 토대가 된다. 또한, 사용자 유형별로 올바른 백분율에 집중해야 한다. 어떤 서비스의 경우에는 요청의 95%가 0.1초 이하의 처리 시간이면 충분하지만, 다른 서비스는 요청의 99%가

이런 처리 시간 이하를 요구한다. 집중해야 할 백분율에 대해 정해진 규칙은 없으며, 일반적으로 비즈니스의 요구 사항에 따라 달라진다.

- 가능하면 **태그**를 사용해 메트릭에 상황 정보를 포함해야 한다. 메트릭에 태그를 달면 추후 그룹을 짓거나 더 많은 통찰을 얻는 데 도움이 된다. 환경, 테넌트의 태그는 메트릭과 연계할 수 있다. 예를 들어, 테넌트 태그가 지정된 응답시간을 선택하는 것이다. 테넌트별로 값을 그룹 지어 모든 사용자 또는 특정 그룹의 사용자가 응답시간의 증가를 경험하는지 확인할 수 있다.

- 메트릭의 이름을 지을 때 정의된 표준을 지켜야 한다. 서비스 전체에 명명 규칙을 유지하는 것이 중요하다. 메트릭의 이름을 짓는 방법 중 하나는 수집하고자 하는 메트릭의 서비스 이름, 메서드 이름, 메트릭의 유형을 사용하는 것이다.

지금까지 프로메테우스 PromQL을 사용한 메트릭 결과 조회와 집계에 대해 살펴보았다. 프로메테우스 목록으로 출력되는 메트릭은 어떻게 제공하는 것일까? 다음처럼 추가적인 개발을 하고, 메트릭을 엔드포인트로 제공한다. 프로메테우스가 엔드포인트에서 수집해서 프로메테우스 화면에 목록화하는 것이다.

프로메테우스 클라이언트 API를 사용해서 `rpc_durations_seconds` 메트릭과 이그젬플러를 개발한다. 다양한 언어로 이그젬플러를 개발하는 것이 가능하다. 다음은 지연시간 분포를 보이는 3개의 RPC 서비스(Uniform, Normal, Exponential)의 히스토그램을 데모하는 소스다.

```go
func NewMetrics(reg prometheus.Registerer, normMean, normDomain float64) *metrics {
    m := &metrics{
        rpcDurations: prometheus.NewSummaryVec(
            prometheus.SummaryOpts{
                Name:"rpc_durations_seconds",
                Help: "RPC latency distributions.",
                Objectives: map[float64]float64{0.5: 0.05, 0.9: 0.01, 0.99: 0.001},
            },
                string{"service"},
        ),

        rpcDurationsHistogram: prometheus.NewHistogram(prometheus.HistogramOpts{
            Name: "rpc_durations_histogram_seconds",
            Help:"RPC latency distributions.",
            Buckets: prometheus.LinearBuckets(normMean-5*normDomain, .5*normDomain, 20),
                NativeHistogramBucketFactor: 1.1,
            }),
        }
```

```
        reg.MustRegister(m.rpcDurations)
        reg.MustRegister(m.rpcDurationsHistogram)
        return m
}
```

전체 소스는 깃Git 저장소를 참고하도록 한다.

빌드 후 실행하고 엔드포인트에 접근하면 그림 1.17과 같은 결과를 출력한다.

```
# HELP go_gc_duration_seconds A summary of the pause duration of garbage collection cycles.
# TYPE go_gc_duration_seconds summary
go_gc_duration_seconds{quantile="0"} 0
go_gc_duration_seconds{quantile="0.25"} 0
go_gc_duration_seconds{quantile="0.5"} 0
go_gc_duration_seconds{quantile="0.75"} 0
go_gc_duration_seconds{quantile="1"} 0
go_gc_duration_seconds_sum 0
go_gc_duration_seconds_count 0
# HELP go_goroutines Number of goroutines that currently exist.
# TYPE go_goroutines gauge
go_goroutines 7
# HELP go_info Information about the Go environment.
# TYPE go_info gauge
go_info{version="go1.18.1"} 1
# HELP go_memstats_alloc_bytes Number of bytes allocated and still in use.
# TYPE go_memstats_alloc_bytes gauge
go_memstats_alloc_bytes 768920
# HELP go_memstats_alloc_bytes_total Total number of bytes allocated, even if freed.
# TYPE go_memstats_alloc_bytes_total counter
go_memstats_alloc_bytes_total 768920
# HELP go_memstats_buck_hash_sys_bytes Number of bytes used by the profiling bucket hash table.
# TYPE go_memstats_buck_hash_sys_bytes gauge
go_memstats_buck_hash_sys_bytes 4210
# HELP go_memstats_frees_total Total number of frees.
# TYPE go_memstats_frees_total counter
go_memstats_frees_total 185
# HELP go_memstats_gc_cpu_fraction The fraction of this program's available CPU time used by the GC since the program started.
# TYPE go_memstats_gc_cpu_fraction gauge
```

그림 1.17 프로메테우스 엔드포인트 결과 화면

이그젬플러를 출력하기 위한 명령어는 다음과 같다.

```
curl -H 'Accept: application/openmetrics-text' localhost:8080/metrics
```

위의 명령어를 사용하면 오픈메트릭 형식으로 메트릭을 출력한다.

그림 1.18은 포스트맨을 사용하는 경우 오픈메트릭을 출력하는 방법이다.

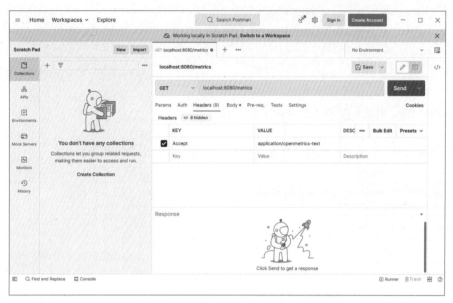

그림 1.18 포스트맨을 사용한 오픈메트릭 출력 화면

파이썬 예제는 다음과 같다.

```
from prometheus_client import Counter
c = Counter('my_requests_total', 'HTTP Failures', ['method', 'endpoint'])
c.labels('get', '/').inc(exemplar={'trace_id': 'abc123'})
c.labels('post', '/submit').inc(1.0, {'trace_id': 'def456'})
```

마찬가지로 히스토그램에 추가하는 방법이다.

```
from prometheus_client import Histogram
h = Histogram('request_latency_seconds', 'Description of histogram')
h.observe(4.7, {'trace_id': 'abc123'})
```

메트릭의 활용성이 다양하다는 점에서도 그 중요성을 강조할 수 있다.

- 알람 업무 규칙을 개발 시 임계점 측정에 사용한다.
- 오토스케일링 구현을 위해서 메트릭을 사용하며, 필요 시 커스텀 메트릭을 개발한다.
- 대시보드를 구성하는 차트는 메트릭과 집계 등을 통해서 나타낸다.

이 책에서는 다양한 관점에서 메트릭을 효과적으로 사용하는 방법에 대해서 설명한다.

그림 1.19와 같이 데모에 사용되는 모든 소스는 원격 접속을 제공하는 비주얼 스튜디오 코드를 통해서 실행할 수 있다.

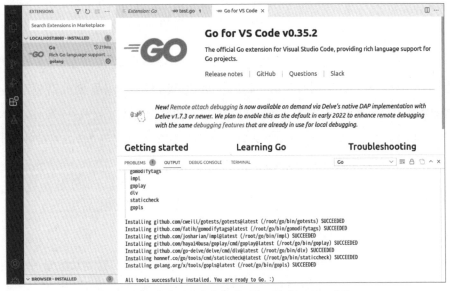

그림 1.19 원격 서버에서의 비주얼 스튜디오 코드 사용

1.3 추적

1.3.1 추적 구성 요소

추적tracing이라는 용어가 좀 생소할 것이다. 추적과 APM의 유사점을 가지고 둘을 비교할 수 있지만, 여기에도 차이점은 있다. APM의 특징은 다음과 같다.

- 기존 APM은 자동화된 계측을 선호한다.
- 로그와 메트릭보다는 성능 관리에 집중한다. 즉, APM은 상관관계의 기능이 부족하다.
- 메트릭은 수집 정보에서 자동으로 계산하는 경우가 대부분이며, 메트릭의 추가는 어렵다.

반면 관측 가능성은 기존 모니터링의 영역을 포함하며, 자동화와 데이터 분석 기능을 추가하여 다양한 영역으로 확장할 수 있다. APM이 가진 성능 관리의 기능과 관측 가능성의 기능(엄밀히 말하면 관측 가능성이 추구하는 방향성)에는 분명한 차이가 존재하므로 이 둘을 비교하기보다는 관측 가능성을 보다 확장된 개념으로 이해하는 것이 바람직하다.

관측 가능성의 구현 과정은 클라우드와 오픈소스를 사용해 **클라우드 네이티브**에 적합한 관측 가능성 환경을 만들어가는 것이다. 개발자, 운영자, 데이터 엔지니어, 데이터 분석가가 원하는 완전한 기능을 구현한 솔루션을 구입하는 것이 어려울뿐더러, 조직 간 구성원의 다양한 요구 사항을 만족시키는 것 또한, 쉽지 않다. 단계적이고 점진적, 지속적인 개선을 통해서 조직에 적합하도록 보완해 나가는 것이 오픈소스와 클라우드 네이티브에 기반한 관측 가능성이다.

독자들이 이 책을 읽는 시점에는 오픈트레이싱을 설명하는 것보다 오픈텔레메트리를 설명하는 것이 적합하다는 판단을 내렸다. 하지만 오픈소스인 예거는 향후에도 사용될 것이고, 예거에 적용된 많은 개념들이 오픈텔레메트리에 이전되고 있다. 실제로 많은 개념들이 유사하므로 오픈텔레메트리를 이해하는 데 많은 도움이 될 것이다. 만약 오픈텔레메트리에 집중하고픈 독자라면 이번에 소개하는 오픈트레이싱은 간략하게 이해하고 넘어가도 좋다.

본격적으로 추적에 대해 알아보기 전에 먼저 관련된 용어를 정리해보자.

▶ 스팬

전반적인 수행 시간 정보뿐만 아니라, 각기 하위 동작의 시작과 소요 시간 정보를 알 수 있다. **스팬**span은 동작 정보, 타임라인과 부모 스팬과의 의존성을 모두 포함하는 수행 시간을 담고 있다. 다음 출력 결과에서 스팬의 구조를 확인할 수 있다.

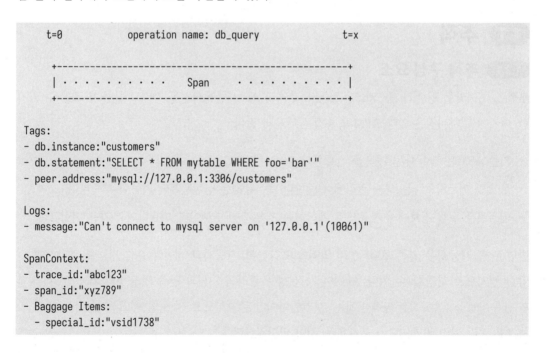

```
    t=0              operation name: db_query              t=x


       +-----------------------------------------------------+
       | · · · · · · · · ·       Span      · · · · · · · · · |
       +-----------------------------------------------------+

Tags:
- db.instance:"customers"
- db.statement:"SELECT * FROM mytable WHERE foo='bar'"
- peer.address:"mysql://127.0.0.1:3306/customers"

Logs:
- message:"Can't connect to mysql server on '127.0.0.1'(10061)"

SpanContext:
- trace_id:"abc123"
- span_id:"xyz789"
- Baggage Items:
  - special_id:"vsid1738"
```

확인한 대로 스팬은 태그tag, 로그log, 스팬 콘텍스트span context, 배기지baggage 정보를 포함하고 있다. 추적을 개발하는 개발자는 상세한 정보를 제공해야 하고, 운영자는 제공되는 정보를 통해 처리 방식과 내부 동작을 이해하고 장애 발생 시 디버깅과 문제 해결에 활용해야 한다.

▶ **스팬 콘텍스트**

새로운 스팬을 생성하기 위해서는 다른 스팬을 참조해야 하는데, **스팬 콘텍스트**span context는 이때 필요한 정보를 제공한다. 스팬 콘텍스트로 표현된 메타데이터를 쓸 수 있는 Inject와 읽을 수 있는 Extract 메서드를 제공한다. 즉, 스팬 콘텍스트는 주입inject과 추출extract을 통해 헤더에 전달되며, 전달된 스팬 콘텍스트에서 추출한 스팬 정보로 새로운 자식 스팬을 생성할 수 있다.

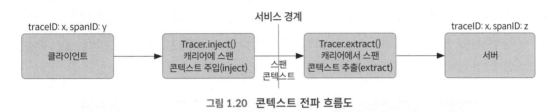

그림 1.20 콘텍스트 전파 흐름도

▶ **스팬 레퍼런스**

두 스팬 사이의 인과관계를 가리킨다. 스팬 사이의 인과관계를 정의하고, 스팬들이 동일한 추적에 속한다는 것을 추적자tracer가 알 수 있게 하는 것이다. 이러한 관계는 **스팬 레퍼런스**span reference로 나타난다. 스팬 레퍼런스에는 child of와 following from의 두 가지 유형이 있다. 예를 들어, 스팬 B는 스팬 A의 child of이거나, 스팬 A의 following from이라고 정의할 수 있다. 두 경우 모두 스팬 A가 스팬 B의 부모인 것을 의미한다(30쪽 하단 설명 참고).

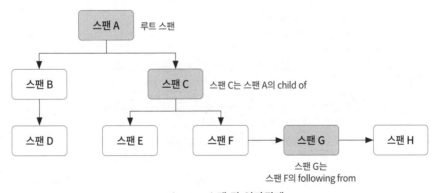

그림 1.21 스팬 간 인과관계

추적이 어렵게 느껴지는 이유는 용어가 복잡하기 때문이다. 용어를 중심으로 추적의 프로세스를 살펴보자. 추적의 개념은 여행자가 항공 서비스를 이용하는 것과 유사하다. 실제 내용물은 콘텍스트와 배기지가 된다. **배기지**는 다수의 스팬에 전달되고 공유되는 값이고, HTTP 헤더에 위치한다. 내용물을 담는 공간은 캐리어carrier다. 추적에서는 캐리어를 반입하는 것을 주입inject, 반출하는 것을 추출extract이라고 표현한다. 실제 전송은 HTTP와 같은 전송 프로토콜을 기반으로 이루어지며, 추적에서는 이를 **콘텍스트 전파**context propagation라고 한다. 콘텍스트 전파는 캐리어를 나르는 행위와 비슷하다. 전파자propagator 포맷format은 전파를 하기 위한 형식이다.

오픈트레이싱에서 콘텍스트 전파에 필요한 주입/추출이 어떻게 동작하는지 자세히 알아보자.

- Inject, Extract 메서드는 추상화된 스팬 콘텍스트 인터페이스에서 작동한다. 전송의 차이를 해결하기 위해 형식format 개념을 도입했다. 지원하는 형식의 예로는 b3, w3c가 있다.
- 캐리어는 트레이서가 선택한 형식에 따라 메타데이터를 저장하는데, 사용할 수 있는 물리적 컨테이너를 제공한다는 점에서 형식과 밀접하게 결합된다.

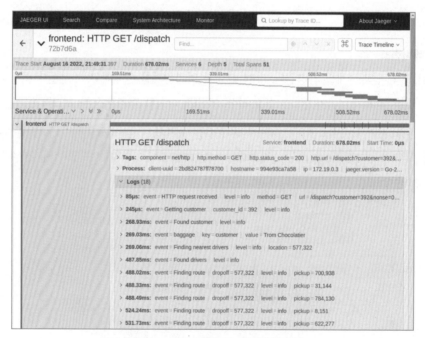

그림 1.22 예거 콘텍스트 내 메타데이터

Go에서 바이너리binary 형식의 캐리어는 표준 io.Writer 또는 io.Reader다. 오픈트레이싱 API를 호출해서 메타데이터를 주입/추출하는 계측기는 처리 중인 전송에 적절한 캐리어를 구성한다. 그리고 캐리어를 통해서 데이터를 채우거나(주입) 읽는다(추출). 이것으로 애플리케이션에서 사용되는 트레이서 주입/추출 구현의 분리가 가능하다.

1.3.2 추적 데모

다양한(3개) 서비스 간 콘텍스트 전파를 구현한 예제를 살펴볼 예정이다. 데모는 그림 1.23과 같은 프로세스로 이루어진다.

- 예거와 오픈트레이싱 API를 사용해서 데모를 구현한다.
- 주입/추출을 사용해서 프로세스 간 콘텍스트를 전파한다.
- 태그를 사용해서 상세한 추적 정보를 제공한다.
- 추적 사용자 화면을 이해하고 병목 지점과 지연시간을 확인한다.

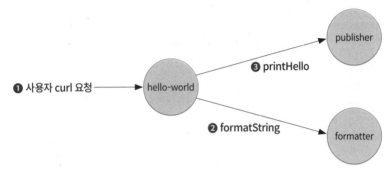

그림 1.23 추적 데모의 애플리케이션 흐름도

데모의 처리 순서는 다음과 같다.

- curl로 hello-world 서비스를 호출한다.
- hello-world 서비스는 formatter 서비스를 호출한다.
- hello-world 서비스는 publisher 서비스를 호출한다.

3개의 마이크로서비스로 구성되는 애플리케이션이다. 메인 애플리케이션인 hello.go는 formatter 와 publisher 서비스에 각각 HTTP 호출을 수행하는 `formatString`, `printHello`이라는 2개의 로컬 함수를 갖는다.

1개의 스팬으로 구성된 추적을 생성하는 프로그램을 작성한다. 이 스팬은 2개의 옵션을 결합하여 출력 문자열을 포맷팅formatting하고 출력printing한다.

```
span := tracer.StartSpan("say-hello")
span.SetTag("hello-to", helloTo)
defer span.Finish()
```

```
helloStr := formatString(span, helloTo)
printHello(span, helloStr)
```

여기서 3개의 스팬을 얻었는데 문제가 있다. 출력의 첫 번째 16진수hexadecimal가 예거 추적 ID를 나타내는데, 이들의 값이 각기 다르다는 것이다. UI에서 해당 ID를 검색하면 각 ID는 독립적인 추적이다.

원하는 결과는 main에서 시작된 루트 스팬에 대한 2개의 새로운 스팬 사이의 레퍼런스를 설정하는 것이므로 StartSpan 함수에 추가 옵션을 전달한다.

```go
func formatString(rootSpan opentracing.Span, helloTo string) string {
    span := rootSpan.Tracer().StartSpan("formatString")
    defer span.Finish()

    helloStr := fmt.Sprintf("Hello, %s!", helloTo)
    span.LogFields(
        log.String("event", "string-format"),
        log.String("value", helloStr),
    )

    return helloStr
}

func printHello(rootSpan opentracing.Span, helloStr string) {
    span := rootSpan.Tracer().StartSpan("printHello")
    defer span.Finish()

    println(helloStr)
    span.LogKV("event", "println")
}
```

스팬 콘텍스트는 네트워크를 통해 전파하는 데 사용되는 스팬의 변경 불가능한immutable 부분이다. 그리고 스팬 간 관계를 나타내는 데 사용한다.

- child of 관계는 루트 스팬이 작업을 완료하기 전에 루트 스팬이 하위 범위에 대한 종속성을 갖는다는 것을 의미한다.
- following from 관계는 루트 스팬이 DAGdirected acyclic graph(방향성 비순환 그래프)의 조상ancestor 이지만, 하위 스팬의 완료에 의존성을 갖지 않고 독립적으로 처리된다.

❶ 프로세스 간 콘텍스트 전파

hello-world 서비스는 1개의 추적에서 3개의 스팬을 얻는다. 그리고 2개의 마이크로서비스가 더 있으므로 프로세스 간 RPC 호출을 위한 추적을 구현해야 한다.

스팬 콘텍스트를 전파하는 방법이 필요한데, 오픈트레이싱 API는 프로세스 간의 콘텍스트를 전송하기 위해서 트레이서 인터페이스에서 Inject(spanContext, format, carrier), Extract(format, carrier)라는 두 가지 메서드를 제공한다.

캐리어는 기본 RPC 프레임워크에 대한 추상화abstraction다. 예를 들어, 텍스트맵TextMap 형식의 캐리어는 트레이서가 Set(key, value) 함수를 통해 키-값을 쓸 수 있게 해주는 인터페이스이고, 바이너리 형식의 캐리어는 io.Writer다.

트레이서에서 Inject를 호출한다.

```
ext.SpanKindRPCClient.Set(span)
ext.HTTPUrl.Set(span, url)
ext.HTTPMethod.Set(span, "GET")
span.Tracer().Inject(
    span.Context(),
    opentracing.HTTPHeaders,
    opentracing.HTTPHeadersCarrier(req.Header),
)
```

이 경우 캐리어는 HTTP 응답 헤더 객체이며, opentracing.HTTPHeadersCarrier로 래핑wrapping되어 캐리어 API에서 사용할 수 있다. 메타데이터와 함께 스팬에 태그를 추가할 수 있다. 오픈트레이싱에서 권장하는 대로 스팬에 span.kind=client 태그를 표시한다.

트레이서 인스턴스를 생성한다. hello.go와 유사하다.

```
tracer, closer := tracing.Init("formatter")
defer closer.Close()
```

tracer.Extract를 통해 수신되는 요청에서 스팬 콘텍스트를 추출한다.

```
spanCtx, _ := tracer.Extract(opentracing.HTTPHeaders,
opentracing.HTTPHeadersCarrier(r.Header))
```

서버의 작업을 나타내는 새로운 자식child 스팬을 생성한다. **spanCtx**와 ChildOf 참조reference를 생성하는 **RPCServerOption**을 사용한다. 그리고 새로운 스팬에 **span.kind=server** 태그를 설정한다.

```
span := tracer.StartSpan("format", ext.RPCServerOption(spanCtx))
defer span.Finish()
```

스팬에 태그를 추가한다.

```
span.LogFields(
    otlog.String("event", "string-format"),
    otlog.String("value", helloStr),
)
```

❷ 배기지

지금까지 스팬 콘텍스트를 다른 애플리케이션 사이에 전파하는 것을 구현하였다. 메타데이터를 트랜잭션과 연결하고, 어디에서나 해당 메타데이터를 사용할 수 있도록 보다 범용적인 콘텍스트 전파를 구현할 수 있는데, 이것을 **배기지**baggage라고 한다.

hello.go를 다음과 같이 수정한다.

```
if len(os.Args) != 3 {
    panic("ERROR: Expecting two arguments")
}
greeting := os.Args[2]
span.SetBaggageItem("greeting", greeting)
```

여기에서 두 번째 명령 줄 인수를 "greeting"으로 읽고 "greeting" 키 아래의 배기지에 저장한다.

포맷터에서 배기지를 조회할 수 있도록 포맷터의 HTTP 헤더에 다음 로직을 추가한다.

```
greeting := span.BaggageItem("greeting")
if greeting == "" {
    greeting = "Hello"
}
helloTo := r.FormValue("helloTo")
helloStr := fmt.Sprintf("%s, %s!", greeting, helloTo)
```

추적의 개념과 API가 복잡하다. 하지만 실행하면서 테스트해보면 쉽게 이해할 수 있다.

다음 절차는 추적 결과를 확인하는 과정이다. 예거를 시작한다.

```
root@philip-virtual-machine:~/binary/jaeger-1.38.1-linux-amd64# ./jaeger-all-in-one
--collector.zipkin.host-port=:9411
2022/12/05 22:31:24 maxprocs: Leaving GOMAXPROCS=8: CPU quota undefined
{"level":"info","ts":1670247084.6329339,"caller":"flags/service.go:119","msg":"Mounting
metrics handler on admin server","route":"/metrics"}
{"level":"info","ts":1670247084.6356835,"caller":"flags/admin.go:121","msg":"Admin server
started","http.host-port":"[::]:14269","health-status":"unavailable"}
{"level":"info","ts":1670247084.6408193,"caller":"memory/factory.go:66","msg":"Memory
storage initialized","configuration":{"MaxTraces":0}}
```

실행 순서는 다음과 같다.

- 예거 추적을 시작한다.
- formatter 서비스를 시작한다.
- publisher 서비스를 시작한다.
- hello-world 서비스를 시작한다.
- curl로 hello-world 서비스를 호출한다.

hello-world 서비스에 필요한 라이브러리를 다운받는다.

```
root@philip-virtual-machine:~/source/client# go mod init hello
go: creating new go.mod: module hello
go: to add module requirements and sums:
    go mod tidy
root@philip-virtual-machine:~/source/client# go mod tidy
go: finding module for package github.com/opentracing/opentracing-go/log
go: finding module for package github.com/yurishkuro/opentracing-tutorial/go/lib/tracing
이하 생략

go: found github.com/HdrHistogram/hdrhistogram-go in github.com/HdrHistogram/hdrhistogram-go
v1.1.2
root@philip-virtual-machine:~/source/client#
```

hello-world 서비스를 빌드한다.

```
root@philip-virtual-machine:~/source/client# go build
root@philip-virtual-machine:~/source/client# ll
합계 7696
```

```
drwxr-xr-x 2 root root    4096 12월  5 22:32 ./
drwxr-xr-x 5 root root    4096 12월  5 22:22 ../
-rw-r--r-- 1 root root     490 12월  5 22:24 go.mod
-rw-r--r-- 1 root root    7144 12월  5 22:24 go.sum
-rwxr-xr-x 1 root root 7852778 12월  5 22:32 hello*
-rw-r--r-- 1 root root    2183 12월  5 22:22 hello.go
```

hello-world 서비스에서 수행한 작업을 formatter, publisher에서도 동일하게 수행한다.

formatter 서비스를 시작한다.

```
root@philip-virtual-machine:~/source/formatter# ./formatter
2022/12/05 22:34:19 debug logging disabled
2022/12/05 22:34:19 Initializing logging reporter
2022/12/05 22:34:19 debug logging disabled
```

publisher 서비스를 시작한다.

```
root@philip-virtual-machine:~/source/publisher# ./publisher
2022/12/05 22:33:58 debug logging disabled
2022/12/05 22:33:58 Initializing logging reporter
2022/12/05 22:33:58 debug logging disabled
```

hello-world 서비스를 시작한다.

```
root@philip-virtual-machine:~/source/client# ./hello Bryan
2022/12/05 22:35:18 debug logging disabled
2022/12/05 22:35:18 Initializing logging reporter
2022/12/05 22:35:18 debug logging disabled
2022/12/05 22:35:18 Reporting span 3124545cddbf6588:59435163a711de40:3124545cddbf6588:1
2022/12/05 22:35:18 Reporting span 3124545cddbf6588:3db6ff48afd77900:3124545cddbf6588:1
2022/12/05 22:35:18 Reporting span 3124545cddbf6588:3124545cddbf6588:0000000000000000:1
root@philip-virtual-machine:~/source/opentracing-tutorial/go/lesson04/exercise/client#
```

formatter 서비스를 확인한다.

```
root@philip-virtual-machine:~/source/formatter# ./formatter
2022/12/05 22:34:19 debug logging disabled
2022/12/05 22:34:19 Initializing logging reporter
2022/12/05 22:34:19 debug logging disabled
2022/12/05 22:35:18 Reporting span 3124545cddbf6588:1feb8abed5e44da3:59435163a711de40:1
```

publisher 서비스를 확인한다.

```
root@philip-virtual-machine:~/source/publisher# ./publisher
2022/12/05 22:33:58 debug logging disabled
2022/12/05 22:33:58 Initializing logging reporter
2022/12/05 22:33:58 debug logging disabled
Hello, Bryan!
2022/12/05 22:35:18 Reporting span 3124545cddbf6588:42f69f2c7a9527f1:3db6ff48afd77900:1
```

결과를 확인한다. 지금부터 확인할 화면을 정확히 이해하고 분석할 필요가 있다. 화면이 복잡한 만큼 많은 정보를 담고 있기 때문이다.

그림 1.24 예거 화면에서 확인되는 추적 서비스 목록

이미 추적이 수행된 3개의 서비스가 출력된다.

그림 1.25는 다음과 같은 몇 가지 정보를 제공한다.

- 왼쪽에서 현재 활성화된 서비스를 선택할 수 있다.
- 추적 개수를 보여준다. 서비스는 hello-world, formatter, publisher로 3개다.
- formatter와 publisher는 각각 1개, hello-world는 3개의 스팬을 가지고 있는데, 색깔로 구분할 수 있다.
- 2.2ms가 걸린 hello-world 루트 스팬에 주목할 필요가 있다.

그림 1.25 예거 개요

그림 1.26은 출력된 결과를 설명한다.

- 추적 내 스팬은 왼쪽에 표시되며 5개다.
- 세 가지 마이크로서비스에 걸친 추적이다. 네트워크 지연시간은 hello-world 서비스에 있는 내부 formatString 스팬과 printHello 스팬 사이에서 관찰할 수 있다.
- 태그와 로그를 확인할 수 있다.

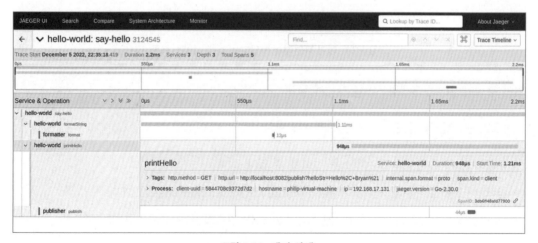

그림 1.26 예거 상세

즉, 서비스 간 호출 경로와 서비스별 호출 횟수를 시각적으로 보여준다. 그림 1.27처럼 자동 생성되는 흐름도는 소스에 대한 자세한 이해 없이도 대략적인 흐름 파악과 문제 해결에 도움을 제공한다.

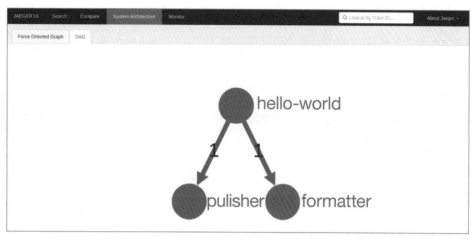

그림 1.27   예거의 프로세스 흐름도

1.4 로그

1.4.1 로그 관리

로그 관리의 일차적인 목적은 시스템에 분산된 로그를 한곳에 저장해서 다루기 쉽게 하는 것이다. 일단 로그를 중앙 집중적으로 수집하고 관리할 수 있는 인프라와 로그 관리 시스템을 구축한 상태라면, 그다음에는 다양한 로그 유형을 표준화하는 작업이 필요하다. 로그 유형이 제각각이면 로그 내용을 쉽게 검색하는 것이 어렵고, 후속 처리를 위한 가공과 집계에 많은 시간이 걸린다.

- **로그 수집**

  로그 관리 시스템의 목적은 모든 서비스에서 로그 데이터를 수집하여 필요할 때 시스템의 동작을 추론하고 검색하는 것이다. 가용한 데이터를 활용해서 검사, 디버그, 새로운 통찰을 얻을 수 있다.

- **로그 표준화**

  로그 데이터를 효과적으로 저장하고 검색하려면 우선 엔지니어링 팀이 사용할 로그의 형식을 합의해야 한다. 일관된 형식은 데이터를 효과적으로 저장하고 가공하는 데 도움이 된다.

분산 시스템에서 데이터를 수집하는 데에는 여러 어려움이 따른다. 실행 중인 파드가 교체된 후에 살아남은 로그 데이터가 있다고 하더라도 시스템에서 요청을 추적하기는 쉽지 않다. 시스템에서 일어나는 일을 기록하는 더 나은 방법이 필요하다.

- 서비스가 재시작되거나 예상치 못한 장애가 발생할 수 있다. 이러한 상황을 극복하고, 지속적으로 로그를 수집, 관리해야 한다.
- 급격하게 증가하는 로그 데이터를 처리하기 위해 로그 관리 시스템은 동적이고 수평적인 확장을 지원해야 한다. 가상 머신, 도커 컨테이너, 쿠버네티스 파드 등 다양한 런타임 환경에서 동일한 방식으로 로그 데이터를 수집할 수 있어야 한다.
- 클라우드 네이티브는 멀티 테넌트를 지원해야 한다. 즉, 단일한 로그 시스템을 사용해서 다양한 조직과 서비스에서 생성하는 로그 데이터를 수집하고 중앙 집중적으로 관리해야 한다. 이를 통해 시스템 자원을 효율적으로 사용하고 운영 비용을 절감할 수 있다.
- 수집된 로그 데이터를 활용해서 검색과 후속 처리를 할 수 있어야 한다.

▶ 표준화되고 구조적인 로그 생성하기

관측 가능성을 달성하려면 운영 중인 서비스뿐만 아니라 인프라스트럭처를 포함해 여러 소스에서 데이터를 수집해야 한다. 로그를 표준화하고 공통 형식을 정의하면 최소한의 노력으로 로그 데이터를 좀 더 쉽게 분석하고 검색할 수 있다.

저장하고 사용할 수 있는 데이터의 예는 다음과 같다.

- 프런트엔드, 백엔드 애플리케이션에서 수집한 성능 데이터
- 프록시, 로드 밸런서 등에서 수집한 네트워크 트래픽 로그
- 웹서버, 서버 프레임워크, 언어별 로깅 라이브러리에서 수집한 로그
- SAP 등 벤더 설루션 패키지와 레거시 시스템에서 수집한 비구조적인 로그

설루션 패키지와 레거시 시스템의 경우에는 자체 고유한 형식을 로그에 기록한다. 이러한 경우에는 형식을 제어할 수 없으므로 그 특수성에 대응하고 어떻게든 변환해야 한다. 전체 엔지니어링 팀이 형식을 준수하면 데이터를 더욱 간단하고 효과적으로 수집할 수 있다. 로그에 포함되어야 하는 필수적인 데이터에 대해서 살펴보고, 어떻게 구조적인 로그를 생성하는지 알아본다.

▶ 로그에 포함할 유용한 정보

로그 데이터에서 시스템을 이해하는 데 유용하고 효과적인 도움을 얻으려면 필수적인 정보를 포함해야 한다. 그럼 각 로그에 무엇을 포함해야 할지 알아보자.

- **타임스탬프**

데이터가 상호적으로 연관되고 적절한 순서를 갖도록 정하려면 로그 엔트리에 타임스탬프를 포함해야 한다. 타임스탬프는 가능한 세밀하고 자세한 정보를 제공하는 것이 좋다. 각 서비스는 자체 타임스탬프를 표현해야 하는데, 가능하다면 마이크로세컨드가 좋다. 또한, 타임스탬프는 시간대 정보를 포함해야 하는데, GMT/UTC로 데이터를 수집하는 것을 권장한다. 이런 상세 정보가 있으면 다른 시간대의 서로 다른 서비스의 로그, 추적, 메트릭과 상호연관(상관) 지을 때 발생하는 문제점을 피할 수 있다. 발생 시간으로 데이터를 정렬하면 분석하기 쉽고 적은 문맥 정보가 필요하다. 올바른 타임스탬프는 이벤트가 발생한 순서를 이해하기 위한 기본적인 첫걸음이다.

- **식별자**

  - 저장하려는 데이터에 가능한 많은 고유 식별자를 포함해야 한다. 주문 ID, 트랜잭션 ID 등 다른 고유 식별자는 여러 소스의 데이터를 상호 참조할 때 중요한 가치가 있다. 또한, 서로 다른 소스의 데이터를 효과적으로 그룹 지을 수 있다. 대부분 리소스를 식별하는 데 ID를 사용하므로 이런 ID는 이미 시스템에 존재한다. 이런 ID는 이미 다른 서비스를 통해 전파됐을 것이므로 잘 활용해야 한다. 고유 식별자를 타임스탬프와 함께 사용하면 시스템에서 처리 흐름을 이해하는 강력한 도구가 된다.

  - 대부분의 도메인은 고객과 상품 마스터를 기본으로 하며, 트랜잭션 데이터인 주문을 생성한다. 정의와 관리가 잘된 관측 가능성은 추적 ID를 통해서 주문의 처리와 지연시간을 모니터링한다. 업무를 처리하는 프로덕트 오너는 주문 ID, 시스템을 관리하는 운영자는 추적 ID를 사용하는 것이 일반적인 권고안이다. 이러한 주요 키 정보는 로그에 나타나야 한다. 다양한 시스템에서 로그를 정확히 수집했다는 가정하에 일래스틱서치에서는 키 정보를 검색 조건으로 입력한다. 그리고 시간 순서(타임스탬프)대로 정렬해서 사용함으로써 문제와 원인을 빠르게 찾아낸다.

- **소스**

로그 엔트리의 소스를 식별하면 필요할 때 쉽게 디버깅을 할 수 있다. 일반적으로 소스 데이터는 호스트, 클래스, 모듈, 함수, 파일명 등이다. 예를 들어, 함수를 호출할 때 실행시간을 추가하면 나중에 소스에 수집된 정보에서 성능을 계산할 수 있다. 메트릭을 대체하는 것은 아니지만, 병목 구간과 잠재적 성능 문제를 식별하는 데 효과적이다.

- **레벨 또는 카테고리**

각 로그 엔트리는 카테고리를 포함해야 한다. 카테고리는 로그 데이터의 유형이거나 로그 레벨일 수 있다. 일반적인 로그 레벨에는 ERROR, DEBUG, INFO, WARN의 값이 쓰인다. 카테고리로 데이터를 그룹 짓고 분류할 수 있는데, 예를 들어 로그 관리 시스템은 로그 파일을 파싱해 ERROR 레벨을 가진 메시지를 찾아내 에러 보고 알람 등을 생성하여 운영자에게 전송한다. 이것은 로그 레벨 또는 카테고리를 활용해 에러 보고 절차를 자동화하는 방법의 좋은 예다. 일래스틱서치와 로키에서는 이러한 기능을 쉽게 개발할 수 있는 기능을 제공한다. 그리고 로그 레벨을 정하는 것은 중요한 일이다. 개발, 운영 등 환경별로 중요한 로그 정보가 제외되지 않도록 올바른 로그 정책을 수립하고 관리해야 한다.

위에서 언급한 타임스탬프, 식별자, 소스, 레벨 또는 카테고리는 로그 파일에 명시되어야 하는 중요 정보다. 로그 관리 시스템은 로그 파일을 수집하면서 태그, 레이블, 인덱스를 추가해서, 검색 편의성을 높이고 성능을 향상시킨다.

로그 엔트리를 생성할 때 사람이 읽을 수 있는 형태인 동시에 머신에 의해 쉽게 파싱될 수 있어야 한다. 또한, 여러 줄에 걸친 로그를 피해야 하는데, 집계 도구에서 파싱할 때 파편화를 초래할 수 있기 때문이다. 이런 로그는 ID, 타임스탬프 또는 소스와 같은 특정 로그 엔트리와 관련된 일부 정보를 쉽게 잃을 수 있다. 근래에는 운영자가 데이터를 읽기 쉽고 기계가 파싱하는 데 용이한 JSON 형태로 인코딩한다.

1.4.2 로그 표준화

오픈텔레메트리에서 소개하는 로깅 파이프라인은 여러모로 의미 있는 작업이다. 언어별로 강력한 로깅 라이브러리를 제공하지만, 이를 표준화하는 가이드라인 없이 개발자의 스타일에 적합하게 로깅이 적용되었다. 실무에서 로그의 중요성과 활용도가 메트릭과 추적에 비해서 훨씬 높다는 점을 이해하고 감안할 필요가 있다. 오픈텔레메트리만으로 관측 가능성의 세 가지 요소를 구현할 수 있으며, 상관관계를 구현할 수 있다는 점에 의미가 있다.

로그 표준화는 중요한 부분이다. 예를 들어, 프런트엔드와 백엔드가 주문 ID를 다르게 관리한다면 어떠한 일이 발생할까? 원하는 로그를 정확하게 검색하기가 어려울 것이다. 쿼리를 복잡하게 작성해서 관련된 모든 로그를 조회할 수 있다. 하지만 이런 복잡한 쿼리를 작성하기 이전에 각 시스템별로 생성되는 로그 파일을 표준화시키고 동일한 ID를 사용해야 한다. 로그 관리 시스템에서 입력되는 키와 로그 파일의 키가 일치하도록 표준화를 진행해야 한다.

오픈텔레메트리의 로깅 신호는 로깅 인터페이스 표준화와 관련이 없다. 많은 언어에 이미 확립된 로깅 API가 있으며, 오픈텔레메트리 초기에 이러한 기존 도구를 활용하기로 결정했다. 이는 로깅을 생성할 수 있는 API는 제공하지만, 기존 로깅 기능에 연결하려는 의도다. 해당 로그를 다른 신호(메트릭과 추적)와 상관시키는 것에 초점을 맞추는 것이다. 그림 1.28은 로깅 파이프라인의 구성 요소를 보여준다.

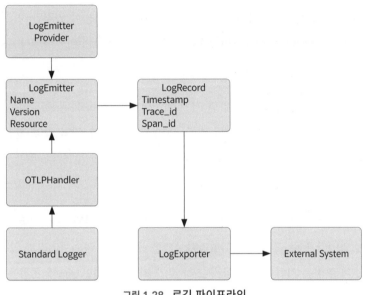

그림 1.28 로깅 파이프라인

이미터emitter를 사용해서 로그로 보내는 내용을 선택할 수 있고, 익스포터exporter를 사용해서 받는 로그의 내용을 선택할 수 있다. 근래에는 전송 측(이미터)에서도, 수신 측(익스포터)에서도 원하는 내용을 유연하게 선택할 수 있다. 로그 레코드를 생성하고 외부 시스템으로 내보내는 로깅 파이프라인은 다음과 같이 구성된다.

- 하나 이상의 로그 이미터를 인스턴스화하는 메커니즘을 제공하는 LogEmitterProvider
- LogRecord 데이터를 생성하는 LogEmitter
- 로그 레코드를 사용하고 데이터를 백엔드로 보내는 LogExporter

오픈텔레메트리 로그에서는 다음과 같은 기능을 제공한다.

- LogRecord 데이터를 생성하는 LogEmitter
- 언어별 로깅 라이브러리와 통합하고 연계하는 방법

- 오픈텔레메트리와 연계하고 구조화된 로그를 생성하는 방법

- 이미터와 로그 레벨을 사용해서, 최적화되고 필요한 로그만 출력하는 방법

- 리소스, 추적 등 상관관계 데이터를 로그에 추가하는 방법

- 다양한 오픈텔레메트리 에이전트(예를 들어 자바 MDC)와 연계하는 방법

▶ 구조화된 로그

Go 표준 라이브러리 logger에는 사용할 수 있는 몇 가지 다른 기능이 있지만, 여기에서는 자세히 다루지 않는다. https://github.com/go-logr/logr에서 설명하는 API뿐만 아니라 구조화되고 로그 레벨이 지정된 logger에 중점을 둘 것이다.

구조화된 logger는 텍스트 logger에 비해 몇 가지 이점이 있다. 구조화된 로그에는 일반 텍스트보다 더 쉽게 구문 분석이 가능하도록 정의된 키와 값 스키마가 있다. 키와 값을 활용하여 상관관계 ID 또는 기타 유용한 콘텍스트 정보와 같은 풍부한 정보를 포함할 수 있다. 또한, 주어진 로그 콘텍스트에 적용되지 않는 키를 필터링할 수 있다.

https://github.com/go-logr/logr를 통해 구조화되고 수준이 지정된 로그 인터페이스를 표준화하려는 움직임이 있었다. logr 프로젝트에 설명된 API를 구현하는 라이브러리가 많은데, 우리의 목적을 위해 logr API 구현을 지원하는 단일 구조적 로깅 라이브러리인 **zap**에 초점을 맞출 것이다.

```
package main
import (
    "time"
    "go.uber.org/zap"
)
func main() {
    logger, _ := zap.NewProduction()
    defer logger.Sync()
    logger = logger.Named("my-app")
    logger.Info
        ("failed to fetch URL",
        zap.String("url", "https://github.com"),
        zap.Int("attempt", 3),
        zap.Duration("backoff", time.Second),
    )
}
```

출력된 값을 확인하자.

```
{
  "level": "info",
  "ts": 1257894000,
  "logger": "my app",
  "caller": "sandbox4253963123/prog.go:15",
  "msg": "failed to fetch URL",
  "url": "https://github.com",
  "attempt": 3,
  "backoff": 1
}
```

logger의 JSON 구조 출력은 입력된 키와 값을 통해 유용하고 구문 분석이 쉬운 콘텍스트 정보를 제공한다. 이러한 추가 키와 값을 통해 상관관계 ID를 내장하여 분산된 추적을 로그와 연결한다.

로그를 출력할 위치(예: 파일 시스템, STDOUT, STDERR)에 대해 자세히 지정하지 않고, 수집하려는 애플리케이션 로그에 파일 표현이 있다고 가정한다면, 오픈텔레메트리 컬렉터와 연계하는 것을 권장한다.

지금까지 오픈텔레메트리 로깅과 Go 표준 로깅 라이브러리를 간략하게 알아보았다. 최종적으로 오픈텔레메트리 로깅과 언어별 로깅 라이브러리를 연계해서 텔레메트리 로그를 완성할 것이다. 로그에 대한 상세한 내용은 6장 오픈텔레메트리에서 다룬다.

로그 관리를 요약하면 다음과 같다.

- 각 시스템에 분산되어 있는 로그를 어떻게 수집하고 통합, 관리할 것인지를 먼저 정해야 한다.
- 각 애플리케이션은 다른 로그 형태를 가지고 있으므로, 어떻게 로그의 형식을 표준화하고 단일화할 것인지가 중요하다.
- 구조적 로그는 JSON을 사용하는 것이 일반적이고, 레거시 시스템은 비구조적이고 단순한 텍스트 파일 형태로 구성되어 있다.
- 오픈텔레메트리 로그 개발 시에는 구조화된 로그를 생성하는 법과 오픈텔레메트리와 연계하는 것이 중요하다.

지금까지 메트릭, 추적, 로그에 대해 자세히 살펴보았다. 정리하자면 수집되는 메트릭, 추적, 로그를 별도로 관리해서는 안 되며, 이들 간의 상관관계를 정의하고 다양한 관점에서 데이터를 분석해야 한다. 이는 곧 관측 가능성의 목표다. 계속해서 상관관계에 대해 알아보자.

1.5 상관관계

1.5.1 상관관계의 필요성

데이터 분석가들은 '서로 다른 데이터가 정확하게 결합이 되었을 때 비로소 데이터의 활용 가치가 증가한다'라고 말한다. 로그, 메트릭, 추적, 트래픽 데이터는 서로 다른 이기종 데이터가 아니며, 아직 결합되지 않은 분리된 데이터일 뿐이다. 관측 가능성의 활용도를 높이고 새로운 가치를 재발견하기 위해서는 데이터 간의 결합이 필요하다.

메트릭과 추적 이전부터 로그는 시스템을 이해하고 문제를 해결하기 위한 가장 기본적인 방법으로 손꼽혔다. 로그는 다양한 시스템에 분산되어서 저장되므로 수집이 필요하다. 경우에 따라서는 비구조화된 텍스트 형식일 수도 있으므로 로그를 분석하고 이해하기 위해서는, 다양한 시스템에서 로그를 수집하고 전처리를 통해서 데이터를 가공하는 추가적인 작업이 필요하다.

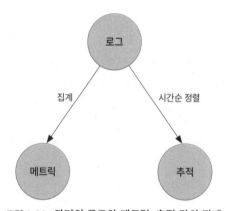

그림 1.29 과거의 로그와 메트릭, 추적 간의 관계

이벤트가 발생한 시간 순서에 따라서 로그를 정렬하고, 필요한 부분을 집계하고, 다수 이벤트 처리에 따른 지연시간을 계산하는 등의 작업을 수행한다. 문제는 자동화되지 못한 수작업은 상당한 시간을 잡아먹을뿐더러, 운영 환경에서 발생한 장애는 최우선으로 신속하게 해결되어야 함에도 불구하고 목표로 제시한 SLO와 SLI를 달성하는 데 어려움이 따른다는 것이다.

로그에 대한 통계와 집계 정보는 메트릭이 될 수 있으며, 로그를 발생 시점과 처리 시점을 계산해서 나열하면 추적이 될 수 있다. 복잡하게 관측 가능성까지 고민하지 않더라도, 이해하기 쉽지 않은 로그 데이터를 사용자가 이해하기 쉽도록 집계하고 시간순으로 출력하는 것은 가치 있고 의미 있는 작업이다.

관측 가능성의 세 가지 요소를 관리하기 위한 시스템은 개별적으로 구축한 후 관리하는 것이 일반적이다. 하지만 보다 효율적이고 성공적인 결과를 얻기 위해서는 모두가 하나의 통합 플랫폼으로 연결되어야 하는데, 이 통합을 위해 먼저 관측 가능성의 세 가지 요소 간 상관관계를 정의해야 한다.

이 책에서는 최종적으로 다섯 가지 신호에 대해서 설명하고 이들 간의 상관관계를 정의한다. 이 책에서 설명하는 로그, 메트릭, 추적 외에 다른 중요한 신호는 프로파일과 RUMreal user monitoring이다. 프로파일과 RUM도 상관관계를 가지고 있다. 이에 대한 자세한 설명은 후속작에서 진행하고, 이 책에서는 그림 1.30에서 별색으로 표시된 로그, 메트릭, 추적에 집중한다.

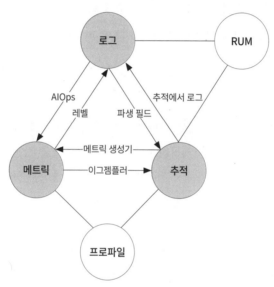

그림 1.30 관측 가능성 상관관계

세 가지 상관관계는 다음과 같다.

- **로그와 추적**
  - 로그 파일에는 추적을 식별할 수 있는 추적 ID를 추가할 수 있다. 이로써 로그 파일에서 추적으로 상관관계를 정의할 수 있다.
  - 스팬 콘텍스트 내 메타데이터에는 로그 파일명을 추가할 수 있다. 추적은 로그보다 풍부한 콘텍스트 정보를 제공하고, 개발을 통해서 확장이 가능하다. 그러나 너무 많은 메타데이터는 성능을 저하시키므로 주의해야 한다.
  - 로그 관리 화면에서 특정 로그 파일을 선택하면 추적 ID를 출력한다. 추적 ID를 클릭하면 추적 상세 화면으로 이동한다. 추적 ID와 연관된 세부 추적은 스팬에서 확인할 수 있다.

– 추적 화면에서 추적 ID를 선택하면 해당 추적 ID를 포함하는 로그 파일로 이동할 수 있다.

- **추적과 메트릭**

  – 프로메테우스가 제공하는 이그젬플러 기능을 활용해서, 메트릭에서 추적으로 상관관계를 정의할 수 있다. 이그젬플러는 프로메테우스 내부 저장소이고, 이 저장소에 추적을 저장한다. 히스토그램에 출력되는 이그젬플러를 추적 ID와 일치시킬 수 있다. 자세한 내용은 3장에서 데모와 함께 설명한다.

  – 근래 들어 템포는 메트릭 제너레이터generator, 예거는 메트릭 스토리지storage라는 기능을 통해 추적에서 메트릭으로 상관관계를 정의할 수 있도록 한다.

  – 이러한 상관관계 설정을 통해 메트릭에서는 추적 정보를 수집하고, 내부적으로 다양한 연산을 통해 메트릭값을 생성한다.

- **메트릭과 로그**

  – 아쉽게도 메트릭과 로그의 관계를 나타내는 특별한 기술은 현시점에서는 아직까지 없다. 하지만 기본적인 가이드라인은 제공하는데, 다수의 레이블을 사용하고, 네이밍을 유사하게 일치시키고, 타임스탬프를 사용해서 검색 범위를 최대한 좁히는 것이다.

  – 로그 파일에 자주 등장하면서 일정한 비율로 **카디널리티**cardinality를 가지는 값은 메트릭으로 변환할 수 있다. 또한, AIOps와 텍스트 분석 기능의 자동화 시스템을 도입하면 로그 파일로부터 메트릭을 도출할 수 있다. 실제로 상용 설루션은 이러한 방식으로 로그 파일과 메트릭 간의 연관관계를 정의하고 있다.

- **또 다른 신호, 프로파일과 RUM**

  메트릭, 로그, 추적 외에 추가적인 신호는 프로파일과 RUM이 있다. 프로파일은 하위 수준의 상세한 디버깅 정보를 제공하며, 자바와 고Go 가상 머신의 CPU, 메모리 등에 대해서 분석할 수 있다. 그리고 RUM은 자바스크립트로 개발된 프런트엔드의 문제점을 분석하는 데 유용하다. 프로파일과 RUM은 메트릭, 로그, 프로파일과의 상관관계를 제공하며, 이에 대한 상세한 설명과 실습은 후속작에서 진행할 계획이다.

1.5.2 상관관계 구현 방안

상관관계를 표준화하기 위해 다양한 표준을 제정하고 있다. 설루션 벤더에서도 이러한 표준을 설루션으로 지원하기 위해 노력 중이다. 표준화 이전에는 레이블, 타임스탬프, 네이밍 규칙 등을 조건으로 입력하고, 최대한 검색 범위를 좁혀가면서 상관관계를 분석하였다. 그러므로 원인을 분석하고 장애를 해결하는 데 많은 시간이 걸리고, 정확하게 시스템을 이해하는 데 어려움이 많았다.

- 태그는 마이크로서비스 아키텍처에서도 핵심적인 요소다. 실제로 프로덕션에서 비즈니스 기능의 오작동은 전체적으로 발생하는 것보다 부분적으로 각기 다른 문제가 발생하는 때가 많다. 이때 메트릭 측정과 추적 장치 모두에 동일한 정보가 있으면 문제를 찾아내기 쉽다. 엔지니어는 메트릭을 차원적으로 탐색해 문제가 발생한 영역을 확인하고, 해당 영역에서 발생한 추적이나 로그 등의 디버깅 신호를 찾아 문제의 원인을 분석한다.

- 메트릭 데이터는 중요한 가용성 신호이며, 추적과 로그는 디버깅에 필수적인 데이터다. 둘 사이의 관계를 맺는 모든 작업은 결국 가용성 저하 경고를 디버깅 정보로 전환하기 위한 사전 작업인 셈이다. 최대한 문제의 근원을 파악할 수 있는 정보로 특정해야 한다. 대표적으로 지연시간은 대시보드에 그래프로 표시하고, 최대치 변화에 대해 알람을 받도록 한다. 정보의 밀도를 시각화할 수 있는 방법은 히스토그램을 기반으로 한 지연시간 분포를 히트맵으로 나타내는 것이다.

- 시스템 담당자가 지연시간 상태 경고를 받으면 관측 가능성 대시보드에서 차트를 보고 해당 영역을 클릭해 즉시 분산 추적 시스템을 확인할 수 있다.

- 메트릭과 추적의 가치는 이러한 연계 그래프를 통해 동반 상승한다. 측정 항목 데이터를 집계하고 확인하는 것만으로는 특정 상황에 무슨 일이 일어났는지 이해하기 어렵다. 마찬가지로 추적만으로는 메트릭이 제공하는 것처럼 거시적인 관점으로 시스템을 바라볼 수 없다.

- 추적 데이터는 비용을 제어하기 위해 샘플링을 거치는 경우가 많으므로(특정 레이턴시 버킷에 해당하는 모든 데이터를 저장하지 않으므로) 데이터 누락의 가능성이 있다.

- 측정 항목(메트릭)과 추적 도구 사이의 태그와 키의 값을 엄밀하게 일치시킬 필요는 없지만, 추적 데이터 쪽에 논리적으로 동등한 대상이 아닌 메트릭 태그로 필터링하면 안 된다. 메트릭과 추적 사이를 정확하게 연결할 수 없을 뿐 아니라 간혹 오탐지 결과가 발생하는 원인이 된다. 지연시간 시각화는 응답 성공이나 실패로 분리해서 확인한다. 지연시간의 특성상 같은 응답 실패라도 외부 리소스 문제에 따라 비정상적으로 빠르거나, 반대로 시간 초과로 걸리는 상반된 양상을 보이기 때문이다. 따라서 응답 결과 태그로 지연시간 시각화를 분리하려면 메트릭과 추적 양쪽 모두에 서로 식별이 가능한, 일치하는 태그가 있는지 먼저 확인해야 한다.

- 거의 모든 메트릭 수집기는 실제로 필요한 데이터보다 더 많은 데이터를 수집하므로 모든 메트릭을 시각적으로 나타내는 것은 비효율적이다. 그러나 최대 지연시간, 에러율, 자원 사용률 등거의 모든 마이크로서비스에 통용되는 강력한 신뢰성 신호가 있다. 이러한 지표를 집중적으로 관찰하고 경고 임계 범위를 조율해야 한다.

지금까지 세 가지 상관관계를 정의하고 여섯 가지 세부 항목으로 정리해보았다.

- 로그와 추적
- 추적과 로그
- 추적과 메트릭
- 메트릭과 추적
- 메트릭과 로그
- 로그와 메트릭

여섯 가지 세부 항목에 대한 자세한 설명과 그라파나에서 구현되는 예시 화면은 5장에서 다룬다.

위에서 언급한 세 가지 상관관계와 세분화된 여섯 가지 항목을 구현하는 것이 이 책의 기본적인 목적이다. 조금 더 구체적인 예시를 통해서 운영자가 어떻게 상관관계를 사용할 수 있는지, 사용자 화면에서는 어떻게 상관관계를 시각화하는지 알아보도록 한다. 간략하게 다루어볼 상관관계는 다음과 같다.

- 메트릭에서 추적
- 추적에서 로그

예를 들어, 운영자는 메트릭의 히스토그램을 통해서 장애 또는 이상 현상을 발견한다. 그림 1.31에서 처리 시간을 나타내는 메트릭 히스토그램을 통해 특정 트랜잭션에 지연이 발생하는 것을 발견할 수 있다. 히스토그램에서 점으로 출력되는 것은 이그젬플러를 의미한다.

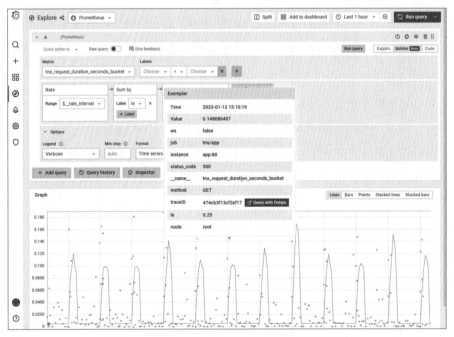

그림 1.31　이그젬플러에서 보여주는 추적 연결 URL

이그젬플러를 클릭하면 특정 traceID를 통해서 추적 화면으로 전환할 수 있는 연결 URL을 제공한다. 운영자는 메트릭 히스토그램을 주기적으로 모니터링하면서 문제가 발생하거나, 상세한 분석이 필요할 경우에 이그젬플러를 통해 개별 트랜잭션의 상세한 화면으로 이동한다. 이러한 과정을 통해서 운영자는 문제점에 대한 대략적인 이해와 관측 가능성을 위한 시스템 내부를 이해할 수 있다.

그림 1.32의 왼쪽은 메트릭 히스토그램이고, 오른쪽은 추적 화면을 나타낸 것이다. 오른쪽 추적 화면에서는 traceID에 포함된 다수의 스팬을 출력한다. 해당 트랜잭션 내 다수 스팬을 분석함으로써, 어떤 특정 스팬으로 인해서 지연이 발생했음을 이해할 수 있다. 또한, 지연이 발생한 시스템과 메서드명에 대한 정보를 확인할 수 있다. 스팬은 자체적인 태그와 로그 정보를 출력하므로, 이러한 부가적인 정보를 통해서 보다 상세한 원인 분석이 가능하다.

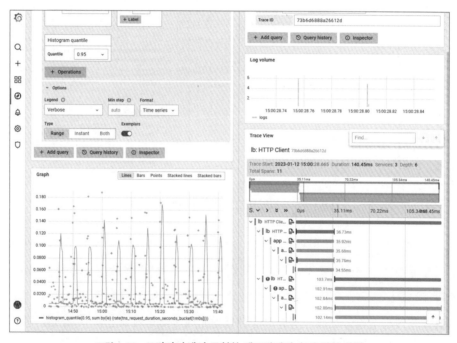

그림 1.32   그라파나에서 구현한 메트릭에서 추적 전환 화면

메트릭에서 추적으로, 추적에서 로그로 전환하다 보면 보다 상세하게 시스템을 이해할 수 있다. 이처럼 복잡한 여러 단계의 과정이 필요한 이유는 원인과 해결책을 제시하려면 다양한 정보를, 다양한 관점에서 이해할 필요성이 있기 때문이다. 클라우드 네이티브로 구성된 분산 시스템은 다양한 인프라와 애플리케이션이 혼합되고, 복잡한 상호작용 중에 문제점이 발생하므로 장애의 원인이 불분명하고 이를 해결하는 것도 간단하지 않다.

만약 운영자가 추적에서 확인된 지연의 원인이 불분명하여 추가적인 확인이 더 필요하다고 판단한다면 다음 단계로 로그를 분석해야 한다. 수집되는 추적 데이터는 일반적으로 1~5% 미만의 샘플링 정보이고, 로그에 비해 정보가 부족하다는 한계를 가지고 있다. 그림 1.33에서처럼 특정 스팬을 클릭하면 해당되는 로그 파일로 전환할 수 있는 연결 URL을 제공한다.

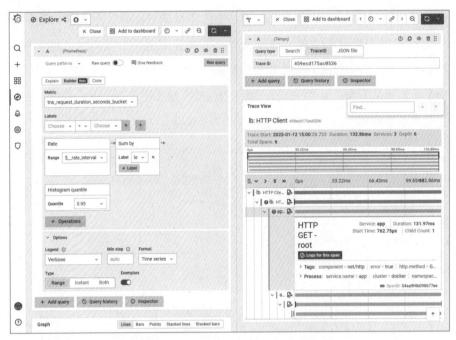

그림 1.33 추적에서 로그 전환을 위한 연결 URL

로그의 가장 큰 이점은 디버깅이 가능하다는 것이다. 로그는 애플리케이션에서 사용된 입력값을 제공해 직접 문제점을 재연하는 것이 가능하고 상세한 에러 메시지를 제공하므로, 이를 통해 문제를 이해할 수 있다. 로그에 출력된 정보를 통해 소스 수준의 버그인지를 판단할 수 있으며, 운영자와 개발자 모두에게 통찰력과 보다 근본적인 해결책에 대해서 함께 고민할 수 있도록 단서를 제공한다.

메트릭 생성기metrics-generator를 활성화하면 추적에서 메트릭으로 이동할 수 있다. 이전에 설명한 것처럼 레이블을 사용한 간단한 쿼리만으로 로그와 메트릭의 상관관계를 한 화면에서 모니터링하고 시스템의 내부 구조를 이해할 수 있다. 이처럼 메트릭, 로그, 추적 간의 상관관계를 구현하는 것은 복잡하지 않다. 툴에서 지원하는 기능에 대한 이해와 함께, 아키텍처를 설계하고 계측 API를 개발하는 방법에 대한 이해만 있다면 단기간 내에 쉽게 구현할 수 있다.

지금까지 살펴본 세 가지 상관관계와 여섯 가지 세부 항목을 실제로 구성하고 애플리케이션에서 생성되는 계측 데이터와 연계해 관측 가능성을 제대로 이해해보자. 잘 구축된 관측 가능성을 통해 개발 팀과 운영 팀은 시스템 내부의 문맥을 신속하게 이해하고 적절한 조치를 취할 수 있다. 사용자 화면 수준에서 로그, 메트릭, 추적 등을 한 화면에서 확인함으로써 생산성을 대폭 향상시킬 수 있을 것이다. 그뿐 아니라 로그, 메트릭, 추적 간의 상관관계를 정의하고 한 저장소에서 관리하여 해당 데이터를 분석하는 것도 가능하다. 더 나아가 예측이 가능한 모델을 구현함으로써 인프라를 자동화하고 이상 탐지 혹은 장애 예측 등 새로운 인사이트를 얻는 것도 기대할 수 있다.

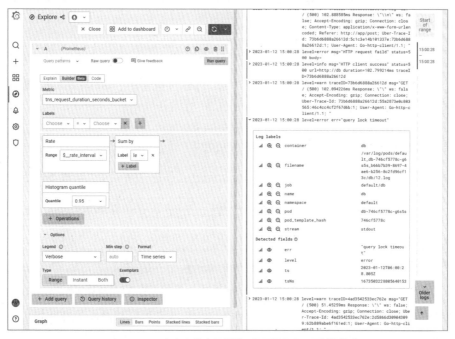

그림 1.34   그라파나에서 구현한 메트릭의 로그 전환 화면

데이터독 등 유수의 솔루션에서는 세 가지 상관관계와 여섯 가지 세부 흐름을 충실하게 구현하였지만, 아직까지 완벽한 상관관계를 구현하지 못한 것이 사실이다. 지속적으로 새로운 표준을 제정해나가고 기술 향상이 이루어진다면 추후에는 개선된 상관관계를 구현할 수 있을 것이다. 이 책에서는 완벽하지는 않지만, 충분히 실무에 적용할 수 있는 수준의 상관관계를 구현하려고 노력했다. 내용이 워낙 방대하고 복잡하므로 이 책에서는 메트릭, 로그, 추적에 대해서만 다뤘다. 프로파일, RUM 신호에 대해서는 후속작에서 자세히 설명할 예정이다.

1.6 관측 가능성 데모

1.6.1 데모의 방향성

이 시점에서 **계측**instrumentation과 관련된 용어를 정리하고자 한다. 의미부터 살펴보자. 계측은 측정보다 훨씬 넓은 의미의 단어다. 단순한 측정 과정뿐만 아니라, 상황에 따라 가장 적합한 측정 방법을 연구하여 이를 실현할 장치와 설비를 설계하고 제작하는 것을 포함한다. 더 나아가 그 결과에 따르는 연산과 필요한 정보를 얻고, 이 정보를 바탕으로 필요한 조치를 취하는 과정까지도 포함한다. 즉, 측정을 위한 시스템을 구성하고, 이로부터 얻은 결과를 분석하여 조치를 취하는 과정까지를 포함하는 것이다.

관측 가능성에서의 계측은 API와 SDK를 사용해서 추적, 로그, 메트릭에 신호를 정의하고 수집하는 작업이라고 이해하면 된다. 오픈텔레메트리의 경우에는 계측을 위한 API와 SDK를 제공하며, 자동 계측과 수동 계측을 지원한다.

- 수동 계측은 직접 소스 내 API를 구현하는 방법이다.
- 자동 계측은 소스의 수정 없이 외부에서 계측을 위한 데몬을 통해 간접적으로 계측을 수집한다.

자바는 가상 머신의 성숙하고 우수한 프로파일 기술과 J2EE 스프링 프레임워크의 유연함을 바탕으로 백엔드 영역에서 가장 많이 사용하는 언어다. 자동 계측은 자바 가상 머신 기반으로 상세한 내부 데이터를 제공하며, 개발자의 추가적인 개발 없이도 단기간 내에 우수한 모니터링 시스템의 구축을 실현해준다. 하지만 마이크로서비스로 구현되는 클라우드 네이티브와 쿠버네티스 컨테이너 환경에서 자바는 유일한 선택이 아니다. 오히려 무거운 자바 가상 머신과 복잡한 라이브러리 참조는 경량화된 컨테이너의 사상과 부합하지 않는다.

파이썬은 데이터 분석, Go는 동시성 구현에 유리하다는 장점을 활용하면 대규모 백엔드에는 이 둘이 더 적합하다. 이처럼 클라우드 네이티브는 개발자에게 자바 외에도 다양한 선택지를 제공하며, 특정 언어와 환경에 종속적이지 않고 보다 더 개방된 환경을 제공한다. 하지만 모든 언어가 자바 가상 머신처럼 로low 레벨의 프로파일 정보를 제공해주지 않으며, 이는 관측 가능성의 구현을 어렵게 하는 요인이다. 특정 벤더가 다양한 언어를 지원할 수 있도록 API를 제공해주는 것은 쉬운 작업이 아니며, 표준화된 단체 아래 다양한 벤더들이 공동 작업을 하는 것이 필요한데, 이러한 결과물이 바로 오픈텔레메트리다.

자동 계측에는 언어별 에이전트가 필요한데, 자바와 파이썬의 경우에는 완성도가 높으며, Go의 경우에는 아직 미흡한 편이다. 스프링 부트Spring Boot, 플라스크 등 프레임워크와 카프카Kafka, 레디스Redis 등 오픈소스도 완성도에 차이가 있으므로, 이를 적용하기 전에 확인이 필요하다.

이 책은 다양한 유형의 관측 가능성 데모를 포함하고 있다. 그림 1.35와 같이 세 단계 처리 과정으로 구성된 데모는 Go, 파이썬 언어로 개발하고, 클라우드 네이티브 패턴을 다수 적용하였다. 1.7절에서 보다 구체적인 그림을 확인할 수 있다.

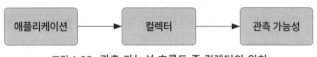

그림 1.35 관측 가능성 흐름도 중 컬렉터의 위치

그림 1.35의 각 영역의 역할을 정확히 살펴보자.

▶ 애플리케이션

- 가장 오른쪽의 관측 가능성 데모를 만들기 위해 데이터를 생성하는 애플리케이션이 필요하다. 모든 데모에 제공되는 애플리케이션은 쿠버네티스로 배포된다.
- 애플리케이션은 가급적 마이크로서비스 형태로 구현하였다. REST를 사용하고, 스테이트리스stateless하도록 구현하였다.
- 3-티어 애플리케이션, 즉 프런트엔드, 백엔드, 데이터 저장소로 구현하였으며, 프런트엔드는 백엔드와 연계하고, 백엔드는 데이터 저장소와 연계하면서 관측 가능성 데이터를 생성한다.
- 백엔드 내부적으로 메트릭, 로그, 추적 등을 생성하고, 외부로 노출 혹은 전송한다. 관측 가능성 입장에서 보면 데이터를 생성하는 시뮬레이터와 유사하다.
- 개발이 필요한 애플리케이션 영역은 파이썬과 Go 언어로 개발하고, 오픈메트릭, 오픈트레이싱, 오픈텔레메트리 API를 사용하였다.
- 자동 계측은 사용하지 않았으며, API를 사용한 수동 계측을 통해 개발하였다.

▶ 컬렉터

- 예전 모니터링 수준에서 사용하던 '에이전트'라는 용어 대신 관측 가능성에서 사용하는 '컬렉터'라는 용어를 사용할 것이다.
- 만약 오픈텔레메트리를 사용한다면 오픈텔레메트리 컬렉터를 사용하고, 그라파나 로키를 사용하면 프롬테일Promtail, 프로메테우스 메트릭을 사용하면 익스포터Exporter, 예거와 템포를 사용하면 오픈트레이싱 API, 그라파나의 경우에는 그라파나 에이전트 등이 이에 해당한다.

- 애플리케이션의 계측이 표준화되고 있는 추세이므로 중간에 에이전트와 컬렉터 없이 애플리케이션에서 관측 가능성으로 직접 전송하는 것도 기술적으로 가능하다.

- 중간 게이트웨이 역할을 하는 다양한 컬렉터와 에이전트가 나오고 있지만, 효율성과 확장성 관점에서 고객사의 상황과 요구 사항에 적합하도록 신중하게 도입을 고민해야 한다. 즉, 기술적으로 보면 단점도 존재하므로 레거시와 적합한지, 새롭게 제공되는 기능이 충분한지 면밀히 조사하고 분석해야 한다.

▶ **관측 가능성**

- 이 책에서는 그라파나 관측 가능성 오픈소스인 **로키**Loki, **템포**Tempo, **프로메테우스**Prometheus, **미미르**Mimir 등을 사용했으며, 이들은 상용 서비스에 필적하는 성능과 비용 절감 그리고 다양한 기능을 제공한다.

- 관측 가능성은 개발이 간편한 대신 복잡한 구성을 요구한다. 쿠버네티스 오토스케일링이 적용되고, 객체 스토리지 기반으로 운영된다. 애플리케이션, 컬렉터, 관측 가능성이 모두 쿠버네티스에서 운영되도록 데모를 구성하였지만, 사실 상대적으로 많이 복잡하다.

- 소스 대신에 쿠버네티스 YAML을 사용하며, IaC(코드형 인프라)에 적합한 환경을 구축함으로써 자동화할 수 있다. 그라파나 관측 가능성은 쿠버네티스를 필요로 하며, 특정 클라우드 종속성은 없다. 그러므로 AWS EKS, GCP GKS 등에서 헬름Helm 차트를 사용해서 시스템을 쉽게 구성할 수 있다. 이 책에서는 테라폼Terraform으로 작성된 코드는 제공하지 않으며, 다수의 헬름 차트로 관측 가능성을 구축할 수 있도록 도움을 준다.

1.6.2 관측 가능성 데모 목록

클라우드 네이티브에 적합한 환경을 구성하고, 그 안에서 관측 가능성을 구현하려고 노력하였다. 그 일환으로 데모는 쿠버네티스에서 작동하도록 작성하였으며, 가급적 도커 런타임은 배제하였다. 도커를 사용하면 좀 더 쉽게 데모를 진행할 수 있지만, 운영의 복잡성을 이해하고 향후 운영 환경에 배포하는 데 도움이 되는 방향에 초점을 맞추었다.

관측 가능성은 애플리케이션과 데이터를 필요로 한다. 즉, 그라파나와 일래스틱을 사용해서 관측 가능성을 구축하는 것으로 완료되지 않으며, 프런트엔드와 백엔드 애플리케이션에서 생성되는 텔레메트리 데이터가 관측 가능성에 전달되어야 한다. 이 책의 데모도 이러한 방식을 충실히 구현하였으며, 관측 가능성 자체의 구축을 포함해서 백엔드 애플리케이션 개발과 데이터 관리에도 많은 분량을 할애하였다.

프로그래밍에 사용된 언어는 Go와 파이썬이 대부분이다. 예를 들어, 서버 애플리케이션 개발에는 Go를 사용하고, 데이터를 다루는 개발에는 파이썬을 사용하였다. 참고한 데모의 소스는 디버깅과 관측 가능성 분석을 목적으로 원본과는 다른 형태로 최적화했다.

실습할 예제는 쿠버네티스에 운영되며 객체 스토리지에 데이터를 저장한다. 쿠버네티스와 객체 스토리지를 클라우드 네이티브 기반의 관측 가능성 구현을 위한 핵심 요소로 판단하였다. 처음에는 어렵게 느껴질 수도 있지만, 아무쪼록 이를 극복하고 성취감을 느끼기를 희망한다.

지금부터 제공되는 데모에 대해 간략하게 설명하고자 한다.

- HotROD Rides on Demand **by 유리 슈크로**Yuri Shkuro
  - 다수의 마이크로서비스로 구성된 예거 레퍼런스 애플리케이션으로, Go로 오픈트레이싱을 개발하였으며, 카산드라를 스토리지로 구현한다.
  - 템포 대신에 예거를 그라파나와 통합하고 관측 가능성을 구현한다.
  - 예거 추적의 테이블과 데이터 모델을 분석하여 로그와 메트릭을 SQL 조인한다.
  - 예거 오픈트레이싱 예제를 제공한다.

- TNS The New Stack **by 위브웍스**Weaveworks
  - 3-티어 애플리케이션을 구현하여 중간에 컬렉터 없이 그라파나 관측 가능성과 직접 연계한다.
  - Go로 개발하였으며, 이그젬플러 등 다양한 관측 가능성 상관관계를 구현한다.

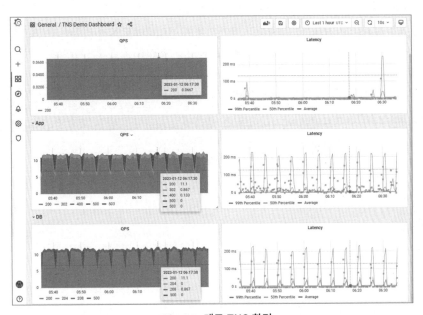

그림 1.36 데모 TNS 화면

- **o11y Shop by AWS 오픈서치**OpenSearch
  - 자바와 파이썬을 사용해서 백엔드를 구현하고, 파이썬과 타임스크립트를 사용해서 프런트 엔드를 구현하였다. 오픈텔레메트리 추적과 로그를 지원한다.
  - 오픈서치와 그라파나를 모두 지원하는 예제이며, 쿠버네티스에서 운영된다.

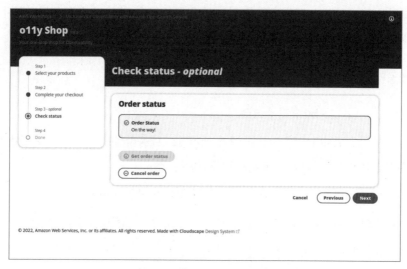

그림 1.37 데모 o11y shop 화면

- **오픈텔레메트리를 사용한 클라우드 네이티브 관측 가능성 by 알렉스 보텐**Alex Boten

  오픈텔레메트리는 관측 가능성의 표준이며, 벤더 중립적이다. 하지만 기존 그라파나 관측 가능성, 데이터독 등 상용 설루션과는 차이점이 있다. 물론 표준이므로 다수 벤더에서 오픈텔레메트리를 지원하겠지만, 자사의 요구 사항과 레거시에 오픈텔레메트리가 적합한지 고민해봐야 할 시점이다. 이론과 상세한 데모를 통해 오픈텔레메트리에 대한 이해를 돕고자 했다.

- **그라파나 템포 관측 가능성 데모 by 조 엘리엇**

  그라파나랩 수석 소프트웨어 엔지니어인 조 엘리엇Joe Elliot이 개발한 것으로, 관측 가능성(로그, 메트릭, 추적)을 쉽고 간단하게 구현한다.

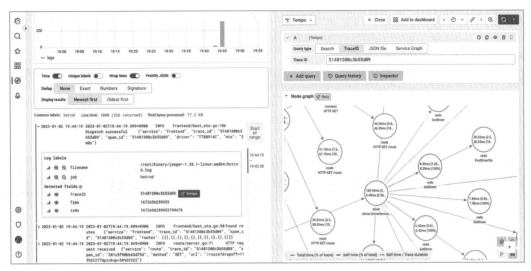

그림 1.38 오픈텔레메트리 화면

- **그라파나 관측 가능성(로그, 메트릭, 추적)의 데모**

  - 메트릭 제너레이터 데모

  - 이그젬플러 등 상관관계 데모

  - 그라파나 대시보드의 상세한 구성의 데모

  - 미니오MinIO, 레디스Redis, 콘술Consul, 하이브Hive 등과 연계

  - 예거 추적 데모

  - 로키, 템포 성능 테스트 데모

  - 오픈텔레메트리의 로그 데모

이 책의 흐름은 관측 가능성에서 시작해 가시성을 거쳐서 최종적으로 데이터 분석을 통해 시스템과 애플리케이션 운영에 대한 통찰력과 예측을 제공하는 것이다.

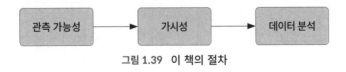

그림 1.39 이 책의 절차

관측 가능성 실무라는 제목에 적합하게 대략 20개의 데모를 제공하며, 그 목록은 표 1.2와 같다.

표 1.2 이 책에서 제공하는 데모 목록

제목	내용	챕터	런타임 환경
Thanos	타노스를 구성하고, 장기 저장소와 글로벌 뷰를 구성	3장	우분투 바이너리
Prometheus 오퍼레이터	서비스 모니터를 사용해서 쿠버네티스 서비스를 자동으로 디스커버리	3장	쿠버네티스
Mimir 마이크로서비스 모드	콘술, 미니오를 추가로 적용	4장	우분투 바이너리
Mimir 업무 규칙	미미르에서 레코딩, 알람 규칙을 개발	4장	우분투 바이너리
Loki 마이크로서비스 모드	콘술, 미니오, 레디스를 추가로 적용	4장	우분투 바이너리
Loki 성능 테스트	로키 마이크로서비스 모드에서 성능 테스트를 수행	4장	쿠버네티스
Tempo 성능 테스트	템포 마이크로서비스 모드에서 성능 테스트를 수행	4장	쿠버네티스
Tempo 추적과 메트릭 연계	템포 메트릭 제너레이터(Metrics-Generator)를 사용해서, 추적과 메트릭을 연계	5장	쿠버네티스
Jaeger 마이크로서비스 모드	카산드라를 저장소로 사용하고, 쿠버네티스에서 HotROD를 테스트	4장	쿠버네티스
Jaeger 오픈트레이싱	Go로 작성된 3개 마이크로서비스를 개발하고, 추적을 구현	5장	우분투 바이너리
The New Stack	Go로 작성된 3-티어 마이크로서비스를 계측하고 관측 가능성 상관관계를 구현	5장	쿠버네티스
Rides on Demand	Go로 작성된 4개 마이크로서비스에 관측 가능성을 적용	5장	쿠버네티스
Grafana Observability	Go로 작성된 애플리케이션으로 그라파나 관측 가능성을 구현	5장	쿠버네티스
o11y shop	파이썬으로 작성된 오픈텔레메트리와 컬렉터를 사용해 마이크로서비스를 구현하고, 관측 가능성과 연계	6장	쿠버네티스
OpenTelemetry 로깅	파이썬으로 복잡한 오픈텔레메트리 로깅 애플리케이션을 개발	6장	우분투 바이너리
OpenTelemetry 메트릭, 추적	파이썬으로 간단한 오픈텔레메트리 애플리케이션을 개발	6장	우분투 바이너리

이 책에서 다루지 못한 상세한 소스 설명과 추가적인 데모는 깃과 기술 블로그 미디엄[2]을 통해 제공한다. 관련 소프트웨어의 버전 업데이트가 빠르게 진행되고, 소스의 변경이 발생할 수 있으므로 책에 모든 내용을 포함하는 것보다 별도 블로그를 통해서 제공하는 방식을 선택했다. 버그와 호환성, 추가적인 업데이트도 블로그를 통해서 공유할 계획이므로 참고하기 바란다.

---

2 http://yohaim.medium.com

1.7 관측 가능성 목표

1.7.1 레퍼런스 아키텍처

그림 1.40은 이번 책과 후속작에서 단계적으로 구축해나갈 클라우드 네이티브 관측 가능성 레퍼런스 아키텍처다. 데모를 통해 하나씩 구현해나가면서 전체 아키텍처를 완성할 것이다. 그림 1.40에서 흰색 사각형은 이번 책의 범위이며, 수동 계측, 컬렉터, 다양한 텔레메트리에 대해 다룬다. 회색 사각형은 후속작의 범위이며, 에이전트를 사용한 자동 계측, 프런트엔드의 **RUM**real user monitoring 프로파일, 이상 탐지, 근본 원인 분석, AIOps에 대해 다룰 것이다. 트래픽을 처리하기 위한 파이프라인은 AWS 데이터 카탈로그, 카프카, 프레스토를 사용한다. 후속작은 이번 책에서 설명한 기술을 응용해서 관측 가능성을 고도화할 것이다.

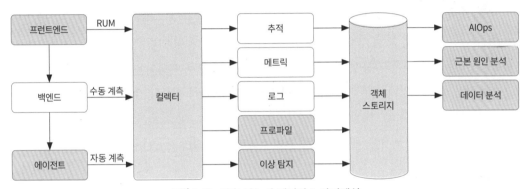

그림 1.40 관측 가능성 레퍼런스 아키텍처

그라파나, 오픈서치를 사용해서 관측 가능성을 구축한다. 관측 가능성에 필요한 텔레메트리를 생성하기 위해 데모용 프런트엔드와 백엔드 애플리케이션이 필요하다. Go와 파이썬으로 개발한 다수의 애플리케이션을 데모로 제공하며, 오픈텔레메트리와 프로메테우스 API를 사용해서 텔레메트리를 생성한 다음, 오픈텔레메트리 컬렉터로 전송한다.

추가적으로 이스티오Istio를 통해 관측 가능성과 연계가 가능하고, 객체 스토리지에 적재된 관측 가능성 데이터를 사용해서 데이터 분석을 할 수 있다.

총 7장으로 구성한 이 책에 관측 가능성에 대한 이해를 높여주는 실무에 적합한 많은 데모를 실었다. 모든 소스는 깃을 통해 제공하니 예제를 실습해보며 관측 가능성에 좀 더 가까워지길 바란다.

- 1장 관측 가능성 정의에서는 메트릭, 추적, 로그, 트래픽 관리에 대해서 정의하고, 그 관리 방법에 관해 설명한다. 간단한 추적 데모와 이 책의 주제에 대한 요약을 확인할 수 있다.

- 2장 관측 가능성 기술에서는 관측 가능성과 가시성 구현의 근간이 되는 기술을 설명한다. 오토스케일링, 분산 데이터 저장소, 수평 샤딩, 일관된 해싱, 집계 처리 등이 이에 해당한다. 이론적인 내용이라서 지루하고 어려울 수도 있지만, 기반 기술에 대한 이해가 높을수록 수준 높은 관측 가능성을 구현할 수 있다.

- 3장에서는 관측 가능성의 시작이 되는 프로메테우스에 대해 설명한다. 프로메테우스 시계열 데이터베이스의 특징과 오토스케일링 등의 기술적인 사항, 알람과 아키텍처에 대해 자세히 설명한다. 더불어 타노스에 대해서도 함께 살펴보며 간단한 테스트를 해볼 수 있도록 구성했다.

- 4장에서는 그라파나 관측 가능성 전반에 대해 알아보고 그 생태계를 이루는 미미르, 로키, 템포, 예거 각각에 대해 자세히 살펴볼 것이다.

- 5장 그라파나 관측 가능성 데모에서는 4장에서 확인한 그라파나 관측 가능성 오픈소스인 미미르, 로키, 템포, 그라파나 대시보드 등을 사용해 본격적으로 시스템을 구축한다. 그라파나 대시보드에서 다양한 관측 가능성 간의 상관관계를 구성할 것이다.

- 6장에서는 향후 관측 가능성의 표준으로 자리매김할 것으로 예상되는 오픈텔레메트리에 대한 이론적인 설명과 함께 실무적인 데모를 제공한다. 이 장에서 메트릭, 추적, 로그에 대해서 조금 더 자세히 알아본다.

- 7장에서는 데이터 분석을 적용하여 IT 운영 자동화를 구현하는 AIOps에 대해 거시적으로 살펴볼 것이다.

1.7.2 핵심 목표

관측 가능성에 대한 이해를 바탕으로 올바른 개발과 운영을 위한 포괄적인 가이드라인을 담아낸 이 책은 다음과 같은 핵심적인 목표를 정의한다.

▶ 멀티 클러스터와 멀티 테넌트 운영

관측 가능성은 쿠버네티스에 배포되고 운영되어야 한다. 즉, 쿠버네티스 런타임 환경에서 **오토스케일링**을 지원하고 수평적인 스케일 아웃이 되도록 확장할 수 있어야 한다. 오토스케일링을 통해 확장된 리소스는 프로메테우스에 의해서 자동으로 서비스 디스커버리가 이루어져야 한다.

관측 가능성은 멀티 클러스터와 멀티 테넌트를 고려해서 설계하고 구성해야 한다. 다수의 레거시 모니터링 시스템을 운영하는 것이 일반적인데, 새로운 관측 가능성 시스템은 이를 통합할 수 있는 수준의 확장성을 제공해야 한다. 단일 쿠버네티스 클러스터를 넘어서서 여러 개의 클러스터에서 운영되는 수준으로 확장성을 제공해야 한다.

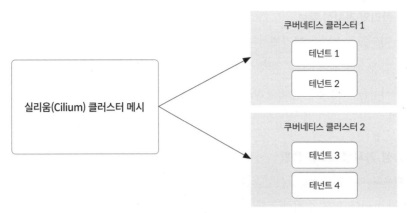

그림 1.41 멀티 클러스터와 멀티 테넌트를 지원

일반적인 마이크로서비스는 도메인 간에 전파가 발생하고, 다수의 도메인과 조직이 혼재되어 있
다. 이런 복잡한 조직 구조와 도메인을 지원하기 위해서는 관측 가능성이 멀티 테넌트를 지원해야
한다. 멀티 테넌트를 통해서 도메인을 구분하고, 마이크로서비스의 전파에 대응해 접근 제어와 권
한 관리를 제공해야 한다.

▶ **대용량 시계열 빅데이터 수집/관리**

시계열 데이터의 수집, 저장, 분석 등에 대해서 자세히 살펴본다. 관측 가능성에서 수집되는 데이
터는 대용량의 시계열 빅데이터이므로 특성에 맞게 저장하고 관리해야 한다. 또한, 수십 테라바이
트의 빅데이터를 저장해야 하므로 내구성이 우수하고 병렬 처리가 가능한 객체 스토리지에 장기
간 보관할 수 있어야 한다.

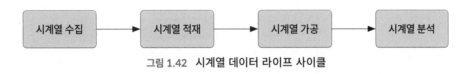

그림 1.42 시계열 데이터 라이프 사이클

▶ **로그, 메트릭, 추적의 상호관계 확립**

관측 가능성은 로그, 메트릭, 추적으로 구성되는데, 이들 간의 상호 연관성을 정의한다. 로그, 메트
릭, 추적, 이벤트 정보를 검색하는 화면의 유기적인 연결을 통해 사용자가 손쉽게 원하는 정보를
검색하고 근본 원인root cause을 파악하고 빠르게 해결할 수 있도록 도와주어야 한다. 시스템 관점
에서는 관측 가능성 데이터들을 단일 저장소에 관리하고 결합해서 의미 있는 결과를 만들 수 있
어야 한다.

▶ 트래픽의 관리와 가시성 확보

복잡한 분산 마이크로서비스 환경에서는 관측 가능성만으로는 부족하며, 네트워크와 트래픽에 대한 가시성을 함께 제공해야 한다. 관측 가능성을 통해 시스템의 내부 정보를 자세히 이해하는 것과 동시에 가시성을 확보해서 장애를 미리 방지하고, 복원력이 높은 탄력적인 시스템을 구축하는 것이 중요하다.

▶ 관측 가능성, 가시성 정보를 통합

관측 가능성(로그, 메트릭, 추적), 가시성(트래픽, 네트워크, 장애), 리소스(구성 정보), 서비스 등은 서로가 연관성을 가지고 있다. 이를 수집하고 활용할 수 있는 거버넌스와 데이터 탐색 시스템이 필요하다.

▶ 운영 비용 절감과 기술 내재화

CPScloud service provider가 제공하는 가상 머신, 컨테이너 서비스는 비교적 저렴하다. 하지만 관측 가능성 관리형 서비스를 구독하면 결코 저렴하지 않은 가격표를 받을 것이다. 오픈소스를 사용해서 관측 가능성을 구축하면 운영 비용operating expenditure, OPEX을 대폭 절감할 수 있으며, 지속적인 튜닝과 학습을 통해 점진적으로 비용을 절감할 수 있다.

▶ 개발과 운영을 위한 베스트 프랙티스 제공

우수한 마이크로서비스와 클라우드 네이티브 시스템을 개발하고 운영하는 것은 어려운 작업이다. 기술적인 고려 사항을 떠나서 배우고 운영할 수 있는 기회 자체도 적다. 이 책에서 사용하는 관측 가능성 오픈소스는 마이크로서비스와 빅데이터를 배울 수 있는 좋은 기회이자 베스트 프랙티스가 될 것이다.

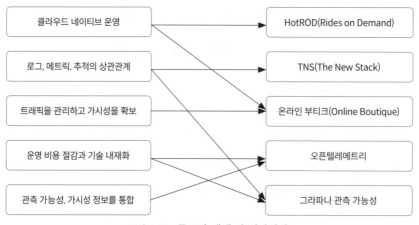

그림 1.43 목표와 예제 간 연관관계

▶ 운영의 자동화와 AIOps 고도화

저장된 관측 가능성 데이터를 잘 활용하는 방안을 고민해야 한다. 인공지능은 하나의 방법일 뿐이다. 예를 들어, 항상 커스텀 메트릭 개발을 개발자에게 요청할 필요는 없다. 데이터 엔지니어에게 요청하면 관측 가능성에 적재된 데이터를 잘 가공하고 집계할 수 있다. 데이터 엔지니어는 다양한 데이터를 결합해서 커스텀 메트릭 이상의 결과 리포트를 뽑아낼 수 있다. 관측 가능성에 대한 이해 수준을 넘어서 다양한 유형의 데이터에 인공지능을 적용함으로써 이상 탐지, 알람 전송, 장애 예측 등으로 확대해나가는 것이다.

▶ 근본 원인 분석

인프라, 네트워크, 애플리케이션 등 다양한 유형의 문제가 발생되므로 한 가지 신호만으로는 문제 발생의 원인을 분석하는 것도, 해결책을 제시하는 것도 어렵다. 다양한 신호를 연계하고 다양한 관점에서 문제를 분석함으로써 빠르고 정확하게 원인을 이해할 수 있다.

그림 1.44 근본 원인 분석의 유형

근본 원인 분석의 과정을 자동화할 수 있다. 운영자는 대시보드가 제공하는 다양한 지표를 통해서 원인과 문제를 이해하는 것이 일반적이다. 하지만 머신러닝과 SQL을 사용하면 근본 원인 분석 과정을 자동화하는 것은 물론이고 운영자의 노하우를 시스템에 반영할 수 있다. 예를 들어, 네트워크에서 패킷이 유실되는 경우, 추적과 일반적인 로그 정보만으로는 원인 분석이 어렵다. 이때 eBPF[3]를 사

---

3   eBPF는 리눅스 커널에 사용자 정의 코드를 적용하는 기술을 의미한다. 일반적으로 사용자가 작성한 코드는 사용자 영역에서 실행되는 것과 달리 eBPF 코드는 커널 코드 내부에 미리 정의된 hook이 probe 등을 기반으로 커널 영역에서 실행된다.

용하면 네트워크의 패킷 정보를 수집하여 유실이 발생한 구간을 확인하고 원인을 분석할 수 있다. eBPF는 프로파일의 표준이며, 프로파일을 다른 신호와 연관시키거나 상세히 조회하는 것이 가능하다. 프로파일을 메트릭으로 변환하고 메트릭을 생성하면 쉽게 업무 규칙을 개발할 수도 있다.

이 책을 통해 실무에 바로 적용할 수 있는 지식과 경험을 얻기를 바라는 마음으로 위에서 제시한 목표와 일맥상통하도록 데모 예제를 구성했다. 차례대로 천천히 따라가면서 개념을 익히고 실제로 실습하면서 관측 가능성 실무에 대한 이해를 탄탄히 다지길 바란다.

1.8 관측 가능성 오픈소스

이 책에 사용된 오픈소스는 다음과 같다.

▶ 오픈텔레메트리

오픈텔레메트리OpenTelemetry는 계측을 위한 표준화된 도구, API, SDK 모음이다. 이를 사용하여 텔레메트리 데이터(메트릭, 로그, 추적)를 계측, 생성, 수집하여 소프트웨어의 성능과 동작을 분석할 수 있다.

▶ 로키

그라파나의 로그 관리 시스템이며 수평 확장성, 고가용성, 멀티 테넌트를 제공한다. 비용 효율적이고 작동하기 쉽게 설계되었다. 로그 내용을 인덱싱하는 것이 아니라 각 로그 스트림에 대한 레이블 집합을 인덱싱한다.

▶ 그라파나 미미르

그라파나 미미르 Grafana Mimir는 프로메테우스용 오픈소스, 수평 확장성, 고가용성, 멀티 테넌트, 장기 저장소다.

▶ 타노스

타노스Thanos는 다수의 프로메테우스를 통합할 수 있는 글로벌 뷰를 제공하며, 대용량 메트릭 관리를 위한 장기 저장소를 제공한다.

▶ 예거

분산 콘텍스트 전파를 포함한 마이크로서비스 기반 분산 시스템 모니터링과 추적을 위해서 사용한다. 다양한 백엔드 저장소와 통합할 수 있으며, 보다 상세한 근본 원인 분석이 가능하다. 그리고 다른 신호, 예를 들어 프로파일과 쉽게 연계할 수 있다.

▶ 그라파나 템포

그라파나 템포 Grafana Tempo는 그라파나의 오픈소스 추적 설루션이며, 이를 사용하면 멀티 테넌트, 객체 스토리지 저장소, 메트릭 자동 생성 등을 쉽게 구현할 수 있다.

1.9 관측 가능성 방향성

1장 관측 가능성 정의를 마무리하면서 향후 관측 가능성과 오픈텔레메트리의 방향과 비전에 대해서 살펴본다.

▶ 메트릭

• 메트릭의 경우에는 프로메테우스 메트릭(익스포터)을 예전부터 널리 표준처럼 사용해왔으며, 이를 개선한 오픈메트릭을 발표했다. 오픈텔레메트리는 프로메테우스와 오픈메트릭을 통합하고, 표준에 기반한 메트릭 API, SDK를 제공한다.

• 현업에서는 대부분 **프로메테우스 익스포터**를 사용해서 커스텀 메트릭을 개발했으며, 이미 프로메테우스 생태계가 활발하고 표준처럼 인식하여 광범위하게 널리 사용하고 있다. 지금 커스텀 메트릭을 개발해야 하는 개발자라면 프로메테우스 익스포터를 권하지만, 향후에 커스텀 메트릭을 개발할 예정이라면 오픈텔레메트리를 추천한다.

• 어떠한 표준이 제정되더라도 런타임 환경으로 프로메테우스를 제외하고는 이야기할 수 없다. 예를 들어, 상관관계를 사용하려면 프로메테우스 내 이그젬플러 기능을 사용하고, 오픈메트릭을 적용한다. 향후에도 프로메테우스 기반의 다양한 표준이 제정될 것으로 판단하는 만큼, 이 책에서는 프로메테우스의 많은 기능을 설명한다.

• 오픈텔레메트리가 표준이 되더라도 오픈소스와 설루션 벤더는 다양한 텔레메트리 유형과 호환성을 유지하고 계속 지원할 것이다.

▶ 로그

• 로그는 표준화 진척이 느린 부분이다. 자바, Go, 파이썬 등에서 이미 자체적으로 우수한 로깅 라이브러리를 제공해준다. 그로 인해 오픈텔레메트리에서 로그 표준화를 급하게 추진해야 할 당위성이 부족할 것이다.

• 외부 기관에 의한 로그 기술 표준화보다는 기업 내부(다양한 애플리케이션 간의 로그들)의 로그 형식을 표준화해서 중앙 집중적으로 저장하고 관리하는 것이 더 중요하다. 구조적인 로그를 위해서 JSON을 사용하느냐 마느냐는 선택의 문제일 뿐이다.

- CNCF_{Cloud Native Computing Foundation}에서 로그 표준을 정의한다고 해도 기업이 당장 도입해야 하는 근거가 부족한 것이 사실이다. 하지만 오픈텔레메트리 로그는 나름대로 의미 있는 작업이라고 생각한다. 마이크로서비스 환경에서는 다양한 언어를 사용하므로 언어마다 다른 로깅 라이브러리에 종속되지 않고 표준화된 로그 관리가 가능해야 한다. 오픈텔레메트리 로그는 아직은 부족하지만, 로그에 관심을 갖는 운영자라면 배울 만한 가치가 있다. 그러므로 6장 오픈텔레메트리에서는 추적, 메트릭보다 로그를 자세히 살펴보도록 한다.
- 그라파나와 일래스틱서치는 아직까지 에이전트를 사용한다. 그러나 로그 표준화를 진행하면서 에이전트를 지양하고, API와 SDK의 비중을 확대해나가고 있다. 많은 프로젝트에서 아직까지도 에이전트 방식을 더 선호하는 경향이 있는데, 앞으로 추세가 궁금해지는 부분이다.

▶ **추적**
- 로그, 메트릭에 비교해서 추적의 표준화는 더욱 복잡하다. 처음에는 집킨_{Zipkin}을 많이 사용하였지만, 오픈트레이싱을 구현한 예거가 등장하였다. 하지만 그라파나 템포는 오픈텔레메트리를 우선적으로 지원한다.
- 오픈텔레메트리는 오픈센서스_{OpenCensus}와 오픈트레이싱_{OpenTracing}을 통합하였고, 오픈텔레메트리의 주축은 추적이라고 할 정도로 활발하게 표준화 작업이 진행되고 있다.
- 운영 환경에서 사용하기에는 오픈텔레메트리가 부족해 보이는 것도 사실이다. 하지만 많은 개발자와 커뮤니티가 오픈텔레메트리 프로젝트에 기여하고 있으므로, 빠른 시일 내에 안정화되지 않을까 기대한다.
- 추적 솔루션은 오픈트레이싱, 오픈텔레메트리, 데이터독, 집킨, 오픈센서스 등 다양한 추적 프로토콜과 호환성을 지원해야 한다.

관측 가능성을 구현하는 것에는 여러 가지 방법이 있다. 이 책에서 다루는 솔루션과 기술은 그중 하나의 방법일 뿐이다. 아무쪼록 이 책을 읽는 독자들이 솔루션과 기술에 종속적이지 않은 관측 가능성과 가시성을 구축하여 시스템을 전체적인 시각에서 이해하고 관리하는 것을 실현하길 바란다.

한계가 있는 지면 특성상 책에는 소스에 대한 자세한 설명과 상세한 스크린숏을 담지 않았다. 대신 추가적인 설명과 업데이트 사항은 기술 블로그[4]를 통해서 별도로 지원한다. 또한, 독자들이 소스를 테스트하고 결과를 볼 수 있도록 데모 시스템을 제공한다. 직접 시스템을 구축하는 데 부담을 느끼는 개발자들은 이를 활용하기를 권장한다. 자세한 사용법은 기술 블로그에서 확인할 수 있

---

4 https://yohaim.medium.com

다. 마지막으로 이상 탐지와 알람 등 좀 더 고급 주제에 관한 내용이 궁금하다면 기술 블로그를 참조하라. 관측 가능성을 사용해서 좋은 신호를 생성하는 것은 가장 기본적이고 중요한 일이다. 좋은 신호를 생성해야만 정확하게 예측하고 자동화를 실현할 수 있다. 추가적으로 제공하는 기술 블로그를 통해서 IT 운영 자동화의 이해에 도움을 얻길 바란다.

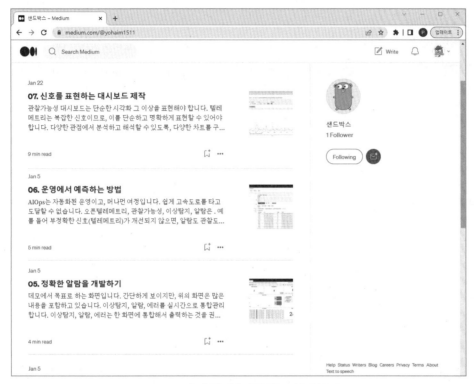

그림 1.45 추가 정보를 제공하는 기술 블로그

## CHAPTER 2

관측 가능성 기반 기술

관측 가능성은 복잡하고 어려운 기술이다. 기본적으로 대용량 데이터를 처리하고, 클라우드와 쿠버네티스 등 최신 기술을 적용해서 구현하기 때문이다. 본격적으로 관측 가능성에 대해 살펴보기 이전에, 그 기반 기술을 먼저 이해할 필요가 있다.

2장에서 다룰 내용에 대한 지식을 이미 갖추었거나, 실무적인 부분에 관심이 많다면 곧바로 3장으로 넘어가도 좋다. 하지만 2장의 기술과 용어가 지속적으로 나오기 때문에 가급적 2장의 내용을 먼저 이해하는 것을 권장한다.

그라파나가 제공하는 관측 가능성은 데이터와 애플리케이션의 관계가 모호하다. 그라파나는 애플리케이션 수준에서 데이터를 처리하는 샤딩sharding을 구현하였으며, 쿠버네티스 오토스케일링을 통해서 샤딩을 관리한다. 또한, 객체 스토리지를 실제 데이터 저장소로 사용하고 있다. 그라파나만의 독특한 설계와 사상이 담겨 있으므로 이를 이해하는 것이 쉽지만은 않을 것이다. 2장을 통해서 기술적인 궁금증을 조금이나마 해소하기를 바란다.

2.1 트래픽 관리

2.1.1 단일 장애점

클라우드 환경은 많은 사용자들이 공용의 리소스를 사용하는 멀티 테넌트 환경이다. 많은 장애의 대부분은 사용자가 알지 못하는 사이에 발생할 가능성이 높다. 또한, 장애 발생으로 인한 원인 분석이 미흡하고, 고객에게 정확한 사실이 전달되지 않는다는 단점도 있다.

분산 클라우드 네이티브 환경에서 대부분의 치명적인 장애는 네트워크와 관련이 있다. 클라우드 사업자의 데이터 센터는 원거리에 분산되고 다중화 시스템으로 구성됨에도 불구하고 네트워크로 인한 장애는 치명적이며, 간혹 고객 서비스 이용이 불가능한 상황도 생기곤 한다. 네트워크 데이터 중에도 로드 밸런서, 웹서버 액세스 로그, 보안 접근 제어 데이터 등은 중요하게 관리해야 한다. 특히 쿠버네티스의 네트워크 구성은 복잡하다. DNS(쿠브 DNS), 프록시(쿠브 프록시Kube Proxy), 게이트웨이(인그레스Ingress)를 내부적으로 관리하며, 각 구성 요소에 문제가 발생하면 전체 클러스터의 장애로 전파가 이어진다.

네트워크는 **SPOF**single point of failure(단일 장애점)의 특징을 갖고 있어, 네트워크 장애가 생기면 기업과 고객에게 많은 손해를 끼친다. 그러므로 보다 강력한 네트워크 관리 체계를 구축하고, 장애 발생 시 정확한 원인 분석과 사전에 이상 현상을 탐지하고 예측하는 방안이 필요하다.

관측 가능성은 비즈니스를 직접적으로 지원하는 프런트엔드, 백엔드 애플리케이션보다 더 많은 트랜잭션과 부하에 마주치게 된다. 관측 가능성으로 유입되는 시계열 데이터는 변경과 삭제를 제외한 조회, 추가와 관련한 대용량 시계열 트랜잭션이다. 안정적이고 확장 가능한 시스템을 구축하지 않는다면 관측 가능성 시스템은 여러 차례 장애에 부딪칠 가능성이 크다.

분산 마이크로서비스와 동적인 클라우드 환경에서는 관측 가능성만으로는 장애를 극복하기에 충분하지 않으므로 관측 가능성뿐만 아니라 네트워크 트래픽 데이터를 수집하고 관리하여 IT 운영에 대한 이해도를 높여야 한다.

2.1.2 로드 밸런서

복원성이 뛰어나고 탄력적인 네트워크를 구축하기 위해서는 **로드 밸런서**load balancer가 필요하다. 클라우드와 쿠버네티스를 도입함으로써 네트워크 구조가 복잡해졌다. 그로 인해 여러 개의 DNS 서버와 여러 유형의 로드 밸런서를 구성하는 것이 일반적이다.

- AWS 기반의 네트워크 흐름을 설명하면 외부에서 유입되는 트래픽은 AWS NAT 게이트웨이를 통해서 VPC로 유입된다. VPC의 내부는 다수의 서브넷으로 구성된다.
- 트래픽은 서브넷에서 AWS 일래스틱 로드 밸런서를 경유하며 쿠버네티스 인그레스로 유입된다. 그리고 쿠버네티스 인그레스의 경로에 맞게 특정 애플리케이션으로 라우팅되는 것이 일반적인 네트워크 처리 경로다.

- 쿠버네티스는 자체적인 로드 밸런서(쿠브 프록시)와 DNS 서버를 가지고 있으며, 이를 정확히 이해하지 않으면 네트워크 장애 발생 시 문제 해결이 쉽지 않다. CoreDNS를 통해서 서비스를 찾아내고 쿠브 프록시를 통해서 특정 파드로 로드 밸런싱을 한다.

일반적으로 통용되는 세 가지 유형의 로드 밸런싱을 소개한다.

▶ **플랫폼 로드 밸런싱**

- AWS 일래스틱 로드 밸런서, 엔진엑스Nginx가 지금 언급하는 플랫폼 로드 밸런서에 해당한다. 레이어 4계층은 네트워크 로드 밸런서, 레이어 7계층은 애플리케이션 로드 밸런서를 제공한다.
- 온프레미스 환경에서는 IIS, 엔진엑스, 아파치 등을 이용한 정적인 로드 밸런싱 기법이 널리 쓰인다. 이러한 트래픽 패턴은 게이트웨이, 클라이언트 로드 밸런싱과 구분할 필요가 있다.
- 그라파나 관측 가능성은 엔진엑스를 사용해서 플랫폼 로드 밸런서를 구현하며, 퍼블릭 클라우드에서 사용하는 경우에 엔진엑스 앞에 AWS 애플리케이션 로드 밸런서를 사용한다. 그라파나 관측 가능성에서는 엔진엑스 리버스 프록시를 사용한다. 컨피그맵ConfigMap을 사용해서 엔진엑스에 엔진엑스 리버스 프록시 구성 파일을 생성해야 한다.

▶ **게이트웨이 로드 밸런싱**

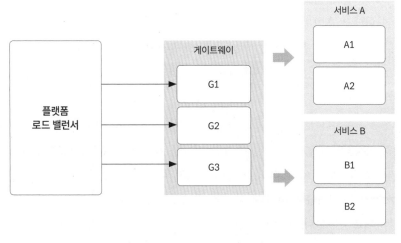

그림 2.1 플랫폼 로드 밸런서와 게이트웨이 간의 관계

- 소프트웨어 기반 게이트웨이는 오픈소스로 쉽게 구현할 수 있다. 스프링 클라우드 게이트웨이, 넷플릭스 줄Netflix Zuul이 대표적이다. 일반적인 용어로는 API 게이트웨이가 적합하며, 자바의 스프링 부트나 노드의 익스프레스, 파이썬의 플라스크를 지칭하지는 않는다.
- 플랫폼의 트래픽 로드 밸런싱 능력은 가용성 최적화 측면에서 한계를 보인다. 레이턴시 유형의

가용성 정보는 사용자나 클라이언트, 즉 호출하는 쪽에서 정확히 관찰할 수 있다. 그러나 리소스 사용률 유형의 신호를 측정할 때는 서버가 가장 정확한 정보를 제공한다. 이러한 두 가용성 신호를 조합해야 가장 효과적인 로드 밸런싱 전략을 구축할 수 있다.

사이트 신뢰성 향상을 위한 로드 밸런싱의 과제는 에러 등의 문제 소지가 있을 만한 서버로부터 트래픽을 분리하는 것이다. 응답시간의 최적화 과정에서 정상 인스턴스나 그룹으로 트래픽이 몰려 과부하가 걸리므로 주의가 필요하다.

- 플랫폼 로드 밸런서는 라운드 로빈round robin 방식으로 게이트웨이에 사용자 트래픽을 분산한다. 그림 2.1에서 게이트웨이는 1개, 마이크로서비스는 다수다. 게이트웨이 인스턴스는 서비스 인스턴스와 직접 통신하며 넷플릭스 유레카Netflix Eureka나 하시코프 콘술HashiCorp Consul 같은 디스커버리Discovery 서비스로부터 인스턴스 명세를 제공받는다. 게이트웨이 단계에서 부하를 분산하면 플랫폼 로드 밸런서가 개별 마이크로서비스를 직접 상대할 필요가 없다.

- 게이트웨이 로드 밸런서인 API 게이트웨이는 기본적인 라우팅routing 기능을 포함해서 비율 제한 A/B 테스트, 카나리아 배포를 제공하며, 쿠버네티스 연계를 위한 인그레스Ingress 기능도 제공하고 있다. 기본적인 쿠버네티스 인그레스에 비교해서 다양한 기능을 제공하며, 높은 안정성과 확장성을 제공하는 것이 일반적이다. 프록시proxy와 사이드카sidecar 방식이 아니므로 클라이언트 측 부하 분산에 비교해서 복원성 기능은 부족하다. 이스티오는 많은 장점을 제공하지만, 사이드카로 인해서 추가적인 리소스가 필요하며, 프록시가 네트워크 전반을 제어하므로 불필요한 네트워크 트래픽이 발생한다. 서비스 메시와 멀티 클러스터 때문에 이스티오를 사용한다. 개인적으로는 실리움Cilium CNI를 사용해서 사이드카 없이 리눅스 커널 레벨에서 구현하는 것을 권장한다.

- 쿠버네티스를 운영하다 보면 컨트롤 플레인의 API 서버에 대한 고민과 맞닥뜨린다. 쿠버네티스 클러스터의 안정적인 운영을 위해서 복잡한 기능을 제공하지 않고 Etcd와 연계하고 안정성을 향상시켰다. 그러다 보니 API 서버의 기능이 떨어져 멀티 테넌트, 멀티 클러스터, 멀티 클라우드의 구성 시에 많은 어려움이 따른다. 다양한 방법으로 문제 해결이 가능하지만, 그중 실리움이 좋은 대안이라고 판단한다. 이 책에서는 로드 밸런서와 트래픽 처리에 관련된 데모를 제공하지 않지만, 후속작에서 이스티오와 실리움 CNI를 사용해서 멀티 클러스터와 서비스 메시를 데모할 예정이다.

▶ **클라이언트 측 부하 분산**

- 호출 주체가 로드 밸런싱 결정권을 갖는다. 그림 2.2는 서비스가 클라이언트 측 로드 밸런서로 B 서비스에 트래픽을 분산하는 과정을 보여준다. 클라이언트 측 로드 밸런서는 A 서비스의 애

플리케이션 코드 일부로 구현된다. 인스턴스 목록은 일반적으로 유레카나 콘술 등의 디스커버리 서비스에서 얻고, 로드 밸런서는 B 인스턴스를 선정해 트래픽을 전달한다. 따라서 B 서비스 앞 단에 플랫폼 로드 밸런서가 필요하지 않다.

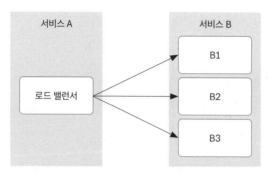

그림 2.2 클라이언트 측 부하 분산 흐름도

- 클라이언트 측 로드 밸런싱은 다양한 목적으로 활용된다. 원래는 유레카, 콘술 등에 구현된 서비스 디스커버리 메커니즘에서 서버 IP나 호스트명을 동적으로 가져오기 위해 사용했다. 넷플릭스 유레카와 이스티오는 클라이언트 측 부하 분산을 구현한 베스트 프랙티스다.

이 책에서는 앞서 언급한 세 가지 로드 밸런서를 모두 사용한다. 그라파나 관측 가능성은 엔진엑스 기반의 플랫폼 로드 밸런서를 사용하며, 내부적으로 리버스 프록시가 구성되어 있다. 쿠버네티스에서는 다양한 API 게이트웨이를 통해 인그레스를 구성할 수 있다. 그리고 후속작에서 이스티오와 실리움 CNI의 서비스 메시는 클라이언트 측 부하 분산을 사용하여 복원성을 구현할 예정이다.

2.1.3 복원성 패턴

마이크로서비스는 일반적으로 분산 시스템 복원력을 높이기 위해 여러 가용 영역에 수평 확장이 가능하도록 배포한다. 마이크로서비스는 정적으로 유지되는 것이 아니라 릴리스(배포 또는 카나리), 확장, 이동 등의 동적인 환경에서 각기 다른 상태를 가진다. 때로는 일부가 일시적으로 중단되거나 성능이 떨어지기도 하는 이런 시스템은 서비스의 최초 진입점을 파악하고 트래픽을 전달할 인스턴스를 선정하기까지의 전 과정을 모니터링하고 관리해야 한다.

서비스 메시를 사용하면 네트워크 구간의 모니터링이 가능하고 **복원성 패턴**을 구현할 수 있다. 관측 가능성 시스템은 서비스 메시를 필요로 하지 않는다. 백엔드와 프런트엔드에서 서비스 메시를 구현한다. 하지만 관측 가능성은 서비스 메시가 잘 동작하는지 관찰하고 잘 운영할 수 있도록 도와야 한다.

신뢰성 있고 안정적인 관측 가능성 시스템을 구축하기 위해서는 멀티 클러스터가 필요하다. 장애를 극복하고 중단 없이 서비스를 운영해야 하므로 고가용성의 기준을 만족하는 관측 가능성 시스템을 구축해야 한다.

이스티오Istio 서비스 메시를 사용하면 그림 2.3과 같이 관측 가능성과 연계할 수 있다. 이스티오에서 생성되는 로그, 메트릭, 추적은 관측 가능성과 연계된다.

- 이스티오 액세스 로그를 수집한다.
- 이스티오 서버 메트릭을 수집한다.
- 이스티오 사이드카에서 추적을 수집한다.

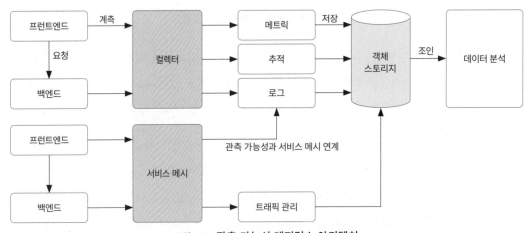

그림 2.3 관측 가능성 레퍼런스 아키텍처

트래픽 제어는 주로 애플리케이션 코드 또는 자원 인프라를 통해 구현한다. 플랫폼/게이트웨이 로드 밸런서, 클라이언트 로드 밸런싱(서비스 메시) 등은 후자에 속한다. 일반적으로 애플리케이션 코드에 구현하는 쪽이 유연하게 작동하며, 비즈니스 도메인 특성에 맞게 가공하기도 쉽다.

그라파나 관측 가능성은 마이크로서비스로 배포되고, 쿠버네티스에서 오토스케일링되며, 다양한 로드 밸런서와 연계가 필요하다. 비즈니스 로직을 처리하는 마이크로서비스만이 트래픽 관리의 대상인 것은 아니며, 관측 가능성과 가시성을 구현하기 위한 시스템 자체도 트래픽 관리의 대상이다.

모든 예측은 과거 성능을 기반으로 수립하는데, 과거의 성능이 결코 미래의 결과를 보장해주지 않는다. 따라서 실패에 대비한 다른 복원 절차를 마련해야 한다. 완벽한 로드 밸런서를 앞세운 클러스터도 처리량은 제한적이다. 가용 자원이 가장 많은 인스턴스를 골라 정확하게 트래픽을 할당해도 한계 처리량 이상에 대응할 수는 없다. 오토스케일링은 이러한 과부하에 대응하기 위한 좋은 대안이다. 오토스케일링을 적용하면 파드와 노드를 자동적으로 증감할 수 있을뿐더러 멀티 클러스터를 도입해서 필요 시 클러스터를 추가할 수 있다. 파드와 노드의 증감은 자동화가 가능하며, 멀티 클러스터 역시 테라폼Terraform을 통해 자동화가 가능하다. 관측 가능성 시스템은 백엔드 시스템 이상으로 많은 과부하를 받는다는 점을 기억해야 한다.

복원성을 구현하는 방법은 다양하다. 복원성은 애플리케이션을 개발하는 개발자가 소스에서 구현하는 것이 가능하다. 또한, 개발 없이 운영자가 프록시, 사이드카와 안정적인 메시징을 사용해서 구성할 수도 있다. 다양한 방식을 사용해서 복원성을 구현하는 것은 가능하지만, IT 아키텍처를 설계하는 것은 다양한 예외 상황을 고려하여 일관성 있는 방법으로 적합하게 구현해야 한다.

- 애플리케이션 관점에서 복원력을 높이는 방법은 소스 내 예외 처리와 재시도, 타임아웃 등을 정의하는 것이다. 개발자는 비즈니스적인 에러와 시스템 에러를 구분하고, 에러 유형에 따른 후속 처리를 한다. 일정한 간격으로 다수 재시도, 재처리를 진행한다.
- 인프라 관점에서 복원력을 높이는 방법은 서비스 메시와 메시징을 사용하는 것이다. 서비스 메시는 프록시를 포함하고, 복원력을 향상시킬 수 있는 다양한 기능을 제공한다. 메시징은 메시지 유실을 방지하고, 대용량 트랜잭션을 안정적으로 처리할 수 있는 백본을 제공한다.

복원력을 높일 수 있는 네 가지 패턴에 대해 살펴보자.

▶ **재시도**
- 에러의 유형은 일반적으로 비즈니스 에러와 시스템 에러 두 가지로 나뉜다. 비즈니스 에러는 호출자가 잘못된 데이터를 입력하거나 프로그램의 버그로 인해서 발생하는데, 이 경우 재시도는 불필요하다. 시스템 에러는 네트워크의 일시적인 지연, 서버와 백엔드의 장애 등이며, 일정 주기로 재시도하면 정상적인 처리가 가능하다.
- 재시도는 가끔 발생하는 장애에 대응하는 효율적인 수단이지만, 최초 요청이 실패했을 때부터 재시도 압력이 누적돼 시스템에 과부하를 일으키면 안 되므로 반복적이고 무차별적인 재시도에 주의해야 한다.
- 다운스트림downstream 서비스는 순간적인 장애를 자주 겪는다. 스레드 풀thread pool 포화, 네트워크 접속 지연으로 인한 시간 초과 등 가용성을 저해하는 요인들이 많다. 이러한 요인들은 단시간 내에 자동적으로 비활성화되며, 호출자는 일시적 오류에 대처해야 한다.

- 재시도의 당위성과 서비스에 대한 도메인 지식이 있어야 재시도 처리에 대해서 판단할 수 있다. 처리 시간이 초과되었을 때 재시도를 허용해야 하는가? 재시도로 인해서 중복된 데이터가 입력되지는 않는가?
- 클라우드에서 시스템을 운영하면서 경험하는 에러는 클라우드 공급자의 패치 과정에서 자주 발생한다. 예를 들어, 클라우드 서비스 공급자가 내부적으로 보안 패치를 할 때 서비스를 사용하는 운영자는 이를 장애처럼 인식할 수 있다. 클라우드 공급자 서비스는 이중화를 하고 정상적인 절차에 따라서 패치를 했음에도 불구하고 사용자의 잘못된 예외 처리와 견고하게 구축되지 않은 시스템으로 인해서 장애를 경험하게 된다.
- 최대 재시도 횟수와 시간 간격은 재시도 정책에 정의되어야 한다.

▶ 비율 제한

마이크로서비스의 부하는 시간의 흐름에 따라 자연스럽게 변화한다. 갑자기 부하가 증가하면 리소스 부담이 가중되며 SLO 이하로 가용성이 낮아질 위험에 처한다. 비율 제한 기법을 도입하면 비정상적인 상황에도 비록 제한된 처리량이나마 요청에 대응하도록 서비스를 지속시킬 수 있다. 비율 제한은 카나리아, A/B 테스트와 유사한 점도 있다. 이를 구현하기 위해서 이스티오를 사용할 수도 있지만, 가능하다면 다양한 인그레스와 게이트웨이 로드 밸런싱을 활용하는 것을 권장한다.

▶ 벌크헤드

- 마이크로서비스는 일반적으로 여러 다운스트림 서비스에 요청을 보내는데, 한 서비스의 가용성만 저하되어도 여기 의존하는 다른 서비스까지 응답 불가 상태에 놓일 위험이 있다. 의존 서비스가 블로킹 방식으로 요청을 처리하고 스레드 풀까지 사용한다면 더욱 어려운 상황에 놓인다. 마이크로서비스 A가 마이크로서비스 B를 포함한 여러 다운스트림 서비스에 요청을 보낼 때, B 요청을 유발하는 트래픽은 전체 중 작은 일부에 불과하다. 그러나 A가 B뿐만 아니라 다른 모든 다운스트림 서비스에 대한 요청을 하나의 공용 스레드 풀에서 처리한다면 그 일부의 트래픽이 A 서비스 전체를 마비시킬 수 있다. B 서비스에 장애가 발생하고 요청이 차단되기 시작하면 A의 스레드 풀이 점점 포화되기 때문이다.
- **벌크헤드**bulkhead 패턴은 다운스트림 서비스를 서로 격리하고 각 서비스의 동시 처리 능력을 제한한다. 이 개념을 구현하면 앞선 예시 상황에 효과적으로 대처할 수 있다. B 서비스에 장애가 생겼을 때, B 서비스 호출을 동반한 요청은 배제하고 그 외 요청은 A 서비스가 계속 응답할 수 있다.

▶ **서킷 브레이커**

- **서킷 브레이커**circuit breaker는 벌크헤드 패턴을 확장한 개념이다. 다수의 마이크로서비스는 분산되고 서로 호출하는 관계를 가진다. 이런 경우 마이크로서비스 간 장애까지 전파될 수 있는데, 그 해결책으로 등장한 것이 서킷 브레이커 패턴이다.

그림 2.4 **서킷 브레이커 흐름도**

- 넷플릭스의 추천 영화 목록은 서킷 브레이커를 적용한 대표 기능이다. 추천 목록은 가입자의 과거 시청 기록 등을 기반으로 개개인의 독립적인 선호도를 계산해 선정한다. 개인화 서비스 호출을 보호하는 서킷 브레이커가 열린 상태로 전환되면 추천 콘텐츠 목록 대신에 일반 콘텐츠 목록으로 응답한다.

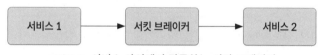

그림 2.5 **서비스 사이에서 작동하는 서킷 브레이커**

- 서비스 2로의 모든 호출은 서킷 브레이커를 통하고, 서비스 2가 정상적인 상황에서는 트래픽이 문제없이 통과한다. 서킷 브레이커에서 서비스 2의 문제를 감지하면 서비스 2로의 호출을 강제로 종료하고, 서비스 1의 스레드는 더 이상 요청에 대한 응답을 기다리지 않는다. 서킷 브레이커는 이러한 방식으로 장애가 전파되는 것을 방지한다. 하지만 서킷 브레이커가 강제로 호출을 종료하는 방식을 채택하고 있기 때문에, 서비스 1에서는 이런 경우에 대한 장애 처리 로직을 구현해야 한다.

- 서비스 2가 정상적으로 응답할 수 없을 때, 서비스 2에서는 정해진 규칙에 따라서 대안이 되는 로직을 반환할 수 있다. 이것을 폴백fall back이라고 한다. 위의 상황에서는 서비스 2가 장애 상황일 때 서킷 브레이커는 서비스 2가 제공할 기본 로직을 반환해서 전체 서비스에 영향이 가지 않도록 유도한다.

서킷 브레이커와 함께 카프카Kafka와 같은 분산 메시지 시스템을 적용하는 것도 좋은 대안이다. 관측 가능성은 비즈니스 애플리케이션에 비해 대용량 트랜잭션을 처리하는 것이 일반적이다. 관측 가능성을 운영하면 메시지 유실이 빈번히 발생하고 시스템의 증설의 필요성이 여러 차례 부각될 것이다. 그러므로 관측 가능성 시스템은 확장성을 염두에 두고 구축해야 한다. 오토스케일링 수평적 확장과 객체 스토리지 저장 공간은 관측 가능성에 확장성을 제공하는 유용한 기술이다. 이를 적극적으로 활용해서 관측 가능성을 구축해야 한다.

2.1.4 가시성

가시성visibility은 앞서 언급한 관측 가능성의 한계를 보완하고, 다양한 장애를 극복할 수 있는 복원력을 제공한다. 가시성은 네트워크 분야에서 사용되는 용어다. 가시성은 관측 가능성의 강점인 예측 기능과 결합해서 장애 빈도를 줄이고, 장애 원인에 대한 신속한 분석이 가능하다.

- 운영의 베스트 프랙티스는 장애를 최소화할 수 있도록 충분한 테스트를 통해서 버그와 오류를 조기에 발견하고 프로세스를 자동화하는 것이다. 장애에 내성을 가지는 견고한 인프라를 구성하고 유저 트래픽을 가능한 근사치로 예상해서 그에 준하는 시스템의 성능과 용량을 확보하는 것을 권장한다.
- 클라우드에서 장애를 정의하고 대응하는 방법은 예전과 다르다. 선제적인 조치보다는 장애 이후에 초점을 맞추는 경향이 있는데, 올바른 대응 방안이라 할 수 없다. 장애가 될 만한 위험 요인을 미리 발견해서 최소화하고, 트래픽을 관리하고 복원력을 향상시켜야 한다.

관측 가능성은 시스템에 대한 상세한 이해를 돕는다.

가시성은 관측 가능성과는 다른 관점에서 바라볼 필요가 있다. 가시성의 문맥적인 의미는 '배경에서 분리된 가시 대상의 존재나 색의 차이를 잘 볼 수 있는 정도 또는 상태'이며, 이는 시스템에 대한 자세한 이해보다는 대략적인 이해 수준에 머무르는 것이다. 즉, 시스템을 이해하는 수준의 정도에 차이가 있고, 이로 인해 원인을 이해하고 분석하는 부분에서 한계를 드러낸다. 이러한 한계의 이유는 가시성의 대상이 주로 하드웨어, 인프라이기 때문이다. 그림 2.6처럼 프런트엔드, 백엔드 애플리케이션에 관측 가능성을 적용하기 위해 개발이 가능하지만, 하드웨어에는 로직을 추가하는 것이 어렵다. 판매하는 벤더에서 제공하는 메트릭과 로그에 의존적이기 때문이다. 레거시의 경우는 가시성 구현을 위해 벤더에서 제공하는 메트릭을 사용해야만 하고, 커스텀 메트릭의 추가가 어려우며, 추적은 대부분 제공하지 않는다. 이로 인해서 가시성은 로그를 수집하고 분석하는 일에 집중하는 경향이 있다.

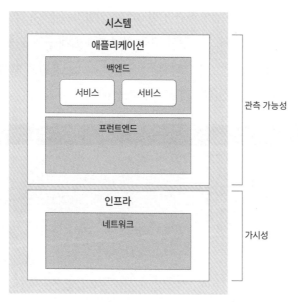

그림 2.6 관측 가능성과 가시성 간의 관계

네트워크 프로토콜은 HTTP, DNS 등이 있으며 관련 서버에서 로그를 수집한다. 엔드포인트는 개인 PC 등이 대상이며 필요 시에는 이벤트 로그를 수집한다.

메트릭은 벤더에서 제공하는 메트릭을 사용하거나 솔루션에서 기본적으로 제공하는 관리 화면을 통해 메트릭을 제공하는 경우가 대부분이다. 예를 들어 MySQL, 오라클 데이터베이스 등은 다양한 오픈소스 텔레메트리를 제공하며 필요 시 간단한 메트릭을 추가할 수도 있다.

정리하자면 관측 가능성과 가시성은 서로 보완적인 관계임을 인식하고 조직과 구성원(네트워크, 보안, 클라우드 인프라 팀 간의 협업)의 협업을 위해서는 관측 가능성과 가시성은 단일한 시스템 내에 구축하는 것을 권장한다.

2.1.5 서비스 메시

넷플릭스 오픈소스 소프트웨어open source software, OSS도 우수한 **서비스 메시**service mesh 솔루션이고, 이스티오가 제공하지 않는 세밀한 조정이 가능하다.

- 클라이언트 측 부하 분산을 사용해서 오토스케일링(로드 밸런싱)을 구현하였다.
- 다양한 플랫폼과 개발 언어를 지원한다. Go, 파이썬을 사용하여 애플리케이션을 개발하였으므로 넷플릭스 OSS를 적용할 수가 없다. 다양한 언어를 지원하는 서비스 메시 플랫폼이 필요하다.

- 견고한 내부 아키텍처 외에 사용자 화면이 필요하다. **키알리**Kiali는 동적인 네트워크 모니터링을 위한 풍부한 기능을 제공해주며, 그라파나 관측 가능성과 쉽게 통합할 수 있다.
- 데이터 관점에서 **이스티오**와 엔보이 프록시Envoy Proxy는 높은 품질의 액세스 로그를 제공한다. 액세스 로그를 사용해서 다양한 데이터 분석이 가능하다.

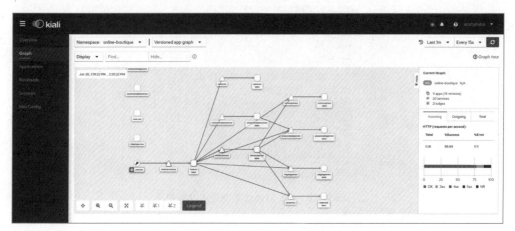

그림 2.7 이스티오 키알리 사용자 화면

이스티오 서비스 메시에도 한계점은 있다.

- 애플리케이션 코드와 별개로 운영되는 트래픽 관리 기법은 단점이 있다. 이스티오 타임아웃을 살펴보자. 설정된 초과 시간 이후 사이드카 프록시는 호출자와 접속을 끊지만, 애플리케이션 인스턴스는 해당 요청을 계속 처리하고 있다. 현재 이스티오는 벌크헤드 형태에 가까운 '서킷 브레이커'만 지원한다. 최대 접속 또는 요청을 제어하는 방식으로 서비스의 동시성을 즉각적으로 제한하기 때문이다.
- 이스티오의 트래픽 관리 정책은 YAML로 구사할 수 있는 수준 이상으로 정교하게 구성할 수 없다. 이스티오로 애플리케이션 코드와 함께 합의되어야만 정확하게 동작하는 로드 밸런싱을 구성하는 것은 불가능하다.
- 이스티오를 사용해서 멀티 클러스터를 구성할 수 있다. 이스티오보다 상세한 커널 수준의 서비스 메시를 구현하고 싶다면 eBPF를 지원하는 실리움Cilium을 추천한다.
- 사이드카는 비싼 리소스이며, 이스티오의 내부 네트워크 처리 과정은 다소 비효율적이다.

복원성과 가시성 확보를 위해 서비스 메시를 사용하는데, 이스티오가 제공하는 이러한 기능이 적합한지 신중하게 고려해야 한다.

2.2 쿠버네티스 오토스케일링

쿠버네티스는 CPU 사용률이나 기타 메트릭을 체크하여 파드의 개수를 스케일하는 기능을 갖고 있다. 이것은 **HPA**Horizontal Pod Autoscaler(수평적 파드 오토스케일러)로 지정한 메트릭을 컨트롤러가 체크하여 부하에 따라 필요한 레플리카 수가 되도록 자동으로 파드를 늘리거나 줄이는 것이다. HPA는 파드를 오토스케일링하며, 레플리카셋을 포함한 다음 리소스의 파드 스케일링에 사용할 수 있다.

- 디플로이먼트Deployment
- 레플리카셋ReplicaSet
- 레플리케이션 컨트롤러Replication Controller
- 스테이트풀셋StatefulSet

관측 가능성은 대용량 트래픽을 안정적으로 처리하고 비용을 절감해야 한다. 그러므로 관측 가능성 시스템에도 쿠버네티스 오토스케일링을 적용해야 한다. 그림 2.8을 살펴보자.

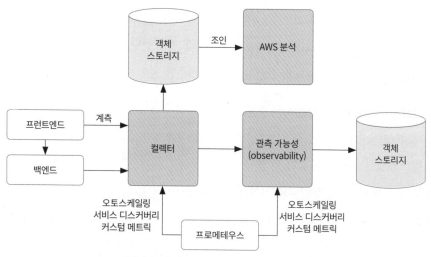

그림 2.8 프로메테우스와 쿠버네티스 연계

그라파나 관측 가능성 도구 내 다양한 컴포넌트에 오토스케일링을 적용할 수 있다. 예를 들어, 인제스터Ingester, 디스트리뷰터Distributor, 쿼리어Querier, 쿼리-프런트엔드Query-Frontend, 게이트웨이Gateway에는 오토스케일링을 적용하고, 각 구성 요소에는 별도의 해시 링을 구성한다.

오토스케일링을 하는 방법은 다양하다. AWS는 EC2 가상 머신을 기반으로 오토스케일링을 제공한다. 하지만 가상 머신은 OS를 중심으로 네트워트, 스토리지가 모두 결합하므로 의존성이 높고 용량이 커서 오토스케일링에 필요한 복제 과정에서 시간이 오래 걸린다. 애플리케이션의 수평적인 확장 시, 불필요한 부분까지 확장이 되므로 비용과 자원의 최적화 측면에서 효과적이지 못하고 수평적인 확장을 달성하는 것이 어려웠다. 컨테이너는 이러한 단점을 극복하고 해결책을 내놓았다.

컨테이너는 용량이 작고 복제가 간단하며 애플리케이션만 구동이 가능하다. 다른 복잡한 인프라와 느슨하게 결합되어 있으므로 수평적인 오토스케일링에 적합하다. 실제로 IBM, 오라클의 많은 상업용 애플리케이션은 컨테이너를 지원하기 위해 기존 아키텍처를 과감히 변경하고 컨테이너용으로 재개발하였다. 오토스케일링은 컨테이너 단위로 수평적인 확장을 하는 것이 성능과 자원 활용 측면에서 우수하다.

오토스케일링은 파드를 수평적으로 증감시키고, 유저의 트래픽을 증감된 파드로 고르게 분배하는 것이 중요하다.

- **측정된 메트릭을 기반으로 파드를 증가시키는 흐름**
    - 메트릭 측정을 위해 메트릭 서버를 사용하지만, 이는 CPU와 메모리 메트릭만을 지원한다는 한계가 있다. 그래서 보편적으로는 애플리케이션 메트릭의 수집/관리를 위한 프로메테우스 어댑터, **KEDA**Kubernetes Event-driven Autoscaling 등을 사용한다.
    - **HPA**는 측정된 메트릭 정보에 기반하여 파드 개수를 증가시킨다.

- **유저의 트래픽을 각 파드로 분산하는 흐름**
    - 측정된 메트릭에 따라 오토스케일링된 파드와 연계하고 유저에게 실제 서비스를 제공하는 오토스케일링 처리는 복잡한 작업이다.
    - 사용자 트래픽은 프런트엔드를 거쳐 쿠버네티스 서비스를 통해 유입된다.
    - 오토스케일링으로 증가된 파드가 쉽게 발견되어야 하며, 부하가 파드로 균등하게 분산되어야 한다.
    - 쿠버네티스 서비스 앞에 로드 밸런서가 구축된 운영 환경을 구성해야 한다.

다양한 관점에서 애플리케이션을 스케일링한다. 파드 레플리카 수를 조정해 수평 스케일링을 하고, 파드에 대한 자원 요구 사항을 조정하는 수직 스케일링을 하며, 클러스터 노드 수를 변경해 클러스터 자체를 스케일링한다. 이러한 모든 작업을 수동으로 수행할 수도 있지만, 쿠버네티스가 부하를 기반으로 자동으로 스케일링을 수행할 수 있는 방법을 제공한다.

쿠버네티스는 선언적으로 표현된 요청을 유지함으로써 수많은 컨테이너로 구성된 애플리케이션의 오케스트레이션과 관리를 자동화한다. 그러나 지속적으로 자주 변하는 대다수 워크로드workload 의 특성으로 인해 요청한 상태를 어떻게 반영해야 하는지를 파악하기란 쉬운 일이 아니다. 컨테이너가 얼마나 많은 자원을 요구할지, 그리고 주어진 시간에 서비스 수준을 적절히 충족시키기 위해 서비스에 얼마나 많은 레플리카가 필요한지를 정확히 알아내려면, 많은 시간과 노력이 필요하다. 다행히도 쿠버네티스를 사용하면 컨테이너의 자원, 요청한 서비스 레플리카 수, 클러스터의 노드 수 등을 쉽게 변경할 수 있다. 이러한 변경은 수동으로 수행되거나 특정 규칙이 주어지면 완전히 자동화된 방식으로 수행할 수 있다.

쿠버네티스는 고정된 파드와 클러스터 설정을 유지할 수 있을 뿐만 아니라, 외부 로드와 용량 관련 이벤트의 모니터링을 통해 현재 상태를 분석하고, 원하는 성능에 맞게 자체 스케일할 수 있다. 이런 동작을 가능하게 하는 다양한 방법과 스케일링 방식을 결합하는 방법을 살펴보자.

쿠버네티스는 애플리케이션에 가장 적합한 설정을 찾기 위한 다양한 기능과 기술을 제공한다. 대부분의 워크로드는 시간이 지남에 따라 변화하는 동적 특성 때문에 고정된 스케일링을 설정하기가 어렵다. 그러나 쿠버네티스와 같은 클라우드 네이티브 기술을 사용하면 변화하는 로드에 따라 적응하는 애플리케이션을 만들 수 있다. 쿠버네티스의 오토스케일링을 통해 다양한 애플리케이션의 용량을 고정된 용량이 아닌, 다른 로드를 충분히 처리할 수 있는 용량으로 정의할 수 있다. 이러한 동작을 가능케 하는 가장 간단한 방법은 HPA를 사용해 파드의 수를 수평으로 스케일하는 것이다.

디플로이먼트를 위한 **HPA**를 만드는 것을 생각해보자. HPA가 효력을 지니려면 CPU에 대한 `.spec.resources.requests` 제한을 디플로이먼트에 선언하는 것이 중요하다. 또 다른 요구 사항으로는 클러스터 전체의 자원 사용량 데이터를 집계하는 메트릭 서버를 활성화하는 것이다.

이제 HPA가 어떻게 운영자를 대체해 **오토스케일링**을 보장할 수 있는지 살펴보자. 높은 수준에서 HPA 컨트롤러는 다음 단계를 지속적으로 수행한다.

- HPA 정의에 따라 스케일링된 파드에 대한 메트릭을 가져온다. 파드에서 직접 메트릭을 읽지 않고, 집계된 메트릭을 제공하는 쿠버네티스 메트릭 API에서 메트릭을 읽는다. 파드 레벨의 자원 메트릭은 쿠버네티스 메트릭 API에서 가져오고, 다른 모든 메트릭은 쿠버네티스 사용자 정의 메트릭 API에서 가져온다.
- 현재 메트릭값과 목표하는 요청한 메트릭값을 기반으로 필요한 레플리카 수를 계산한다.

메트릭 계산과 구현은 실행 중인 여러 개의 파드 인스턴스를 고려해야 하고, 여러 메트릭 타입을 다뤄야 하며, 다양한 예외 사례와 변동하는 값까지도 고려해야 하므로 더욱 복잡하다. 예를 들어, 여러 메트릭이 지정된 경우, HPA는 각 메트릭을 개별적으로 평가한 후 가장 큰 값을 제안한다. 즉, 계산을 완료하면 '요청한 임곗값' 이하이면서 '요청한 레플리카 수'보다는 이상인 정수를 오토스케일링한 값으로 최종 출력한다.

HPA가 평가하는 메트릭 타입에는 표준 메트릭과 사용자 정의 메트릭이 있다.

- **표준 메트릭**

  CPU와 메모리 같은 자원 사용량 메트릭을 나타내는 것으로, 일반적으로 메트릭 서버 등에서 제공하는, 가장 사용하기 쉬운 메트릭 타입이다.

- **사용자 정의 메트릭**

  사용자 정의(커스텀) 메트릭은 클러스터별로 각기 다른 고급 클러스터 모니터링 설정이 필요하다. 파드 타입의 사용자 정의 메트릭은 이름에서 알 수 있듯이 특정 파드 메트릭을 기술하지만, 객체 타입은 모든 객체를 기술할 수 있다. 사용자 정의 메트릭은 custom.metrics.k8s.io API 경로의 Aggregated API 서버로 수행되고 프로메테우스 등의 다양한 메트릭 어댑터에서 제공된다.

오토스케일링은 빠르게 발전 중인 쿠버네티스 영역이며, 각 세부 사항은 오토스케일링의 전체 동작에 큰 영향을 줄 수 있다.

- 파드 레벨의 오토스케일링과 노드 레벨의 오토스케일링을 함께 사용한다. 파드 레벨의 오토스케일러는 디플로이먼트에 지정된 개수만큼 파드를 추가적으로 생성하고 노드의 임계점에 도달한다. 노드 레벨의 스케일러는 새로운 노드를 생성하고, 새로운 노드에서 신규 파드를 계속 생성한다. 정리하면 파드 오토스케일러가 먼저 파드를 증가시키고, 상황에 적합하게 노드(클러스터) 오토스케일러가 노드를 증가시킨다.

- 스케일 아웃$_{out}$(파드, 노드 증가)보다는 인$_{in}$(파드, 노드 감소) 과정에서 장애가 발생한다. 따라서 스케일 인을 위한 상세 매개변수를 설정하는 것이 중요하다. 사이트별로 트래픽의 유형이 다르므로 스케일 인에 적용되는 매개변수도 다른 것이 일반적이다. 다양한 테스트를 통해 트래픽과 자원 증감에 따른 오토스케일링 매개변수를 선정해야 한다.

- 커스텀 메트릭을 개발하고 프로메테우스를 통한 고도화된 오토스케일링을 추천하지만, 복잡하게 연계된 마이크로서비스 기반의 애플리케이션을 사용 중이라면 주요한 리소스(CPU, 메모리)에

기반한 오토스케일링부터 시작하는 것을 권장한다. 마이크로서비스 간의 복잡한 상호작용과 의존성으로 인해 커스텀 메트릭을 사용해 오토스케일링을 적용하는 것은 쉽지 않은 작업이다.

- 노드 오토스케일러는 대부분의 자동화 기능을 제공해주므로 운영자 입장에서는 수작업이 필요 없는 경우가 대부분이다. 하지만 drain, cordon, taint 명령어와 PDB, affinity 등 리소스 설정은 쿠버네티스 운영에 유용하다. 그라파나 관측 가능성 헬름Helm 차트는 기본적으로 메트릭 서버를 사용해서 CPU, 메모리 기반의 오토스케일링과 PDBpod disruption bduget를 사용한다. KEDA를 사용해서 요구 사항에 적합하게 고도화할 수 있다.

2.2.1 오토스케일링 오픈소스

오토스케일링을 구현하는 방법과 이를 지원하는 오픈소스부터 확인해보자.

- 메트릭 서버
- 프로메테우스 어댑터
- KEDA

① 메트릭 서버

오토스케일링 구성 시 가장 먼저 언급되는 것이 메트릭 서버다.

그림 2.9 쿠버네티스의 메트릭 파이프라인 아키텍처

그림 2.9의 주요 요소를 살펴보자.

- 쿠블릿은 컨테이너 리소스 관리를 위한 노드 에이전트다.
- 서머리Summary API는 사용 가능한 노드별 요약 정보를 탐색하고 수집할 수 있도록 쿠블릿이 /stats 엔드포인트를 통해 제공하는 API다.
- 메트릭 서버는 각 쿠블릿으로부터 수집한 리소스 메트릭을 수집하고 집계한다. API 서버는 HPA, VPA, kubectl top 명령어를 사용할 수 있도록 메트릭 API를 제공한다.
- 메트릭 API는 워크로드 오토스케일링에 사용되는 CPU, 메모리 정보로의 접근을 지원하는 쿠버네티스 API다.

쿠버네티스 디플로이먼트에는 다음과 같이 리소스 사용량에 대해서 명시해야 한다.

```
resources:
    limits:
        cpu: 500m
    requests:
        cpu: 200m
```

▶ CPU

CPU 단위로 측정된 평균 코어 사용량 형태로 보고된다. 쿠버네티스에서 1 CPU는 클라우드 제공자의 경우 1 vCPU/코어에 해당하고, 베어메탈 인텔 프로세서의 경우 1 하이퍼스레드에 해당한다. 이 값은 커널(리눅스, 윈도우 커널 모두)에서 제공하는 누적 CPU 카운터에 대한 비율을 취하여 구한다.

▶ 메모리

메트릭을 수집하는 순간에 바이트 단위로 측정된 워킹셋working set 형태로 보고된다. 이상적인 환경에서 워킹셋은 해제할 수 없는, 사용 중in-use인 메모리의 양이다. 그러나 워킹셋의 계산 방법은 호스트 OS에 따라 다르며, 일반적으로 추정치를 추출하기 위해 휴리스틱heuristic을 많이 사용한다.

▶ 메트릭 서버

메트릭 서버는 쿠블릿으로부터 리소스 메트릭을 수집하고, 이를 HPA와 VPAvertical pod autoscaler가 활용할 수 있도록 메트릭 API를 통해 쿠버네티스 API 서버로 전달한다. kubectl top 명령을 사용하여 이 메트릭을 확인해볼 수도 있다.

메트릭 서버는 서머리 API를 통해 각 노드에 질의하여 클러스터의 노드와 파드를 추적하고 메트릭을 수집한다. 또한, 메트릭 서버는 파드 헬스에 대한 캐시cache를 유지한다. 이렇게 캐시된 파드 헬스 정보는 메트릭 서버가 제공하는 확장 API를 통해 이용할 수 있다.

❷ 프로메테우스 어댑터

먼저 이론적인 내용을 설명하고, 3.5절에서는 프로메테우스 어댑터Prometheus Adapter를 사용한 상세한 설명과 실습을 진행한다.

- 프로메테우스 어댑터에 대한 구성을 작성하여 수신하는 초당 HTTP 요청을 기반으로 자동 확장할 수 있는 프런트엔드 웹서버가 있다고 가정하자.
- 시작하기 전에 http_requests_total 메트릭을 사용하여 프런트엔드 서버를 계측했다. 이 메트릭은 HTTP Verb로 요청을 분류하는 단일 레이블, 메서드로 노출된다.

- 메트릭을 수집하도록 프로메테우스를 구성했으며, 각 네임스페이스와 파드를 나타내는 `kubernetes_namespace`, `kubernetes_pod_name` 레이블을 추가한다.

프로메테우스를 쿼리하면 다음과 같은 시리즈가 표시된다.

```
http_requests_total{method="GET",kubernetes_namespace="production",kubernetes_pod_name=
"frontend-server-abcd-0123"}
```

프로메테우스 어댑터는 다음과 같은 방식으로 메트릭을 처리한다.

- Discovery는 먼저 사용 가능한 메트릭을 검색한다.

- Association은 각 메트릭이 연결된 쿠버네티스 리소스를 파악한다.

- Naming은 사용자 지정 메트릭 API에 노출하는 방법을 파악한다.

- Querying은 마지막으로 실제 숫자를 얻기 위해 프로메테우스를 쿼리하는 방법을 알아낸다.

```
rules:
  custom:
    - seriesQuery: '{__name__=~"^some_metric_count$"}'
    resources:
      template: <<.Resource>>
    name:
      matches: ""
      as: "my_custom_metric"
    metricsQuery: sum(<<.Series>>{<<.LabelMatchers>>}) by (<<.GroupBy>>)
```

지금까지 프로메테우스 어댑터를 설정했다. 이제 쿠버네티스 HPA를 설정해보자.

```
apiVersion: autoscaling/v2beta1
kind: HorizontalPodAutoscaler
metadata:
  name: autoscaling-app-hpa
  namespace: custom-metrics
spec:
  scaleTargetRef:
    apiVersion: apps/v1beta1
    kind: Deployment
    name: autoscaling-deploy
  minReplicas: 1
  maxReplicas: 5
```

```
metrics:
- type: Object
  object:
    target:
      kind: Service
      name: autoscaling-service
    metricName: http_requests
    targetValue: 5
```

3 KEDA

KEDAKubernetes Event-driven Autoscaling는 이벤트 소스를 모니터링하고 해당 데이터를 HPA에 공급하여 리소스를 빠르게 확장하는 역할을 한다. 리소스의 각 레플리카는 이벤트 소스에서 이벤트를 적극적으로 가져온다. 디플로이먼트와 스테이트풀셋은 KEDA로 워크로드를 확장하는 가장 일반적인 방법이다. KEDA와 확장 디플로이먼트/스테이트풀셋을 사용하면 이벤트 소스와의 다양한 연결rich connection을 유지하면서 이벤트를 기반으로 확장할 수 있다(예를 들어 순차 처리, 재시도, dead letter, 체크 포인트).

이를 통해 KEDA가 스케일 트리거를 기반으로 확장할 쿠버네티스 디플로이먼트 또는 스테이트풀셋을 정의할 수 있다. KEDA는 해당 서비스를 모니터링하고 발생하는 이벤트에 따라 리소스를 자동으로 확장/축소한다.

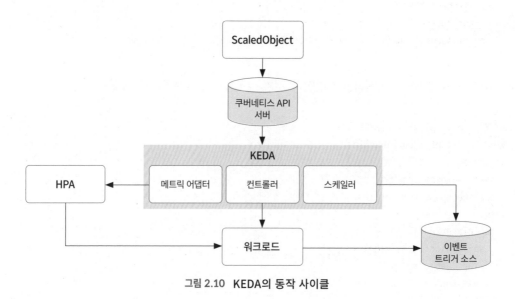

그림 2.10 KEDA의 동작 사이클

예를 들어, 아파치 카프카와 함께 KEDA를 이벤트 소스로 사용하려는 경우, 그 워크플로는 다음과 같다.

- 처리 보류pending 메시지가 없는 경우 KEDA는 디플로이먼트를 0으로 확장한다.
- 메시지가 도착하면 KEDA는 이것을 이벤트로 감지하고 디플로이먼트를 활성화한다.
- 디플로이먼트가 실행되면 컨테이너 중 하나가 카프카에 연결되고, 메시지를 가져오기 시작한다.
- 카프카 토픽Topic에 더 많은 메시지가 도착하면 KEDA는 이 데이터를 HPA에 공급feed하여 수평 확장시킬 수 있다.

```yaml
apiVersion: keda.sh/v1alpha1
kind: ScaledObject
metadata:
  name: sample-app
spec:
  scaleTargetRef:
    kind: Deployment          # Optional. Default: Deployment
    name: sample-app          # Mandatory. Must be in the same namespace as the ScaledObject
  pollingInterval:  15        # Optional. Default: 30 seconds
  cooldownPeriod:   30        # Optional. Default: 300 seconds
  minReplicaCount:  1         # Optional. Default: 0
  maxReplicaCount:  5         # Optional. Default: 100
  triggers:
  - type: prometheus
  metadata:
    serverAddress: http://prometheus-server.default.svc.cluster.local
    metricName: nginx_ingress_controller_requests
    threshold: '15'
    query: http_requests_total
```

KEDA가 다른 오토스케일링과 비교해 지닌 장점은 다양한 데이터 소스를 제공한다는 점이다. 메트릭 서버는 CPU 등 컴퓨팅 자원만을 지원하고, 프로메테우스 어댑터는 프로메테우스를 지원하는 데 반해 KEDA는 레디스, 카프카, 프로메테우스 등 다양한 자원의 메트릭을 직접 측정하고 오토스케일링을 처리할 수 있다. 그뿐 아니라 KEDA는 구성이 간단하고, 호환성 측면에서 문제의 소지가 적은 편이다. 프로메테우스 어댑터는 프로메테우스 에코시스템, 쿠버네티스와 호환compatbility이 필요하므로 가급적 KEDA의 사용을 권장한다.

2.2.2 메트릭 측정

기존 APM에서 제공하는 기본적인 메트릭은 초당 처리 개수TPS, 처리 지연시간latency 등이 중요하다. 다양한 기본 메트릭을 조합해서, 커스텀 메트릭을 생성하는 것이 일반적이다. 일반적으로 많이 사용하는 기본 메트릭은 다음과 같다.

▶ 요청 수

애플리케이션의 측정 가능 메트릭 항목 중 어떤 것이 필수적인지를 판단하기란 쉽지 않다. 이때 구글의 사이트 신뢰성 공학(SRE)[1]이 제시하는 골든 시그널이 좋은 힌트가 될 수 있다. 애플리케이션이 수신하는 요청 수number of request를 계산하는 트래픽 측정은 가장 기본적인 방법이다. 다음 질문에 대해 생각해보자.

- 애플리케이션의 트래픽 패턴은 무엇인가?
- 애플리케이션이 예상한 트래픽을 처리할 수 있는가?
- 애플리케이션 요청은 얼마나 성공적인가?

'요청 수' 메트릭을 사용하여 애플리케이션을 자동으로 확장해야 하는지를 판단할 수 있다. 서비스가 처리할 수 있는 '총요청 수total number of requests'와 같은 메트릭은 부하 테스트에서 주목해야 할 수치이며, 어떠한 변화가 있는지 모니터링해야 할 대상이다.

▶ 요청 기간

요청 기간duration of the request에 대한 다음 사항을 생각해보자.

- 요청은 얼마나 걸렸는가?
- 각 서비스가 총요청 기간에 소요한 시간은 얼마인가?
- 사용자 경험 측면은 어떻게 고려할 수 있는가?

요청 기간 메트릭은 서비스 상태를 이해하는 데 중요한 지표로서 어떤 문제의 근본적인 증상을 나타낼 수 있다. 요청 기간은 히스토그램에서 가장 잘 나타나며, 제공되는 조직과 시각화를 통해 요청에 대한 분포를 이해할 수 있다. 각 서비스 내에서 작업 기간을 측정하고 네트워크 대기시간 비용을 측정해서 요청 기간을 이해한다.

---

1   https://sre.google/sre-book/monitoring-distributed-systems/#xref_monitoring_golden-signals

▶ **동시 요청**

또 다른 중요한 지표는 주어진 시간에 애플리케이션이 동시에 처리할 수 있는 동시 요청 수다. 이 지표는 다음 질문에 대한 답을 줄 수 있다.

- 애플리케이션에서 병목현상이 발생하는가?
- 애플리케이션은 급증하는 요청을 처리할 수 있는가?

일반적으로 이 값은 앞서 추가한 카운터를 통해 초당 요청 수의 비율을 계산하여 얻는다. 이를 이 해하기 위해 업/다운 카운터나 게이지 도구를 사용할 수 있다. 예를 들어, 새로운 요청이 시작되고 끝날 때 각각 업/다운 카운터를 증감시킬 것이다.

런타임 성능 메트릭을 통해 다음과 같은 항목에 대한 답을 얻어보자.

- 애플리케이션은 얼마나 많은 리소스를 필요로 하는가?
- 다음 6개월 동안 이 서비스를 실행하려면 얼마의 예산이 필요한가?

이는 비즈니스 요구 사항이 변경됨에 따라 어떤 리소스가 필요할지 결정하는 데 도움을 준다. 메모리, CPU, 네트워크 소비와 같은 애플리케이션 성능 메트릭은 애플리케이션 비용을 줄이기까지 걸리는 시간을 나타내는 경우가 많다.

2.2.3 메트릭 선정

측정하고자 하는 메트릭을 식별했으면 부하 테스트를 거쳐 검증해야 한다. 가장 우선적인 방법은 메트릭 서버를 설치하고 하드웨어 리소스 사용량을 모니터링하는 것이다. kubectl top pod, kubectl top node를 실행하여 스트레스 테스트를 진행하면서 메트릭 증감을 모니터링한다. 다음 예를 살펴보자.

```
tempo_distributor_push_duration_seconds_bucket{le="0.005"} 3900
tempo_distributor_push_duration_seconds_bucket{le="0.01"} 4747
tempo_distributor_push_duration_seconds_bucket{le="0.025"} 5501
tempo_distributor_push_duration_seconds_bucket{le="0.05"} 5933
tempo_distributor_push_duration_seconds_bucket{le="5"} 15352
tempo_distributor_push_duration_seconds_bucket{le="10"} 16212
tempo_distributor_push_duration_seconds_bucket{le="+Inf"} 16307
```

애플리케이션이 지연시간 없이 빠른 처리량을 보여주는 경우, 히스토그램은 그림 2.11과 같이 나타난다.

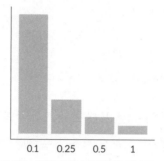

그림 2.11 **지연시간이 없는 애플리케이션의 메트릭으로 표현되는 히스토그램**

그림 2.11 히스토그램의 경우 트랜잭션은 0.1과 0.25 내 처리되는 경우가 대부분이다. 만약 처리 시간이 2라면 소수의 트랜잭션은 문제가 있으며, 추가적으로 분석이 필요하다는 것을 추측할 수 있다. 오토스케일링을 위한 메트릭 선정 시, 부하의 증가에 따라 메트릭으로 표현되는 시각적인 차이점이 분명하게 출력되어야 한다.

그림 2.12의 히스토그램에서 0.1과 0.25가 소요되는 트랜잭션 개수와 1과 2가 소요되는 트랜잭션의 개수가 거의 차이가 없다는 것을 확인할 수 있다. 1과 2가 상대적으로 증가했다는 의미를 토대로 트랜잭션이 증가함에 따라서 지연시간이 증가하고 불필요한 대기가 발생했다고 추측할 수 있다. 이러한 문제를 해결하고 0.1과 0.25를 기록하는 트랜잭션 비율을 90% 이상 원한다면, 오토스케일링을 통해서 지연 없이 처리될 수 있도록 구성을 변경해야 한다.

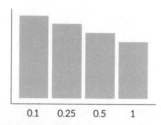

그림 2.12 **지연시간이 발생하는 애플리케이션의 메트릭으로 표현되는 히스토그램**

또한, **오토스케일링** 시에 사용자 트래픽이 증가된 파드로 정확하게 라우팅되는지 확인하기 위해서는 메트릭 서버, 프로메테우스 어댑터, KEDA를 통해서 각 파드의 CPU, 메모리 사용량을 확인해야 한다. 오토스케일링을 올바르게 수행하는 것은 쉽지 않으며, 어느 정도의 실험과 튜닝이 필요하다.

이어서 HPA를 설정할 때 고려해야 할 몇 가지 주요 영역을 살펴보자.

- **메트릭 선택**

오토스케일링과 관련된 가장 중요한 것은 어떤 메트릭을 사용할지 결정하는 것이다. HPA를 유용하게 사용하려면 메트릭값과 파드 레플리카 수 사이의 직접적인 상관관계가 있어야 한다. 예를 들어, 선택한 메트릭이 초당 요청 타입인 경우, 파드 수를 늘리면 쿼리가 더 많은 파드로 전송되므로 평균 쿼리 수는 줄어든다. 쿼리의 양과 CPU 사용량 간에는 직접적인 상관관계가 있다.

하지만 메모리는 그렇지 않다. 만약 서비스가 특정 양의 메모리를 소비할 때 애플리케이션이 클러스터링되어 있지 않고, 메모리를 분산시키고 해제하는 메커니즘을 가지고 있지 않다면, 더 많은 파드 인스턴스를 시작한다고 해도 메모리가 줄어들지 않을 것이다. 메모리가 해제되어 메트릭에 반영되지 않으면 HPA는 상위 레플리카 임곗값에 도달할 때까지 메모리를 줄이기 위해 점점 더 많은 파드를 생성할 것이고, 이것은 원하는 동작이 아닐 것이다. 따라서 파드 수와 직접 관련된 메트릭을 선택해야 한다. 스테이트풀 애플리케이션이나 메모리 기반의 빅데이터를 처리하는 경우가 이에 해당한다.

그라파나 관측 가능성의 경우에도 디스트리뷰터는 스테이트리스하며 CPU 처리가 중요하고, 인제스터Ingester는 레플리케이션 팩터Replication Factor와 WALwrite ahead logging 등 스테이트풀한 상태로 관리되므로 메모리 위주의 작업을 처리한다.

그라파나 관측 가능성의 장점은 쿠버네티스에서 실행되고, 오토스케일링을 지원한다는 점이다. 오토스케일링을 효과적으로 수행하기 위해서는 애플리케이션의 부하를 정확히 반영하는 메트릭을 선택하는 것이 중요하다. 문제는 기본적으로 제공되는 메트릭의 수가 너무 많고 매뉴얼에 정확히 명시되어 있지 않으므로 어떠한 메트릭을 사용해서 오토스케일링을 적용해야 하는지 결정하는 것이다. 또한, 테스트를 통해서 메트릭을 개별적으로 테스트하는 것은 아주 많은 시간이 걸린다. 주로 request_bucket으로 작성된 메트릭명을 주의 깊게 보길 바란다. 해당 메트릭의 증감을 모니터링하면서 적합한 메트릭인지 이해하는 것은 중요하다. 다음의 주요한 그라파나 오토스케일링 메트릭을 참고한다.

- **스래싱thrashing 방지**

부하가 안정적이지 않을 때, 레플리카 수의 잦은 변동을 야기할 수 있는 섣부른 실행을 막기 위해 HPA는 다양한 기술을 적용하고 있다. 예를 들어, 파드가 초기화될 때 높은 CPU 사용을 제한하고 부하가 원활히 증가할 수 있도록 한다. 스케일 다운 중에 컨트롤러는 설정 가능한 시간대의 모든 스케일 권장 사항을 파악하고, 그중 가장 높은 권장 사항을 선택함으로써 스케일 다운으로 인해 그 짧은 시간 동안 사용량이 줄어드는 것을 방지한다. 이 모든 것이 HPA가 임의의 메트릭 변동에서 더욱 안정적으로 작동하는 요인이다.

- **지연 반응**

메트릭값을 기반으로 스케일을 발생시키는 것은 여러 쿠버네티스 컴포넌트를 포함하는 다단계 절차다. 먼저 cAdvisor 에이전트는 쿠블릿에 쓰일 메트릭을 주기적으로 수집하고, 메트릭 서버는 쿠블릿에서 정기적으로 메트릭을 수집한다. HPA 컨트롤러 루프는 정기적으로 실행되며 수집된 메트릭을 분석한다. HPA 스케일링 공식은 변동/스래싱을 방지하기 위해 약간의 지연된 반응을 도입한다. 해당 매개변수를 튜닝하여 더 많은 지연을 적용하면 HPA의 응답성이 떨어지고, 지연을 줄이면 플랫폼의 부하가 증가하며 스래싱도 증가한다.

▶ **쿠버네티스 훅 핸들러**

예를 들어, 갑작스러운 프로모션 이벤트가 벌어져 주문이 단시간에 증가했다가 일순간 부하가 감소하면서, 스케일 인$_{in}$이 발생하고 파드가 줄어드는 경우에 문제가 생길 수 있다. 업무와 트랜잭션의 특징을 이해하고 거기에 대응하는 오토스케일링 옵션을 지정해야만 오토스케일링으로 인한 장애를 피할 수 있다. 그라파나 관측 가능성에서는 갑작스러운 스케일 인 과정에서 데이터가 유실될 가능성이 발생한다. 스케일 인으로 인해 파드가 삭제되기 전에 플러시$_{flush}$하고, 블록을 생성해야 한다. 모든 작업을 완료한 다음에 파드를 삭제해야 하기 때문이다. 이러한 로직은 커스터마이징이 필요한데, 쿠버네티스 컨테이너 라이프 사이클[2]을 이해하고 별도로 훅을 개발해야 한다. 스케일 인을 하는 과정에서 다양한 문제점이 발생할 가능성이 높으므로 부하가 높은 시간대에 갑작스럽게 스케일 인을 시작하는 것을 피한다. 즉, 리소스 사용률이 낮은 시점에 스케일 인을 시작하는 것이 데이터 유실을 방지하고 안정성을 높이는 방법이다.

▶ **HPA 설정**

파드 명세를 변경하지 않고 파드와 노드 수를 변경하는 접근 방식을 사용하면 역효과나 중단이 발생할 가능성은 낮아지고 자동화도 더욱 손쉬워진다. **HPA**는 현재 가장 널리 사용되는 스케일링 방식이다. 처음에는 CPU나 메모리 메트릭 지원만으로 최소한의 기능만 제공했지만, 이제는 사용자 정의와 외부 메트릭을 사용해 좀 더 고도의 스케일링이 가능해졌다.

만약 애플리케이션 튜닝과 수직 파드 오토스케일링을 일단 수행해 올바른 애플리케이션 설정값을 찾고 컨테이너의 자원 서비스를 결정했다면, HPA를 활성화해서 자원 요구 변화에 애플리케이션을 적응시킬 수 있다.

---

2 https://kubernetes.io/docs/concepts/containers/container-lifecycle-hooks/

그라파나의 경우, 그림 2.13에서와 같이 회색으로 표시된 구성 요소는 오토스케일링이 적용된다.

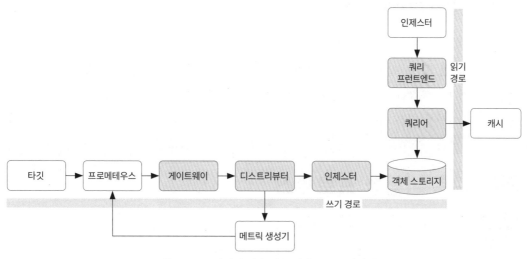

그림 2.13   그라파나 관측 가능성의 오토스케일링

KEDAKubernetes Event-Driven Autoscaling는 로키 오토스케일링을 기본으로 지원하며, 미미르와 템포는 프로메테우스와 연계해서 오토스케일링을 처리할 수 있다. 기술 블로그에서 상세한 KEDA 오토스케일링 실습을 제공하며, 3장에서 자세히 살펴보겠다.

▶ 그라파나 관측 가능성에서 제공하는 주요 메트릭

오픈소스는 메트릭에 대한 세부적인 설명을 문서로 제공하지 않는 경우가 많다. /metrics에 간단한 주석이 포함되어 있지만, 대부분의 경우에는 직접 부하 테스트를 통해서 적합한 메트릭을 모니터링하고 결과를 통해 오토스케일링에 적합한 메트릭을 선정해야 한다.

그라파나 관측 가능성에서 오토스케일링을 적용하기 위해 사용하는 메트릭의 네이밍 규칙은 다음과 같다.

- request_duration_seconds_bucket은 히스토그램이고 처리 시간을 의미한다.
- requst_total은 총 요청 개수를 의미한다.
- request_duration_seconds는 수신한 HTTP 요청의 개수를 의미한다.
- request_duration_seconds_count는 요청을 보낸 개수를 의미한다.

메트릭 정보를 문서로 제공하지 않거나 직접 찾아야 하는 경우가 있다. 이러한 경우에는 다음과 같이 실시한다.

- 프런트엔드의 경우에 엔진엑스와 프레임워크에서 제공하는 메트릭을 측정한다.
- 리버스 엔지니어링을 통해서 분석한다.

마이크로서비스 간에 다양한 상호작용이 발생하므로, 마이크로서비스마다 서로 다른 메트릭으로 오토스케일링을 할 수 있다. 애플리케이션에 대한 상세한 이해 없이 마이크로서비스를 구성하면 장애가 일어나고 복잡한 상황이 발생할 수 있으므로 CPU와 메모리 리소스를 먼저 측정하면서 단계적으로 적용하는 것을 권장한다.

2.3 관측 가능성 프로세스

2.3.1 관측 가능성 운영 프로세스

기술뿐만 아니라 일하는 방식과 프로세스에 대해서 고민해보자. 실제 업무 중에 관측 가능성을 어떻게 적용하고 최적화할 수 있는지 살펴본다.

시스템에 장애가 없는 일반적인 운영 프로세스는 그림 2.14와 같다.

그림 2.14 일반 운영 업무 프로세스

지금까지 설명한 내용을 종합하면 다음과 같은 업무 절차를 고려해볼 수 있다.

- **SLI**service level indicater(서비스 수준 지표), **SLO**service level objective(서비스 수준 목표) 등 다양한 사이트 신뢰성 지표를 응용해서 알람 업무 규칙을 개발한다. 예를 들어, 메트릭에서 특정 임계치(오류 예산, 번 레이트)를 초과 시에 알람을 전송하도록 설정한다.
- **로그**와 분산 추적은 메트릭보다 서로 더 비슷한 면이 있는데, 바로 비용을 제어하기 위해 샘플링된다는 점이다. 메트릭은 개별적인 상호작용의 정보를 얻기보다는 주로 SLI를 이해하는 용도로 쓰이며 전체적으로 집계된 결과를 나타낸다.
- **메트릭**과 **추적**은 상호 연관성을 높일 수 있도록 최대한 태그를 중첩시켜야 한다. 분산 추적은 특정 사용자나 상호작용의 요청을 관찰할 수 있도록 **카디널리티**가 높은 태그를 추가하면 좋다.
- 메트릭과 추적명을 일관되게 유지하는 것이 텔레메트리의 상호 연관성을 유지하는 방법이다.
- 증가한 트래픽으로 인해서 지연이 발생하고 처리 시간이 증가한다면 문제가 발생한 트랜잭션

을 상세히 분석해야 한다. traceID로 거래를 식별하고 지연이 발생한 애플리케이션을 확인한다. 추적의 로그(스팬 콘텍스트)와 태그를 상세히 분석한다.

- 추적은 로깅보다 우선되어야 한다. 수집하는 정보는 같지만 콘텍스트가 더 풍부하기 때문이다. 시스템의 정상 작동 여부부터 판단해야 하므로 추적과 메트릭의 역할이 겹칠 때는 메트릭으로 시작한다.

- traceID를 포함하는 로그 파일을 검색하고 로그 파일에 있는 상세 정보를 확인한 후 디버깅을 시작한다. 상관관계에 따라 추적, 로그, 메트릭을 전환하면서 다양한 측면에서 내부 데이터를 관찰한다.

2.3.2 관측 가능성 장애 프로세스

장애가 발생하는 경우에는 원인을 이해하고 장애를 해결하기 위한 분석과 조치가 필요하다.

메트릭, 추적, 로그 세 축의 특성에 주목하면 각각이 기여하는 영역이 드러난다. 상세한 이벤트 정보를 로그로 남기고 추적하면 디버깅이 원활해지고, 메트릭을 관찰하면 가용성을 입증할 수 있다.

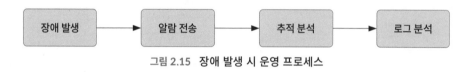

그림 2.15 장애 발생 시 운영 프로세스

다음과 같은 업무 절차를 고려해볼 수 있다.

- 먼저 메트릭으로 집계된 통계 정보를 분석한다. 문제가 되는 알람이 있는지 살펴본다.

- 메트릭이 도출한 가용성 신호는 문제 지점을 가리킨다. 데이터를 다양한 관점으로 탐색하면 문제의 근본 원인을 신속하게 식별할 수 있다. 분산 추적이나 로그는 패턴이 뚜렷하게 보이지 않는 문제의 근원적 원인을 식별하는 상세한 데이터를 제공한다.

- 장애 발생 시에는 알람을 전송받는다.

- 요청에 의해 알람을 생성한 주체(메트릭, 로그 등)에서 장애의 상세 내용을 이해한다.

- 조회, 검색 여건이 동일한 조건하에 있다면 태그와 메타데이터가 포함된 추적 신호가 로그보다 유용하다. 그러므로 추적의 자동 계측보다는 수동적으로 정교하게 계측하는 것을 권장한다. 자동 계측은 기본적인 메타 데이터만을 생성하므로 근본 원인을 분석하게 위해서는 더 많은 문맥이 필요하다. 정교하게 설계된 추적은 문제를 이해하고 해결하는 데 큰 도움이 된다.

- 보다 상세한 분석을 위해서는 로그를 활용할 필요가 있다. 추적으로 지연시간, 시스템별 처리

시간 등을 분석해서 장애가 발생한 시스템을 식별할 수 있다. 로그는 구체적인 에러 메시지, 입출력 메시지 등의 정보를 확인하고, 에러의 재연과 테스트를 위한 디버깅에 활용할 수 있다. 로그의 목적은 디버깅에 있다. 정교한 로그 분석 패키지는 로그 집계 과정을 거쳐 시스템의 가용성을 도출한다.

- 분산 추적이 유용한 경우는 전체 시스템이 평상시보다 느려졌지만, 신속하게 최적화시켜야 할 지점이 어디인지 판단하기 어려울 때다.

- 이스티오를 통해서 네트워크 트래픽을 분석한다. 복원이 정상적으로 작동했는지 단일 장애점, 로드 밸런서 등을 점검한다.

- 추적과 로그에 출력되지 않는, 보다 상세한 시스템 수준의 디버깅은 프로파일을 사용한다.

- 신속한 원인 분석과 문제 해결을 위해서 1.5절에서 언급한 여섯 가지 세부 항목을 활용한다.

  - 로그와 추적   - 메트릭과 추적

  - 추적과 로그   - 메트릭과 로그

  - 추적과 메트릭   - 로그와 메트릭

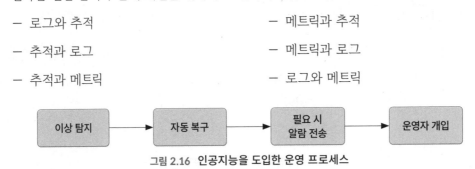

그림 2.16 인공지능을 도입한 운영 프로세스

기존의 운영 프로세스는 운영자 경험을 기반으로 업무 규칙을 개발하였다. 인공지능의 도입을 통해 기존 방식인 업무 규칙을 대체하고, 운영 프로세스와 시스템을 자동화할 수 있다. 예를 들어, 다음과 같은 업무 절차를 고려해볼 수 있다.

- 심각도에 따라서 경고, 에러를 정확히 판단하고 적절한 알람을 전송하는 것은 시스템 운영에서 중요하다. 너무 많은 알람을 전송하거나 부정확한 알람을 전송하는 것은 올바르지 못한 방법이다. 알람의 심각도와 중요도를 판단하기 위해서 인공지능을 도입할 수 있다. 그로 인해 운영자는 중요한 업무에 더 집중할 기회를 얻는다.

- 인공지능을 도입함으로써 운영자를 대체하는 것은 **AIOps**Artificial Intelligence for IT Operation의 목적에 부합하지 않는다. 불필요한 비용을 절감하고 운영자의 업무 효율성을 향상시키는 방향으로 AIOps를 검토해야 한다.

- 급격히 증가하는 시스템 규모에 대비해서 인적 자원을 증가하는 것은 비효율적이고 한계가 있다. 적은 규모의 인원으로 대규모 시스템을 관리하기 위해서는 자동화가 필요하다. 이러한 자동

화를 구현하기 위한 좋은 방법이 인공지능의 도입이다. 이상 탐지 등은 기존에는 업무 규칙을 통해서 구현하였다. 근래에는 머신러닝을 도입함으로써 정확도를 향상시키고, 높은 수준의 자동화를 제공한다.

2.4 수평 샤딩

4장에서 다룰 예정인 그라파나 관측 가능성인 **미미르**, **템포**, **로키**는 모두 **샤딩**sharding과 **해싱**hashing 등의 기술을 기본으로 사용하고 있다. 이 책의 장점은 어려운 고급 기술을 이론만으로 설명하는 것에 그치지 않고 이론적으로 설명한 내용을 애플리케이션을 통해 실제로 구현함으로써 이해를 돕는다는 점이다. 대략적인 절차는 다음과 같다.

- 안정 해시hash 링 구성
- 해시 링에 샤드shard 배치
- 샤드 증감에 따른 영향 최소화
- 샤드 간 신뢰성 있는 통신 방안 구현

복잡한 샤딩 구성은 오랜 경험과 숙련된 기술이 필요하다. 그라파나 관측 가능성에서 사용하는 기술은 운영을 목적으로 하기 때문에 이해하는 것도 쉽지 않으며 실제로 구성하는 것도 복잡하다. 실전에 들어가기 전에 기본적인 이론을 쉽게 설명하고 가이드라인을 제공하고자 한다.

이 책에서는 두 가지 유형의 데이터 저장소를 사용한다.

- 시계열 데이터베이스는 프로메테우스를 사용한다.
- 객체 스토리지는 열 지향 데이터와 시계열 데이터베이스의 데이터를 저장하고 관리하기 위한 저장소로 사용한다.

프로메테우스를 기반으로 개발된 그라파나 관측 가능성은 다양한 컴포넌트로 구성된다. 그라파나 관측 가능성은 읽기와 쓰기가 분리되어 있는데, 쓰기에는 인제스터Ingester, 디스트리뷰터Distributor 가 있으며, 읽기에는 쿼리어Querier, 쿼리 프런트엔드Query Frontend가 있다. 이러한 컴포넌트는 쿠버네티스에서 디플로이먼트로 전개되며 분리된 샤딩의 구성이 가능하다. 예를 들어, 로키는 다수의 샤딩을 구성할 수 있으며, 인제스터, 디스트리뷰터, 쿼리어, 쿼리 프런트엔드는 개별적으로 샤딩 구성이 가능하다. 이러한 구성은 시스템의 안정성과 성능을 높이는 데 유용하므로 정확한 동작 원리에 대해서 이해해야 한다.

데이터베이스의 수평적 확장은 샤딩이라고 부르는데, 이는 시스템의 확장, 성능 향상, 높은 안정성을 갖춘 클러스터를 구성하는 방법이다. 그라파나 관측 가능성뿐만 아니라 카프카, 레디스, 카산드라 등에서도 유사한 개념으로 샤딩을 구현한다. 운영 환경에서 샤딩을 구성하고 다수의 서버를 클러스터로 관리하는 것은 현재 클라우드 네이티브에서 권장하는 운영 방법 중의 하나다. 샤딩은 대규모 데이터베이스를 샤드라고 부르는 작은 단위로 분할하는 기술을 일컫는다. 모든 샤드는 같은 스키마를 쓰고, 샤드에 보관되는 데이터는 중복이 없다. 만약 레플리케이션 팩터replication factor와 복제duplicate를 사용하면 중복될 수도 있다.

그림 2.17은 샤드로 분할된 데이터베이스의 예다. 사용자 데이터를 어느 샤드에 넣을지는 사용자 ID에 따라 정한다. 이 사례에서는 user_id %3를 해시 함수로 사용하여 데이터가 보관되는 샤드를 정한다. 결과가 0이면 0번 샤드에, 1이면 1번 샤드에 보관하는 방식이다. 그림 2.17은 각 샤드 노드에 사용자 데이터가 어떻게 보관되는지를 보여준다.

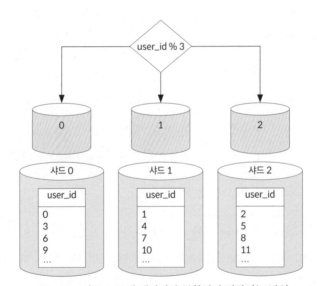

그림 2.17 샤드 노드에 데이터가 분할되어 저장되는 방식

샤딩 전략을 구현할 때 고려해야 할 중요한 것은 샤딩 키를 어떻게 정하느냐 하는 것이다. 샤딩 키는 파티션 키라고도 부르는데, 데이터가 어떻게 분산될지 정하는 하나 이상의 칼럼column으로 구성된다.

만약 파티션 키가 잘못되는 경우에는 잘못된 파티셔닝으로 다음과 같은 문제점이 발생한다.

- 데이터가 한쪽으로 편향되는 스큐skew가 발생할 수 있다.

- 비효율적인 병렬 처리를 하며, 이는 처리 과정에서 성능 저하와 비용의 낭비를 가져온다.
- 불필요한 리밸런싱 작업을 수행해야 하며, 이로 인해 시스템이 불안정해진다.

위의 예에서 샤딩 키는 user_id다. 샤딩 키를 통해 올바른 데이터베이스에 질의를 보내 데이터 조회나 변경을 처리하므로 효율을 높일 수 있다. 샤딩 키를 정할 때는 데이터를 고르게 분할하도록 하는 게 가장 중요하다.

대용량 시스템을 구축하는 기본적인 방법은 다음과 같다.

- 오토스케일링을 사용한 자동화되고 수평적인 확장
- 샤딩을 구성하고 클러스터를 통해서 관리
- 대용량 객체 스토리지를 사용한 병렬 처리

쿠버네티스에서는 애플리케이션 레벨의 수평적 확장을 지원하기 위해 오토스케일링을 제공한다. 오토스케일링과 샤딩은 분리된 개념이 아니다. 오토스케일링으로 물리적인 시스템이 확장되면서 애플리케이션과 데이터를 위한 샤딩을 오토스케일링과 함께 진행해야 한다. 수평적 확장은 데이터베이스 규모 확장을 실현하는 훌륭한 기술이지만, 샤딩을 도입하면 시스템이 복잡해지고 풀어야 할 새로운 문제도 생긴다.

- **데이터의 재분배**

  데이터가 너무 많아져서 하나의 샤드로는 더 이상 감당하기 어려울 때, 샤드 간 데이터 분포가 불균등하여 어떤 샤드에 할당된 공간 소모가 다른 샤드에 비해 빨리 진행될 때 샤드 소진shard exhaustion이라고 불리는 현상이 발생한다. 이때 샤드 키를 계산하는 함수를 변경하고 데이터를 재배치해야 한다. 안정 해시 기법을 사용하면 이 문제를 해결할 수 있다. 노드의 증감에 따라 샤드는 영향을 받고 항상 변동이 발생한다. 이러한 변경으로 인해서 샤드 간 데이터의 재분배가 이루어지는데, 이러한 재분배를 리밸런싱이라고 한다. 카프카, 하둡Hadoop 등 클러스터로 구성되는 많은 시스템에서 공통적으로 발생한다. 만약 샤드 간에 데이터가 균등하게 분배되지 않는 불균형이 발생하면 속도가 느려지고, 다양한 유형의 장애가 발생할 가능성이 높아진다.

- **유명 인사 문제**

  핫스폿 키 문제라고도 부르는데, 특정 샤드에 질의가 집중되어 서버에 과부하가 걸리는 문제를 가리킨다. 가령 조회 수가 좋은 유명 인사가 전부 같은 샤드에 저장된 데이터베이스가 있다고 가정해보자. 이 데이터로 애플리케이션을 구축하면 결국 해당 샤드에는 읽기 연산 때문에 과부하가 걸릴 것이다. 이 문제를 풀려면 유명 인사 각각에 샤드 하나씩을 할당해야 할 수도 있고, 심지어는 더 잘게 쪼개야 할 수도 있다. 예를 들어, 블랙프라이데이 기간에 집계되는 주문 개수는 상대적으로 다른 기간보다 더 많다. 업무적으로 특정 시간과 조건에 따라서 부하가 집중되는 상황이 빈번하므로 데이터의 불균형 문제는 항상 발생한다. 그러므로 시스템 운영상의 문제가 아니라, 비즈니스적인 관점에서 데이터 불균형 문제를 이해해야 한다.

- **조인과 비정규화**

  일단 하나의 데이터베이스를 여러 샤드 서버로 쪼개고 나면 여러 샤드에 걸친 데이터를 조인하기가 힘들어진다. 이를 해결하는 한 가지 방법은 데이터베이스를 비정규화하여 하나의 테이블에서 질의가 수행될 수 있도록 하는 것이다.

수평적 규모 확장성을 달성하기 위해서는 요청 또는 데이터를 서버에 균등하게 나누는 것이 중요하다.

2.5 마이크로서비스

이번 절의 목적은 특정 설루션을 설명하기보다는 관측 가능성과 가시성을 구현하기 위한 기반 기술에 대한 이해를 높이는 것이다. **관측 가능성**은 단순한 단일 시스템을 설치하고 운영하는 것이 아니라 애플리케이션, 데이터, 인프라가 결합한 근래 최신 기술의 집약체다. 따라서 쿠버네티스, 마이크로서비스, 객체 스토리지, 샤딩, 오토스케일링 등을 독립적으로 사용하는 것보다 전체에 대한 아키텍처를 이해하고 적재적소에 효율적으로 활용하는 것이 좋은 관측 가능성을 구현하기 위한 방법이다.

- 견고하고 안정적인 분산 시스템을 구축하기 위해서 쿼럼Quorum, 가십Gossip, 해싱, 샤딩 등이 필요하다. 하지만 이와 같은 기법들이 실제 애플리케이션에서 어떻게 구현이 되었는지 테스트해보고 실습하기가 쉽지 않다. 이 책에 언급하는 소프트웨어들은 이러한 개념을 구체화하고, 복잡한 구성을 간단하게 이해할 수 있도록 도와줄 것이다.

- 메트릭을 측정해서 리소스를 오토스케일링하는 것에 그치지 않고, 동적으로 변경된 리소스에 안정적으로 트래픽을 분배할 수 있어야 한다. 서비스 디스커버리를 통해 계속적으로 변경이 발생하는 리소스를 모니터링하는 것, 즉 오토스케일링으로 변경된 리소스로의 안정적인 트래픽 재분배와 서비스 디스커버리는 항상 함께 고려해야 할 중요한 사항이다.

- 마이크로서비스와 샤딩, 해싱 등으로 쿠버네티스 기반에서 어떻게 확장하고 안정적인 서비스를 제공할 수 있는지 가이드를 줄 것이다. 이들을 서로 다른 영역으로 분리해서 생각하지 않도록 한다. 예를 들어, 그라파나 관측 가능성은 마이크로서비스와 분산 데이터 관리가 분리되어 있지 않고 느슨하게 결합되어 있다.
- 그라파나 관측 가능성은 마이크로서비스, 샤딩, 해싱을 아주 잘 구현하였다. 복잡하지 않고 신속하게 개인 작업 환경에서 구성하고 테스트해볼 수 있다.

이번 장에서 소개하는 많은 개념들은 다른 장에서도 계속 나올 뿐 아니라 실제로 활용하고 구현하는 것들이므로 그 내용을 정확히 이해하는 것이 중요하다.

용어들도 생소하고 실무에서도 어려워하는 복잡한 기능들이 많을 것이다. 하지만 관측 가능성은 이러한 기술적인 토대 위에서 운영된다는 것을 염두에 두어야 한다. 설명한 기능들을 반복해서 언급할 것이므로 여러 번 반복하여 충분히 이해하고 다음 장으로 넘어갈 것을 추천한다.

2.5.1 마이크로서비스 개발 흐름

컨테이너 애플리케이션 개발의 흐름은 그림 2.18과 같다.

그림 2.18 컨테이너 애플리케이션 개발 흐름도

깃에서 제공되는 소스와 YAML에는 도커Docker 이미지가 포함되어 있다. 일반적으로 다음과 같은 절차를 통해서, 바이너리를 빌드하고 도커와 쿠버네티스에 차례로 배포한다.

- 스프링 부트, Go로 개발된 소스를 메이크파일Makefile로 빌드해서 바이너리를 생성한다. 운영 환경에서는 바이너리로 실행될 수도 있고, 도커 이미지, 쿠버네티스 파드 등 다양한 런타임 환경에 배포되고 운영될 수 있다.
- 도커파일Dockerfile 등을 사용해서 이미지를 빌드한다. 만약 도커 이미지가 여러 개라면 도커 컴포저Docker-Composer를 사용해서 도커 런타임에 배포한다.
- 이미 생성된 도커 이미지를 참조해서 차트를 생성하고, 헬름 차트를 쿠버네티스에 배포한다.

이러한 과정의 특징은 다음과 같다.

- 특정 관측 가능성 플랫폼과 런타임 플랫폼에 상관없이 개발과 운영이 이루어진다. 시스템을 배포하고 운영하는 데 종속성은 거의 없으며, 개발 시점에 언어적인 종속성만 존재한다. 애플리케이션과 그라파나 관측 가능성을 바이너리로 배포한다. 그리고 동일한 소스를 쿠버네티스에 배포한다.

- 이스티오 사이드카, 텔레메트리 API 계측 등과 유연한 통합이 가능하다. 그리고 마이크로서비스의 비즈니스 로직은 변경이 없어야 한다. 수동과 자동 계측 모두를 지원하며, 다양한 언어에서 유사한 계측 API를 제공해야 한다.

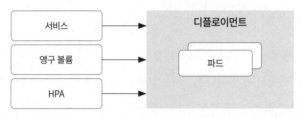

그림 2.19 쿠버네티스 애플리케이션을 구성하는 리소스

쿠버네티스 내 애플리케이션은 내부적으로 도커 이미지에 다양한 리소스를 결합하는 형식으로 구성된다. 이에 필요한 쿠버네티스 리소스는 다음과 같다.

- **디스크**
  - 쿠버네티스 디플로이먼트는 상태가 없으며, 데이터를 저장하고 지속적으로 관리하기 위해서는 PV_{persistent volume}를 생성한다.
  - 상태를 지속적으로 관리해야 하는 데이터베이스와 같은 서비스는 디플로이먼트보다 스테이트풀셋으로 정의되어야 한다.

- **네트워크**
  - 쿠버네티스 인그레스와 서비스를 사용하며, 서비스 디스커버리에 대한 설정을 필요로 한다.
  - 코어 DNS, 쿠브 프록시, 플랫폼 로드 밸런서, 게이트웨이 로드 밸런서 등과 연계된다.

- **동적인 확장**
  - 오토스케일링을 통해 수평과 수직적인 확장을 지원하며, 이를 지원하기 위한 리소스는 디플로이먼트, HPA, CA_{cluster autoscaler}, VPA 등이 있다.
  - 단순하게 파드만 확장하는 구조가 아니며 노드, 클러스터의 확장도 고려해야 한다.

쿠버네티스 환경에서의 운영에는 다양한 장점이 있지만, 특히 관측 가능성을 쿠버네티스에서 운영함으로써 얻는 이점은 다음과 같다.

- 오토스케일링을 사용하면 쉽게 확장할 수 있다. 멀티 테넌트를 사용해서 복잡한 접근 제어와 권한 관리가 가능할 뿐 아니라 멀티 클러스터를 통해 글로벌한 서비스 운영을 지원한다.
- 쿠버네티스는 가상 머신에 비해 자원을 효율적으로 사용할 수 있으며, 프로비저닝과 배포를 자동화할 수 있다.
- 클라우드 관리형 서비스(AWS 클라우드 워치)에 비교해 비용 절감이 가능하다.

이 책에서 다루는 데모는 마이크로서비스 형태로 개발하였으며, 쿠버네티스에 배포하였다. 또한, 백엔드 마이크로서비스는 관측 가능성과 연계되어 있다.

2.5.2 관측 가능성의 마이크로서비스

관측 가능성에 대한 것뿐만 아니라 이 책에 수록한 모든 데모와 오픈소스 소프트웨어는 마이크로서비스 형태로 개발되었고 쿠버네티스에 운영된다.

```
[root@control-plane ~]# kubectl get pod
NAME                                                         READY   STATUS      RESTART  SAGE
grafana-1651323874-758d4b9b5d-xmb7g                          1/1     Running     0        7m55s
mimir-distributed-1651323785-alertmanager-0                  1/1     Running     0        9m21s
mimir-distributed-1651323785-compactor-0                     1/1     Running     0        9m21s
mimir-distributed-1651323785-distributor-665486478b-k7ht5    1/1     Running     0        9m22s
mimir-distributed-1651323785-ingester-0                      1/1     Running     0        9m21s
mimir-distributed-1651323785-make-bucket-job-9pfvn           0/1     Completed   1        9m22s
mimir-distributed-1651323785-minio-5c9c664585-vn2mq          1/1     Running     0        9m22s
mimir-distributed-1651323785-nginx-6f7646dbd9-lcpjn          1/1     Running     0        9m21s
mimir-distributed-1651323785-overrides-exporter-65cdd44bffrpp62  1/1  Running    0        9m22s
mimir-distributed-1651323785-querier-f759f5449-5814s         1/1     Running     0        9m21s
mimir-distributed-1651323785-query-frontend-8498ccf49b-x27nt 1/1     Running     0        9m22s
mimir-distributed-1651323785-ruler-86f7477dc-fqjzn           1/1     Running     0        9m22s
mimir-distributed-1651323785-store-gateway-0                 1/1     Running     0        9m22s
```

위에 나열된 파드들은 그라파나 관측 가능성의 미미르Mimir에 속하는 것들이다. 즉, 1개의 애플리케이션은 10개가 넘는 파드로 구성되는 것이 일반적인데, 이는 오토스케일링이 적용되지 않은 기본적인 파드의 개수만이며, 오토스케일링 시에는 훨씬 많은 개수가 운영될 것이다. 디플로이먼트는 4개(디스트리뷰터, 인제스터, 쿼리, 쿼리 프런트엔드)이며, 다수의 서비스, 볼륨Volume, 컨피그맵ConfigMap 등으로 구성되어 있다.

위에서 나열한 파드들의 마이크로서비스 간에는 다양한 상호작용이 발생한다.

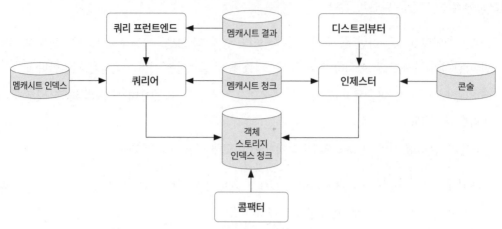

그림 2.20 그라파나 관측 가능성 미미르 파드간의 마이크로서비스간 관계도

그림 2.20은 미미르의 마이크로서비스 아키텍처를 예시로 나타낸 것으로, 도메인을 정의하고 경계 콘텍스트를 정의하는 마이크로서비스는 아니다. 그라파나 관측 가능성은 마이크로서비스처럼 운영된다. 10개 이상의 모듈화 마이크로서비스로 구성되었고, 외부 통신에는 REST를 지원하며, 내부 모듈 간 통신은 gRPC를 사용한다. 각 컴포넌트를 쿠버네티스에 배포하면 파드로 서비스되고, 오토스케일링이 필요한 경우에는 디플로이먼트로 운영된다. 그라파나 관측 가능성은 그 자체로 우수한 마이크로서비스 구현 사례다.

그라파나 관측 가능성의 마이크로서비스는 읽기와 쓰기가 분리되어 있다. 마이크로서비스 패턴에서도 읽기와 쓰기가 분리되는데, 바로 **CQRS**Command Query Responsibility Segregation다.

2.5.3 읽기와 쓰기를 분리하기

많은 시스템에서 질의(읽기)는 쓰기와 상당히 다르다. 쓰기는 정규화된 단일 엔트리에 영향을 주는데 반해, 질의는 소스 범위에서 정규화되지 않은 데이터를 조회할 수 있다. 예를 들어, 영속적인 트랜잭션 저장소로 PostgreSQL을 사용하지만, 인덱스 조회 질의에서는 일래스틱서치를 사용할 수 있다. CQRS 패턴은 이런 시나리오를 관리하기 위한 일반적인 모델로, 시스템에서 읽기와 쓰기를 분리한다.

질의 서비스는 다른 어떤 서비스에도 명확히 속하지 않는 뷰를 다루기 위한 좋은 방법으로, 관심사를 분리할 수 있게 해준다.

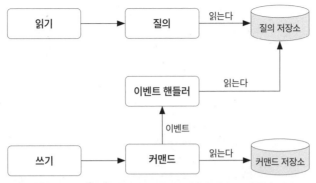

그림 2.21 읽기와 쓰기가 분리된 데이터베이스 패턴의 예

▶ **CQRS 패턴의 이점**

- **독립적인 크기 조정**

  오토스케일링을 통해 수평과 수직적인 확장을 지원하며, 이를 지원하기 위한 리소스는 디플로이먼트, HPA, VPA 등이 있다.

- **최적화된 데이터 스키마**

  질의 쪽에서는 쿼리에 최적화된 스키마schema를 사용하는 반면, 쓰기 쪽에서는 업데이트에 최적화된 스키마를 사용할 수 있다.

- **관심사의 분리**

  질의와 쓰기를 구분하면 유지 가능하고 유연한 모델을 생성할 수 있다. 대부분의 복잡한 비즈니스 논리는 쓰기 모델로 이동하는 데 반해 읽기 모델은 상대적으로 간단한 편이다.

- **보안 강화**

  데이터에서 올바른 도메인 엔티티entity만 쓰기를 수행할 수 있는지 쉽게 확인할 수 있다.

- **단순한 쿼리**

  읽기 데이터베이스에서 구체화된 뷰를 저장하여 쿼리를 실행할 때 애플리케이션에서 복잡한 조인이 일어나는 것을 방지할 수 있다.

마이크로서비스 기반으로 개발된 많은 오픈소스 아키텍처도 내부적으로 CQRS를 구현하였다. 대용량 데이터를 처리할 시 디스크 IO에서 병목현상이 발생하는 것을 방지하기 위해 내부적으로 질의와 쓰기 프로세스를 분리하거나, 레디스를 캐시로 사용해서 데이터를 관리하고, 객체 스토리지에 장기간 데이터를 보관하며 병렬 처리를 하는 것 등을 예로 들 수 있다. 관측 가능성이라는 이 책의 주제를 고려했을 때, CQRS가 필요한 내용인지 의문을 표하는 독자가 있을 수 있다. 읽기, 쓰기의 분리를 애플리케이션 관점에서 가장 잘 설명할 수 있는 기술이 CQRS다. 그라파나 관측 가능성인 로키, 템포, 미미르는 읽기, 쓰기가 분리되었고, 일래스틱서치도 동일하게 작동한다. 대용량 데이터를 처리하고 튜닝을 하는 과정에서 읽기, 쓰기의 비율을 조정하는 작업이 실무에서는 빈번하다. CQRS를 통해서 읽기, 쓰기가 분리되는 대용량 데이터 처리 방법을 이해해야 한다.

2.6 일관된 해시

N개의 캐시 서버가 있다고 하자. 이 서버에 부하를 균등하게 나누는 보편적 방법은 다음 해시 함수를 사용하는 것이다.

> 서버 인덱스 = 해시(키) % N(서버의 개수)

예제를 통해 어떻게 동작하는지 알아보자. 총 4대의 서버를 사용한다고 하자. 주어진 각각의 키에 대해서 해시값과 서버 인덱스를 계산한다.

표 2.1 해시값 계산의 예

키	해시	해시 % 4 (서버 인덱스)
키 0	401	1
키 1	800	0
키 2	242	2
키 3	100	0
키 4	310	2
키 5	511	3
키 6	86	2
키 7	307	3

특정한 키가 보관된 서버를 알아내기 위해, 나머지 연산을 f(key) % 4와 같이 적용하였다. 예를 들어, 서버 인덱스 % 4 = 1이면 클라이언트는 캐시에 보관된 데이터를 가져오기 위해 서버 1에 접속해야 한다. 표 2.2는 키값이 서버에 어떻게 분산되는지 보여준다.

표 2.2 해시값 분산의 예

서버	서버 0	서버 1	서버 2	서버 3
키	키 1	키 0	키 2	키 5
	키 3		키 4	키 7
			키 6	

이 방법은 서버 풀의 크기가 고정되어 있을 때, 그리고 데이터 분포가 균등할 때는 잘 동작한다. 하지만 서버가 추가되거나 기존 서버가 삭제되면 문제가 생긴다. 예를 들어, 서버 1이 장애를 일으켜 동작을 중단했다고 하자. 그러면 서버 풀의 크기는 3으로 변한다. 그 결과로 키에 대한 해시값은 변하지 않지만, 나머지(%) 연산을 적용하여 계산한 서버 인덱스값은 달라질 것이다. 서버 수가 1만큼 줄어들기 때문이다.

서버 1에 장애가 발생하면 여러 가지 예상치 못한 현상이 일어날 수 있다.

- 데이터가 복수 개로 복제되어 있거나 세컨더리에서 복제를 지원하는 등 장애 복구를 구성하였다면 데이터 유실은 방지할 수 있다. 그러나 최악의 상황에서는 데이터 유실이 발생할 수도 있다.
- 해시 키를 재생성하고, 적합한 로직에 따라 데이터를 분배해야 한다.
- 서버 1이 다운되면서 서버 1에 저장된 데이터를 다른 서버 0, 2, 3으로 분배한다.
- 노드 간 데이터가 분배되는 과정에서 성능 저하가 발생한다.

일부 노드의 변경으로 인해 해시 키를 새롭게 생성하거나, 노드 간 데이터 재분배가 이루어지는 것은 비효율적이다.

안정 해시는 이 문제를 효과적으로 해결하는 기술이다.

▶ 일관된 해시

일관된consistent 해시는 해시 테이블 크기가 조정될 때 평균적으로 오직 k/n개의 키만 재배치하는 해시 기술이다. 여기서 k는 키의 개수이고, n은 슬롯의 개수다. 이와는 달리 대부분 전통 해시 테이블은 슬롯의 수가 바뀌면 거의 대부분 키를 재배치한다.

▶ 해시 공간과 해시 링

일관된 해시의 정의는 이해했으니, 그 동작 원리를 살펴보자. 해시 함수 f로는 SHA-1을 사용하고, 그 함수의 출력값 범위는 X0, X1, X2, X3…과 같다고 하자.

X0	X1	X2											XN

이 해시 공간의 양쪽을 구부려 접으면 해시 링이 만들어진다.

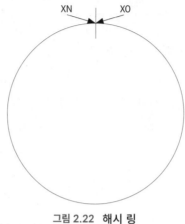

그림 2.22 해시 링

그라파나 관측 가능성을 포함한 유명 오픈소스(레디스, 카프카, 일래스틱서치)는 노드를 증설하거나 축소하는 경우가 빈번하게 발생한다. 기술적인 장애 처리와 성능 이슈와 별개로 비즈니스적인 이슈와 비용 절감을 목적으로 잦은 인프라의 변경을 요구한다. 대부분의 오픈소스는 해시 구조로 설계하므로 아래에서 설명하는 서버 조회, 서버 추가, 서버 제거에 따라 해시가 변경되는 것을 이해해야 한다.

▶ **해시 서버**

해시 함수 f를 사용하면 서버 IP나 이름을 이 링 위의 어떤 위치에 대응시킬 수 있다. 4개의 서버를 이 해시 링 위에 배치한다.

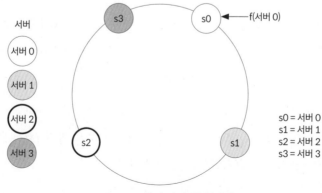

그림 2.23 해시 링과 해시 서버

▶ 해시 키

캐시할 키 키 0, 키 1, 키 2, 키 3은 해시 링 위의 어느 지점에나 배치할 수 있다.

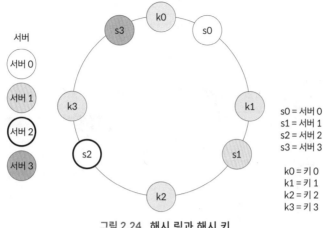

그림 2.24 해시 링과 해시 키

▶ 서버 조회

해당 키의 위치로부터 시계 방향으로 링을 탐색해나가면서 만나는 첫 번째 서버에 키가 저장된다. 따라서 키 0은 서버 0에 저장되고, 키 1은 서버 1에 저장되며, 키 2는 서버 2, 키 3은 서버 3에 저장된다.

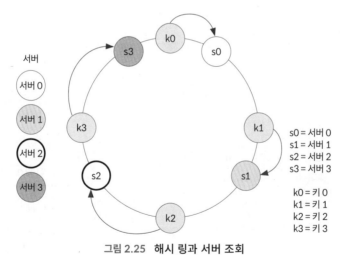

그림 2.25 해시 링과 서버 조회

▶ 서버 추가

서버를 추가하더라도 키 가운데 일부만 재배치하면 된다.

새로운 서버 4를 추가한 뒤에 키 0만 재배치된다는 것을 알 수 있다. 키 1, 2, 3은 같은 서버에 남는다. 서버 4가 추가되기 전, 키 0은 서버 0에 저장되어 있다. 하지만 서버 4가 추가되면 키 0은 서버 4에 저장된다. 왜냐하면 키 0의 위치에서 시계 방향으로 순회했을 때 처음으로 만나는 서버가 서버 4이기 때문이다. 다른 키들은 재배치되지 않는다.

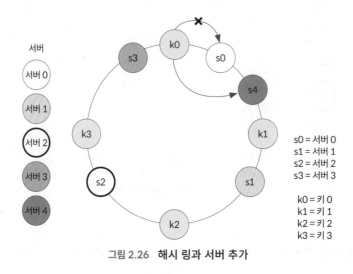

그림 2.26 해시 링과 서버 추가

▶ **서버 제거**

하나의 서버를 제거하면 키 가운데 일부만 재배치된다. 서버 1이 삭제되면 키 1만이 서버 2로 재배치된다. 나머지 키에는 영향이 없다.

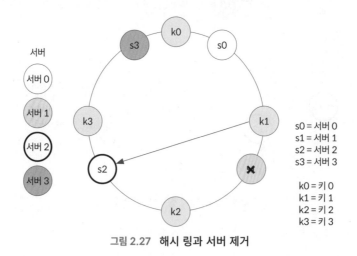

그림 2.27 해시 링과 서버 제거

일관된 해시의 이점은 다음과 같다.

- 서버를 추가하거나 제거할 때 재배치되는 키의 수가 최소화된다.

- 데이터가 보다 균등하게 분포하게 되므로 수평적 규모의 확장성을 달성하기 쉽다.

- 핫스폿 키 문제를 줄인다. 특정한 샤드에 대한 접근이 지나치게 빈번하면 서버 과부하 문제가 생길 수 있다. SNS에서 특정인의 데이터가 전부 같은 샤드에 몰리는 상황을 생각해보면 이해가 쉬울 것이다. 일관된 해시는 좀 더 균등하게 분배하므로 이런 문제가 생길 가능성을 줄인다.

일관성 해시라는 이름에서 '일관된'의 의미에 주목할 필요가 있다. 즉, 노드, 키, 데이터 등의 변화에 상관없이 영향을 최소화하고, 외부에서 시스템을 바라볼 경우 안정적이라는 의미로 이해하면 된다.

데이터의 병렬 처리를 가능하게 하는 기술은 샤딩이다. 그라파나 관측 가능성은 특정 스토리지에 종속되지 않는다. 그로 인해 발생하는 이슈는 스토리지와 데이터베이스가 제공하는 샤딩 기능을 사용하지 못한다는 점이다. 스토리지 유형에 관계없이 독립적으로 애플리케이션 레벨에서 샤딩을 구현하고 있다. 또한, 샤딩은 디스크가 아닌 메모리상에 구현된다. 이러한 아키텍처는 추후에 설명할 프로메테우스와 타노스 샤딩에서도 동일하게 적용된다.

실무에서는 적정한 샤드의 개수, 크기, 배치 등에 대해서 많은 고민을 할 것이다. 기술적인 아키텍처뿐만 아니라 비즈니스 패턴과 트래픽, 복구와 백업을 고려해서 샤딩을 구성하는 것이 일반적이고, 이를 위해 많은 테스트와 검증을 수반한다. 그리고 솔루션마다 샤딩을 구현하는 방법에 다소 차이점이 존재하므로 이를 정확히 이해해야 한다.

2.7 관측 가능성 시각화

시각화의 장점은 대시보드를 보는 사용자에게 신속하게 의미를 전달할 수 있다는 점이다. 이 책에서 설명한 상관관계와 이상 탐지, 알람 등의 핵심 기능을 뒷받침하고, 이들을 시각화하기 위해 다양한 차트와 대시보드를 설명할 것이다.

일반적인 파이, 바, 라인 차트는 단순한 값의 증감을 나타내기 때문에 관측 가능성의 복잡한 의미를 표현하기에 적합하지 않다. 관측 가능성을 잘 표현할 수 있는 몇 가지 차트를 소개한다. 이러한 차트를 효과적으로 사용하면 관측 가능성이 내포하고 있는 상관, 분포, 변동폭, 절차, 증감, 관계, 군집, 순서 등을 이해하는 데 도움이 될 것이다. 많은 시간이 걸리는 머신러닝 알고리즘과 애플리케이션 개발보다 대시보드를 사용하는 시각화를 도입하는 것은 분명 좋은 방법일 것이다.

관측 가능성을 사용하는 데 가장 기본적인 차트는 시계열 차트다. 시계열 차트에 이그젬플러를 추가하여 추적과 연계할 수 있다. 하지만 분포, 상관, 수치에 대한 정보를 제공하지 않으므로 히스토그램, 히트맵 등과 함께 사용해 시스템의 상태를 보다 자세하게 표현하는 것이 좋다.

히트맵heat map은 다양한 애플리케이션 간의 상관관계를 비교 및 이해하고 근본 원인 분석을 위해서 사용한다. 히트맵은 숫자 대신 색상으로 표현하는 표와 유사한 형식의 차트다. 그림 2.28에서 y축은 지연시간, 범주 등이 된다. 그라파나 히트맵 차트는 다음과 같은 특징이 있다.

- 시계열 차트와 유사하지만 이그젬플러를 제공하지 않는다.
- 색의 명도를 사용해서 차이점을 구분한다.
- 시간별 히스토그램을 포함한다.

그라파나 관측 가능성에서 제공해주는 버킷은 쉽게 히스토그램과 히트맵을 생성할 수 있다. 예를 들어, 스팬 메트릭에서 생성되는 traces_spanmetrics_latency_bucket을 데이터 소스로 사용하면 별도의 데이터 전처리 없이 히트맵과 히스토그램 차트를 곧바로 시각화할 수 있다.

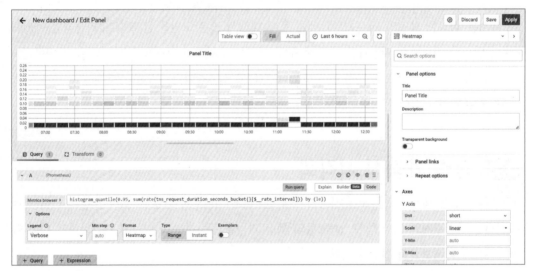

그림 2.28 히트맵 차트

상관관계는 데이터 과학자에게 중요한 기본 요소다. 데이터셋의 변수가 서로 관련되어 있고 서로에 대해 어떻게 움직이는지 알려준다. 상관계수를 계산하고 결과를 히트맵으로 표시하면 데이터의 상관관계를 쉽게 시각화하고 이해할 수 있다.

히스토그램은 분포도와 유사하다고 이해할 수 있으며, 버킷bucket은 일반적인 시간 범위 내에서 애플리케이션의 요청request을 관리한다. 히스토그램은 평균을 사용하기 때문에 세부적인 이상치가 출력되지 않고 무시되는 경향이 있다. 개수count와 합계sum에 따른 분포도를 나타내는 데는 유용하지만, 변동량을 보여주지는 않는다. 캔들스틱candlestick을 함께 사용하면 분포도와 변동량 그리고 폭을 동시에 이해할 수 있다. 시계열, 히트맵, 히스토그램 차트와 함께 사용하면 문맥이 풍부한 대시보드를 구현할 수 있다.

프로파일을 시각화하는 일반적인 방법은 플레임flame 그래프를 사용하는 것이다. 다양한 신호 중에서도 프로파일은 하위 수준의 시스템 정보를 가장 명확하게 출력할 수 있다. 추적, 로그, 메트릭과 프로파일 간의 상관관계를 정의하는 것은 중요한 작업이다.

마이크로서비스 간에는 전파가 발생하므로 이 과정에서 문제가 생긴 특정 마이크로서비스를 이해하고 검색하는 것이 중요하다. 노드 그래프는 각 마이크로서비스를 노드로 표현하고 이를 연결한다.

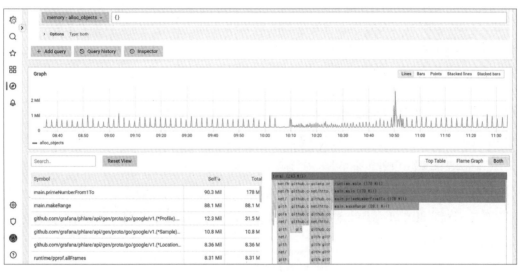

그림 2.29 플레임 그래프 차트

보안 위험을 실시간적으로 모니터링하거나 애플리케이션 서비스 간의 상호작용과 관계를 이해하기 위해 그림 2.30과 같은 시각화 화면을 제공한다.

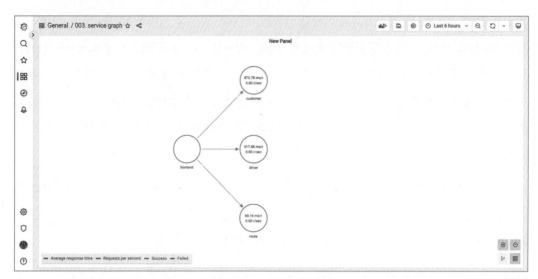

그림 2.30 노드 그래프 차트

노드 그래프 차트를 사용하면 노이즈와 의미 없는 데이터를 제거하고, 관련 데이터 간의 연결을 만들 수 있다. 관계를 분석함으로써 예상치 못한 의심스러운 행동과 접근을 유추할 수 있으며, 비정상적인 침입 경로와 수상한 사용자를 발견할 수 있다. 또한, 시스템에 대한 이해가 부족하거나 전체적인 흐름에 대해서 이해하고자 할 경우에 유용하다. 노드와 노드 간의 관계는 값을 가지고 있고, 이를 통해 빈도와 가중치를 정의하며 중요도를 판단할 수 있다.

템포의 메트릭 생성기는 서비스 맵에 대한 버킷, 합계, 개수를 생성한다. 노드 그래프 차트를 생성할 때 해당 메트릭을 입력값으로 지정하면 쉽게 노드 그래프를 생성할 수 있다. 대시보드 구성 시 노드 그래프만으로는 마이크로서비스 간 전파를 분석하는 것이 부족하므로 다양한 차트를 함께 사용해서 노드의 문맥을 보강해야 한다. 또한 대시보드만으로 노드의 문맥을 표현하는 데 한계가 있으므로 상세한 노드의 메트릭 분석을 위해서는 그라파나 대시보드의 익스플로어Explore를 사용하는 것을 권장한다.

알람을 체계적으로 관리하기 위해서는 별도의 대시보드로 제공하는 것이 효과적이다. 알람alarm과 통지notification를 구분하는 것은 운영에 있어서 중요한 과제다. 그라파나 대시보드는 알람 목록을 제공하며, 이를 통해 중요 알람을 분류하고 관리할 수 있도록 차트를 제공한다.

내외부에 시스템을 배치하고 이를 지도상에 시각화할 수 있다. 맵 차트는 지도상에 대상의 위치 표시, 상태 매핑, 다양한 차트와 테이블 형태로 출력하는 것이 가능하다. 글로벌 서비스의 상태를 출력하고 보안 침입 등에 적용하면 좋은 시각화를 제공할 수 있다. 캔버스 차트에는 이미지를 배치하고 애플리케이션과 매핑할 수 있다. 파이, 막대, 바 차트보다 자유롭게 이미지를 결합해서 차트를 구성할 수 있다. 앞서 설명한 맵과 세부적인 캔버스를 연계하면 기존 대시보드와 다른 유형의 동적이고 창의적인 차트를 작성할 수 있다.

노드 그래프를 사용하면 마이크로서비스에 대한 전체적인 흐름과 상태를 이해할 수 있고, 폴리스탯Polystat 차트를 사용하면 전체 노드와 파드의 상태를 한눈에 볼 수 있다.

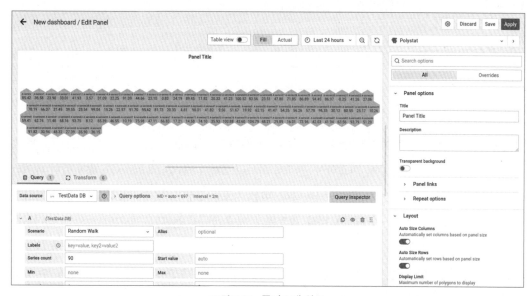

그림 2.31 폴리스탯 차트

예를 들어, 다수의 가상 머신과 노드를 운영하는 경우에 대시보드 한 화면에 모든 상황을 시각화한다면 문제의 원인을 쉽게 파악할 수 있다. 폴리스탯 차트를 사용하여 차트 내에 수치와 색상으로 문제점과 이상치를 출력한다.

알람은 상태를 가지고 있으며, 이 상태는 지속적으로 변한다. 스테이트state 타임라인 차트는 변화하는 상태를 시계열로 시각화하는 데 유용하다. SLA, SLO 대시보드는 활성화된 알람을 시각화해야 한다. 스테이트 타임라인 차트는 비활성화된 알람을 포함하여 이전에 발생한 모든 알람에 대한 상태 정보를 출력한다. 또한 스테이트 타임라인 차트는 SLO 대시보드 구성 시에 필요한 오류 예산error budget, 번 레이트burn rate 변화를 이해하는 데 유용하다. 스테이트 타임라인 차트를 사용해서, SLO 대시보드를 구현하는 실습은 후속작에서 진행할 예정이다.

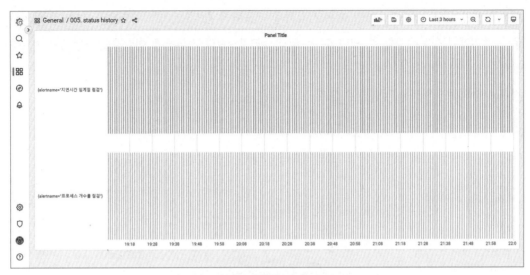

그림 2.32 스테이트 타임라인 차트

버블bubble 차트는 사용자에게 더 풍부한 정보를 제공하기 위해 데이터를 3차원으로 표시할 때 유용하다. 버블 차트는 세 변수를 비교하는 관계형 차트다. 3개의 축(일반적으로 x, y, z)에 걸쳐 데이터를 처리하고 나타내는 다른 3차원 차트와 달리, 버블 차트는 2개의 축(x, y)에 표시되며, 버블 크기는 세 번째 중요한 정보를 전달한다. 버블 차트는 관계를 연구하는 데는 좋지만 정확한 데이터를 나타내는 데에는 적합하지 않다. 버블 크기의 증가율만으로는 수량 증가율에 대한 정확한 정보를 제공할 수 없다. 다만, 사용자에게 추정치를 제공하고 다른 두 수량에 대한 증가율을 읽을 수 있도록 콘텍스트를 설정할 수 있다. 버블 차트는 군집을 표현하기에 유용하다.

버블 차트와 유사한 형태로 산점도가 있다. 산점도scatter plot는 두 변수 간의 관계를 보여주는 시각화 차트다. 대부분의 시각화 차트는 원인과 결과 또는 시간에 따른 변화를 보여주려는 목적으로 차트를 그린다. 원인과 결과 그래프, 시간에 따른 시계열 그래프를 나타내기에 적합한 차트인 산점도는 가장 많이 그리고 보편적으로 사용하는 것 중 하나다. 산점도는 활용도가 높은 그래프인 만큼 특정 분야에 활용성이 높은 형식이 있다. 이상치anomaly detection, 회귀분석regression, 집계aggregation는 활용성이 많은 분야인 만큼 그래프 그리는 방법과 그래프의 의미를 파악해두는 것이 좋다.

관측 가능성에서는 히스토그램을 기본으로 사용하며, 추가적으로 이상 탐지에는 캔들스틱candlestick 차트를 사용한다. 히스토그램은 분포도와 유사하다고 이해할 수 있으며, 버킷bucket은 일반적인 시간 범위 내에서 애플리케이션의 요청request을 관리한다. 히스토그램은 평균을 사용하기 때문에 세부적인 이상치가 출력되지 않고 무시되는 경향이 있다. 개수count와 합계sum에 따른 분포도를 나타내는 데는 유용하지만, 변동량을 보여주지는 않는다. 캔들스틱을 함께 사용하면 분포도와 변동량과 폭을 동시에 이해할 수 있다.

지금까지 그라파나 대시보드 제작 시에 유용한 차트를 설명했다. 관측 가능성의 상세한 정보를 대시보드에 표현하는 것은 어려운 작업이다. 대시보드는 간단하고 명료하게, 그리고 전체적인 문맥과 상황을 이해할 수 있게 표현하는 것을 권장한다. 근본 원인을 분석하기 위해서는 더 상세한 정보와 분석 과정이 필요하다. 그라파나 대시보드는 근본 원인 분석을 위한 훌륭한 시각화와 분석 기능을 제공한다. 기술 블로그(https://yohaim.medium.com)에 각 차트의 데모를 제공하고 있으니 참고하길 바란다.

2.8 키-값 저장소

해싱은 키값을 해시 함수라는 수식에 대입하여 계산한 후 나온 결과를 주소로 사용하여 바로 값에 접근시키는 방법이다. 키-값 저장소는 키-값 데이터베이스라고 불리는 비관계형 데이터베이스다. 이 저장소에 저장되는 값은 고유 식별자를 키로 가져야 한다. 키와 값 사이의 이런 연결 관계를 **키-값** 쌍이라고 지칭한다. 키-값 쌍에서의 키는 유일해야 하며, 해당 키에 매달린 값은 키를 통해서만 접근할 수 있다. 키는 일반 텍스트일 수도 있고 해시값일 수도 있다. 성능상의 이유로 키는 짧을수록 좋다. 다음은 키의 몇 가지 예시를 나타낸 것이다.

- **일반 텍스트 키**: last_logged_in_at
- **해시 키**: 253DDEC4

키-값 쌍에서의 값은 문자열이거나 리스트 혹은 객체일 수도 있다. 키-값 저장소의 값의 타입에는 보통 제한이 없다. 널리 알려진 키-값 저장소로는 다이나모 DBDynamo DB, 레디스가 있다.

이 책에서 키-값 저장소는 다음과 같은 데이터를 저장하는 용도로 쓰인다.

- 콘술Consul, Etcd, 멤버리스트Memberlist 등을 사용해 구성 정보를 관리한다.
- 다이나모 DB에 키-값 형태로 로그 관리에 사용하는 인덱스 정보를 저장한다.

일반적으로 가장 많이 사용하는 키-값 저장소는 레디스다. 그라파나 관측 가능성에서는 레디스보다는 **멤캐시트**MemCached를 권장하고, 읽기에 주로 사용된다. 병목이 발생하는 부분과 지연 없이 많은 트랜잭션을 처리해야 하는 요구 사항이 있다면 캐시를 사용해서 비약적으로 성능을 향상시킬 수 있다. 일반적인 캐시의 사용 목적에는 비용 절감도 있다. 다른 저장소를 사용하는 경우에 훨씬 많은 비용을 지출하기 때문이다.

좋은 아키텍처를 설계하기 위해서는, 읽기, 쓰기 그리고 메모리 사용량 사이의 균형을 찾고, 데이터의 일관성과 가용성 사이에서 항상 고민해야 한다. 키-값 저장소 설계 시 다음과 같은 특성을 고려하도록 하자.

- 키-값 쌍의 크기는 10KB 이하다.
- 사이즈가 큰 데이터를 저장할 수 있어야 한다.
- 시스템은 장애에도 빨리 응답하는 높은 가용성을 제공해야 한다.
- 트래픽양에 따라 자동적으로 서버 증설, 삭제가 이루어지는 높은 규모의 확장성을 제공해야 한다.
- 데이터 일관성 수준은 조정이 가능해야 한다.
- 응답 지연시간이 짧아야 한다.

2.9 객체 스토리지

빅데이터는 대부분의 경우 확장성이 높은 분산 스토리지에 저장된다. 분산형의 데이터베이스를 이용하는 경우도 있지만, 우선 기본이 되는 것은 대량으로 파일을 저장하는 객체 스토리지다. 객체 스토리지에서 파일을 읽고 쓰는 것은 네트워크를 거쳐서 실행한다. 데이터는 항상 여러 디스크에 복사되기 때문에 일부 하드웨어가 고장 나더라도 손실되진 않는다. 데이터의 읽기, 쓰기를 다수의 하드웨어에 분산함으로써 데이터의 양이 늘어나도 성능이 떨어지는 일이 없도록 고안되어 있다.

객체 스토리지의 구조는 데이터양이 많을 때는 우수하지만, 소량의 데이터에 대해서는 비효율적이라는 점에 주의해야 한다. 작은 파일을 읽고 쓰는 것이 적합하지 않은 이유는 데이터양에 비해 통신 오버헤드가 크기 때문이다. 이러한 구조로 인해 '블록' 형태로 저장된다.

AWS에서 제공하는 객체 스토리지 기술은 S3이다. 확장이 무제한적이고, 데이터 복제가 기본적으로 이루어지므로 높은 가용성을 보장한다. 기본적인 IOPS_{Input/Output Operations Per Second}는 SSD_{solid state drive}에 비교해서 부족하지만, 파티셔닝을 적용하여 애플리케이션에서 병렬 처리를 하면 월등하게 높은 성능을 보장한다.

단일 SSD는 단일 처리에는 높은 IOPS를 출력하지만, 최대 IOPS는 SSD 하드웨어의 성능만큼만 가능하다. 다시 말해 병렬로 처리하더라도 최대 IOPS가 허락하는 한도에서만 처리할 수 있다는 것이다. 하지만 분산 환경에 파티셔닝으로 구분되어 있는 객체 스토리지는 제약 없이 병렬로 입출력을 처리할 수 있다. 이러한 이유로 객체 스토리지는 파티셔닝이 필요하다. 일/시간별로 파티셔닝이 되어야만 병렬 처리가 가능하기 때문이다.

시계열 데이터는 시간과 함께 생성되는 빅데이터다. 시계열 데이터가 수시로 객체 스토리지에 기록되면 작은 파일이 대량으로 생성되므로 시간이 지남에 따라 성능을 저하시키는 요인이 된다. 작은 데이터는 적당히 모아서 하나의 큰 파일로 만들어 효율을 높여야 한다. 반면 파일이 지나치게 커지는 것도 문제가 있다. 파일 크기가 증가하면 네트워크 전송에 시간이 걸려 예상치 못한 오류 발생률도 높아진다. 큰 데이터는 한 번에 처리하는 것이 아니라 적당히 분할하면 문제 발생을 줄일 수 있다.

CSV, JSON을 파케이Parquet, ORC 등으로 변환하여 파일의 크기를 줄이고, 읽고 쓰는 처리 속도를 향상시킬 수 있다. 객체 스토리지는 시간 기준으로 파티셔닝을 하고, 빅데이터에 최적화된 파일 포맷으로 변환함으로써 비용을 절감하고 성능을 향상시킬 수 있다.

2.10 안정적 데이터 관리

3, 4장에서 자세히 설명할 프로메테우스와 그라파나 관측 가능성은 안정적인 데이터 관리를 위해서 다음 기술을 적용하고 있다. 사용자 측면에서는 중요하지 않지만, 시스템을 튜닝하고 트러블 슈팅을 위해서 운영자는 다음 고급 기술을 이해해야 한다.

- 데이터 파티션
- 데이터 다중화
- 데이터 일관성
- 장애 감지
- 일시적 장애 처리

▶ 데이터 파티션
대규모 애플리케이션의 경우 전체 데이터를 한 대의 서버에 관리하는 것은 불가능하다. 단순한 해결책은 데이터를 작은 파티션으로 분할한 다음 여러 대의 서버에 저장하는 것이다. 데이터를 파티션 단위로 나눌 때는 다음 두 가지 문제를 중요하게 따져봐야 한다.

- 데이터를 여러 서버에 고르게 분산할 수 있는가?
- 노드의 추가나 삭제 시 데이터의 이동을 최소화할 수 있는가?

앞에서 살펴본 안정 해시consistent hash는 이런 문제를 푸는 데 적합한 기술이다.

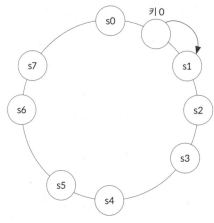

그림 2.33 안정 해시

안정 해시를 사용하여 데이터를 파티션하면 시스템 부하에 따라 서버의 자동 추가, 삭제가 가능해진다. 샤딩과 파티셔닝은 혼동하기 쉬운데, 두 개념 모두 물리적으로 분리한다는 의미를 가지기 때문이다. 샤딩은 주로 메모리에 적용되며 고유한 파티션 키를 통해 재분배가 이루어진다. 파티셔닝은 시간 순서에 따라서 적재되며 주로 디스크에 적용된다.

파티셔닝을 사용하면 자원의 효율적인 사용을 통해 적은 비용으로 보다 빠르게 처리할 수 있다. 분 단위로 파티셔닝을 하면 매 분마다 들어오는 데이터를 사용해서 블록을 만든다. 만약 파티셔닝이 없다면 대용량의 블록을 1개 생성하고, 애플리케이션은 대용량 파일을 메모리에 로딩하기 위한 처리 시간이 필요하며, 블록 내에서 필요한 데이터를 검색하기 위한 시간도 필요하다. 만약 인덱스가 없다면 더욱 많은 시간이 걸릴 것이다. 파티셔닝을 기준으로 처리하기 위한 데이터를 명확하게 분할할 수 있기 때문에 처리 및 집계 시간을 단축할 수 있다. 애플리케이션이 병렬 처리와 병렬 쿼리를 지원한다면 파티션을 나누고 동시에 다수 프로세스를 실행하는 것이 가능하다.

▶ **데이터 다중화**

높은 가용성과 안정성을 확보하기 위해서는 데이터를 N개 서버에 비동기적으로 다중화할 필요가 있다. 여기서 N은 지정 가능한 옵션값으로, N개의 서버를 선정하는 방법은 다음과 같다.

어떤 키를 해시 링 위에 배치한 후, 그 지점으로부터 시계 방향으로 링을 순회하면서 만나는 첫 N개 서버에 데이터 복제본을 보관하는 것이다. 따라서 N=3으로 설정한 키 0은 s1, s2, s3에 저장된다.

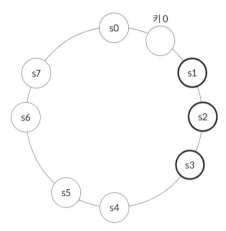

그림 2.34 안정 해시와 데이터 다중화

예를 들어, AWS S3는 객체 스토리지의 파일을 3개로 복제함으로써 고가용성을 보장한다. 카프카는 레플리카를 통해서 메시지를 복제하며, 장애가 발생하거나 메시지가 유실되는 경우에도 중단 없이 서비스가 이어지도록 구성할 수 있다. 일래스틱서치는 프라이머리Primary와 레플리카로 구성된다. 레플리카의 용도는 두 가지다. 프라이머리에 장애가 발생하는 경우, 예를 들어 프라이머리 샤드가 비정상으로 작동할 때 해당 샤드를 프라이머리에서 제외하고 레플리카가 문제가 발생한 프라이머리의 역할을 대신하는 것이다. 또한, 읽기 성능을 향상시키기 위해서 레플리카를 활용한다. 이처럼 각 시스템은 다양한 방법으로 데이터 다중화를 구현한다.

▶ **데이터 일관성**

여러 노드에 다중화된 데이터는 적절히 동기화가 되어야 한다. 정족수 합의Quorum Consensus 프로토콜을 사용하면 읽기/쓰기 연산 모두에 일관성을 보장할 수 있다.

- 데이터 파티션
- N=복제본 개수

- W=쓰기 연산에 대한 정족수. 쓰기 연산이 성공한 것으로 간주되려면 적어도 W개의 서버로부터 쓰기 연산이 성공했다는 응답을 받아야 한다.
- R=읽기 연산에 대한 정족수. 읽기 연산이 성공한 것으로 간주되려면 적어도 R개의 서버로부터 응답을 받아야 한다.

N=3인 경우에 대한 예제를 살펴보자.

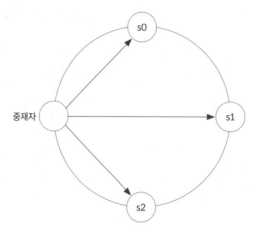

그림 2.35 **안정 해시와 데이터 일관성**

W=1은 데이터가 한 대의 서버에만 기록된다는 뜻이 아니다. 데이터가 s0, s1, s2에 다중화되는 상황을 예로 들어 살펴보자. W=1의 의미는 쓰기 연산이 성공했다고 판단하기 위해 중재자는 최소한 대의 서버로부터 쓰기 성공 응답을 받아야 한다는 뜻이다. 따라서 s1으로부터 성공 응답을 받았다면 s0, s2의 응답은 기다릴 필요가 없다. 중재자는 클라이언트와 노드 사이에서 프록시 역할을 한다.

W, R, N의 값을 정하는 것은 응답 지연과 데이터 일관성 사이의 타협점을 찾는 전형적인 과정이다. W=1 또는 R=1인 구성의 경우, 중재자는 서버 한 대의 응답만 받으면 되니 응답 속도는 빠를 것이다. W나 R의 값이 1보다 큰 경우에는 시스템이 보여주는 데이터 일관성의 수준은 향상될 테지만, 중재자의 응답 속도는 느려질 것이다. W+R>N인 경우에는 강한 일관성이 보장된다. 일관성을 보증할 최신 데이터를 가진 노드가 최소 하나는 겹칠 것이기 때문이다. R=1, W=N은 빠른 읽기 연산에 최적화되어 있고, W=1, R=N은 빠른 쓰기 연산에 최적화된 시스템이다. 요구되는 일관성 수준에 따라 W, R, N의 값을 조정할 필요가 있다.

다수 복제본을 유지하면서 높은 성능을 유지하고 정합성을 높이는 것은 어려운 작업이다. 정합성을 높이면 성능이 떨어지고, 높은 성능과 정합성을 유지하기 위해서는 더 많은 리소스를 투자해야 한다. 예를 들어, 복제되는 카프카의 파티션 수가 많아질수록 파티션과 연계되는 컨슈머의 속도도 떨어진다. 반면 높은 성능을 위해서 복제본을 생성하지 않거나 최소화할 수도 있지만, 데이터 유실의 위험성은 상대적으로 높아진다. 복제본의 유무와 적절한 복제본 개수를 정하기 위해서는 데이터 정합성과 처리 성능, 데이터 유실을 고려해서 종합적으로 설계해야 한다.

데이터를 복수(3개 이상)로 복제해서 다른 샤드와 파티셔닝에서 별도로 관리하는 경우가 있다. 또한, 실서비스의 주체인 프라이머리Primary와 백업과 장애 복구의 목적인 세컨더리Secondary가 동시에 운영 중인 경우가 빈번하다. 이로 인해 데이터의 정합성 문제가 발생할 수 있다.

메시지의 순서 보장도 중요하다. AWS SQS가 FIFOfirst in first out와 순서를 보장하는 데 비해서, 카프카는 FIFO를 지원하지 않는다. 자바 메시징 서비스에서 사용하는 토픽Topic은 FIFO를 지원하고 순서를 보장하지만, 카프카는 토픽을 사용하고 1 대 N개 소비자의 관계이므로 순서를 보장하는 것이 쉽지 않다. 하지만 미션 크리티컬 환경에서는 순서를 보장해야 하는 상황이 발생한다.

분산 트랜잭션 처리를 자동화하기 위해 2단계 커밋commit을 사용하면 정합성을 보장하고 자동화를 구현할 수 있지만, 애플리케이션과 데이터베이스에서 2단계 커밋을 처리하기 위해 추가적인 리소스를 사용한다. 2단계 커밋은 기술적으로 상당한 높은 난도를 가지고 있을 뿐 아니라, 무겁고 높은 비용을 수반한다. 즉, 트랜잭션의 격리 수준을 높이면 정합성이 향상되고, 개발 구현을 위한 비용을 절감할 수 있다. 그러나 시스템은 많은 내부적인 비용을 지불하고, 표준화된 기술이 아니라 벤더에 종속적이고 다른 시스템과 연동이 어렵다는 등의 여러 가지 부수적인 단점도 존재한다. 실무에서 발생하는 장애는 정합성, 일관성, 분배 등이 연계되어 있다. 이로 인해서 원인 분석과 해결이 어렵다.

▶ 장애 감지

분산 시스템에서는 그저 한 대의 서버가 '지금 서버 A가 다운되었습니다'라고 한다고 해서 바로 서버 A를 장애 처리하지는 않는다. 보통 두 대 이상의 서버가 똑같이 서버 A의 장애를 보고해야 해당 서버에 실제로 장애가 발생했다고 간주한다. 모든 노드 사이에 멀티 캐스팅 채널을 구축하는 것이 서버 장애를 감지하는 가장 손쉬운 방법이다. 하지만 이 방법은 서버가 많을 때는 분명 비효율적이다.

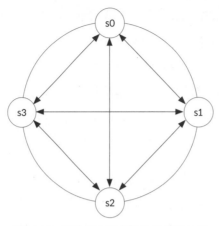

그림 2.36 멀티 캐스팅 채널이 구축된 노드

가십Gossip 프로토콜 같은 분산형 장애 감지 설루션을 채택하는 것이 보다 효율적이다. 가십 프로토콜의 동작 원리는 다음과 같다.

- R=1, W=N은 빠른 읽기 연산에 최적화된 시스템이다.
- 각 노드는 멤버십 목록을 유지한다. 멤버십 목록은 각 멤버 ID와 heartbeat counter 쌍의 목록이다.
- 각 노드는 주기적으로 자신의 heartbeat counter를 증가시킨다.
- 각 노드는 무작위로 선정된 노드들에게 주기적으로 heartbeat counter 목록을 보낸다.
- heartbeat counter를 받은 노드는 멤버십 목록을 최신값으로 갱신한다.
- 어떤 멤버의 heartbeat counter값이 지정된 시간 동안 갱신되지 않으면 해당 멤버는 장애 상태인 것으로 간주한다.

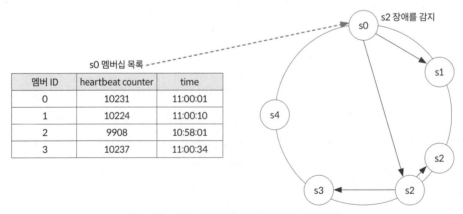

멤버 ID	heartbeat counter	time
0	10231	11:00:01
1	10224	11:00:10
2	9908	10:58:01
3	10237	11:00:34

그림 2.37 가십 프로토콜의 장애 감지 동작 원리

의미상으로 헬스 체크, 서킷 브레이커 개념과 유사하다. 시스템 내부적으로 문제점을 진단하고, 추가적인 개발 없이 자동화된 복구 기술을 사용하면 시스템을 안정적으로 운영하는 데 도움이 된다.

분산 시스템을 운영하면 장애를 자동적으로 감지했을 시 장애가 전파되지 않도록 차단해야 한다.

▶ **일시적 장애 처리**

가십 프로토콜로 장애를 감지한 시스템은 가용성을 보장하기 위해 필요한 조치를 해야 한다. 엄격한 정족수strict quorum 접근법을 쓴다면 읽기와 쓰기 연산을 금지해야 할 것이다. 느슨한 정족수 접근법은 이 조건을 완화하여 가용성을 높인다. 정족수 요구 사항을 강제하는 대신, 쓰기 연산을 수행할 W개의 건강한 서버와 읽기 연산을 수행할 R개의 건강한 서버를 해시 링에서 고른다. 이때 장애 상태인 서버는 무시한다.

네트워크나 서버 문제로 장애 상태인 서버로 가는 요청을 다른 서버가 잠시 맡아 처리한다. 그동안 발생한 변경 사항은 해당 서버가 복구되었을 때 일괄적으로 반영하여 데이터 일관성을 보존한다. 이를 위해 임시로 쓰기 연산을 처리한 서버는 그에 관한 힌트를 남겨둔다. 이런 장애 처리 방안을 단서 후 임시 위탁hinted handoff 기법이라 부른다.

정족수에서 처리하는 일시적인 장애와 유사하게 클러스터 기반의 샤딩과 파티셔닝 환경에서도 예기치 못한 지연이 발생하며, 이로 인해 장애로 확대될 수 있다.

키-값 저장소를 만드는 데 필요한 다양한 기술 요건을 요약하면 다음과 같다.

- 클라이언트 키-값 저장소가 제공하는 두 가지 단순한 API, 즉 get이나 put과 통신한다.
- 중재자는 클라이언트에게 키-값 저장소에 대한 프록시 역할을 하는 노드다.
- 노드는 안정 해시의 해시 링 위에 분포한다.
- 노드를 자동으로 추가 또는 삭제할 수 있도록 시스템은 완전히 분산된다.
- 데이터는 여러 노드에 다중화된다.

관측 가능성은 내부적으로 다양한 기술을 복합적으로 사용한다. 캐시 혹은 메모리에서 대용량 데이터를 처리하는 것은 스파크Spark와 유사한 개념이다. 스파크에서도 파티셔닝, 셔플링shuffling, 스큐skew 등은 성능에 영향을 주는 요소다. 데이터베이스 레벨의 샤딩은 없지만, 애플리케이션 레벨에서 안정 해시, 가십 프로토콜 등을 사용한다. 사실 위의 기능은 카산드라Cassandra가 잘 활용하는 기술이다. 이러한 개념과 내부 원리에 대해서 관심을 갖는 이유는 문제 해결과 튜닝을 위함이다.

관측 가능성은 성능을 향상하기 위해서 많은 튜닝을 필요로 하고, 이 과정에서 많은 시간과 인력이 들어간다.

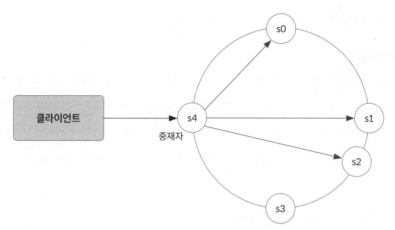

그림 2.38 클라이언트와 키-값 저장소 사이에서의 중재자

2.11 시계열 데이터 집계

클라우드 객체 스토리지는 생성일을 기준으로 파티셔닝을 한다. 즉, **파티션**을 생성하고, 해당 날짜에 해당하는 파일을 폴더에 추가하는 방식이다. 하지만 파티션 생성일과 파일에 포함된 데이터의 생성일은 종종 불일치하고, 이로 인해 처리 과정에서 불필요한 스캔과 정렬이 발생하는 문제점이 있다.

아주 오래된 과거의 데이터를 조회하는 경우가 있다. 데이터가 생성일로 구분되었다고 하더라도 파티션 내에서는 시/분/초 단위로 정확하게 검색하려면 풀스캔full scan을 하는 것과 유사한 상황이 되고, 이는 부하를 높이는 요인이다. 시계열 데이터베이스의 병합이 제대로 수행되지 않거나 작은 크기의 다수의 파일을 관리한다고 가정해보자. 인덱스도 비효율적이라면 시스템은 다수의 파일을 상대로 불필요한 IO를 발생시킨다. 이렇듯 시계열 데이터는 아주 오래된 데이터를 조회할 때 효율성이 떨어지는 특성을 가지고 있다. 이럴 경우 이벤트 시간으로 인덱스된 테이블을 생성해야 한다. 시계열 인덱스를 사용하면 매우 짧은 범위의 특정 시간에 맞춘 데이터 집계를 빠르게 실행할 수 있다. 그라파나 관측 가능성은 객체 스토리지에서 사용 가능한 블록을 압축하고 다운 샘플링된 시계열을 생성하는 것을 지원한다. 주기적으로 압축과 다운 샘플링을 적용하는 것을 권장한다.

열 지향 스토리지는 칼럼을 기반으로 병렬 처리를 지원한다. 파티셔닝과 쿼리 샤딩은 쿼리를 분할해서 워크로드와 계산을 샤딩에 고르게 할당한다. 분산 스토리지와 열 지향 스토리지는 병렬 처리를 구현하는 세부적인 방법만 다를 뿐, 둘 다 병렬 처리를 지원하고, 이 병렬 처리로 인해서 발생할 수 있는 위험 역시도 동일하다는 문제점이 있다.

한 달 사이에 만들어지는 수십만 개의 파일 중에서 특정일의 데이터만을 찾는다는 것은 시간과 자원을 낭비하는 처리다. 이런 일이 일어나는 원인은 데이터가 이벤트 시간으로 정렬되지 않아 모든 데이터를 로드해야만 원하는 시간이 포함되어 있는지를 알 수 있기 때문이다.

다수의 파일을 모두 검색하는 풀스캔 쿼리는 시스템의 부하를 크게 높이는 요인이다. 풀스캔을 피하기 위해서 파일을 시간대별로 파티셔닝하고, 작은 파일을 병합해서 큰 파일을 만들고, 압축 알고리즘을 적용해서 파일의 크기를 줄이거나, 샘플링을 통해 파일의 해상도를 조절하고 큰 파일을 일정한 크기로 나누는 청크chunk를 만드는 등의 작업이 필요하다. 또한, 데이터를 노드에 균등하게 분배하고, 조회하고자 하는 데이터의 '열'을 정렬하는 등의 일련의 과정은 빅데이터에서 필요한 성능 향상 작업이다.

관계형 데이터베이스에서 인덱스를 만드는 것과 유사하게 이벤트 시간에 대해 인덱스를 만들 수 있다. 예를 들어, 카산드라와 같은 시계열 인덱스에 대응하는 분산 데이터베이스를 이용하면 처음부터 이벤트 시간으로 인덱스된 테이블을 만들 수 있다.

장기간에 걸쳐서 대량의 데이터를 집계하는 경우에는 분산 데이터베이스가 효율적이지 않다. 장기적인 분석에서는 집계 효율이 더 높은 열 지향 스토리지를 사용해야 한다. 매일 한 번씩 새로 도착한 데이터를 배치 처리로 변환하는 것을 고려해보자. 열 지향 스토리지에서는 관계형 데이터베이스와 같이 인덱스를 만들 수 없지만, 처음에 데이터를 정렬할 수 있다. 이벤트 시간으로 데이터를 정렬한 후에 열 지향 스토리지로 변환한다.

그림 2.39 열 지향 스토리지에서 시계열 데이터를 쿼리하기까지의 프로세스

열 지향 스토리지는 '칼럼 단위의 통계 정보'를 통해 최적화가 이루어진다. 예를 들어, 시간이면 각 칼럼의 최솟값과 최댓값 등이 모든 파일에 메타 정보로 저장되기 때문에 이를 참고하면 어떤 파일의 어떤 부분에 원하는 데이터가 포함되어 있는지 알 수 있다. 이 통계를 이용하여 최소한의 데이터만을 읽도록 하는 최적화를 '조건절 푸시 다운'이라고 한다. 열 지향 스토리지를 만들 때 가급적 읽어 들이는 데이터의 양은 최소화하도록 데이터를 저장함으로써 풀스캔을 피한다.

▶ **이벤트 시간에 의한 분할**

이벤트 시간에 의한 데이터 검색을 더욱 효율적으로 하는 방법이 있다. 프로세스 시간으로 파일을 나누면 동일 이벤트 시간 데이터가 다수의 파일에 분산되므로 집계 결과를 얻기 위해서는 매우 많은 파일을 검색해야 한다. 이벤트 시간을 사용하여 이벤트 시간으로 테이블을 분할할 수 있다. 시간을 이용하여 분할한 테이블을 시계열 테이블이라고 한다. 이벤트 발생 시간을 파티션의 이름에 포함시킨다. 시계열 테이블에 데이터를 추가하는 방법 또한, 필수 고려 사항이다. 새로 도착한 데이터를 새로운 파일로 만드는 것에는 잠재적인 문제가 있다. 결과적으로 객체 스토리지에는 대량의 작은 파일이 생성되고 점차 쿼리의 성능이 악화된다.

이론 설명은 이쯤에서 마무리하고, 다음 장부터는 본격적인 실습에 들어간다.

3

관측 가능성의 시작,
프로메테우스

관측 가능성의 시작을 프로메테우스Prometheus로 정했다. 그 이유는 프로메테우스 서버를 포함한 프로메테우스 생태계ecosystem가 클라우드 네이티브를 구현하는 데 중요하기 때문이다. 프로메테우스를 기반으로 그라파나 관측 가능성 설루션을 개발하였으므로 내부적인 처리 방식과 운영 방식이 대체로 유사하다. 내부 원리를 이해하고 있으면 문제가 발생했을 때 근본적인 해결책을 제시할 수 있다. 프로메테우스가 제공하는 시계열 데이터베이스와 블록 처리, 알람, 오토스케일링은 클라우드 네이티브 운영의 근간이 되는 중요한 기술이다.

이번 장에서 다루는 페더레이션Federation과 타노스Thanos는 최신 기술이 아니며, 여러 가지 문제점을 가지고 있다. 이러한 문제점을 극복하고자 다양한 대안이 나오고 있다. 대안을 제시하기 전에 어떤 문제점이 있었는지 이해하는 것도 도움이 될 것이다.

3.1 프로메테우스 바이너리 구성

클라우드 네이티브 구현을 위한 핵심 소프트웨어는 쿠버네티스이며, 이는 런타임 실행 환경에 해당한다. 쿠버네티스만큼 중요하며 이를 운영하고 관리하기 위한 소프트웨어가 바로 프로메테우스다. CNCFCloud Native Computing Foundation에서 다양한 프로메테우스 프로젝트가 진행 중이며, 단순한 모니터링과 운영에 그치지 않고 많은 기능을 제공한다. **프로메테우스**는 많은 기능을 포함하고 있다. 운영자를 위한 메트릭 모니터링, 개발자를 위한 익스포터Exporter, 오토스케일링 설정, 시계열 데이터베이스, 서비스 모니터를 사용한 서비스 디스커버리, 알람과 업무 규칙 등이다.

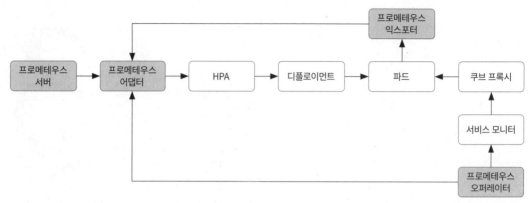

그림 3.1 프로메테우스 기능

그림 3.1에 나타낸 것과 같이 프로메테우스는 쿠버네티스와 긴밀하게 연계한다. 이 중 서비스 디스커버리, 커스텀 메트릭 생성, 오토스케일링 등은 프로메테우스가 제공하는 것이다. 클라우드 네이티브에서 쿠버네티스는 런타임 플랫폼이며, 나머지 운영과 자동화에 대한 기능은 프로메테우스를 통해서 구현한다.

- **프로메테우스 오퍼레이터**Prometheus Operator
  - 쿠버네티스에서 프로메테우스를 구성할 때 자원 관리와 프로비저닝을 수행한다. 일반적으로 쿠버네티스에서는 헬름이나 오퍼레이터로 프로메테우스를 설치할 수 있다. 현재 그라파나 관측 가능성은 헬름 차트로 설치와 구성을 진행하지만, 추후에는 오퍼레이터 방식도 제공할 것으로 예상한다.
  - 쿠버네티스 내에서 동적으로 증가하는 서비스와 파드를 발견한다. 프로메테우스 오퍼레이터 내 ServiceMonitor와 PodMonitor가 서비스 디스커버리 기능을 제공한다. 오퍼레이터가 서비스와 파드의 증감을 모니터링하며, 증감 발생 시에 프로메테우스 구성 파일을 업데이트한다.

- **프로메테우스 익스포터**Prometheus Exporter
  - 특정 메트릭을 수집해서 엔드포인트에 노출시키는 소프트웨어 혹은 에이전트와 유사하다. 데이터베이스, 하드웨어, 메시지 시스템, 저장소 등 여러 시스템에 대한 익스포터, CollectD 등 기존의 서버 모니터링에 사용되는 에이전트들과 통합할 수 있는 익스포터도 존재한다.
  - 기본적으로 제공해주는 익스포터 외에 도메인에 적합하게 개발된 마이크로서비스의 메트릭을 측정하기 위해서는 커스텀 익스포터를 개발해야 하는데, 프로메테우스는 이에 필요한 API, SDK를 제공한다.

- **프로메테우스 어댑터**Prometheus Adapter
  - 커스텀 메트릭이 익스포터를 통해서 제공되면 프로메테우스 서버가 이를 스크래핑scraping (수집)한다. 메트릭을 측정하고, 증가하는 시스템 부하에 대응하기 위해서 HPAHorizontal Pod Autoscaler를 통해 파드를 오토스케일링할 수 있다.
  - 기존 메트릭 서버는 간단한 기본 메트릭만 측정할 수 있으며, 복잡한 커스텀 메트릭을 지원하지 못한다. 반면 프로메테우스 어댑터로는 복잡한 커스텀 메트릭을 측정하고, HPA와 연계해서 신속하게 오토스케일링을 구현할 수 있다.

프로메테우스 자체로 생태계를 구축하며, 쿠버네티스와의 긴밀한 연계를 통해 클라우드 네이티브를 구현한다. 쿠버네티스의 주요 역할이 애플리케이션을 포함한 컨테이너를 운영하고 스케줄링하는 것이라면, 프로메테우스는 쿠버네티스 기반의 애플리케이션이 원활하게 돌아가도록 다양하고 복잡한 역할을 수행한다. 그라파나 관측 가능성의 핵심 소스는 프로메테우스를 기반으로 하므로 내부 동작 원리를 이해하기 위해서는 프로메테우스에 대한 이해가 선행되어야 한다.

프로메테우스의 라이프 사이클의 설명은 네 가지로 요약할 수 있다.

- 메트릭을 수집하고 시계열로 저장한다.
- 메트릭을 측정하고 리소스를 오토스케일링 처리한다.
- 변경된 리소소를 자동으로 디스커버리한다.
- HPA와 연계해 증가한 리소스로 유저 트래픽을 분배한다.

위의 작업을 리소스의 동적인 변경에 따라서 반복적으로 수행한다.

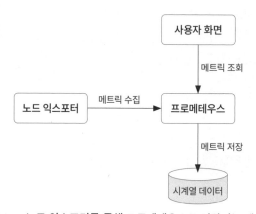

그림 3.2 노드 익스포터를 통해 프로메테우스로 전달되는 메트릭

프로메테우스, 노드 익스포터를 설치하고, 관련된 메트릭을 조회하도록 한다. 노드 익스포터는 유닉스 계열 커널을 가진 하드웨어와 OS 등 '시스템 메트릭'을 수집한다. 프로메테우스 재단이 공식적으로 지원하고 있는 익스포터 중 하나이며, 프로메테우스로 모니터링 시스템을 구축 시 시스템 메트릭 수집을 위해 가장 우선적으로 고려하는 익스포터이기도 하다. 노드 익스포터가 OS 시스템 메트릭 데이터를 수집하고 프로메테우스 데이터베이스에 저장하는 과정을 간단한 예제를 통해 살펴보자.

프로메테우스 2.28.1을 설치한다.[1]

```
tar xvzf prometheus-2.28.1.linux-amd64.tar.gz
sudo useradd --no-create-home --shell /bin/false prometheus
sudo mkdir /etc/prometheus
sudo mkdir /var/lib/prometheus
sudo chown -R prometheus. /etc/prometheus
sudo chown -R prometheus. /var/lib/prometheus
sudo cp prometheus-2.28.1.linux-amd64/prometheus /usr/local/bin/
sudo cp prometheus-2.28.1.linux-amd64/promtool /usr/local/bin/
sudo chown prometheus. /usr/local/bin/prometheus
sudo chown prometheus. /usr/local/bin/promtool
sudo cp -r prometheus-2.28.1.linux-amd64/consoles /etc/prometheus
sudo cp -r prometheus-2.28.1.linux-amd64/console_libraries /etc/prometheus
cd /etc/Prometheus
```

다음과 같이 설정 파일을 작성한다.

```
# prometheus.yaml
global:
  scrape_interval: 15s
  evaluation_interval: 15s

scrape_configs:
  - job_name: "prometheus"
    static_configs:
    - targets: ["localhost:9090"]

  - job_name: "node"
    static_configs:
      - targets: ['localhost:9100']
```

---

1 이 책에서 실습은 바이너리를 사용해서 리눅스에 설치하고, 쿠버네티스에 배포하는 것으로 진행한다. 설치 및 환경 설정에 대한 자세한 내용은 블로그(https://yohaim.medium.com/3-6-b83fcfbca15b)를 참고하길 바란다.

앞의 `scrape_configs` 구성을 보면 2개의 타깃이 등록되어 있다. `localhost:9090`과 `localhost:9100`이다. 프로메테우스 관리 화면의 타깃Targets 화면에서 2개 타깃의 세부 내용을 확인할 수 있다.

그림 3.3 프로메테우스 관리 화면의 타깃 화면

그림 3.3은 등록된 엔드포인트, 즉 타깃에 대한 내용을 제공한다. 그림 3.4는 프로메테우스의 서비스 디스커버리가 검색한 서비스의 내용을 상세하게 보여준다. 만약 콘술Consul 등과 연계하여 서비스 디스커버리를 구성하면 수작업 없이 자동화된 서비스 디스커버리를 구현할 수 있다.

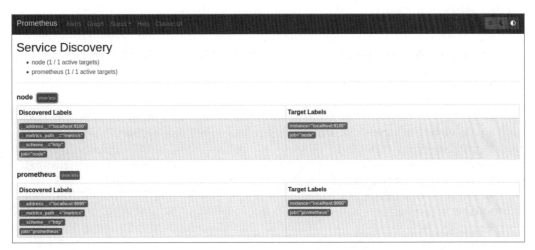

그림 3.4 프로메테우스 서비스 디스커버리 화면

프로메테우스 오퍼레이터가 제공하는 디스커버리 기능은 쿠버네티스 파드와 서비스만 지원한다. 프로메테우스는 콘술의 서비스 디스커버리와 연계해서 쿠버네티스를 포함한 다양한 리소스를 자동적으로 디스커버리할 수 있다.

텍스트 편집기로 [Service]의 User를 프로메테우스로 지정하고 리눅스 시스템에 등록하는 파일을 작성한다.

```
# prometheus.service

[Unit]
Description=Prometheus
Wants=network-online.target
After=network-online.target
[Service]
User=prometheus
Group=prometheus
Type=simple
ExecStart=/usr/local/bin/prometheus \
    --config.file /etc/prometheus/prometheus.yaml \
    --storage.tsdb.path /var/lib/prometheus/ \
    --web.console.templates=/etc/prometheus/consoles \
    --web.console.libraries=/etc/prometheus/console_libraries \
    --storage.tsdb.max-block-duration=1m\
    --storage.tsdb.min-block-duration=1m\
    --web.enable-lifecycle \
    --web.enable-admin-api \
    --log.level=info
[Install]
WantedBy=multi-user.target
```

storage.tsdb.max-block-duration과 storage.tsdb.min-block-duration의 기본값은 2h이지만, 테스트를 위해서 주기를 짧게 1m으로 변경한다.

```
root@philip-virtual-machine:~/node_exporter-1.3.1.linux-amd64# sudo systemctl start prometheus
root@philip-virtual-machine:~/node_exporter-1.3.1.linux-amd64# sudo systemctl status prometheus
● prometheus.service - Prometheus
    Loaded: loaded (/etc/systemd/system/prometheus.service; disabled; vendor preset: enabled)
    Active: active (running) since Sat 2022-07-02 17:23:27 KST; 16min ago
  Main PID: 24148 (prometheus)
     Tasks: 9 (limit: 23324)
    Memory: 26.2M
     Group: /system.slice/prometheus.service
           └─24148 /usr/local/bin/prometheus --config.file /etc/prometheus/prometheus.yaml
--storage.tsdb.path /var/lib/prometheus/ --web.console.tem>
 7월 02 17:23:27 philip-virtual-machine prometheus[24148]: level=info
ts=2022-07-02T08:23:27.965Z caller=head.go:780 component=tsdb msg="Replaying on-d>
```

노드 익스포터를 다운받는다.

```
tar xvfz node_exporter-1.3.1.linux-amd64.tar.gz
```

시스템 등록을 위해 root 사용자로 파일을 작성한다.

```
# node-exporter.service

[Unit]
Description=node-exporter
After=network-online.target

[Service]
Type=simple
User=root
Group=root
SyslogIdentifier=node-exporter
WorkingDirectory=/root/node_exporter-1.3.1.linux-amd64
Restart=always
RestartSec=0s
ExecStart=/root/node_exporter-1.3.1.linux-amd64/node_exporter

[Install]
WantedBy=multi-user.target
```

노드 익스포터를 시작하고 상태를 확인한다.

```
root@philip-virtual-machine:~/node_exporter-1.3.1.linux-amd64# sudo systemctl start node-
exporter
root@philip-virtual-machine:~/node_exporter-1.3.1.linux-amd64# sudo systemctl status node-
exporter
• node-exporter.service - node-exporter
    Loaded: loaded (/etc/systemd/system/node-exporter.service; disabled; vendor preset: enabled)
    Active: active (running) since Sat 2022-07-02 17:41:41 KST; 1s ago
  Main PID: 33067 (node_exporter)
     Tasks: 6 (limit: 23324)
    Memory: 2.6M
    CGroup: /system.slice/node-exporter.service
            └─33067 /root/node_exporter-1.3.1.linux-amd64/node_exporter
 7월 02 17:41:41 philip-virtual-machine node-exporter[33067]: ts=2022-07-02T08:41:41.867Z
caller=node_exporter.go:115 level=info collector=thermal_zone
 7월 02 17:41:41 philip-virtual-machine node-exporter[33067]: ts=2022-07-02T08:41:41.867Z
caller=node_exporter.go:115 level=info collector=time
```

node_memory_MemFree_bytes로 실행하면 그림 3.5와 같은 차트를 출력한다.

그림 3.5 프로메테우스 관리 화면

지금까지 프로메테우스의 설치와 구성 방법을 확인했다. 이제 프로메테우스의 데이터베이스, 오퍼레이터, 어댑터, 알람, 이중화, 장기간 저장소 등에 대해서 자세히 살펴보자.

3.2 프로메테우스 시계열 데이터베이스

3.2.1 데이터 형식

익스포터가 /metrics 경로를 통해 아래에 보이는 것과 같은 데이터를 제공하면 프로메테우스 서버는 풀pull 방식으로 익스포터에서 그 데이터를 수집(프로메테우스 용어로는 스크래핑)하여 시계열 데이터베이스에 저장한다.

```
http_requests_total{status = "200", method="GET"}    @143317560138    94355
http_requests_total {status ="200", method="GET"}     @143317560291    94945
http_requests_total {status ="200", method="GET"}     @143317560446    97256
http_requests_total {status ="400", method="GET"}     @143317560768    4586
http_requests_total {status ="500", method="POST"}    @143317560989    122
```

위에서 나타낸 것과 같이 데이터는 키-값의 형식이고, 키는 그림 3.6과 같이 메트릭 이름, 레이블, 타임스탬프 3개의 값이 조합되어 생성된다.

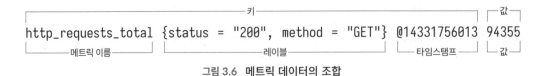

그림 3.6 메트릭 데이터의 조합

`http_requests_total` 메트릭은 2개의 레이블(`status`, `method`)을 포함한다. `status` 레이블은 세 종류(`200`, `400`, `500`)이고, `method` 레이블은 두 종류(`GET`, `POST`)이므로 레이블은 총 3 × 2 = 6개 시계열 데이터를 생성한다. 메트릭에서 카디널리티cardinality는 중요한 개념으로, 이를 통해 프로메테우스의 성능과 저장 용량이 결정된다.

▶ 카디널리티

프로메테우스 인스턴스에 할당되는 컴퓨팅 리소스에 따라 여러 개의 시계열을 점진적으로 처리한다. 카디널리티는 전체 행에 대한 특정 칼럼의 중복 수치를 나타내는 지표로 프로메테우스 서버가 스크래핑을 결정하는 기준이 된다. 이 용어는 주로 메트릭 이름과 연관된 레이블의 이름/값의 조합에 따라 생성되는 고유 시계열 수를 의미한다. 메트릭에 수없이 조합된 여러 차원은 프로메테우스에서 소위 '카디널리티 폭발'을 야기하는데, 이는 너무 많은 시계열이 생성된다는 뜻이다. 한계치가 명확하지 않은 레이블값이 무한히 증가하거나 수백 개 이상의 예상치 못하는 개수를 초과할 경우에도 카디널리티 문제로 이어질 수 있다. 이러한 메트릭은 로그 기반 시스템에서 처리하는 것이 더 적합할 것이다.

3.2.2 데이터 관리

위의 형식대로 스크래핑된 데이터는 프로메테우스 데이터베이스에 저장된다. 이제부터 프로메테우스가 시계열 데이터를 어떻게 저장하고 관리하는지 내부 구조에 대해서 알아본다. 프로메테우스 **TSDB**Time Series Database는 시계열 데이터베이스며, 다음과 같은 특징을 가지고 있다.

- 프로메테우스 TSDB는 LRU 알고리즘을 사용하는데, 이 알고리즘은 가장 오랫동안 참조하지 않은 페이지를 교체하는 기법이다.
- 프로메테우스 TSDB는 메모리 페이징paging을 사용하는데, 이 방식은 프로세스를 일정 크기인 페이지page로 분할해서 메모리에 적재하는 방식이다.
- 샘플(시계열에서 사용되며 수집 데이터를 의미)을 수집하고 블록 형태로 만들어 디스크에 저장한다.
- 프로메테우스에서는 '데이터(샘플)' 대신 '청크chunk'라는 용어를 사용한다. 블록은 다수의 청크를 포함하여 인덱스와 여타 데이터로 구성된다. 인덱스는 데이터의 위치와 참조에 대한 정보뿐 아니라 데이터를 빠르게 조회할 수 있는 기능을 제공한다.
- 데이터셋data set은 다수 데이터 그룹을 의미하며, 데이터 포인트는 대시보드에서 시계열로 출력되는 개별 데이터를 지칭한다.

프로메테우스 내부에서 데이터를 시계열에 따라 작은 단위로 분리해 생성한 파일인 청크가 저장되어 있는 구조를 살펴보자.

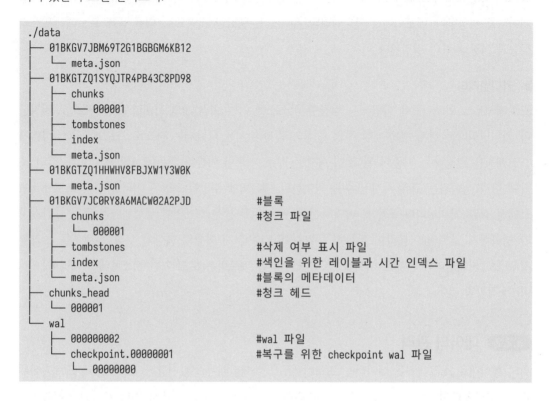

```
./data
├── 01BKGV7JBM69T2G1BGBGM6KB12
│   └── meta.json
├── 01BKGTZQ1SYQJTR4PB43C8PD98
│   ├── chunks
│   │   └── 000001
│   ├── tombstones
│   ├── index
│   └── meta.json
├── 01BKGTZQ1HHWHV8FBJXW1Y3W0K
│   └── meta.json
├── 01BKGV7JC0RY8A6MACW02A2PJD        #블록
│   ├── chunks                        #청크 파일
│   │   └── 000001
│   ├── tombstones                    #삭제 여부 표시 파일
│   ├── index                         #색인을 위한 레이블과 시간 인덱스 파일
│   └── meta.json                     #블록의 메타데이터
├── chunks_head                       #청크 헤드
│   └── 000001
└── wal
    ├── 000000002                     #wal 파일
    └── checkpoint.00000001           #복구를 위한 checkpoint wal 파일
        └── 00000000
```

▶ **데이터 레이아웃**

데이터가 프로메테우스에 저장되는 방식은 청크(일반적으로 데이터)를 포함하는 일련의 디렉터리(블록), 해당 데이터에 대한 LevelDB 인덱스, 사람이 읽을 수 있는 정보가 있는 meta.json 파일과 더 이상 필요하지 않은 데이터에 대한 삭제 표시로 구성된다. 이러한 블록 각각은 데이터베이스를 나타낸다.

최상위 레벨에서 아직 청크로 플러시flusth되지 않은 데이터에 대한 **로그 선행 기입**write ahead logging, WAL을 볼 수 있다. WAL은 장애 복구를 위해서 사용한다. 프로메테우스는 메모리에 우선 저장하고, 주기적으로 플러시를 해서 디스크에 청크를 생성한다. 청크를 생성하기 전에 메모리에 있는 데이터를 백업하는 용도로 WAL을 생성하고, 프로메테우스에 장애가 발생해서 메모리에 있는 데이터에 문제가 발생하면 WAL을 사용해 메모리에서 관리하는 데이터를 복구한다. 프로메테우스 기반의 시스템은 TSDB와 WAL 파일을 사용해서 백업과 복구를 수행한다.

지금까지 블록의 내부 구조를 알아보았다. 이제 블록이 어떻게 생성되고 병합되는지 살펴본다.

▶ **샘플**

샘플은 시계열 데이터이고, 수집된 데이터 포인트로 시계열의 수치를 나타낸다. 샘플을 정의하는 데 필요한 구성 요소는 float64값과 타임스탬프다. 여러 개의 블록들이 병합되어서 더 큰 블록을 만든다. 시계열을 조회하고 저장 효율성을 향상하기 위해서 블록을 병합하여 적당한 크기로 만든다. 데이터를 저장하기 위한 물리적인 저장소를 효율적으로 사용하고 조회 속도를 향상시키기 위해 블록의 크기와 저장 개수를 신중히 설정해야 한다.

▶ **블록 생성**

일반적으로 시계열은 시간순으로 인덱싱되는 숫자 데이터 포인트의 시퀀스로 정의할 수 있다. 프로메테우스 데이터 포인트는 일정한 시간 간격으로 수집된다. 따라서 이러한 종류의 데이터를 그래픽 형식으로 표현할 때 x축은 시간이고 y축은 데이터값이며, 일반적으로 시간에 따른 데이터의 변화를 표시한다. 메모리에 수집된 샘플은 기본 두 시간 단위로 디스크로 플러시되고 블록이 생성된다.

▶ **블록 병합**

크기가 작은 파일과 데이터가 다수 존재하면 모든 파일에 대한 인덱스를 만들고 검색해야 하므로 조회 속도가 느려진다. 반면 파일 크기가 너무 크면 효율성이 떨어진다. 만약 파일 크기가 1GB이고 검색 조건에 필요한 데이터의 크기가 1KB일 때, 이 1KB의 데이터를 조회하기 위해서 불필요하게 1GB 크기의 파일을 메모리에 로딩해야 하므로 불필요한 IO가 발생한다.

파일과 디스크에 민감한 시스템에서는 파일의 개수와 파일 크기를 적절하게 유지하는 것이 중요하다. 그러므로 불필요한 파일의 개수를 줄이고 파일 크기를 적절하게 유지하기 위한 블록(파일)의 병합이 필요하다.

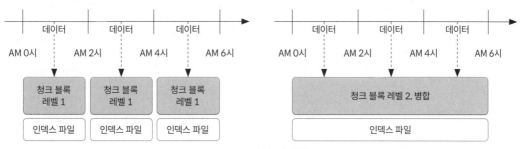

그림 3.7 **블록의 병합**

- **--storage.tsdb.min-block-duration**

  하나의 블록에 저장된 데이터의 시간time을 의미한다. 예를 들어, 이 옵션의 값이 2h일 경우, 하나의 블록 디렉터리에는 두 시간 동안의 데이터가 들어가 있다.

- **--storage.tsdb.max-block-duration**

  하나의 블록에 최대로 저장할 수 있는 시간을 의미한다. 예를 들어, 이 옵션의 값이 12h일 경우, 하나의 청크 블록 디렉터리에는 최대 열두 시간 동안의 데이터를 보관할 수 있다. 기본값은 유지율retention을 설정하는 옵션인 -storage.tsdb.retention.time의 10%다.

그림 3.7에서는 `min-block-duration`이 2h이므로 두 시간 단위의 레벨 1 블록이 저장되어 있다. 3개의 블록이 모이는 순간 레벨 2의 블록으로 병합되고, 하나의 블록이 여섯 시간의 데이터를 저장한다. 한 번에 병합되는 블록의 개수는 3으로 고정되어 있으므로, 2h × 3 = 6h 블록이 하나 생성된 후 추가적인 블록의 병합은 발생하지 않겠지만, `max-block-duration`이 24h라면 6h × 3 = 18h에 해당하는 블록의 추가 생성이 가능하다.

▶ **프로메테우스 로컬 스토리지**

로컬 스토리지는 프로메테우스에 데이터를 저장하는 표준 방법이므로 기본 사항을 이해해야 한다. 최상위 레벨에서 프로메테우스 스토리지 디자인은 현재 저장된 모든 레이블 목록과 자체 시계열 형식을 사용하는 색인의 조합으로 이루어져 있다.

▶ **데이터 흐름**

프로메테우스는 세 단계를 거쳐 수집된 데이터를 로컬에 저장한다. 데이터를 성공적으로 저장할 때까지 진행되는 단계는 다음과 같다.

- **메모리**

  최신 데이터 배치는 최대 두 시간 동안 메모리에 보관된다. 여기에는 두 시간 동안 수집되는 하나 이상의 데이터 청크를 포함한다. 이 방법은 디스크 IO를 절반 이상 크게 줄인다. 가장 최근의 데이터는 메모리에 상주해 쿼리 속도가 빨라지고 데이터 청크가 메모리에 생성되므로 반복적인 디스크 쓰기를 방지한다.

- **로그 선행 기입**

  메모리에 있는 데이터는 프로세스가 비정상적으로 종료되면 손실될 수 있다. 이를 방지하기 위해 디스크의 로그 선행 기입write-ahead logging, WAL은 메모리 내 데이터의 상태를 유지함으로써 프로메테우스가 어떤 이유로든 충돌하거나 재시작하면 이를 재생시킨다. 프로메테우스와 그라파나 관측 가능성이 제공하는 백업, 복구 기능을 구현하기 위해서 로그 선행 기입을 사용할 수 있다. 프로메테우스 운영 시 장애로 인해 메트릭이 유실되는 경우가 자주 발생하므로 이에 대한 이해와 준비가 필요하다. 상대적으로 다른 오픈소스, 예를 들어 일래스틱서치에 비교해서 백업, 복구, 스냅숏 관리의 기능이 부족한 것은 사실이다.

- **디스크**

  두 시간이 지나면 청크가 디스크에 기록되며, 이러한 청크는 불변의 형태다. 데이터를 삭제하는 것은 가능하며, 삭제 시에는 삭제 표시 파일이 생성된다.

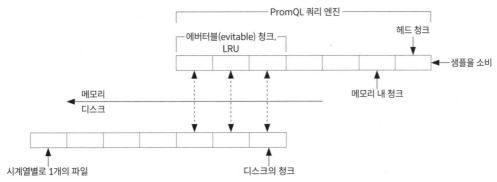

그림 3.8 프로메테우스에서 수집된 샘플이 디스크로 저장되기까지의 과정

샘플 데이터는 일정한 크기의 청크로 이루어진다. 새로 수집된 샘플은 헤드 **청크**chunk에 기록되며, LRULeast Recently Used 알고리즘에 의해 메모리에서 디스크로 이동된다. 디스크의 청크는 메모리와 동일하게 일대일로 대응된다. 또한, PromQL 쿼리는 우선적으로 메모리에서 작업을 처리한다.

시계열 데이터베이스는 시간이 지남에 따라 모든 측정값을 수집, 저장, 질의해야 할 필요성에서 출발했다. 엄청난 양의 측정값을 저장하는 이러한 유형의 데이터베이스는 쓰기에 집중되어 있다. 그러면서도 간단한 쿼리가 몇 시간, 며칠 또는 몇 달간의 엄청난 양의 데이터를 그것도 빠르게 반환한다는 것을 이해하는 것이 중요하다.

PromQL의 쿼리가 현재 메모리에 없는 청크를 필요로 하면 PromQL 쿼리 엔진은 디스크 청크를 메모리로 로드한다. 디스크 시리즈 파일에 존재하지 않으며 메모리에만 존재하는 청크는 장애 발생으로 인해 손실될 수 있다. 이를 방지하기 위해 프로메테우스는 주기적으로 체크 포인트를 파일로 기록하고 재시작 시 메모리로 다시 로드한다.

프로메테우스에서 제공하는 다양한 내부 메트릭을 이용해 플러시 상태, WAL, TSDB의 상태와 크기, 적재되는 메트릭의 개수 등을 상시 모니터링해야 한다. 프로메테우스는 클러스터링이 되지 않고 빈번한 장애 발생으로 인해 메트릭의 유실이 발생하므로 주의해야 한다.

3.3 프로메테우스 쿠버네티스 구성

오퍼레이터와 헬름 차트를 사용해서 설치하면 프로메테우스에 대한 내부 구조를 이해하는 것이 쉽지 않다. 보다 쉽게 이해할 수 있도록 이 책에서는 먼저 바이너리를 다운로드받고 구성 파일을 작성하고 설치하는 방법을 보여준다. 그리고 프로메테우스 오퍼레이터를 사용해서 쿠버네티스에 프로메테우스를 설치한다.

kube-prometheus[2]를 사용하는 것을 권장한다. kube-prometheus는 프로메테우스 리소스를 생성하기 위한 프로메테우스 오퍼레이터와 커스텀 메트릭을 지원하는 프로메테우스 어댑터를 포함한다. 이외에도 추가적인 프로메테우스 생태계에 필요한 프로그램을 추가적으로 설치하므로 프로메테우스 오퍼레이터만 설치하는 것보다 효과적이다.

```
git clone https://github.com/prometheus-operator/kube-prometheus.git

root@philip-virtual-machine:~/kube-prometheus# kubectl create -f manifests/setup
customresourcedefinition.apiextensions.k8s.io/alertmanagerconfigs.monitoring.coreos.com
created
customresourcedefinition.apiextensions.k8s.io/alertmanagers.monitoring.coreos.com created
customresourcedefinition.apiextensions.k8s.io/thanosrulers.monitoring.coreos.com created
namespace/monitoring created

root@philip-virtual-machine:~/kube-prometheus# kubectl create -f manifests/
```

프로메테우스 오퍼레이터는 프로메테우스 서버의 파드 수량과 영구 볼륨을 포함해 배포를 관리하는 것 외에도 서비스 모니터라는 개념을 사용해 실행 중인 컨테이너의 레이블과 일치하는 규칙이 있는 서비스를 타깃으로 환경 설정을 자동 업데이트한다.

```
root@philip-virtual-machine:~# kubectl get crd -n monitoring
NAME                                     CREATED AT
alertmanagerconfigs.monitoring.coreos.com   2022-07-16T08:39:48Z
```

---

2   https://github.com/prometheus-operator/kube-prometheus

```
alertmanagers.monitoring.coreos.com        2022-07-16T08:39:48Z
podmonitors.monitoring.coreos.com          2022-07-16T08:39:48Z
probes.monitoring.coreos.com               2022-07-16T08:39:48Z
prometheuses.monitoring.coreos.com         2022-07-16T08:39:48Z
prometheusrules.monitoring.coreos.com      2022-07-16T08:39:49Z
servicemonitors.monitoring.coreos.com      2022-07-16T08:39:49Z
thanosrulers.monitoring.coreos.com         2022-07-16T08:39:49Z
```

관리 화면에 접속하기 위해서 포트 포워딩을 구성한다.

```
root@philip-virtual-machine:~/kube-prometheus# kubectl --namespace monitoring port-forward
svc/prometheus-k8s 9090
Forwarding from 127.0.0.1:9090 -> 9090
Forwarding from [::1]:9090 -> 9090

root@philip-virtual-machine:~# kubectl --namespace monitoring port-forward
svc/alertmanager-main 9093
Forwarding from 127.0.0.1:9093 -> 9093
Forwarding from [::1]:9093 -> 9093
```

프로메테우스 오퍼레이터를 사용해 프로메테우스를 배포하고 구성하는 방법과 다른 네임스페이스에서 실행되는 애플리케이션에서 메트릭을 수집하는 방법을 알아본다.

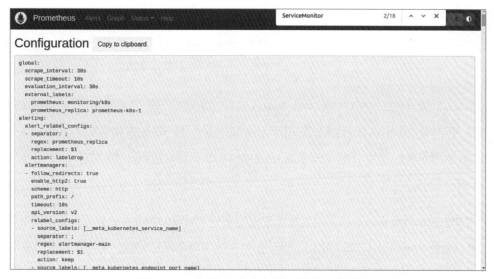

그림 3.9 프로메테우스 화면에서 확인하는 구성 내용

설치가 끝나면 다음과 같은 파드 목록을 확인할 수 있다.

```
root@philip-virtual-machine:~/kube-prometheus# kubectl get pod -n monitoring
NAME                                      READY   STATUS    RESTARTS   AGE
alertmanager-main-0                       2/2     Running   0          3m22s
alertmanager-main-1                       2/2     Running   0          3m22s
alertmanager-main-2                       2/2     Running   0          3m22s
blackbox-exporter-7d69c494b7-87lnt        3/3     Running   0          3m31s
grafana-757c69cbc5-s8dbg                  1/1     Running   0          3m32s
kube-state-metrics-695cc54b57-m5bhm       3/3     Running   0          3m30s
node-exporter-r524m                       2/2     Running   0          3m30s
prometheus-adapter-7dbf69cc-cqxbl         1/1     Running   0          3m30s
prometheus-adapter-7dbf69cc-gq5gn         1/1     Running   0          3m30s
prometheus-k8s-0                          2/2     Running   0          3m22s
prometheus-k8s-1                          2/2     Running   0          3m22s
prometheus-operator-bc6bd749c-xqtmk       2/2     Running   0          3m30s
root@philip-virtual-machine:~/kube-prometheus#
```

3.4 프로메테우스 오퍼레이터

쿠버네티스 리소스를 생성하려면 헬름 혹은 오퍼레이터를 사용해야 하는데, 많은 오퍼레이터 중에서도 프로메테우스 오퍼레이터는 수준 높은 다양한 기능과 자동화 기능을 제공하고 있다.

- 서비스 모니터Service Monitor를 다수를 생성해서 멀티 클러스터 등의 복잡한 런타임 환경에 대응하도록 구성할 수 있다.
- 쿠버네티스를 제외한 다른 리소스의 경우에는 콘술 서비스 디스커버리를 사용하는 것을 권장한다.

쿠버네티스가 클라우드 네이티브를 위한 동적인 런타임 환경이라면, 프로메테우스는 그에 대응해서 자주 변경되는 쿠버네티스 리소스를 쉽게 탐색하고 검색하는 기능을 제공해야 한다. 중요한 기능이니만큼 구현하는 방법 또한 다양한데, 프로메테우스 오퍼레이터를 사용하면 쉽게 서비스, 탐색, 검색을 구현할 수 있다.

타깃 정보는 프로메테우스 컨피그 파일에서 관리한다. 쿠버네티스에서는 구성 정보를 관리하기 위해 컨피그맵을 사용하거나 별도 파일로 관리를 하지만, 이는 좋은 방법은 아니다. 수동으로 구성 파일을 변경하면 실수할 가능성이 있기 때문에 가급적 자동화해야 한다. 프로메테우스 오퍼레이터의 서비스 모니터와 파드 모니터는 서비스와 파드의 지속적인 모니터링을 통해 자동화한다. 쿠버네티스에 변경이 발생하면 자동으로 프로메테우스 타깃 정보를 변경한다. 서비스 모니터는 서비스를 모니터링하고, 파드 모니터는 파드를 모니터링한다. 결과적으로 프로메테우스 오퍼레이터를 사용하면 프로메테우스 서버를 자동으로 변경하고 타깃으로부터 메트릭 수집을 자동화할 수 있다.

그림 3.10 프로메테우스 오퍼레이터와 프로메테우스 서버와의 관계

일반적인 환경이라면 서비스 모니터를 사용하는 것을 권장한다. 파드는 상태가 자주 변경이 되므로 쿠버네티스 환경에서는 서비스를 사용해서 파드와 통신하는 것을 권장하고, 이를 통해 자동적인 서비스 탐색을 활용한다.

▶ 서비스 모니터

CRDCustom Resource Definition는 동적으로 다수 서비스를 모니터링하는 방법을 선언적으로 정의할 수 있다. 원하는 구성으로 모니터링하도록 선택할 수 있는 서비스는 레이블 선택을 사용하여 정의한다. 이를 통해 조직은 메트릭이 노출되는 방식에 대한 규약convention을 도입한 다음, 시스템을 재구성할 필요 없이 새로운 서비스를 자동으로 검색discovered할 수 있다.

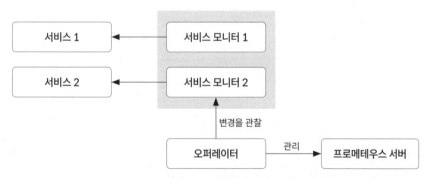

그림 3.11 프로메테우스 오퍼레이터의 동적 모니터링

프로메테우스가 쿠버네티스 내 애플리케이션을 모니터링하려면 엔드포인트가 있어야 한다. 엔드포인트는 기본적으로 IP 주소 목록으로, 쿠버네티스의 서비스는 레이블 셀렉터로 파드를 발견하고, 이를 엔드포인트에 추가한다. 프로메테우스 오퍼레이터 서비스 모니터는 차례로 해당 엔드포인트를 검색하고 파드를 모니터링하도록 프로메테우스를 구성한다. ServiceMonitorSpec의 엔드포인트 섹션에서는 엔드포인트의 어떤 포트를 통해 메트릭을 스크래핑하고 어떤 매개변수를 사용하여 구성할지 정의한다.

ServiceMonitor와 검색discovered된 대상targets은 네임스페이스에 상관없이 스크래핑할 수 있다. 네임스페이스로 구분해서 스크래핑하기 위해서 PrometheusSpec의 ServiceMonitor NamespaceSelector를 사용한다. 이러한 방법으로 ServiceMonitor가 프로메테우스 서버에서 선택되는 네임스페이스를 제한할 수 있다.

쿠버네티스 서비스를 위해서는 서비스 모니터를 구성해야 한다. 그림 3.12는 프로메테우스 오퍼레이터를 사용해 구성한 서비스 디스커버리다. 추가된 쿠버네티스 서비스를 확인해보자.

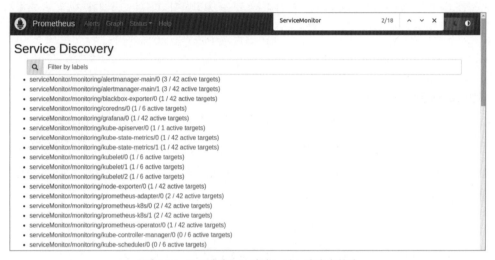

그림 3.12 프로메테우스 서비스 디스커버리 화면

오퍼레이터에서 기본적으로 설치한 서비스 모니터다.

```
root@philip-virtual-machine:~# kubectl get servicemonitor -n monitoring
NAME                       AGE
alertmanager-main          10m
blackbox-exporter          10m
coredns                    10m
grafana                    10m
kube-apiserver             10m
kube-controller-manager    10m
kube-scheduler             10m
kube-state-metrics         10m
kubelet                    10m
node-exporter              10m
prometheus-adapter         10m
prometheus-k8s             10m
prometheus-operator        10m
root@philip-virtual-machine:~#
```

기본적으로 검색된 엔드포인트는 메타데이터와 레이블을 내장하고 있다. 사용자의 요구 사항에 적합하도록 레이블을 변경하고, 불필요한 레이블을 제거하거나 레이블의 개수를 줄이는 등의 작업으로 시계열 데이터 관리를 최적화할 수 있다. 이러한 작업을 위해서 프로메테우스 구성 파일 내의 다음 기능을 사용한다.

```
relabel_configs:
  [ - <relabel_config> ... ]

metric_relabel_configs:
  [ - <relabel_config> ... ]
```

레이블은 프로메테우스 메트릭에서 실제로 측정되는 항목을 특성화하고 구성할 수 있는 키-값 쌍의 집합이다. 예를 들어, HTTP 대기시간을 측정할 때 레이블을 사용하여 반환된 HTTP 메서드와 상태, 호출된 엔드포인트, 요청을 담당한 서버를 기록할 수 있다.

레이블 재지정relabeling은 레이블 세트를 다시 작성하여 프로메테우스 대상과 메트릭을 분류하고 필터링할 수 있는 유용한 방법이다.

`metric_relabel_configs`는 수집된 메트릭을 저장하기 전에 변환하거나 삭제할 수 있다. 활용도가 가장 높은 사례는 오작동하는 메트릭 모음을 거부하거나 메트릭의 사양을 손상시키지 않고 레이블을 삭제, 프로메테우스와의 의미와 더 잘 일치하도록 레이블을 변경하는 것이다. 타깃에서 문제를 이상적으로 해결하지 못한 상태에서 임시방편으로 `metric_relabel_configs`를 사용하는데, 문제를 일으킬 소지가 있으니 주의를 요하는 설정이다.

`relabel_configs`는 스크래핑 작업의 타깃 목록을 제어하는 데 사용하는 설정이다. `metric_relabel_configs`와 같이 강력한 의미를 제공하지만 매우 다른 기능을 갖고 있다. 레이블 재지정은 순서대로 수행되므로 레이블을 만들거나 수정한 다음 단계에서 사용할 수 있다. 타깃은 기본적으로 자동 생성되며 재지정할 수 있는 2개의 레이블을 갖고 있다. Job 레이블은 job_name으로 설정되며, 타깃의 호스트명과 포트 정보로 _address_ 레이블이 생성된다. _scheme_와 _metrics_path_ 레이블은 scheme와 metrics_path로 설정되며, params 설정에 정의된 각 매개변수에 대해 _param_<name> 레이블이 생성된다.

예를 들어, 그림 3.13에 보이는 그라파나의 서비스 모니터는 다음 파일의 레이블 설정 등이 반영된 것이다.

```
root@philip-virtual-machine:~# kubectl edit servicemonitor grafana -n monitoring
apiVersion: monitoring.coreos.com/v1
kind: ServiceMonitor
name: grafana
  namespace: monitoring
  resourceVersion: "853"
  uid: 7f9ff3a9-863e-451d-ace4-bae703f265f0
spec:
  endpoints:
  - interval: 15s
    port: http
  selector:
    matchLabels:
      app.kubernetes.io/name: grafana
```

그림 3.13 그라파나 서비스 모니터 화면

프로메테우스 서버의 파드 명세는 다음과 같다. 프로메테우스 시작 시에 이그젬플러, retention 등의 추가적인 옵션을 설정하는 경우에 유용하다.

```
root@philip-virtual-machine:~# kubectl edit pod prometheus-k8s-0 -n monitoring
apiVersion: v1
kind: Pod
metadata:
  annotations:
    kubectl.kubernetes.io/default-container: prometheus
```

```
spec:
  automountServiceAccountToken: true
  containers:
  - args:
    - --web.console.templates=/etc/prometheus/consoles
    - --web.console.libraries=/etc/prometheus/console_libraries
    - --storage.tsdb.retention.time=24h
    - --config.file=/etc/prometheus/config_out/prometheus.env.yaml
    - --storage.tsdb.path=/prometheus
    - --web.enable-lifecycle
    - --web.route-prefix=/
    - --web.config.file=/etc/prometheus/web_config/web-config.yaml
    image: quay.io/prometheus/prometheus:v2.36.2
```

깃에 테스트를 위한 sample-app을 제공한다. 설치에 필요한 YAML을 확인할 수 있다. YAML 파일을 실행해서 Deployment, Service, ServiceMonitor를 차례로 생성하고, 생성 후 프로메테우스에서 어떻게 반영되고, 어떠한 리소스가 생성되는지 확인해보자. 내용은 다음과 같다.

먼저 Deployment를 생성한다.

```
apiVersion: apps/v1
kind: Deployment
metadata:
  name: sample-app
  labels:
    app: sample-app
spec:
  replicas: 1
  selector:
    matchLabels:
      app: sample-app
  template:
    metadata:
      labels:
        app: sample-app
    spec:
      containers:
      - image: luxas/autoscale-demo:v0.1.2
        name: metrics-provider
        ports:
        - name: http
          containerPort: 8080
```

이어서 Service를 생성한다. 운영 환경에서는 kube-prometheus에서 제공해주는 헬름 차트를 사용하는 것을 권장한다.

```yaml
apiVersion: v1
kind: Service
metadata:
  labels:
    app: sample-app
  name: sample-app
spec:
  ports:
  - name: http
    port: 80
    protocol: TCP
    targetPort: 8080
  selector:
    app: sample-app
  type: ClusterIP
```

마지막으로 ServiceMonitor를 생성한다.

```yaml
kind: ServiceMonitor
apiVersion: monitoring.coreos.com/v1
metadata:
  name: sample-app
  labels:
    app: sample-app
spec:
  selector:
    matchLabels:
      app: sample-app
  endpoints:
  - port: http
```

이제부터 차례로 실행하자.

```
root@philip-virtual-machine:~/kube-prometheus# kubectl apply -f deploy.yaml -n monitoring
deployment.apps/sample-app created
root@philip-virtual-machine:~/kube-prometheus# kubectl apply -f service.yaml -n monitoring
service/sample-app created
root@philip-virtual-machine:~/kube-prometheus# kubectl apply -f monitor.yaml -n monitoring
servicemonitor.monitoring.coreos.com/sample-app created
```

프로메테우스에서 확인해야 하는 화면은 서비스 디스커버리, 타깃, 메트릭 세 가지다. 서비스 디스커버리에서는 발견된 서비스의 레이블 정보와 레이블 재지정에 대한 정보를 출력한다.

그림 3.14   프로메테우스 화면에서 확인하는 레이블

타깃에서 추가된 엔드포인트를 확인한다. 타깃 화면으로 이동하면 현재 기본으로 정의된 엔드포인트 목록을 볼 수 있다.

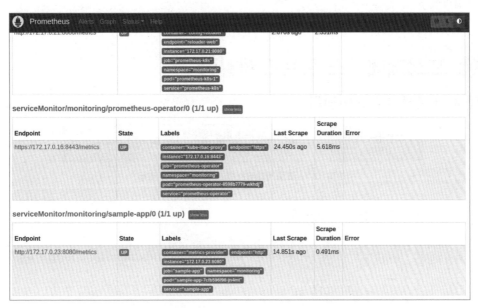

그림 3.15   프로메테우스 타깃 화면에서 확인하는 엔드포인트

그림 3.16의 화면으로 이동하기 전에, sample-app을 실행한다. 프로메테우스에서 결과를 확인하기 전에 데이터를 입력해야만 메트릭이 출력된다는 것에 주의한다. 설치만 완료하고 메트릭을 수집하지 않으면 해당 메트릭은 출력되지 않는다. 메트릭 화면에서 메트릭을 검색해보자. 프로메테우스 메트릭 화면에서 발견된 파드 내 애플리케이션 메트릭이 정확히 출력된 것을 확인한다.

그림 3.16 프로메테우스 화면에서 메트릭 검색

이러한 방식을 통해 자동적으로 엔드포인트가 등록되고 메트릭이 수집되는 것을 확인한다. 프로메테우스에 수집된 메트릭을 기반으로 수행할 수 있는 후속 처리는 오토스케일링 적용, 알람 전송 규칙 개발, 다양한 차트를 사용해서 대시보드에 시각화하는 것 크게 세 가지다.

3장에서 사용한 모든 실습은 깃과 기술 블로그(https://yohaim.medium.com)에 제공한다. 복잡해도 꼭 결과를 확인하도록 하자.

3.5 프로메테우스 오토스케일링

3.5.1 프로메테우스 어댑터

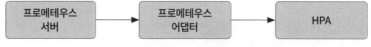

그림 3.17 프로메테우스의 오토스케일링 흐름

2장에서 소개한 프로메테우스 어댑터를 사용한다.

```
minikube start --vm-driver=none --kubernetes-version v1.15.0 --memory=12000 --cpus=4
```

monitoring 네임스페이스를 사용한다.

```
kubectl create namespace monitoring
```

오퍼레이터를 설치한다.

```
root@philip-virtual-machine:~# helm install prom --namespace monitoring stable/
prometheus-operator
WARNING: This chart is deprecated³
manifest_sorter.go:192: info: skipping unknown hook: "crd-install"
NAME: prom
LAST DEPLOYED: Tue Aug 30 14:54:36 2022
NAMESPACE: monitoring
STATUS: deployed
REVISION: 1
```

설치된 파드를 확인한다.

```
root@philip-virtual-machine:~# kubectl get pod -n monitoring
NAME                                                      READY   STATUS    RESTARTS   AGE
alertmanager-prom-prometheus-operator-alertmanager-0      2/2     Running   0          51s
prom-grafana-55846bb94f-lbs46                             2/2     Running   0          85s
prom-kube-state-metrics-db84fc9d-5wmdv                    1/1     Running   0          85s
prom-prometheus-node-exporter-5w22g                       1/1     Running   0          85s
prom-prometheus-operator-operator-8678d58858-jl9lj        2/2     Running   0          85s
prometheus-prom-prometheus-operator-prometheus-0          3/3     Running   1          42s
```

포트 포워딩을 구성한다.

```
kubectl port-forward svc/prom-prometheus-operator-prometheus 9090:9090 --namespace monitoring
```

custom-metrics 네임스페이스를 사용한다.

```
kubectl create namespace custom-metrics
```

다음 명령어를 사용해서 등록된 커스텀 메트릭을 조회할 수 있다.

```
kubectl get --raw "/apis/custom.metrics.k8s.io/v1beta1/" | jq | grep pods/
```

---

3 이 실습은 부득이하게 프로메테우스 최신 버전을 사용하지 않았다. 프로메테우스 어댑터가 까다로운 이유는 쿠버네티스 버전과 프로메테우스 버전의 호환성이 중요하기 때문이다. 이 책에서는 과거 버전의 프로메테우스를 기반으로 프로메테우스 어댑터로 오토스케일링하는 것을 실습한다. 블로그(https://yohaim.medium.com/3-5-945e3edbf07e)에서는 KEDA를 사용해서 최신 버전으로 오토스케일링하는 방법을 소개하고 있으니, 참고하길 바란다.

어댑터는 'discovery' 규칙을 통해 노출할 메트릭과 이를 노출하는 방법을 결정한다. 각 규칙은 독립적으로 실행되며(따라서 규칙이 상호 배타적이어야 함), 어댑터가 API에서 메트릭을 노출하기 위해 수행해야 하는 각 단계를 지정한다.

각 규칙은 네 부분으로 나눌 수 있다.

- discovery는 어댑터가 이 규칙에 대한 모든 프로메테우스 메트릭을 찾는 방법을 지정한다.
- association은 어댑터가 특정 메트릭이 연결된 쿠버네티스 리소스를 결정하는 방법을 지정한다.
- naming은 어댑터가 사용자 정의 메트릭 API에서 메트릭을 노출하는 방법을 지정한다.
- querying은 하나 이상의 쿠버네티스 개체의 특정 메트릭에 대한 요청을 프로메테우스의 쿼리로 변환하는 방법을 지정한다.

이 중에서 discovery, naming, querying에 대해 자세히 알아보자.

▶ discovery

사용자 지정 메트릭 API에서 노출하려는 메트릭을 찾는 프로세스를 관리한다. discovery는 두 가지 설정이 있다. seriesQuery와 seriesFilters다. 우선적으로 프로메테우스 시리즈(메트릭 이름)의 일부 집합을 찾는 데 사용할 프로메테우스 seriesQuery(프로메테우스의 /api/v1/series endpoint에 전달)를 지정한다. 어댑터는 이 시리즈에서 레이블값을 제거한 다음, 나중에 결과로 나오는 metric-name-label-name 조합을 사용한다. 대부분의 경우 seriesQuery는 프로메테우스 시리즈 목록을 제한하는 데 충분하지만, 때때로 (특히 2개의 규칙이 중복될 수 있는 경우) 메트릭 이름에 대한 추가 필터링을 수행하는 것이 유용하다. 이 경우 seriesFilters를 사용할 수 있다. seriesQuery에서 시리즈 목록이 반환되면 필터를 통해 필터링한 메트릭 이름으로 각 시리즈에 반환한다.

```
seriesQuery: '{__name__=~"^container_.*_total",container!="POD",namespace!="",pod!=""}'
seriesFilters:
  - isNot: "^container_.*_seconds_total"
```

▶ naming

name 필드에 의해 프로메테우스 메트릭 이름을 사용자 지정 메트릭 API의 메트릭으로 또는 그 반대로 변환하는 프로세스를 관리한다. 프로메테우스 name 필드에서 API 이름을 추출하는 패턴과 추출값에 대한 변환을 지정하는데, 패턴은 matches 필드에서 지정한 정규식으로 기본값은 .*이다. 예시로 확인하자.

```
name:
  matches: "^(.*)_total$"
  as: "${1}_per_second"
```

▶ querying

특정 메트릭에 대한 값을 실제로 가져오는 프로세스를 관리하며 `metricsQuery` 필드가 제어를 담당한다. `metricsQuery` 필드는 커스텀 메트릭 API에 대한 호출과 함께 프로메테우스 쿼리로 변환되는 Go 템플릿으로, 결과는 메트릭 이름, 그룹 리소스, 해당 그룹 리소스의 하나 이상의 개체로 반환된다.

- **Series**: 메트릭 이름
- **LabelMatchers**: 주어진 객체와 일치하는 레이블 matchers에서 쉼표로 구분된 목록
- **GroupBy**: LabelMatchers에서 사용되는 group 리소스 레이블을 포함

일반적으로 Series, LabelMatchers, GroupBy 필드를 사용하는 것을 권장한다.

쿼리는 요청된 각 개체에 대해 하나의 값을 반환해야 한다. 어댑터는 반환된 시리즈의 레이블을 사용하여 주어진 시리즈를 해당 개체에 연결한다. 이것이 바로 사용자 지정 메트릭과 프로메테우스 메트릭이 서로 연결(변환)되는 과정이다.

```
metricsQuery: "sum(rate(<<.Series>>{<<.LabelMatchers>>,container!="POD"}[2m])) by
(<<.GroupBy>>)"
```

테스트를 위해 먼저 `metricName: http_requests`로 네이밍을 적용하고 Deployment, Service, ServiceMonitor, HPA를 생성해보자.

```
cat <<EOF | kubectl apply -f -
apiVersion: apps/v1beta1
kind: Deployment
metadata:
  name: autoscaling-deploy
  namespace: custom-metrics
spec:
  replicas: 1
  template:
    metadata:
      labels:
```

```
      app: autoscaling
      release: prom
  spec:
    containers:
    - name: autoscaling
      image: quay.io/brancz/prometheus-example-app:v0.1.0
      ports:
      - containerPort: 8080
---
```

전체 소스는 깃을 참고하도록 한다.

/metrics에 제공되는 애플리케이션의 메트릭을 확인한다.

그림 3.18 프로메테우스의 메트릭 화면

프로메테우스 메트릭 화면에서 'http_requests_total' 메트릭을 조회하고 결과를 확인한다.

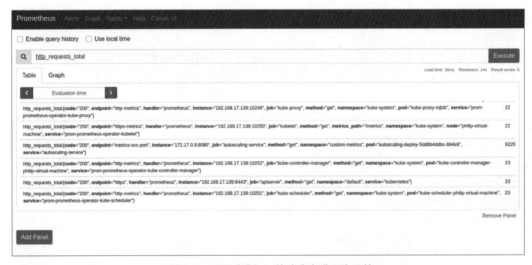

그림 3.19 프로메테우스 화면에서 메트릭 조회

포트 포워딩을 구성한다.

```
kubectl port-forward svc/autoscaling-service 3000:80 --namespace custom-metrics
```

부하를 생성한다.

```
while true; do wget -q -O- http://127.0.0.1:3000; done
```

HPA가 정상적으로 작동하는 것을 확인한다.

```
root@philip-virtual-machine:~# kubectl get hpa -n custom-metrics
NAME                 REFERENCE                    TARGETS    MINPODS  MAXPODS  REPLICAS  AGE
autoscaling-app-hpa  Deployment/autoscaling-deploy  95196m/5 1         5        5         43m
root@philip-virtual-machine:~#
```

HPA의 상세 로그와 결과를 확인한다.

```
root@philip-virtual-machine:~# kubectl describe hpa -n custom-metrics
Metrics:                                                    ( current / target )
  "http_requests" on Service/autoscaling-service (target value): 18734m / 5
Min replicas:                                               1
Max replicas:                                               5
Deployment pods:                                            5 current / 5 desired
Conditions:
  Type            Status   Reason              Message
  ----            ------   ------              -------
  AbleToScale     True     ReadyForNewScale    recommended size matches current size
  ScalingActive   True     ValidMetricFound    the HPA was able to successfully calculate a
replica count from Service metric http_requests
  ScalingLimited  True     TooManyReplicas     the desired replica count is more than the
maximum replica count
  Normal   SuccessfulRescale     45s        horizontal-pod-autoscaler  New size: 2; reason:
Service metric http_requests above target
  Normal   SuccessfulRescale     30s        horizontal-pod-autoscaler  New size: 4; reason:
Service metric http_requests above target
  Normal   SuccessfulRescale     15s        horizontal-pod-autoscaler  New size: 5; reason:
Service metric http_requests above target
root@philip-virtual-machine:~# ll
```

3.5.2 KEDA 오토스케일

앞서 설명했듯 쿠버네티스 오토스케일링은 프로메테우스 어댑터, 프로메테우스 오퍼레이터, 프로메테우스 익스포터 등과 연계되어 처리된다.

프로메테우스 어댑터는 프로메테우스 메트릭만을 측정할 수 있으며, 다른 시스템 메트릭과 직접적으로 연계하는 것이 어렵다. 또한, 설정이 복잡할 뿐 아니라 호환성에도 문제가 있다. 이러한 이유로

현업에서는 프로메테우스 어댑터보다 **KEDA**를 많이 사용하므로 가급적 프로메테우스 어댑터보다는 KEDA를 사용하는 것을 권장한다. 다음은 스케일 오브젝트에 관한 KEDA 실습 내용이다. 스케일 오브젝트라는 커스텀 리소스를 사용해서 HPA를 자동 생성하고 제어한다. `http_requests_total` 메트릭에서 측정되는 값에 따라서 오토스케일이 진행된다. 현재 `thread`는 10으로 설정되어 있다.

```
apiVersion: keda.sh/v1alpha1
kind: ScaledObject
metadata:
  name: sample-app
spec:
  scaleTargetRef:
    kind:          Deployment           # Optional. Default: Deployment
    name:          sample-app           # Mandatory. Must be in the same namespace
as the ScaledObject
  pollingInterval: 15                    # Optional. Default: 30 seconds
  cooldownPeriod:  30                    # Optional. Default: 300 seconds
  minReplicaCount: 1                     # Optional. Default: 0
  maxReplicaCount: 5                     # Optional. Default: 100
  triggers:
  - type: prometheus
    metadata:
      serverAddress: http://prometheus-server.default.svc.cluster.local
      metricName: http_requests_total
      threshold: '10'
      query: http_requests_total
```

sample-app에 액세스를 시도하면, `http_requests_total` 메트릭 수가 증가되는 것을 확인할 수 있다.

스케일 오브젝트와 파드 오토스케일러를 확인한다.

```
$# kubectl apply -f scale.yaml
scaledobject.keda.sh/sample-app configured
$# kubectl get scaledobject
NAME         SCALETARGETKIND     SCALETARGETNAME    MIN   MAX   TRIGGERS     AUTHENTICATION
READY    ACTIVE   FALLBACK    AGE
sample-app   apps/v1.Deployment  sample-app         1     5     prometheus   True
True     False    211d
```

오토스케일링된 애플리케이션을 확인해보면 일정 개수 초과 시 파드 수가 증가하기 시작한다는 것을 알 수 있다.

```
@# kubectl get hpa
NAME                     REFERENCE                TARGETS          MINPODS  MAXPODS  REPLICAS  AGE
keda-hpa-sample-app      Deployment/sample-app    44667m/5k (avg)  1        5        3         21m
$# kubectl get pod
NAME                                              READY   STATUS    RESTARTS  AGE
prometheus-alertmanager-58d64b84db-jv4dk          2/2     Running   0         128m
prometheus-kube-state-metrics-5547d95bd-htz9r     1/1     Running   0         128m
prometheus-node-exporter-7s2lb                    1/1     Running   0         128m
prometheus-operator-6bf9dd7f76-sq565              1/1     Running   2         211d
prometheus-pushgateway-85679964b8-s6q46           1/1     Running   0         128m
prometheus-server-6bfb6b68-kzfv5                  2/2     Running   0         128m
sample-app-7cfb596f98-h4ww4                       1/1     Running   1         211d
sample-app-7cfb596f98-lfpqr                       1/1     Running   0         97m
sample-app-7cfb596f98-nwj44                       1/1     Running   0         111m
```

오토스케일링 후 결과는 다음과 같다.

```
$# kubectl get hpa
NAME                     REFERENCE                TARGETS        MINPODS  MAXPODS  REPLICAS  AGE
keda-hpa-sample-app      Deployment/sample-app    25/50 (avg)    1        5        5         12m
$# kubectl get pod
NAME                                              READY   STATUS    RESTARTS  AGE
prometheus-alertmanager-58d64b84db-jv4dk          2/2     Running   0         122m
prometheus-kube-state-metrics-5547d95bd-htz9r     1/1     Running   0         122m
prometheus-node-exporter-7s2lb                    1/1     Running   0         122m
prometheus-operator-6bf9dd7f76-sq565              1/1     Running   2         211d
prometheus-pushgateway-85679964b8-s6q46           1/1     Running   0         122m
prometheus-server-6bfb6b68-kzfv5                  2/2     Running   0         122m
sample-app-7cfb596f98-h4ww4                       1/1     Running   1         211d
sample-app-7cfb596f98-h5w8n                       1/1     Running   0         58m
sample-app-7cfb596f98-lfpqr                       1/1     Running   0         91m
sample-app-7cfb596f98-nwj44                       1/1     Running   0         105m
sample-app-7cfb596f98-v6c2l                       1/1     Running   0         74m
```

설정된 threshold를 임의로 변경하면서 KEDA를 계속 테스트해보자. 상세한 내용은 블로그를 참고하기 바란다.

3.6 프로메테우스 알람

프로메테우스 계열의 알람을 사용해서, 다양한 유형의 알람alert 기능을 개발할 수 있다. 예를 들어, 프로메테우스 알람인지 그라파나 자체 알람인지 그리고 데이터 소스가 프로메테우스 계열인지, 다른 데이터 소스인지에 따라서 알람을 구분할 수 있다.

장애에 대처하기 위해 알람을 정의하는 것은 중요하다. 프로메테우스에서는 규칙 매니저와 알람 매니저로 알람 기능을 구현한다.

- 규칙 매니저는 레코딩 규칙과 알람 규칙을 관리한다. 평가evaluation 주기에 따라 규칙을 정기적으로 평가하고, 알람 라이프 사이클(pending, firing)을 관리한다.
- 알람 매니저는 프로메테우스 알람 규칙에서 생성된 알람을 전달받고 통지로 변환하는 역할을 수행한다. 통지 도구는 이메일, 메신저 등과 연계하며, 데이터 저장소에 알람을 저장하거나 티켓 생성과 갱신 등의 작업을 트리거할 수 있다.

알람은 운영 환경에서 중요한 역할을 수행한다. 알람 개발 시 주의 사항은 다음과 같다.

- 로키나 그라파나 대시보드에서 개발한 업무 규칙은 프로메테우스 레코딩, 알람 규칙에 호환성을 유지한다. 모든 프로메테우스 호환 플랫폼은 알람 규칙을 실행할 수 있는 런타임 환경을 지원한다.
- 운영 환경을 멀티 테넌트로 구성한다면 알람도 테넌트별로 지원해야 한다. 물론 메트릭이 테넌트별로 저장되어 있어야만 테넌트별 알람을 개발할 수 있다. 프로메테우스는 멀티 테넌트를 지원하지 않으므로 미미르, 로키 등의 서버를 사용하면 멀티 테넌트를 지원하는 알람을 운영할 수 있다.
- 추적과 로그를 알람 규칙에 적용하기 위해서는 다른 방법이 필요하다. 로그와 추적을 테넌트별 메트릭으로 변환하고, 테넌트별 메트릭을 사용해서 테넌트별 알람 규칙을 개발한다. 즉, 알람은 테넌트별로 구분하여 관리해야 한다. 알람을 사용하는 SLO 대시보드도 테넌트로 구분되기 때문이다.
- 메트릭을 사용하지 않는다면 그라파나 대시보드에서 쉽게 알람을 개발할 수도 있다. 특정 데이터 소스가 메트릭을 지원하지 않는다면 이러한 방식으로 알람을 개발해야 한다.

정교한 알람 개발은 쉽지 않은 작업이다. 메트릭과 멀티 테넌트, SLO 지표에 대한 정확한 이해를 기반으로 알람을 개발해야 한다. 후속작에서는 멀티 테넌트를 설명하고, SLO 대시보드의 번 레이트를 알람과 연계하면서 복잡한 알람 실습을 진행할 것이다. 이 책에서는 기초적인 알람 규칙에 대해서만 설명한다.

프로메테우스는 PromQL 형식으로 알람 발생 조건을 정의할 수 있으며, 그 결과에 대한 시계열이 알람이 된다.

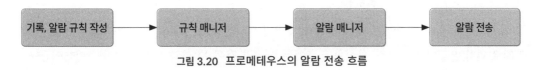

그림 3.20 프로메테우스의 알람 전송 흐름

프로메테우스는 기록(레코딩) 규칙을 제공하는데, 이를 통해서 정기적으로 PromQL을 수행하고 결과를 수집한다. 대시보드의 속도를 높이고, 효율적으로 집계된 결과를 관리할 수 있다. 기록 규칙으로 복잡한 PromQL을 단순하게 표현할 수 있다. 규모가 작은 프로메테우스를 운영할 때는 큰 효과가 없을 수 있으나, 카디널리티가 늘어나 모니터링 요소가 많아질수록 쿼리 성능 최적화가 필요해진다. 이때 기록 규칙은 PromQL으로 집계한 여러 시계열의 개수, 즉 카디널리티를 줄여 쿼리 성능을 높인다. 레코딩 규칙은 정의된 간격에 따라 평가되는 PromQL에 의존한다.

알람 규칙은 쿼리된 시계열의 알람 조건을 지정한다. 저장된 알람은 프로메테우스 메트릭 화면에서 조회할 수도 있다.

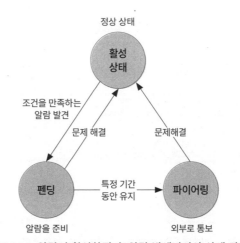

그림 3.21 알람이 활성화된 후 알람 발생까지의 상태 관계

알람은 상태를 가지고 있다. 알람의 상태는 시계열로 데이터베이스에 저장된다. 일반적으로 알람의 임계점 혹은 조건과 일치하면 곧바로 알람을 전송하는 것도 가능하다. 하지만 이러한 방법은

권장하지 않는다. 만약 알람의 상태를 시계열로 저장하지 않는다면 이는 알람의 상태를 관리할 수 없다는 의미다. 이 경우에는 단순한 알람의 전송만 가능할 것이다.

프로메테우스 알람 규칙은 알람의 상태를 저장하고 상태의 변경을 관리한다. 그리고 상태의 변경을 그라파나 대시보드에서 시각화할 수 있는 메트릭을 제공한다. 스테이트 타임라인 차트를 사용해서, 알람의 상태 변경을 시각화하는 것은 유용하다. 여기서 '활성'의 의미에 대해서 이해해야 한다. 정의된 알람 규칙의 조건에 만족하면 알람 규칙의 상태인 펜딩pending, 파이어링firing, 일종의 활성 상태로 변화가 일어난다. 알람 활성화 이후에는 다음과 같이 세 가지 상태로 변화가 이루어진다.

- 활성 상태는 아직 펜딩이나 파이어링 상태가 아닌 정상 상태다.
- 펜딩은 조건을 만족하는 알람 규칙이 감지되어 알람 준비(일종의 액티브)로 상태가 변화되었으나 아직 파이어링되기 전으로 장시간 활성 상태는 아니라는 것을 의미한다.
- 파이어링은 정의된 임곗값 이상으로 장시간 활성 상태다.

프로메테우스 관리 화면에서 등록된 알람 규칙을 확인할 수 있다.

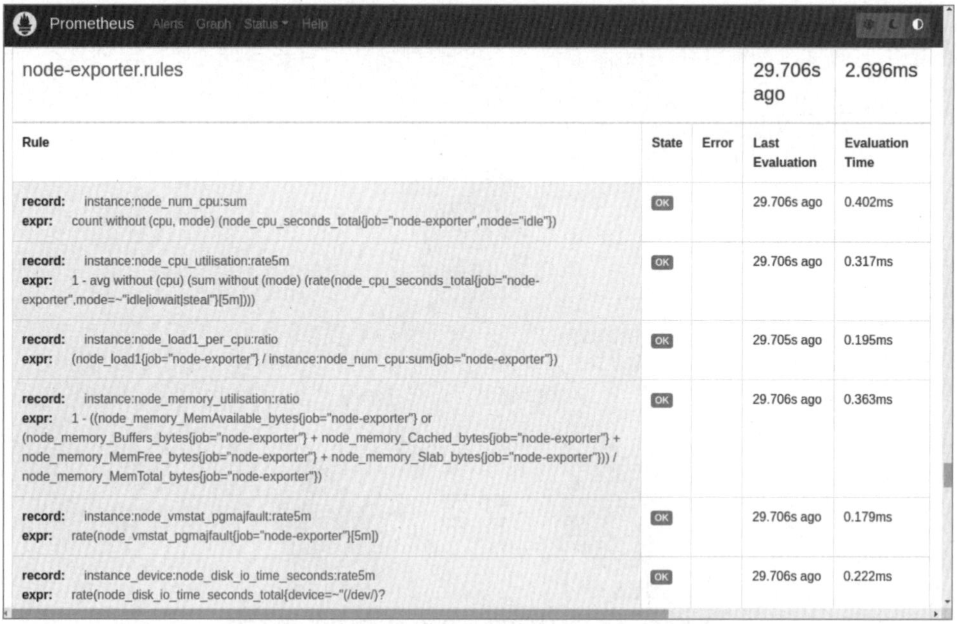

그림 3.22 프로메테우스 화면에서 생성된 규칙 확인

알람이 발생하면 프로메테우스는 설정된 알람 서비스 엔드포인트로 JSON 페이로드를 전송한다. 그림 3.23과 같이 프로메테우스 관리 화면에서 활성화된 알람을 확인할 수 있다.

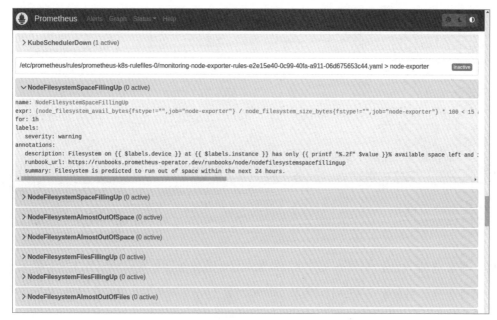

그림 3.23 프로메테우스 화면에서 알람 확인

프로메테우스 알람 매니저로 간단한 알람 정의 외에 요약, 알람 속도 제한, silences(주어진 시간 동안 알람을 끈다), 알람의 종속성을 추가할 수 있다. 프로메테우스가 알람 상태에 대한 정보를 알람 매니저 인스턴스로 주기적으로 보내도록 설정하고, 알람 매니저가 그 알람을 정확하게 전달할 수 있도록 구성해야 한다.

다음은 알람 매니저 구성 내용이다.

```
alerting:
  alertmanagers:
  - static_configs:
    - targets:
      - localhost:9093
```

알람 매니저를 다운로드하고 실행한다.

```
tar xvf alertmanager-0.15.1.linux-amd64.tar.gz
mv alertmanager-0.15.1.linux-amd64 alertmanager
cd alertmanager
./alertmanager --config.file=alertmanager.yml
```

프로메테우스를 시작한다.

```
global:
  scrape_interval:      15s
  evaluation_interval: 15s
  scrape_timeout: 15s

scrape_configs:
  - job_name: prometheus
    scrape_interval: 5s
    static_configs:
      - targets: ["localhost:9090"]
  - job_name: 'node-exporter'
    scrape_interval: 5s
    static_configs:
      - targets: ['localhost:9100']
```

그림 3.24를 통해 확인할 수 있듯 설정한 그룹별로 알람이 수집된다. 알람 매니저는 다양한 채널에 알람을 통지하는 역할을 수행한다. 그리고 'Slienced'를 사용해 반복적인 통지를 중단할 수 있다.

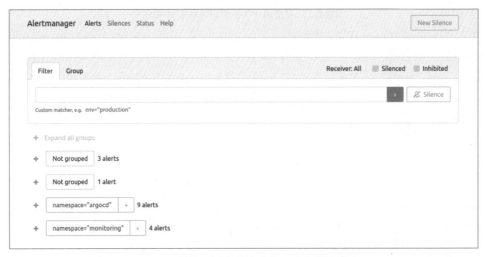

그림 3.24 알람 매니저 화면에서 수집된 알람 확인

그라파나 알람을 알아보자. 그라파나 대시보드는 별도의 독립된 서버를 포함하고 있으며, 내부적으로 데이터베이스에 수집된 데이터를 저장한다.[4] 그라파나 대시보드에서 제공하는 알람은 데이터 소스를 메트릭으로 저장할 수 있는지에 따라서 두 가지 유형으로 구분한다.

---

4 알람을 개발하는 경우에 프로메테우스의 알람 규칙과 그라파나 서버(대시보드를 포함하는 그라파나 오픈소스)의 차이점이 궁금할 수 있는데, 둘은 차이가 없고 동일한 알람 기능을 제공한다. 그라파나 서버는 프로메테우스에서 갈라져서 나와 개발된 오픈소스다. 프로메테우스를 기준으로 개발된 알람 규칙은 그라파나 서버에서도 동일하게 작동한다. 프로메테우스와 그라파나 서버의 내부 모니터링 메트릭을 비교하면 약간의 차이점이 존재하지만, 알람 관점에서 보면 차이점이 없다.

- 그라파나 매니지드 알람에서는 다양한 데이터 소스에 알람을 생성할 수 있다. 예를 들어, 오픈 서치의 데이터 소스에 임계점을 정의하고 알람 규칙을 개발할 수 있다. 그라파나 대시보드의 장점은 다양한 데이터 소스를 지원하는 것이다. 다양한 데이터 소스를 대시보드에 시각화하고 쉽게 알람을 적용할 수 있다. 하지만 레코딩 규칙을 지원하지 않으며, 특정 데이터 소스는 복잡한 규칙 개발이 어렵다.

- 미미르와 로키 알람에서는 프로메테우스 계열의 메트릭에 기반한 알람을 생성할 수 있다. 프로메테우스 알람 규칙에 호환성을 제공하고, 미미르나 로키에서 개발된 룰도 관리할 수 있다. 예를 들어, 로키 룰러Ruler에 등록된 레코딩 규칙과 호환성을 제공하며 복잡한 규칙의 개발이 가능하다. 가급적 이 방식을 사용해서 규칙을 개발하는 것을 추천한다. 프로메테우스로 알람 규칙을 단일화함으로써 복잡한 멀티 테넌트 환경에서 규칙의 관리가 용이하고, 레코딩 규칙은 메트릭을 효과적으로 관리할 수 있으므로 유용한 기능이다.

여기에서는 그라파나 알람 매니저에 대해 알아보고, 4장에서는 미미르와 로키 알람을 실습한다. 데이터 소스를 연결하고 차트를 정의한 다음 그라파나 알람을 설정할 수 있다. 그라파나 알람은 해당 차트에만 적용되며, 임곗값에 대한 조건을 정의하고 후속 처리를 지정한다. 또한, 알람 발생 조건을 평가하는 규칙과 알람을 통지하는 채널을 분리하였다.

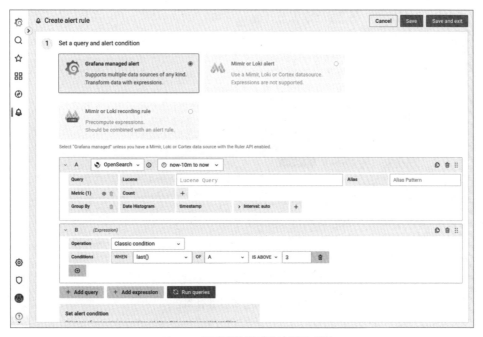

그림 3.25 그라파나 화면에서 알람 설정

쿼리 A에는 오픈서치 데이터 소스를 선택하고, 오픈서치 쿼리를 입력할 수 있다. 쿼리 B에는 다음 정보를 입력한다.

- **WHEN**

  avg, sum, count 집계를 선택한다.

- **OF**

  - 그림 3.25의 예시를 해석하면 B쿼리에서 A쿼리에 대한 집계(WHEN)를 하고, 조건(IS ABOVE)을 설정한다.
  - SQL로 표현하면 SELECT 칼럼, 집계 함수(칼럼) FROM 테이블 WHERE 조건식 GROUP BY 칼럼 HAVING 조건식이다.

- **IS ABOVE**

  지정한 값보다 클 때의 조건이다. 이외에도 값이 작을 때, 일정 범위 내에 있을 때, 일정 범위를 벗어날 때 등에 대한 옵션을 지정할 수 있다. IS BELOW, HAS NO VALUE 등도 설정이 가능하다.

그림 3.26 알람 조건 설정 화면

'Alert evaluation behavior'는 알람을 평가하고 상태를 변경하기 위한 주기를 정한다.

- **Evaluate every**

  알람 조건을 탐색하는 주기로, 기본값은 1m이다.

- **for**

  알람 조건이 유지되는 시간이다. 그림 3.26은 알람 조건이 일치한 후 5분 동안 유지되면 알람을 발생시킨다.

'Notification'을 전송하기 위한 채널은 슬랙Slack, 텔레그래프 등을 지원하며, 다양한 조건을 추가할 수 있다. 'Sliences'는 'Notification'을 중단하기 위한 조건을 정의한다.

그림 3.27 **Silences** 설정 화면

근래에는 SLO를 측정하고 이를 알람과 연계하는 경우가 일반적이다. SLO는 지연시간, 가용성을 기준으로 측정하며, 프로메테우스 레코딩 룰rule과 알람 규칙을 자동 생성한다. 개발자가 생성하기에는 많은 공수가 필요하며, 실수할 가능성이 많으므로 되도록 SLO의 자동 생성을 권한다.

로그, 추적, 프로파일 등은 알람을 필요로 한다. 메트릭을 제외한 다른 신호들도 알람을 개발하는 것이 가능할까? 그라파나 관측 가능성의 경우에는 그리 간단하지 않다. 여러 가지 경우를 고려해야 한다.

- 로그의 경우에는 레코딩 규칙을 개발하고 메트릭 형식으로 적재하고 규칙을 개발한다.
- 추적의 경우에는 직접 레코딩 규칙을 개발할 수 없으므로, 스팬 메트릭을 사용해서 메트릭(버킷)을 생성하고 규칙을 개발한다.
- 프로파일은 레코딩 규칙을 개발할 수 없으며, 프로파일을 메트릭으로 반출Export하고 규칙을 개발한다.
- 알람과 통지는 상태를 갖는다. 알람을 생성하고 통지하는 라이프 사이클을 설계하고, 이러한 상태를 관리해야 한다.

알람을 개발하기 위해서 다양한 기술 세트를 사용하면 추후에 관리가 어렵고 멀티 테넌트 등 다양한 요구 사항을 반영하는 것 또한 수월하지 않다. 알람 규칙을 프로메테우스로 단일화하고 다른 신호보다는 가급적 메트릭으로만 관리하며, 스테이트 타임라인 차트를 사용해서 시각화하는 것을 권장한다.

알람을 설계할 때는 다양한 신호에 규칙을 어떻게 적용할 것인지는 물론, SLO 지표와도 연계해야 한다. 또한, 알람의 상태와 통지 상태를 관리하고 시각화한다. 복잡한 멀티 테넌트 환경에서는 테넌트별로 알람을 관리해야 하므로 아키텍처적인 고려도 해야 한다. 알람을 설계하고 개발하는 것은 충분히 시간을 두고 고민해야 할 복잡한 과정이다.

3.7 프로메테우스 운영 아키텍처

3.7.1 샤딩 아키텍처

프로메테우스 구성을 위한 기본적인 가이드라인은 높은 **카디널리티** 메트릭 생성을 피하는 것, 그리고 **샤딩**을 구성하는 것이다. 프로메테우스에서 샤딩을 구성하는 방법은 수직 샤딩과 수평 샤딩이 있다. 수직 샤딩은 프로메테우스 서버가 기준이며, 수평 샤딩은 샤드를 기준으로 메트릭을 수집한다.

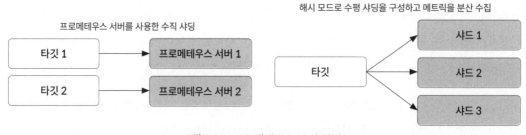

그림 3.28 프로메테우스 구성 방법

개발/운영 범위가 확장되면서 단일 프로메테우스 서버로 운영하는 것이 불가능한 상태가 도래했다. 스크래핑 변경이 빈번해지고, 설정 스크래핑 간격에 따라 최대 몇 분을 잡아먹는 리로드 작업이 불가피해진다. 또한, 프로메테우스의 부하로 인한 스크래핑 누락이 발생하기 시작한다. 이러한 상황이 발생할 때 프로메테우스 확장이 필요한데, 주된 고려 대상 기술 중 하나가 샤딩이다.

샤딩을 설계하는 아키텍처는 다양하고 특별한 정답이 존재하지는 않는다. 다만, 기술적인 권고안만 존재할 뿐이다. 이번 절에서는 프로메테우스에서 일반적으로 설명하는 샤딩 방법에 대해서 알아본다. 타노스, 미미르를 사용해서 다수의 프로메테우스 서버를 통합하고, 통합 메트릭을 구축하는 것은 다음 절에서 설명한다. 샤딩은 스크래핑 타깃 목록을 2개 이상의 프로메테우스로 분할하는 것을 뜻하며, 수직과 수평 샤딩을 구성하는 방안이 있다.

단일 프로메테우스 인스턴스만으로는 충분하지 않을 때 스케일링을 위한 좋은 출발점은 스크래핑 작업을 논리 그룹으로 분할한 후, 그룹을 다른 프로메테우스 인스턴스에 할당하는 것이다. 이를 수직 샤딩이라 한다. 거버넌스 조직이 중앙에서 프로메테우스를 통제하지 않는 이상, 수직으로 샤딩을 구성하는 것이 일반적이다.

논리 그룹은 아키텍처(프런트엔드, 백엔드, 데이터베이스), 내부 조직별, 팀별 등을 기준으로 한다.

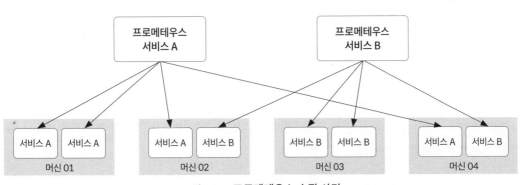

그림 3.29 프로메테우스 수직 샤딩

프로메테우스 서비스 A는 단일 프로메테우스 서버이며, 다양한 머신에 분산된 서비스 A에 대한 메트릭만을 스크래핑한다. 서비스 A에 대한 메트릭은 프로메테우스 서비스 A에서 조회하여 결과를 확인할 수 있다. 또 다른 서비스 B의 메트릭은 다른 프로메테우스 서버(프로메테우스 서비스 B)를 구축하고, 별도로 스크래핑하고 관리한다.

특정 상황에서는 필요할지라도 수직 샤딩과 수평 샤딩은 간단하지 않다. 여러 프로메테우스 인스턴스에 대한 설정 관리의 복잡성이 빠르게 증가하고 자동화를 계획하지 않은 경우라면 더욱 복잡해진다.

수평 샤딩은 하나의 프로메테우스 서버가 여러 인스턴스를 갖는 것을 의미하며, 각 인스턴스는 주어진 작업에 대한 타깃 하위 세트를 스크래핑한다. 하나의 데이터 센터 안에 수만 개의 스크래핑 타깃 작업이 있다면 더 이상 논리적으로 분리할 수 있는 방법이 없다. 이러한 경우에는 동일한 작업을 여러 프로메테우스 서버에 분산해 수평으로 분할하는 것이 가장 좋다.

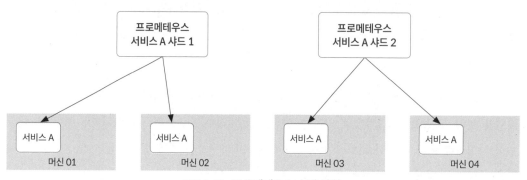

그림 3.30 프로메테우스 수평 샤딩

그림 3.30은 이미 샤드의 의미에 대해서 알아본 것처럼, 샤드를 구성하면 데이터는 샤드별로 분할해서 관리하고, 데이터 조회 시에는 분산된 샤드에서 데이터를 검색해서 반환한다. 프로메테우스 수평 샤드의 원리도 이와 유사하다. 서비스 A를 스크래핑하기 위해서 2개의 샤드를 (샤드 1, 샤드 2) 구성하였다. 사용자의 요청 트래픽은 로드 밸런싱을 통해 다수의 파드에 분배된다. 내부적으로 해시 알고리즘 방식인 해시 모드를 사용해서 수평 샤딩을 구성한다. 다시 말해 서비스 A의 메트릭은 샤드 1과 샤드 2에 균등하게 배분하여 관리한다. 서비스 A의 메트릭을 조회하면 샤드 1 혹은 샤드 2를 조회해서 결과를 반환한다.

대규모 환경에서는 수평 샤딩이 수직 샤딩에 비해서 유연하게 확장이 가능하지만, 구성이 복잡해서 관리가 어렵다는 단점이 있다. 프로메테우스 샤딩은 다수의 프로메테우스 서버와 레이블, 스크래핑 관리에 적합하지 않으며, 오퍼레이터를 적용해서 자동화를 하더라도 구조적인 한계에 부딪치고 만다. 높은 카디널리티 메트릭 생성과 필요 이상의 샤딩 구성을 지양하는 것이 바람직하다. 과도한 메트릭을 생성하는 스크래핑 타깃에서 프로메테우스 인스턴스를 보호하려면 스크래핑 작업당 수집할 최대 샘플을 정의하는 것이 효과적이다. 또한, 스크래핑 누락이나 해상도 손실에 문제가 없다면 스크래핑 간격을 늘리는 것도 하나의 대안이다.

프로메테우스 서버가 다수인 경우 특정 메트릭을 쿼리할 서버를 파악하는 것과 더불어, 여러 데이터 센터에서 여러 인스턴스의 데이터를 집계하는 데 어려움을 겪게 마련이다. 여기서 **페더레이션** federation(계층적 연합)이 등장한다. 계층적 페더레이션 방식을 사용하면 하위 레벨 인스턴스의 메트릭을 좀 더 포괄적인 시계열로 집계할 수 있다. 또한, 함께 알아볼 교차 서비스 패턴을 사용하면 페더레이션의 동일한 레벨의 인스턴스에서 일부 메트릭을 선택해 레코딩과 알람 규칙을 적용할 수 있다. 자세히 살펴보자.

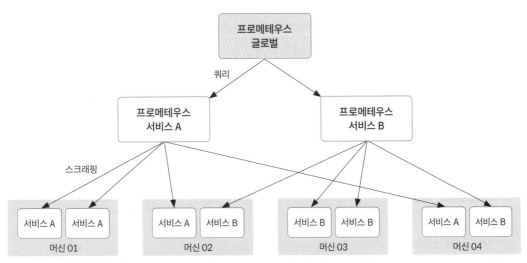

그림 3.31 프로메테우스 계층적 연합(페더레이션) 구조

▶ 계층적 페더레이션

여러 샤드나 하나 이상의 데이터 센터가 있는 경우 시계열이 여러 인스턴스로 분산된다. 계층적 페더레이션은 트리 구조와 같이 상위 레벨의 역할을 하는 프로메테우스 인스턴스에서 하나 이상의 하위 프로메테우스 서버의 시계열을 스크래핑하고 집계하는 것이다.

데이터를 매우 자세하게 수집하는 데이터 센터별 프로메테우스 서버(인스턴스 수준)를 구성한다. 그림 3.31을 3계층으로 설명하면 2계층에 해당한다. 집계된 데이터만 수집하고 저장하는 전역 프로메테우스 서버는 그림 3.31에서 3계층에 해당한다. 최상단에 프로메테우스 서버 A, B를 통합할 수 있는 프로메테우스 글로벌이 위치한다. 이로써 종합적인 글로벌 보기와 상세한 로컬 보기가 가능하다. 2개 이상의 페더레이션 레벨을 가질 수 있지만, 이는 상당한 규모가 필요하다. 이러한 계층적 페더레이션을 통해 3계층의 프로메테우스는 인프라와 애플리케이션을 좀 더 폭넓게 볼 수 있는 장점을 제공한다. 계층적 페더레이션을 통해 프로메테우스는 수십 개의 데이터 센터와 수백만 개의 노드가 있는 환경으로 확장할 수 있다.

하지만 페더레이션을 사용하면 몇 가지 문제점이 발생한다. 페더레이션 메트릭 세트를 미리 집계하거나 직접 선택해야 한다. 그리고 페더레이션을 사용해서 소스 프로메테우스에서 타깃 프로메테우스로 대량의 데이터와 메트릭을 가져오는 것은 좋은 방법이 아니다.

- 각 스크래핑에서 수집되는 데이터의 엄청난 양으로 인해 메트릭을 생성하는 인스턴스와 그것을 소비하는 인스턴스 모두에 부정적인 성능 영향을 미칠 것이다.

- 페더레이션은 해시 알고리즘을 사용해서 균등하게 분리하지 않는다. 따라서 스크래핑 처리는 격리되지 않으므로 타깃팅되는 프로메테우스 인스턴스는 경쟁으로 인해 시계열의 불완전한 스냅숏이 나타날 수 있다.

다수의 프로메테우스 서버를 페더레이션하려면 목적지 프로메테우스 서버에서 소스 서버의 /federation 엔드포인트를 스크랩하도록 설정한다.

```
scrape_configs:
  - job_name: 'federate'
    scrape_interval: 15s

    honor_labels: true
    metrics_path: '/federate'

    params:
      'match[]':
        - '{job="prometheus"}'
        - '{__name__=~"job:.*"}'

    static_configs:
      - targets:
        - 'source-prometheus-1:9090'
        - 'source-prometheus-2:9090'
        - 'source-prometheus-3:9090'
```

▶ **교차 서비스**

교차 서비스는 한 서비스의 프로메테우스 서버에서 다른 서비스의 프로메테우스 서버가 선택한 데이터를 스크랩하도록 구성해, 단일 서버 내에서 두 데이터셋에 대한 경고와 쿼리를 가능하게 하는 것이다. 동일 레벨의 프로메테우스 서버 사이의 페더레이션을 구성하는 것을 교차 서비스라고 한다.

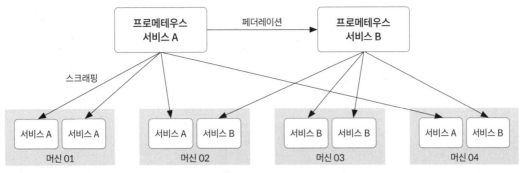

그림 3.32 프로메테우스 교차 서비스 구조

레코딩과 알람 규칙을 위해 로컬의 다른 프로메테우스 인스턴스에서 소수의 시계열을 선택해야 하는 경우에 유용하다. 페더레이션과 교차 서비스는 시스템 구성이 복잡하고 유지 보수가 어렵다. 시스템 운영 시 초기에 구성했던 시스템에서 추가하고 변경을 하는 과정이라면 많은 어려움을 경험할 것이다.

3.8 타노스 운영

3.8.1 타노스 아키텍처

프로메테우스를 기술적으로 평가하면 '시계열 데이터베이스를 포함하고 있으며, 다양한 API를 서비스로 제공하는 애플리케이션으로 구성되어 있는 것'이라고 할 수 있다. 예를 들어, 클러스터링을 위해 만들어진 것이 아니며, 무엇보다도 안정성과 성능을 목표로 한다. 이러한 디자인 선택은 프로메테우스가 성공한 이유다. 그 덕분에 소수의 타깃을 처리하는 간단한 배포에서 초당 수백만 건의 샘플을 처리하는 거대한 인스턴스까지 확장할 수 있었지만, 문제점도 가지고 있다.

프로메테우스 확장을 시작하면 그라파나는 동일한 대시보드 패널에 여러 데이터 소스를 추가할 수 있지만, 여러 팀이 서로 다른 요구 사항을 제시하면 유지 관리가 어려워진다. 팀당 샤드가 하나만 있을 경우에는 각 팀이 자신의 메트릭만 관리하므로 문제가 없다. 그러나 단일 팀이 관리하는 상황에서 서비스로 여러 개의 샤드를 노출하는 경우 문제가 발생한다. 개발자 중심의 자유로운 조직 문화를 고려한다면 개발자들의 메트릭을 관리하기 위해 다수의 프로메테우스를 설치, 운영해야 한다. 하지만 곧 저장 공간과 성능의 한계에 부딪쳐 확장을 고민하게 된다. 관리가 안 되는 프로메테우스가 다수 존재하며, 이들을 통합해야 하는 과제도 있을 것이다.

타노스가 이를 해결하는 방안이 될 수 있다. 타노스를 사용해 글로벌 뷰를 구현하려면 사이드카와 쿼리어를 확장해야 한다. 간단하게 설명하면 타노스 사이드카는 프로메테우스 인스턴스의 데이터를 다른 타노스의 컴포넌트에서 사용할 수 있게 하고, 쿼리어는 수신한 쿼리를 사이드카나 다른 타노스 구성 요소로 분배하는 프로메테우스 호환 가능한 API다.

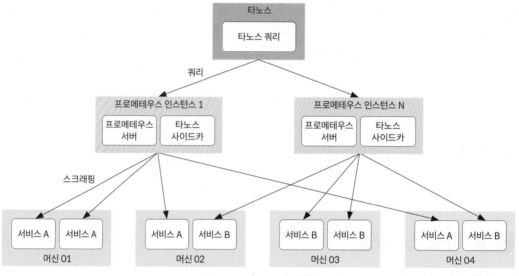

그림 3.33 타노스 아키텍처

프로메테우스는 클러스터링을 지원하지 않고 로컬 스토리지의 한계로 인해서 대용량 데이터를 장기간 보관하는 데 적합하지 않다. 프로메테우스는 CNCF_{Cloud Native Computing Foundation}에서 중요한 프로젝트이고, 다양한 오픈소스와 함께 프로메테우스 생태계를 구축해나가며 클라우드 네이티브에서 중요한 역할을 하고 있다. 기존에는 텔레그래프_{Telegraf}와 인플럭스_{Influx}DB를 사용해서 메트릭을 관리하였지만, 지금은 프로메테우스 기반으로 메트릭을 관리하는 추세다. 프로메테우스는 기본적으로 자체 TSDB_{Time Series Database}를 사용해 로컬 메트릭 스토리지 관리 작업을 수행한다. 스토리지는 프로메테우스 인스턴스에서 로컬로 사용 가능한 디스크 공간의 양에 의해 제한되며, 이는 수년에 이르는 대규모 보관 기간이나 그 양을 초과하는 대용량 데이터 볼륨에는 적합하지 않다.

시계열을 위한 프로메테우스의 기본 제공 스토리지 설루션은 단순히 로컬 스토리지다. 이는 이해하기 쉽고 관리하기가 쉬우며, 단일 디렉터리에 데이터베이스가 있기 때문에 백업, 복원 또는 필요한 경우 파기하기 용이하다. 그러나 로컬 스토리지 설루션은 일부 사용 사례에는 적합하지 않으며, 다음과 같이 몇 가지 단점이 있다.

- **내구성 부재**

  컨테이너 오케스트레이션 배포에서 영구 볼륨을 사용하지 않을 경우, 컨테이너가 다시 스케줄링될 때 이전 데이터가 삭제되고 현재 데이터가 새롭게 시작되어 수집된 데이터가 사라진다.

- **수평적 확장 불가**

  로컬 스토리지를 사용하면 데이터셋의 크기는 인스턴스에서 사용할 수 있는 디스크 공간 크기 이하여야 한다. 또한, 로컬 스토리지는 올바른 메트릭 기준과 카디널리티 제어, 장기 보관을 위해 설계되지 않았다.

이러한 단점들에도 불구하고 일반적인 사용 사례의 중소 규모 배포에서는 문제없이 훌륭하게 작동하지만, 대규모 환경에서 알람과 대시보드에 필요한 데이터를 관리하기 위한 목적이라면 부족함이 있다.

타노스를 도입함으로써 얻는 장점은 다음과 같다.

- **글로벌 뷰**

  반환된 시계열을 집계하고 중복을 제거하면서 동일한 위치에서 모든 프로메테우스 인스턴스를 쿼리한다.

- **다운 샘플링**

  수개월 또는 수년간의 데이터를 쿼리할 때 샘플이 전체 해상도로 나오면 문제가 된다. 다운 샘플링된 데이터를 자동으로 생성함으로써 오랜 기간에 걸친 데이터를 쿼리하는 것이 가능해진다.

- **규칙**

  다른 프로메테우스 샤드의 메트릭을 혼합하는 글로벌 알람 규칙과 레코딩 규칙을 생성할 수 있다.

- **장기 보관**

  객체 스토리지를 활용해 스토리지의 내구성, 신뢰성, 확장성 문제를 모니터링 스택 외부에 위임한다.

타노스 아키텍쳐는 사이드카 방식과 리시버 방식, 두 가지 유형이 있다. 먼저 사이드카 방식에 대해서 알아보고, 사이드카의 문제점을 해결한 리시버 방식에 대해서 설명한다.

3.8.2 **타노스 사이드카 방식**

사이드카sidecar는 프로메테우스와 함께 로컬로 배포되고 원격 읽기 API를 통해 연결된다. 프로메테우스의 원격 읽기 API를 사용하면 다른 시스템과의 통합을 통해 마치 로컬에서 쿼리할 수 있는 것처럼 샘플에 액세스할 수 있다. 사이드카는 원격 읽기의 장점을 이용해 프로메테우스에서 다른 타노스 구성 요소로 데이터를 제공해준다. 저장소 API를 기본 포트 10901에 바인딩되는 gRPC 엔드포인트로 노출하는데, 타노스 쿼리에서 이를 사용하여 사이드카를 쿼리어 관점에서 데이터 저장소로 효과적으로 변환한다. 또한, 사이드카는 포트 10902 HTTP 엔드포인트를 /metrics 핸들러와 함께 노출함으로써 프로메테우스에서 내부 메트릭을 수집할 수 있도록 한다.

사이드카는 원격 읽기 방식을 사용한다. 원격 읽기는 풀pull 방식과 유사하며, 사이드카의 특성상 푸시push는 적합하지 않다.

- **원격 읽기**
  - 프로메테우스 데이터를 원격 엔드포인트에 전송한 후 액세스하기 위해 인플럭스DB 쿼리 언어인 InfluxQL과 같은 새로운 쿼리 언어를 배워야 한다고 상상한다면 매우 부담이 될 것이다. 원격 읽기 기능을 포함시키면 PromQL을 로컬에서 사용할 수 있는 것처럼 프로메테우스 서버 외부에 저장된 데이터를 쉽게 사용할 수 있다.
  - 원격 데이터에 실행되는 쿼리가 중앙에서 평가된다. 즉, 원격 엔드포인트에서 요청받은 데이터만 전송하고, PromQL은 쿼리가 시작된 프로메테우스 인스턴스에 적용한다. 분산 평가와 반대되는 중앙 집중식 쿼리 평가를 선택하는 것은 API를 설계할 때 중요하다. 분산 평가는 각 쿼리의 로드를 분산시킬 수 있지만, 원격 시스템이 PromQL을 이해하고 평가할 때 데이터가 분리되지 않은 경우 수많은 문제를 처리하게 함으로써 시스템의 구현 복잡성을 크게 증가시킨다. 중앙 집중식 평가는 원격 시스템에 요청된 데이터를 다운 샘플링해서 매우 긴 시간 범위의 쿼리를 크게 향상시킨다.

그림 3.34는 타노스 내부적으로 쓰기와 읽기가 어떻게 구분되어 있는지 설명한다.

- 그림 3.34의 왼쪽이 쓰기 경로를 나타낸 것이다. 타노스 사이드카는 프로메테우스 인스턴스와 연계해서, 메트릭의 수집을 처리하고 적재된 TSDB 블록을 객체 스토리지로 전달한다. 쓰기의 핵심 컴포넌트는 사이드카다.

- 그림 3.34의 오른쪽은 읽기 경로를 보여준다. 타노스 스토어는 스토어 API를 사용해서 블록을 검색하고, 결과를 타노스 쿼리에 반환한다. 읽기의 핵심 컴포넌트는 타노스 스토어와 사이드카

다. 즉, 타노스는 타노스 스토어와 사이드카, 양쪽으로 조회를 요청한다. 사이드카는 블록 생성 이전 메모리에 있는 데이터를 조회하는 데 사용하고, 타노스 스토어는 블록 생성 이후 객체 스토리지에 있는 데이터를 조회하는 데 사용한다.

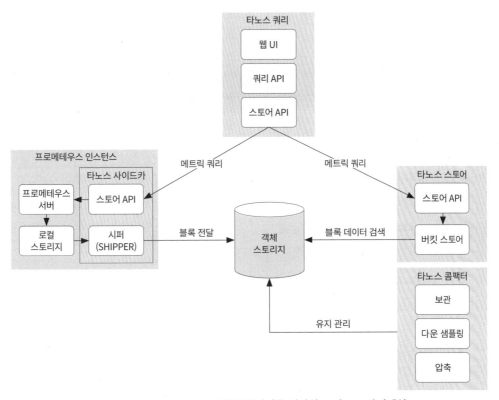

그림 3.34　객체 스토리지에 장기 데이터를 저장하는 타노스 아키텍처

스토리지 측면에서 타노스 프로젝트는 장기 데이터 저장을 위해 객체 스토리지를 택했다. 객체 스토리지는 일반적으로 상위 클라우드 공급자가 99.9999999%의 내구성과 99.99%의 가용성으로 제공한다. 온프레미스 인프라가 있는 경우 미니오MinIO를 사용할 수도 있다. 이러한 온프레미스 객체 스토리지 솔루션의 대부분은 동일한 특성을 갖고 있다. 대부분의 도구가 AWS S3를 지원하기 때문에 많은 솔루션이 AWS S3를 모방해 모델링된 API를 제공한다. 또한, 클라우드 제공업체의 객체 스토리지는 일반적으로 매우 비용 효율적인 솔루션이다.

그라파나 관측 가능성을 소개하기 전에 프로메테우스와 관련이 있는 타노스를 간단하게 소개했다. 타노스의 아키텍처는 복잡하고 다수의 모듈로 구성되어 있다. 타노스의 모든 기능을 이해하는 것이 이 책의 목적이 아니므로 핵심 기능 위주로 소개하도록 한다.

- **타노스 쿼리**

  타노스 쿼리어와 사이드카는 글로벌 뷰 문제를 해결했다. 계속해서 쿼리어를 사용해 여러 스토어API 엔드포인트를 쿼리하고 제공되는 중복 제거 기능을 활용한다. 또한, 웹 인터페이스를 통해 쿼리 API를 사용한다.

- **타노스 사이드카**

  - 로컬 프로메테우스 인스턴스에서 데이터에 액세스하기 위해 스토어 API 엔드포인트를 노출하고, 인스턴스의 TSDB 블록을 객체 스토리지에 제공하는 데몬이다.

  - 타노스 사이드카에 의해 노출된 스토어 API는 디스크에서 TSDB 블록을 수집해 객체 스토리지 버킷으로 전달할 수 있다. 이 과정을 통해 과거 데이터를 내구성 있는 매체에 보관해 프로메테우스 서버에서의 데이터 보유 기간을 줄일 수 있다. 사이드카에서 블록 업로드 기능을 사용하려면 기본 동작과 일치하게 --storage.min-block-duration과 --storage.tsdb.max-block-duration 플래그를 동일한 값인 두 시간으로 설정해야 한다. 그러면 프로메테우스 로컬 압축이 비활성화된다.

  - --objstore.config-file 플래그는 TSDB 블록을 버킷 이름과 같은 타노스 객체 스토리지 버킷으로 저장하기 위해 파일에서 필요한 모드 설정을 로드한다.

  - 프로메테우스 테스트 인스턴스에서는 10분마다 새로운 TSDB 블록이 생성되고 타노스 사이드카가 객체 스토리지 엔드포인트로 이 블록을 전송한다.

- **타노스 스토어 게이트웨이**

  타노스 스토어 게이트웨이는 스토어 API 엔드포인트를 통해 객체 스토리지로 전달되는 블록의 과거 시계열에 대한 액세스를 제공한다. 즉, API 게이트웨이 역할을 수행한다. 쿼리어와 사이드카는 글로벌 뷰 문제를 해결했다. 계속해서 쿼리어를 사용해 여러 스토어 API 엔드포인트를 쿼리하고 제공되는 중복 제거 기능을 활용한다. 또한, 웹 인터페이스를 통해 쿼리 API를 사용한다.

- **타노스 콤팩터**

  - 타노스 사이드카 업로드 기능이 안정적으로 작동하려면 프로메테우스 블록 압축 기능을 해제해야 하므로 압축 작업은 타노스 콤팩터가 처리한다. 프로메테우스 스토리지 엔진과 동일한 압축 방식을 사용하지만, 객체 스토리지의 블록에 사용하도록 설계되어 있다. 객체 스토리지에서 직접 압축을 수행할 수 없으므로 콤팩터는 블록을 처리하기 위해 로컬 디스크에 상당한 양의 공간을 필요로 한다.

- 타노스 콤팩터에서 수행하는 또 다른 중요한 기능은 다운 샘플링된 샘플을 생성하는 것이다. 다운 샘플링의 가장 큰 장점은 엄청난 양의 데이터를 가져올 필요 없이 큰 시간 범위를 안정적으로 쿼리하는 것이다. 단순히 샘플을 제거함으로써 다운 샘플링을 하는 것이 아니라 5개의 다른 집계 함수를 사용해 미리 집계하기 때문에 다운 샘플링이 된 데이터를 사용할 때 *_over_time() 함수를 사용하는 것이 좋다. 이는 각 원본 시계열마다 5개의 새로운 시계열을 가져온다는 것을 의미한다.
- 보관 정책을 고려할 때 첫 번째 다운 샘플링 단계에서 5분 분량의 데이터를 집계하고, 집계로 인해 5개의 새로운 시계열이 생성되므로, 실제로 공간을 절약하려면 스크래핑 간격이 1분보다 짧아야 한다. 간격의 샘플 수는 집계 단계에서 생성된 샘플보다 높아야 한다.
- 콤팩터는 필요할 때 작동하도록 데몬으로 실행할 수 있다.

- **타노스 버킷**

  타노스 생태계에서 버킷은 객체 스토리지의 블록 검증, 복구, 나열, 검사를 담당한다. 다른 구성요소와 달리 버킷은 데몬 대신 커맨드라인 도구로 작동한다.

- **스토어**

  스토어 API 엔드포인트를 노출시키는 객체 스토리지의 게이트웨이 역할을 하는 데몬이다.

- **룰**

  일반적으로 룰러Ruler로 알려진 데몬으로, 원격 스토어 API 엔드포인트에 대해 프로메테우스 레코딩 규칙과 알람 규칙을 평가하는 데몬이다. 또한, 자체 스토어 API를 노출해 평가 결과를 쿼리에 사용할 수 있도록 결과를 객체 스토리지에 제공하고 알람 매니저 클러스터에 연결해 알람을 전송한다.

3.8.3 타노스 리시버 방식

리시버receiver는 근래에 소개된 새로운 기능이다. 프로메테우스 인스턴스의 원격 쓰기를 수용하고 스토어 API 엔드포인트를 통해 푸시된 데이터를 노출하며, 블록을 객체 스토리지로 전달하는 데몬이다. 사이드카의 단점을 보완하고 멀티 테넌트를 지원하는 등의 새로운 기능을 제공한다. 그라파나 관측 가능성의 방식은 리시버 기능과 유사하다.

사이드카는 원격 읽기를 사용하는 반면 리시버는 원격 쓰기를 사용한다. 프로메테우스의 단일 인스턴스 디자인은 로컬에서 사용할 수 있는 스토리지의 양에 따라 제한되므로 과거 데이터의 대규모 데이터셋을 유지하는 것에는 한계가 있다. 하지만 많은 기간에 걸친 시계열을 보유하면 계절별 추세 분석과 용량 계획이 가능하므로 데이터셋의 크기가 로컬 스토리지의 저장 용량보다 클 경우 프로메테우스는 서드파티 클러스터 스토리지 시스템으로 데이터를 푸시해 제공한다.

원격 쓰기와 원격 읽기를 통해 프로메테우스는 각각 샘플을 푸시하고 가져올 수 있다. 좀 더 구체적으로 설명하자면 원격 쓰기는 일반적으로 원격 스토리지(데이터 저장)를 구현하는 데 사용되지만, 원격 읽기는 PromQL 쿼리가 원격 데이터를 투명하게 조회할 수 있게 한다.

- **원격 쓰기**
  - 원격 쓰기의 시스템별 구현은 프로메테우스 바이너리에서 제거되고, 독립형 어댑터로 변환되었다. 프로메테우스는 프로메테우스 내부와 연결되지 않은 매우 간단한 형식을 사용해 개별 샘플을 원격 쓰기 엔드포인트로 보낸다. 다른 쪽의 시스템은 스토리지 시스템이 아니라 카프카와 같은 스트림 프로세서일 수도 있다.
  - 타노스 쓰기 경로는 리시버가 TSDB에서 읽고 메트릭을 수집하는 것으로부터 시작된다. 리시버는 원격 쓰기를 사용해서 직접 객체 스토리지에 쓰기를 처리한다.
  - 버퍼를 사용하는 대신, 원격 쓰기는 WAL_{write ahead logging}에서 직접 읽는다. WAL에는 모든 트랜잭션과 스크래핑 샘플이 있다. 원격 쓰기 서브 시스템에서 WAL을 사용하면 프로메테우스의 메모리 사용량을 좀 더 예측할 수 있고, 원격 시스템에 대한 연결이 중단되면 그 위치에서 다시 시작할 수 있다. WAL은 백업과 복구 외에도 다양한 용도로 활용할 수 있다.

타노스 사이드카의 단점은 다음과 같다.

- 타노스 사이드카는 별도의 배포가 필요하고, 파드(프로메테우스 서버) 라이프 사이클에도 영향을 미친다.
- 사이드카는 추가적인 리소스를 사용하므로 운영 비용이 증가한다.
- 사이드카는 프로메테우스 파드에 종속적이고, 멀티 테넌트와 같은 복잡한 구성에 제약을 받는다.

추가적인 내용이 궁금하다면 관련 블로그[5]를 확인한다.

---

5 https://www.infracloud.io/blogs/prometheus-ha-thanos-sidecar-receiver/

타노스 출시 후 사이드카를 많이 사용했지만, 이러한 단점으로 인해 타노스 커뮤니티는 푸시 방식의 원격 쓰기를 지원하는 리시버를 발표했다. 그라파나 관측 가능성과 오픈텔레메트리 등도 원격 쓰기를 지원하며, 풀 방식의 원격 읽기는 그 사용 빈도가 줄어드는 추세다.

사이드카의 원격 읽기는 일반적인 에이전트 방식과 유사하고, 이러한 풀 방식은 방화벽 등 보안 이슈가 발생하는 경우 해결책을 제시할 수 있다. 쿠버네티스 네이티브로 진화해나가는 이 시점에서 사이드카 방식은 장점보다는 단점이 더욱 두드러진다. 쿠버네티스 내부 구조 자체가 복잡하고, 멀티 테넌트를 넘어서 멀티 클러스터, 서비스 메시, 멀티 클라우드를 구현할 계획이라면 리시버를 권장한다.

3.8.4 타노스 구성

타노스를 운영에서 구성하고 최적화하는 데는 오랜 시간이 소요된다. 이 책에서는 가능한 실무적인 관점에서 관측 가능성을 접근하지만, 너무 복잡한 내용은 다루지 못한 점을 양해해주었으면 한다. 많은 타노스 사례가 사이드카 방식을 사용하므로 사이드카 방식으로 데모를 진행한다. 하지만 확장성과 유연성 있는 타노스를 구축하기 위해서는 사이드카 방식보다는 리시버 방식이 더 유용하다. 미미르, 로키 등 그라파나 관측 가능성은 리시버 방식을 사용하며, 이를 통해 멀티 테넌트와 멀티 클러스터를 구성할 수 있다.

사용자 운영체제에 맞는 타노스를 다운로드한다.

```
wget https://github.com/thanos-io/thanos/releases/download/v0.25.0/thanos-0.25.0.linux-amd64.
tar.gz
```

프로메테우스 구성 파일에 사이드카를 추가한다. `external_labels`에 `prometheus-1`을 설정하였다.

```
global:
  scrape_interval: 5s
  evaluation_interval: 15s
  external_labels:
    cluster: eu1
    replica: prometheus-1
scrape_configs:
  - job_name: 'prometheus'
    scrape_interval: 5s
    static_configs:
```

```
        - targets: ['localhost:9090']
    - job_name: 'sidecar'
      static_configs:
        - targets: ['localhost:10902']
```

미니오를 객체 스토리지로 사용한다. /etc/prometheus/bucket.yml 객체 스토리지를 구성하였다.

```
# bucket.yml

type: S3
config:
bucket: bucket
access_key: admin
secret_key: password
endpoint: localhost:9000
insecure: true
```

프로메테우스는 메트릭을 쓰고, 사이드카는 메트릭을 읽어서 객체 스토리지에 저장한다. 쿼리어를 사용해서 메트릭의 조회를 요청하고, 스토어는 객체 스토리지에서 메트릭을 읽고 반환한다.

쿼리어는 사이드카에서 직접 읽을 수도 있으며, 사이드카에 존재하지 않는 데이터는 객체 스토리지에서 조회할 수도 있다. 이러한 방식으로 인해 조회 흐름은 그림 3.35와 같이 복잡하다. 이번 데모는 사이드카를 사용해서 객체 스토리지에 적재하는 데 초점을 맞추도록 한다.

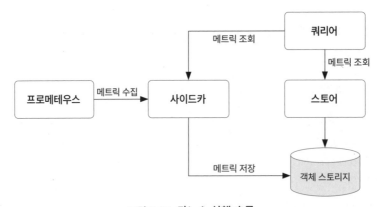

그림 3.35 **타노스 실행 흐름**

사이드카, 스토어, 쿼리어 서비스를 순차적으로 시작한다. 먼저 사이드카 서비스를 등록한다.

```
[Unit]
Description=Prometheus
Wants=network-online.target
After=network-online.target
[Service]
User=prometheus
Group=prometheus
Type=simple
ExecStart=/bin/thanos sidecar \
    --prometheus.url=http://localhost:9090 \
    --grpc-address=localhost:10901 \
    --http-address=localhost:10902 \
    --tsdb.path /var/lib/prometheus/ \
    --objstore.config-file /etc/prometheus/bucket.yml
[Install]
WantedBy=multi-user.target
```

--storage.min-block-duration과 --storage.tsdb.max-block-duration을 변경한다.

메트릭을 로컬에 저장하기 위해서 디렉터리를 생성한다.

```
mkdir /var/lib/prometheus-store/
```

스토어 서비스를 등록한다.

```
[Unit]
Description=Thnaos Store
Wants=network-online.target
After=network-online.target
[Service]
User=root
Group=root
Type=simple
ExecStart=/bin/thanos store \
        --data-dir=/var/lib/prometheus-store/ \
        --objstore.config-file=/etc/prometheus/bucket.yml \
        --http-address=localhost:10906 \
        --grpc-address=localhost:10905
[Install]
WantedBy=multi-user.target
```

쿼리어 서비스를 등록한다.

```
[Unit]
Description=Thnaos Query
Wants=network-online.target
After=network-online.target
[Service]
User=root
Group=root
Type=simple
ExecStart=/bin/thanos query \
     --http-address=0.0.0.0:29090 \
     --grpc-address=localhost:10903 \
     --store=localhost:10901 \
     --query.replica-label prometheus-1
[Install]
WantedBy=multi-user.target
```

3.8.5 타노스 테스트

등록한 4개의 서비스를 순서대로 시작한다.

```
sudo systemctl start prometheus
sudo systemctl start sidecar
sudo systemctl start store
sudo systemctl start query
```

'thanos_objstore_bucket_last_successful_upload_time'을 선택한다.

그림 3.36 타노스의 쿼리 화면

타노스 관리 화면에 등록된 엔드포인트는 그림 3.37과 같다. 타노스의 일부만 스크래핑하도록 설정되었다.

그림 3.37 타노스 타깃 화면에서 조회되는 엔드포인트

그림 3.38은 서비스 디스커버리에 출력되는 결과다.

그림 3.38 타노스 서비스 디스커버리 화면

그림 3.39와 같이 타노스 스토어 화면에서 메트릭 데이터가 처리되는 것을 확인한다.

그림 3.39 타노스 스토어 화면에서 처리되는 메트릭 데이터

최종적으로 미니오 객체 스토리지에서 데이터가 적재되는 것을 확인한다.

그림 3.40 타노스와 연결된 미니오 객체 스토리지 버킷에 저장되는 데이터

타노스는 기존에 많이 사용했던 솔루션이고, 최근 많은 고객들은 그라파나 관측 가능성을 사용하고 있다. 타노스는 쿠버네티스에서 설치하고 구성하는 과정을 진행하지 않으므로 복잡한 운영 환경의 구성을 위해서는 별도로 학습하길 바란다.

이제부터는 본격적으로 그라파나 관측 가능성에 대해서 알아본다.

4

오픈소스 관측 가능성,
그라파나

초기에는 관측 가능성 상용 설루션이 유리하지만, 시스템 수가 증가하면 비용도 급격히 증가한다. 비즈니스가 성장하고 관측 가능성 상용 설루션을 이해하고 나면, 나중에는 오픈소스를 사용해서 관측 가능성을 구축하는 것을 고려하게 된다. 오픈소스 기반의 관측 가능성이 주는 이점은 여러 가지가 있다. 일단 비용 절감이다. 또, 필요에 따라 소스 수정이 가능하다. 상용 설루션은 여러 가지 제약이 있는 데 비해, 종속적이지 않고 다양한 기술의 적용이 가능하다.

이 책에서 설명하는 그라파나는 우수한 관측 가능성 오픈소스다. 프로메테우스 기반으로 개발되었으며, 메트릭, 로그, 추적을 충실히 지원한다. 다양한 오픈소스 관측 가능성이 존재하지만, 그중에서도 우수하고 인기 있는 오픈소스다.

관측 가능성은 좋은 기술이고, 그라파나는 좋은 툴이다. 그럼에도 기술과 툴만으로 관측 가능성을 구현하는 것은 어려운 일이다. 실력 있고 유능한 엔지니어가 필요하다. 개인 혼자로는 좋은 관측 가능성을 구축할 수 없으므로 조직 구성원의 관심과 협조가 뒷받침되어야 한다. 아키텍트와 관리자가 강력한 도입 의지를 가지고 있을 때, 비로소 좋은 관측 가능성을 구축할 수 있을 것이다. 개인적인 경험에 따르면 관측 가능성을 도입하는 것은 조직적인 반발에 부딪치는 경우가 많다. 특정 설루션을 고집하는 것보다, 공감대를 얻고 협업이 쉬운 툴을 사용하는 것을 권장한다.

상관관계에 집중하고, 더 나아가 이상 탐지와 근본 원인 분석이라는 이번 책의 주제와 방향성에 맞춰 그라파나를 선택했다. 오픈서치, 코텍스Cortex를 포함한 많은 관측 가능성 오픈소스 가운데 그라파나는 제약이 적고 다양한 표준을 지원한다. 기술의 변화와 발전에 따라 부채를 최소화하고 플러그인 가능한 아키텍처를 가져가는 것이 가장 중요한 엔지니어링의 과제라고 생각한다. 후속작에서는 그라파나 이외에 다른 오픈소스를 사용해서 문제를 해결하는 과정을 설명한다.

4.1 그라파나 관측 가능성

4.1.1 목적과 범위

그림 4.1은 이 책에서 지향하는 레퍼런스 아키텍처다. 그라파나는 클라우드 기반의 관리형 서비스도 제공한다. 하지만 이 책에서는 다음에 나열한 소프트웨어를 사용해 특정 벤더에 종속적이지 않은, 오픈소스를 사용한 클라우드 네이티브 관측 가능성에 대해 다룰 것이다.

- **로키**Loki: 로그 관리
- **그라파나**Grafana: 대시보드
- **템포**Tempo: 추적 관리
- **미미르**Mimir: 메트릭 관리

이 책에서 의미하는 그라파나 관측 가능성은 위의 네 가지 소프트웨어(Grafana LGTM 스택)를 지칭하는 것이라 할 수 있다. 그라파나를 포함한 다른 벤더들도 오픈텔레메트리를 지원하므로 컬렉터를 사용해서 다수의 관측 가능성과 연계할 수 있다. 후속작에서는 오픈서치를 사용해서 관측 가능성을 구현할 것이다.

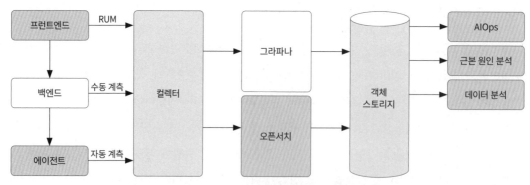

그림 4.1 그라파나 관측 가능성 아키텍처

관측 가능성 구현 툴로 그라파나를 선정한 이유는 다음과 같다.

- 대중적이고 라이선스에 자유로운 오픈소스
- 지속적이고 장기적인 로드맵과 많은 커뮤니티
- 기술적으로 우수하고 클러스터 구성이 가능하며 많은 API 제공

관측 가능성을 설치하고 구성하기에 앞서, 우선적으로 준비해야 하는 사항을 살펴보자.

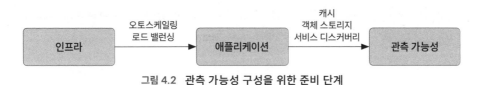

그림 4.2 관측 가능성 구성을 위한 준비 단계

먼저 인프라를 구성하고 캐시, 객체 스토리지, 서비스 디스커버리 등 공통적으로 사용하는 애플리케이션을 구성한다. 최종적으로 그라파나 관측 가능성을 구성한다.

4.1.2 인프라 구성

우분투Ubuntu 20.04 LTS 리눅스, 미니쿠브Minikube v1.21.0, 쿠버네티스 버전 1.20.0, 크롬 브라우저를 사용한다.

- Go 1.16.5
- 헬름 3

그라파나 관측 가능성은 Go로 개발되었다. 추후에 언급하는 애플리케이션도 대부분이 Go로 개발되었으므로 Go에 대한 지식이 있다면 내용을 이해하는 데 많은 도움이 된다.

/root에서 다음 명령어를 입력한다.

```
mkdir go
wget https://golang.org/dl/go1.16.5.linux-amd64.tar.gz
tar -xvf go1.16.5.linux-amd64.tar.gz
export GOROOT=/root/go
export GOPATH=/root/go/workspace
export PATH=$GOROOT/bin:/root/go/workspace/bin:$PATH
```

다음 명령어로 Go 설치 여부를 확인한다. 쿠버네티스 패키지 관리 툴인 헬름Helm을 설치한다. 도커를 사용해서 다양한 이미지를 관리한 것과 유사하게 헬름을 사용해서 다양한 차트를 관리할 수 있다.

```
curl -fsSL -o get_helm.sh https://raw.githubusercontent.com/helm/helm/main/scripts/get-helm-3
chmod 700 get_helm.sh
./get_helm.sh
```

이 책에서 설치하는 애플리케이션은 대부분 헬름 차트로 되어 있다. 다음 명령어를 통해서 필요한 차트를 추가하자.

```
helm repo add grafana https://grafana.github.io/helm-charts
```

그라파나 관측 가능성은 헬름으로만 설치할 수 있고, 이스티오와 예거 등은 오퍼레이터도 제공하므로 구성 요구 사항에 따라 결정하면 된다. 해당 오퍼레이터의 성숙도에 따라 기능과 자동화 측면에서 편차가 크지만, 예거와 이스티오 오퍼레이터는 우수한 편이다.

쿠버네티스 배포판 미니쿠브 버전 1.20을 사용한다.

```
minikube start --vm-driver=none --kubernetes-version v1.20.0 --memory=12000 --cpus=4
```

내부적으로 도커 이미지를 참조해서 쿠버네티스 파드를 생성한다. 이 책에서 제공하는 대부분의 예제는 쿠버네티스에서 운영된다. 쿠버네티스를 사용하기 위해서는 먼저 kubectl을 설치해야 한다.

```
curl -LO https://dl.k8s.io/release/v1.20.0/bin/linux/amd64/kubectl
sudo install -o root -g root -m 0755 kubectl /usr/local/bin/kubectl
```

쿠버네티스 클러스터, 사용자 등의 정보를 포함하는 kubeconfig는 /root/.kube/config에 생성되는 것이 일반적이다.

```
root@philip-virtual-machine:~/.kube# pwd
/root/.kube
root@philip-virtual-machine:~/.kube# ll
합계 16
drwxr-x---  3 root root 4096  7월  2 13:27 ./
drwx------ 16 root root 4096  7월  2 13:22 ../
```

```
drwxr-x--- 4 root root 4096  6월 18  2021 cache/
-rw------- 1 root root 3689  7월  2 13:19 config
root@philip-virtual-machine:~/.kube#
```

4.1.3 애플리케이션 구성

지금까지 주요한 시스템과 인프라를 설치하고 구성했다. 이제부터는 관측 가능성의 기반이 되는 애플리케이션을 설치한다. 관측 가능성은 네트워크, 저장장치 등과 다양한 상호작용을 필요로 하며, 모든 작업은 쿠버네티스에서 이루어진다. 구성되는 오픈소스는 미니오, 레디스, 콘술이다.

- **미니오**MinIO

  오픈소스 객체 스토리지이며, AWS S3와 호환되는 API를 제공한다. 일반 파일 시스템에 비해서 객체 스토리지는 관리와 구성 측면에서 장점을 제공한다. 그라파나 관측 가능성은 디스크 IO에서 가장 큰 성능 감소가 발생한다. 이를 모니터링하고 성능을 개선하기 위해서 많은 튜닝과 작업이 필요한데, 미니오는 상세한 메트릭과 수치를 제공하므로 성능 개선 작업에 많은 도움을 받을 수 있다.

- **레디스**Redis

  가장 대중적인 오픈소스 캐시이며, NoSQL을 지원한다. 샤딩을 사용해서 클러스터를 구성하고 메모리에서 운영되므로 디스크에 비해서 수십 배 빠른 성능을 보여준다. 그라파나 관측 가능성은 데이터를 객체 스토리지 AWS S3에 저장한다. 객체 스토리지를 구현함으로써 특정 데이터 저장소에 종속적이지 않으며, 데이터베이스 수준의 샤딩을 구성하지 않는다. 쿠버네티스에 전개되어 애플리케이션 수준의 샤딩을 구성하며, 쿠버네티스가 제공하는 수평적인 오토스케일링을 구현하여 확장성을 제공한다. 레디스가 제공해주는 고성능 캐시를 활용하면 보다 높은 수준의 처리 속도를 달성할 수 있다. 그러므로 쿼리 처리 시에 데이터를 스토리지에서 읽어서 처리하는 것보다는 레디스 캐시에서 읽어서 처리하는 것을 권장한다.

- **콘술**Consul

  하시코프HashiCorp에서 관리하는 오픈소스 서비스 레지스트리다. 관측 가능성은 단독 서버가 아닌 다수의 서버로 클러스터를 구성하는 것이 일반적이다. 그러므로 복잡한 네크워크 구성과 구성 정보 관리가 필요한데, 이를 위해 사용하는 것이 콘술이다. 콘술은 다양한 기능을 제공하는데, 일반적으로는 서비스 레지스트리로 활용되고, 키-값 형식의 구성 관리 기능도 제공한다.

- **카프카**Kafka

그라파나 관측 가능성에서는 직접적으로 카프카에 대해서 다루지 않는다. 로키에서 로그 수집에 사용하는 프롬테일Promtail, 플루언트비트Fluentbit는 로키에 직접적으로 파이프라인을 생성하는 것보다 중간에 카프카를 사용하는 것을 권장한다. 카프카는 실시간 스트리밍을 위해서 프런트엔드, 백엔드에서 자주 사용되고 데이터 분석 파이프라인에도 인기 있는 오픈소스다. 카프카와 카프카 커넥터를 사용하면 다양한 시스템에게 안정적으로 데이터를 전달할 수 있다. 안정적인 관측 가능성 구축을 위해 카프카는 필수다.

그라파나 관측 가능성은 기본적으로 멤캐시트를 우선 지원한다.

표 4.1 멤캐시트와 레디스의 차이점

항목	멤캐시트	레디스
데이터 분할	지원	지원
다양한 데이터 구조 지원	미지원	지원
스레드 모델	멀티 스레드	싱글 스레드
데이터 저장	미지원	지원
데이터 복제	미지원	지원
트랜잭션 지원	미지원	지원
발행과 구독	미지원	지원

멤캐시트는 멀티 스레드를 지원하는 장점이 있으며, 스케일업만 가능하다. 반면 **레디스**는 스케일아웃scale out을 지원한다.

오픈소스를 사용하는 이유는 디버깅에 유용하기 때문이다.

- AWS 운영 환경이라면 미니오보다 S3를 사용하는 것이 적합하다. 하지만 객체 스토리지 API 호출에 문제가 발생하거나, 데이터 티어링tiering 때문에 이슈를 경험한 운영자라면 S3 메트릭만 보면서 근본 원인을 분석하는 것이 쉽지 않다는 것을 이해할 것이다. 운영 환경 이전에 개발 환경에서 미니오 사용을 통해 다양한 경우를 가정하면서 테스트하고 성능을 개선하는 과정이 필요하다.

- 캐시 적중률을 구하는 경우에도 자바 오프 힙off-heap을 사용할 수 있지만, 레디스를 사용하면 캐시 적중률을 쉽게 구할 수 있으므로 여러모로 유용하다. 메모리에 직접적으로 접근하는 것보다 레디스를 사용하면 디버깅이 쉽다.

- 분산 시스템의 구성 정보를 관리하기 위해 과거에는 주키퍼를 사용했으나 근래에는 **콘술**을 사용한다. 암호화되어서 구성 정보를 인식하기 어려운 경우도 있지만, API 호출에 대한 이해 정도는 가능하므로, 디버깅에 활용할 수 있다.

이 책의 예제에서 그라파나 로키, 템포, 미미르 등은 미니오에 데이터를 저장하고 관리한다. 다음은 미니오의 Deployment 파일 중 일부다. 깃에서는 쿠버네티스에 미니오 배포를 위한 전체 파일을 볼 수 있다. 레디스, 콘술, 미니오 등은 헬름 차트로 패키징하고 운영 환경에 배포하는 것을 권장한다. 쿠버네티스에 설치하기 위해서 오퍼레이터 혹은 헬름 차트를 우선적으로 고려해야 한다. 하지만 이 책에서는 YAML을 사용해서 직접 배포해보도록 하겠다.

```yaml
apiVersion: apps/v1
kind: Deployment
metadata:
  annotations:
    kompose.cmd: ./kompose convert -f docker-compose.yaml
    kompose.version: 1.26.1 (a9d05d509)
  creationTimestamp: null
  labels:
    io.kompose.service: minio
  name: minio
spec:
  replicas: 1
  selector:
    matchLabels:
      io.kompose.service: minio
  strategy:
    type: Recreate
  template:
    metadata:
      annotations:
        kompose.cmd: ./kompose convert -f docker-compose.yaml
        kompose.version: 1.26.1 (a9d05d509)
      creationTimestamp: null
      labels:
        io.kompose.service: minio
    spec:
      containers:
        - args:
          - -c
          - mkdir -p /export/loki && /usr/bin/minio server --console-address :9001 /export
          command:
            - sh
          env:
```

```yaml
          - name: MINIO_ACCESS_KEY
            value: 697d0993dd097f38d5b8
          - name: MINIO_SECRET_KEY
            value: 9f88738761b57c63f6a81bdfd471
        image: minio/minio:latest
        livenessProbe:
          exec:
            command:
              - curl
              - -f
              - http://localhost:9000/minio/health/live
          failureThreshold: 3
          periodSeconds: 30
          timeoutSeconds: 20
        name: minio
        ports:
          - containerPort: 9000
          - containerPort: 9001
        resources: {}
        volumeMounts:
          - mountPath: /export
            name: minio-claim0
      restartPolicy: Always
      volumes:
        - name: minio-claim0
          persistentVolumeClaim:
            claimName: minio-claim0
status: {}
```

미니오는 관리 화면을 제공하며, 이를 통해서 손쉽게 버킷과 사용자를 관리할 수 있다.

그림 4.3 미니오 관리 화면

실제 운영 환경이라면 클라우드 기반의 객체 스토리지의 사용을 권장한다. 하지만 이 책에서는 다양한 테스팅과 모니터링 등을 데모하는 것이 목적이기에, 미니오를 사용하였다.

레디스는 신뢰성 있는 오픈소스 캐시다. 객체 스토리지와 물리적인 디스크는 장기 보관이 가능하다. 그라파나 관측 가능성의 성능 향상을 위해서 대용량 레디스의 사용을 권장하며, 정확한 트래픽 예상과 용량 산정을 통해 레디스 사이징을 해야 한다. 그림 4.4와 같은 레디스 관리 화면에서 데이터를 조회할 수 있다.

그림 4.4 레디스 관리 화면

레디스 커맨드라인 인터페이스CLI를 사용해서 레디스 서버를 사용할 수도 있지만, 레디스 커맨더 Commander는 웹 기반의 사용자 화면도 제공한다. 복잡한 레디스 서버 관리를 위해서는 CLI를 사용하고, 간단한 데이터 조회를 위해서는 레디스 커맨더를 사용한다.

다음과 같이 Deployment를 사용해서 쿠버네티스로 배포한다.

```
apiVersion: apps/v1
kind: Deployment
metadata:
  annotations:
    kompose.cmd: ./kompose convert -f docker-compose.yaml
    kompose.version: 1.26.1 (a9d05d509)
```

```
    creationTimestamp: null
    labels:
      io.kompose.service: redis-commander
    name: redis-commander
spec:
  replicas: 1
  selector:
    matchLabels:
      io.kompose.service: redis-commander
  strategy: {}
  template:
    metadata:
      annotations:
        kompose.cmd: ./kompose convert -f docker-compose.yaml
        kompose.version: 1.26.1 (a9d05d509)
      creationTimestamp: null
      labels:
        io.kompose.service: redis-commander
    spec:
      containers:
        - env:
            - name: REDIS_HOSTS
              value: local:redis:6379
          image: rediscommander/redis-commander:latest
          name: redis-commander
          ports:
            - containerPort: 8081
          resources: {}
      restartPolicy: Always
status: {}
```

local:redis:6379는 레디스 서버 주소다.

그라파나 관측 가능성은 메모리 관리를 위해서 레디스도 지원하지만, 멤캐시트를 사용하는 것이 일반적이다. 멤캐시트는 손쉽게 사용할 수 있는 반면에, 클러스터와 샤딩을 지원하지 않는다. 이 책에서는 보다 다양한 구성을 소개하고자 멤캐시트보다는 레디스 위주로 다양한 실습을 진행할 것이다.

다음과 같이 Deployment를 사용해서 레디스 서버를 쿠버네티스로 배포한다.

```
apiVersion: apps/v1
kind: Deployment
metadata:
  annotations:
```

```yaml
      kompose.cmd: ./kompose convert -f docker-compose.yaml
      kompose.version: 1.26.1 (a9d05d509)
    creationTimestamp: null
    labels:
      io.kompose.service: redis
    name: redis
spec:
  replicas: 1
  selector:
    matchLabels:
      io.kompose.service: redis
  strategy:
    type: Recreate
  template:
    metadata:
      annotations:
        kompose.cmd: ./kompose convert -f docker-compose.yaml
        kompose.version: 1.26.1 (a9d05d509)
      creationTimestamp: null
      labels:
        io.kompose.service: redis
    spec:
      containers:
        - env:
            - name: ALLOW_EMPTY_PASSWORD
              value: "yes"
          image: bitnami/redis:latest
          name: redis
          ports:
            - containerPort: 6379
          resources: {}
          volumeMounts:
            - mountPath: /data
              name: redis-claim0
      restartPolicy: Always
      volumes:
        - name: redis-claim0
          persistentVolumeClaim:
            claimName: redis-claim0
status: {}
```

그라파나 관측 가능성에서는 키-값 관리를 위해 Etcd, 멤버리스트Memberlist, 콘술 세 가지 오픈소스를 지원한다. 이 중 가장 대중적으로 많이 사용하는 오픈소스는 **콘술**이지만, 그라파나는 멤버리스트를 최우선으로 지원한다. 콘술은 인프라와 애플리케이션을 유연하게 관리해주는, 용도가 다양한 유용한 툴이다.

- 쿠버네티스 등 다양한 자원과 연계해서 서비스 디스커버리로 활용한다.

- 네트워크 로드 밸런서 구성을 관리하고 필요 시 동적으로 변경한다.

- 키-값 유형으로 구성 관리 데이터베이스Configuration Management Database, CMDB를 관리한다.

쿠버네티스 중심으로 구축되는 클라우드 네이티브 환경은 상태가 없는stateless 환경이고, 변경이 자주 발생하는 동적인 환경이다.

```yaml
apiVersion: apps/v1
kind: Deployment
metadata:
  annotations:
    kompose.cmd: ./kompose convert -f docker-compose.yaml
    kompose.version: 1.26.1 (a9d05d509)
  creationTimestamp: null
  labels:
    io.kompose.service: consul
  name: consul
spec:
  replicas: 1
  selector:
    matchLabels:
      io.kompose.service: consul
  strategy:
    type: Recreate
  template:
    metadata:
      annotations:
        kompose.cmd: ./kompose convert -f docker-compose.yaml
        kompose.version: 1.26.1 (a9d05d509)
      creationTimestamp: null
      labels:
        io.kompose.service: consul
    spec:
      containers:
        - args:
            - agent
            - -log-level=info
            - -dev
            - -ui
            - -client
            - 0.0.0.0
          image: consul:1.9
          name: consul
          ports:
```

```
            - containerPort: 8500
          resources: {}
          volumeMounts:
            - mountPath: /consul/config
              name: consul-claim0
            - mountPath: /consul/data
              name: consul-claim1
      restartPolicy: Always
      volumes:
        - name: consul-claim0
          persistentVolumeClaim:
            claimName: consul-claim0
        - name: consul-claim1
          persistentVolumeClaim:
            claimName: consul-claim1
status: {}
```

그림 4.5 콘술 관리 화면에서 등록된 키-값을 확인할 수 있다.

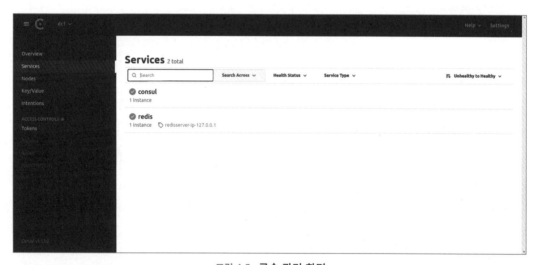

그림 4.5 **콘술 관리 화면**

운영 환경에서는 콘술, 미니오, 레디스를 사용하지 않는 경우도 있다. 예를 들어, 그라파나에서 제
공하는 헬름 차트는 콘술 대신 멤버리스트, 미니오 대신 AWS S3, 레디스 대신 멤캐시트를 사용한
다. 하지만 이 책에서는 상세한 디버깅과 함께 하위 수준의 동작 원리를 설명하고 분석할 예정이
다. 그래서 러닝 커브를 줄이고 보다 쉽게 실습을 진행할 수 있는 소프트웨어를 선정하였다. 원활
한 실습을 진행할 수 있도록 모든 소스는 깃에서 제공한다.

4.2 로키 로그 관리

4.2.1 로키 기능

일래스틱이 유료화되고 라이선싱이 복잡해지면서 근래에 그라파나 **로키**를 사용해서 로그 관리 시스템을 재구축하는 사례를 볼 수 있다. 로키는 상대적으로 가볍고 우수한 성능을 보장하며 클라우드 네이티브로 운영된다.

❶ 로키 마이크로서비스 모드

마이크로서비스 배포 모드는 다음 로키 컴포넌트를 쿠버네티스 디플로이먼트로 전개하고 운영한다.

- 인제스터Ingester
- 디스트리뷰터Distributor
- 쿼리 프런트엔드Query Frontend
- 쿼리 스케줄러Query Scheduler
- 쿼리어Querier
- 인덱스 게이트웨이Index Gateway
- 룰러Ruler
- 콤팩터Compactor

컴포넌트를 개별 마이크로서비스로 실행하면 마이크로서비스의 개수를 늘려 확장할 수 있다. 마이크로서비스 배포 모드로 로키를 설치하는 방법이 가장 효율적이지만, 설정과 유지 관리가 가장 복잡하다. 마이크로서비스 모드는 대규모 로키 클러스터 또는 확장과 클러스터 작업에 대한 더 많은 제어가 필요한 클러스터에 권장된다.

로키의 컴포넌트는 크게 읽기, 쓰기, 저장 컴포넌트로 구분된다.

그림 4.6에서 중요하게 살펴보아야 할 부분은 다음과 같다.

- 디스트리뷰터는 인제스터로 스트림을 전달하는데, 이 과정에서 레플리케이션 팩터replication factor 개수를 참고한다. 만약 레플리케이션 팩터가 3이라면 인제스터 내에 3개의 복제본을 생성하도록 3개의 스트림을 전달한다. 프로메테우스는 고가용성과 클러스터 구성이 어려워 디스크 용량과 메모리 부족으로 데이터가 유실되거나 장애가 자주 발생한다. 로키는 레플리케이션 팩터와 리밸런싱 기능을 제공함으로써 보다 신뢰성 있는 시스템 구성을 지원한다.

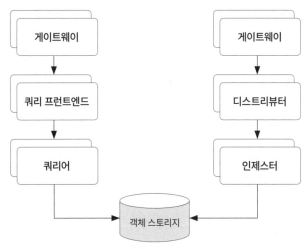

그림 4.6 그라파나 로키 마이크로서비스 모드에서 데이터가 저장되는 흐름

- 인제스터에서 장애 발생 시 핸드오프handoff를 사용해서 새로운 인제스터를 생성할 수도 있지만, 이 경우에는 리밸런싱에 따른 지연이 발생한다. 이를 방지하기 위해서 **WAL**write ahead logging을 사용하는 것을 권장한다.

- 디스트리뷰터와 인제스터 간에는 쿼럼Quorum을 사용해서 안정적으로 스트림을 전달하고, 각 샤드 간에는 가십Gossip을 사용해서 헬스체크를 수행한다. 이처럼 그라파나 관측 가능성에는 시스템 안정성을 확보하기 위해서 WAL, 쿼럼, 가십 등 다양한 기능을 제공한다.

- 레플리케이션 팩터가 3이라는 것은 복제본이 3개 존재한다는 의미다. 인제스터가 스트림을 저장할 때, 또는 쿼리어가 스트림을 조회 시 중복이 발생할 수가 있지만, 로키 내부적으로 중복 제거 과정을 거쳐서 중복이 발생하지 않도록 한다.

- 읽기 요청을 받은 쿼리어는 캐시, 인제스터 WAL 메모리, 블록 스토리지 순서대로 결과를 조회한다. 캐시를 우선적으로 읽는다. 관계형 데이터베이스가 캐시를 사용하는 것처럼, 로키도 캐시를 사용한다. 유사한 쿼리를 처리하는 경우에는 캐시에 저장된 결과를 반환함으로써 속도를 향상한다. 만약 캐시에 스트림이 존재하지 않는 경우에는 인제스터에 있는 WAL 메모리를 조회한다. 그리고 오래된 데이터의 경우에는 블록 스토리지를 조회해서 사용자에게 결과물을 반환한다. 중요한 점은 쿼리어는 캐시와 WAL 같은 메모리를 먼저 검색하고, 나중에 블록 스토리지를 검색함으로써 빠른 조회 속도로 처리할 수 있다는 것이다.

- 로키 컴포넌트는 다수의 해시 링에 샤드를 구성한 다음 WAL, 쿼럼, 가십, 캐시, 레플리케이션 팩터를 사용해서 안정성을 향상시키고, 병렬 처리와 중복 제거를 기본으로 처리한다.

앞에서 설명한 방법은 로키뿐만 아니라 미미르, 템포에도 적용된다. 프로메테우스 기반으로 개발되어서 유사하게 동작하기 때문이다.

❷ 로키 컴포넌트

로키의 컴포넌트를 살펴본다.

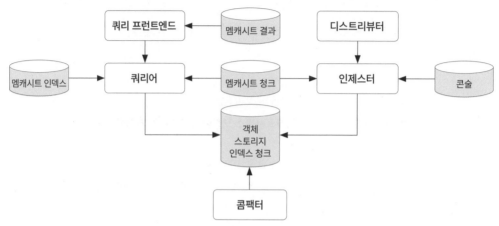

그림 4.7 그라파나 로키 아키텍처

▶ 디스트리뷰터

들어오는 스트림을 처리하는 역할을 한다. 로그 데이터에 대한 쓰기 경로의 첫 번째 단계. **디스트리뷰터**Distributor가 일련의 스트림을 수신하면 각 스트림의 정확성이 검증되고 구성된 테넌트의 제한 내에 있는지 확인한다. 그런 다음 유효한 청크를 배치로 분할하고 병렬로 여러 인제스터에게 보낸다. 디스트리뷰터로 가는 트래픽 균형을 적절히 맞추기 위해 로드 밸런서는 디스트리뷰터 앞에 위치하는 것이 중요하다. 디스트리뷰터는 상태 비저장 컴포넌트다. 따라서 쓰기 경로에서 중요한 컴포넌트인 인제스터에서 가능한 많은 작업을 쉽게 확장할 수 있다. 이러한 검증 작업을 독립적으로 확장할 수 있다는 것은 로키가 수집기에 과부하를 줄 수 있는 서비스 거부 공격(악의적이든 아니든)으로부터 스스로를 보호할 수 있다는 것을 의미한다.

- **유효성**

  디스트리뷰터가 처리하는 첫 번째 단계는 들어오는 모든 데이터가 사양에 맞는지 확인하는 유효성 검사validation다. 여기에는 레이블이 유효한 프로메테우스 레이블인지 확인하고 타임스탬프가 너무 오래되거나 새롭지 않거나, 로그 줄이 너무 길지 않은지 확인하는 것 등이 포함된다.

- **비율 제한**

  디스트리뷰터는 테넌트당 최대 비트 전송률maximum per-tenant bitrate을 기반으로 수신 로그의 속도를 제한할 수 있다. 이는 테넌트당 한도를 확인하고 이를 현재 디스트리뷰터 수로 나누어 수행한다. 이를 통해 클러스터 수준에서 테넌트별로 속도 제한을 지정할 수 있으며, 디스트리뷰터를 확장하거나 축소하고 그에 따라 디스트리뷰터당 제한을 조정할 수 있다. 예를 들어, 10개의 디스트리뷰터가 있고 테넌트 A의 속도 제한이 10MB라고 가정해보자. 각 디스트리뷰터는 제한하기 전에 최대 1MB/초를 허용한다. 이번에는 다른 대규모 테넌트가 클러스터에 합류하고 10개의 디스트리뷰터를 추가로 가동해야 한다고 가정해보자. 이제 20개의 디스트리뷰터가 테넌트 A에 대한 속도 제한을 (10MB / 디스트리뷰터 20개) = 500KB/s로 조정한다. 비율 제한rate limiting은 로키 클러스터를 간단하고 안전하게 작동시키는 방법이다.

- **포워딩**

  디스트리뷰터가 모든 유효성 작업을 수행하고 나면 최종적으로 쓰기를 담당하는 인제스터 컴포넌트에 데이터를 전달한다.

- **레플리케이션 팩터**

  - 단일 인제스터에서 데이터 손실 가능성을 줄이기 위해 디스트리뷰터는 쓰기를 해당 데이터의 **레플리케이션 팩터**replication factor로 전달한다. 일반적으로 이 값은 3이다. 복제는 수집 재시작과 롤아웃rollout을 허용하고, 일부 시나리오의 경우 데이터 손실에 대한 보호 기능을 추가한다. 디스트리뷰터에게 느슨하게 푸시되는 각 레이블 세트(스트림)의 레이블을 해시하고, 결괏값을 사용하여 해시 링에서 인제스터의 레플리케이션 팩터를 찾는다. 그런 다음 모두에 동일한 데이터를 쓰려고 시도한다. 쿼럼은 `floor(레플리케이션 팩터 / 2) + 1`로 정의된다.[1] 따라서 레플리케이션 팩터가 3인 경우 두 번의 쓰기가 성공해야 한다. 2개 미만의 쓰기가 성공하면 디스트리뷰터가 오류를 반환하고 쓰기를 다시 시도할 수 있다.

  - 레플리케이션 팩터의 주된 목적은 데이터 손실을 방지하는 것보다도, 롤아웃 및 다시 시작하는 동안 중단 없이 쓰기를 계속할 수 있도록 하는 것이다. 인제스터에는 디스크가 손상되지 않는 한 디스크에 들어오는 쓰기를 지속하는 미리 쓰기 로그(WAL)를 포함한다. 레플리케이션 팩터와 WAL은 상호 보완적인데, 메커니즘 모두에 심각한 장애가 발생하지 않는 한 데이터가 손실되지 않도록 한다.

---

[1] floor() 함수는 부동 소수점 결과를 더블(double)형 값으로 반환한다.

- **해싱**
  - 디스트리뷰터는 구성 가능한 레플리케이션 팩터와 함께 일관된 **해싱**hashing을 사용하여 주어진 스트림을 수신할 인제스터 인스턴스를 결정한다. 스트림은 테넌트, 고유한 레이블 집합과 연결된 로그 집합이다. 스트림은 테넌트 ID와 레이블 집합을 모두 사용하여 해싱하고 해시는 스트림을 보낼 인제스터를 발견하기 위해서 사용된다.
  - 콘술에 저장된 해시 링은 일관된 해싱을 달성하는 데 사용된다. 모든 인제스터는 자신이 소유한 토큰 세트를 사용하여 해시 링에 자신을 등록한다. 각 토큰은 임의의 부호 없는 32비트 숫자다. 토큰 세트와 함께 인제스터는 자신의 상태를 해시 링에 등록한다. 상태가 JOINING과 ACTIVE는 모두 쓰기 요청을 수신할 수 있는 반면, ACTIVE와 LEAVING 인제스터는 읽기 요청을 수신할 수 있다. 해시 룩업lookup을 수행할 때 디스트리뷰터는 요청에 적합한 상태에 있는 인제스터에 대해서만 토큰을 사용한다.
  - 해시 룩업을 수행하기 위해 디스트리뷰터는 적절한 토큰을 찾는다. 레플리케이션 팩터가 1보다 크면 다른 인제스터에 속하는 토큰도 결과에 포함된다.

- **쿼럼 일관성**
  - 모든 디스트리뷰터가 동일한 해시 링에 대한 액세스를 공유하므로 쓰기 요청을 모든 디스트리뷰터에게 보낼 수 있다.
  - 로키는 일관된 쿼리 결과를 보장하기 위해 읽기와 쓰기에 쿼럼 일관성을 사용한다. 이는 디스트리뷰터가 샘플을 보낼 인제스터들의 긍정적인 응답을 기다려야 한다는 것을 의미한다.

▶ 인제스터

인제스터Ingester 서비스는 쓰기 경로의 장기 스토리지 백엔드(다이나모DB, S3, 카산드라 등)에 로그 데이터를 쓰고, 읽기 경로의 메모리 내 쿼리의 로그 데이터를 반환하는 역할을 한다. 인제스터에는 해시 링에서 인제스터의 수명 주기를 관리하는 수명 주기가 포함되어 있다. 각 인제스터의 상태는 PENDING, JOINING, ACTIVE, LEAVING 또는 UNHEALTHY다.

- PENDING은 LEAVING 상태인 다른 인제스터로부터 핸드오프를 기다리고 있을 때 인제스터의 상태다.

- JOINING은 현재 토큰을 링에 삽입하고 초기화 중일 때 인제스터의 상태다. 소유한 토큰에 대한 쓰기 요청을 받을 수 있다.

- ACTIVE는 완전히 초기화되었을 때 인제스터의 상태다. 소유한 토큰에 대한 쓰기와 읽기 요청을 모두 수신할 수 있다.

- LEAVING은 종료될 때 인제스터의 상태다. 아직 메모리에 있는 데이터에 대한 읽기 요청을 수신할 수 있다.
- UNHEALTHY는 콘술의 하트비트Heart Beat에 실패했을 때 인제스터의 상태다. UNHEALTHY는 주기적으로 링을 확인할 때 디스트리뷰터가 설정한다.

인제스터가 수신하는 각 로그 스트림은 메모리 내 다수의 **청크** 세트로 구성되고, 구성 가능한 주기로 백업 스토리지 백엔드에 플러시된다.

다음과 같은 경우 청크가 압축되고 읽기 전용으로 표시된다.

- 현재 청크가 용량(구성 가능한 값)에 도달했을 때
- 현재 청크가 업데이트되지 않은 채로 많은 시간이 경과했을 때
- 플러시가 발생했을 때

청크가 압축되고 읽기 전용으로 표시될 때마다 쓰기가 가능한 청크가 그 자리를 차지한다. 인제스터 프로세스가 충돌하거나 갑자기 종료되면 아직 플러시되지 않은 모든 데이터가 손실된다. 로키는 이러한 위험을 완화하기 위해 각 로그의 여러 레플리카(보통 3개)를 복제하도록 구성된다. 영구 저장소에 플러시가 발생하면 청크는 테넌트, 레이블, 콘텐츠를 기반으로 해싱된다. 즉, 동일한 데이터 레플리카를 가진 여러 인제스터가 동일한 데이터를 영구 저장소에 두 번 쓰지 않는다.

- **타임스탬프 정렬**
  - 로키는 비순차적 쓰기out-of-order writes를 허용하는 구성을 할 수 있다. 그렇지 않은 경우 인제스터는 수집된 로그 라인이 순서대로 있는지 확인한다. 인제스터가 순서를 따르지 않는 로그 라인을 받으면 해당 라인은 거부되고 사용자에게 오류를 반환한다.
  - 인제스터는 로그 라인이 타임스탬프 오름차순으로 수신되었는지 확인한다. 각 로그에는 이전 로그보다 나중에 발생하는 타임스탬프가 있다. 수집기가 이 순서를 따르지 않는 로그를 수신하면 로그 라인이 거부되고 오류가 반환된다.
  - 각각의 고유한 레이블 세트의 로그는 메모리의 'Chunks'로 작성된 다음, 스토리지 백엔드로 플러시된다.
  - 인제스터 프로세스가 충돌하거나 갑자기 종료되면 아직 플러시되지 않은 모든 데이터가 손실될 수 있다. 로키는 일반적으로 다시 시작할 때 재생할 수 있는 WAL과 각 로그의 레플리케이션 팩터를 사용하여 이러한 위험을 완화하도록 구성한다.

- 비순차적 쓰기를 허용하도록 구성되지 않은 경우, 주어진 스트림(레이블의 고유한 조합)에 대해 로키에 푸시된 모든 라인은 이전에 수신된 라인보다 최신 타임스탬프를 가져야 한다. 그러나 나노세컨드nanosecond 타임스탬프가 동일한 스트림에 대한 로그를 처리하는 두 가지 경우가 있다. 입력incoming 라인이 이전의 수신received 라인과 정확히 일치하면(이전 타임스탬프와 로그 텍스트 모두와 일치) 들어오는 라인은 정확히 중복된 것으로 처리하고 무시한다. 입력 라인이 이전의 라인과 타임스탬프는 같지만 내용이 다른 경우에는 허용된다. 이는 동일한 타임스탬프에 대해 2개의 다른 로그 행을 가질 수 있음을 의미한다.

● **파일 시스템 지원**

  인제스터는 볼트DBBoltDB를 통해 파일 시스템에 쓰기를 지원하지만, 쿼리어는 동일한 백엔드 저장소에 액세스해야 하고, 볼트DB는 주어진 시간에 하나의 프로세스만 DB에 대한 잠금을 갖도록 허용하므로 단일 프로세스 모드에서만 작동한다.

▶ **쿼리 프런트엔드**

쿼리 프런트엔드Query Frontend는 쿼리어의 API 엔드포인트를 제공하는 서비스이며, 읽기 경로를 가속화하는 데 사용할 수 있다. 쿼리 프런트엔드가 있는 경우 들어오는 쿼리 요청은 쿼리어가 쿼리 프런트엔드로 전달되어야 한다. 실제 쿼리를 실행하려면 클러스터 내에서 쿼리어 서비스가 필요하다.

쿼리 프런트엔드는 내부적으로 일부 쿼리 조정을 수행하고 쿼리를 내부 대기열에 보관한다. 이 설정에서 쿼리어는 대기열에서 작업을 가져와 실행하고, 집계를 위해 쿼리 프런트엔드로 반환하는 작업자 역할을 한다. 쿼리 프런트엔드에 연결하려면 쿼리 프런트엔드 주소로 쿼리어를 구성해야 한다(-querier.frontend-address 플래그 사용). 쿼리 프런트엔드는 상태 비저장이다. 그러나 내부 대기열이 작동하는 방식으로 스케줄링의 이점을 얻기 위해 다수의 쿼리 프런트엔드를 실행하는 것이 좋다. 대부분의 경우 2개의 레플리카로 충분하다.

● 다음과 같은 경우 쿼리 프런트엔드 큐잉Queueing 메커니즘을 사용한다.
  - 쿼리어에서 메모리 부족(OOM) 오류를 일으킬 수 있는 대규모 쿼리를 확인한다. 이를 통해 더 작은 쿼리를 병렬로 실행할 수 있다.
  - FIFO(선입선출) 대기열로 모든 쿼리어에게 배포하여 단일 쿼리어에 여러 개의 대규모 요청이 전달되는 것을 방지한다.
  - 테넌트 간의 쿼리를 공정하게 예약하여 특정 테넌트의 과도한 리소스 사용을 제한한다.

- **스플리팅**splitting

  쿼리 프런트엔드는 더 큰 쿼리를 여러 개의 작은 쿼리로 분할하여 다운스트림 쿼리에서 이러한 쿼리를 병렬로 실행하고 결과를 다시 결합한다. 이렇게 하면 대규모 쿼리가 단일 쿼리어에서 메모리 부족 문제를 일으키는 것을 방지하고 더 빠르게 실행하는 데 도움이 된다.

- **캐싱**

  쿼리 프런트엔드는 메트릭 쿼리 결과 캐싱caching을 지원하고 후속 쿼리에서 이를 재사용한다. 캐시된 결과가 불완전한 경우 쿼리 프런트엔드는 필요한 하위 쿼리를 계산하고 다운스트림 쿼리어에서 병렬로 실행한다. 쿼리 프런트엔드는 쿼리 결과의 캐시 가능성cacheability을 개선하기 위해 다양한 내부 연산을 처리한다. 결과 캐시는 모든 로키 캐싱 백엔드(현재 멤캐시트, 레디스, 메모리 내 캐시)와 호환된다.

▶ **쿼리어**

쿼리어Querier 서비스는 LogQL 쿼리 언어를 사용하여 쿼리를 처리하고 인제스터와 장기 저장소 모두에서 로그를 가져온다. 쿼리어는 백엔드 저장소에 대해 동일한 쿼리를 실행하는 것으로 대체하기 전에 메모리 내 데이터에 대한 모든 인제스터를 쿼리한다. 복제로 인해 쿼리어가 중복 데이터를 받을 수 있다. 이 문제를 해결하기 위해 쿼리어는 나노초 타임스탬프, 레이블 집합, 로그 메시지가 동일한 중복 데이터를 내부적으로 제거한다.

❸ 일관된 해시 링

일관된 **해시 링**은 로키 클러스터 아키텍처와 통합하여 다음과 같은 장점을 제공한다.

- 고가용성을 구현한다.
- 클러스터의 수평 확장과 축소를 지원한다.

모든 로키 컴포넌트가 해시 링으로 자동 연결되는 것은 아니다. 다음 컴포넌트는 수동으로 해시 링에 연결해야 한다.

- 디스트리뷰터
- 인제스터
- 쿼리 스케줄러
- 콤팩터
- 룰러

이러한 컴포넌트는 선택적으로 해시 링에 연결할 수 있다.

- 인덱스 게이트웨이

3개의 디스트리뷰터가 정의된 아키텍처에서 이러한 컴포넌트의 해시 링은 동일한 유형의 컴포넌트 인스턴스를 연결한다.

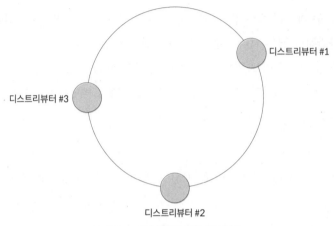

그림 4.8 그라파나 로키 해시 링

링의 각 노드는 컴포넌트의 인스턴스를 나타낸다. 각 노드에는 해당 링의 각 노드에 대한 통신 정보를 보유하는 키-값 저장소가 있다. 노드는 모든 노드에서 콘텐츠의 일관성을 유지하기 위해 주기적으로 키-값 저장소를 업데이트한다. 각 노드에 대해 키-값 저장소는 다음을 보유한다.

- 컴포넌트 노드의 ID
- 다른 노드에서 통신 채널로 사용하는 컴포넌트 주소
- 컴포넌트 노드의 상태 표시

❹ 그라파나 로키 레이블

레이블은 키-값으로 이루어진 쌍이며 무엇이든 정의할 수 있다. 그라파나 로키와 함께 제공하는 스크래핑 구성은 이러한 레이블도 정의한다. 프로메테우스를 사용하는 경우 로키와 프로메테우스 사이에 일관된 레이블을 갖는 것은 로키의 기능 중 하나이므로 애플리케이션 메트릭을 로그 데이터와 매우 쉽게 연관시킬 수 있다.

▶ 로키가 레이블을 사용하는 방법

로키의 레이블은 스트림을 정의하는 매우 중요한 작업을 수행한다. 구체적으로 말하면 모든 레이블 키와 값의 조합이 스트림을 정의하고, 하나의 레이블값만 변경되어도 새 스트림이 생성된다. 프로메테우스에서 사용되는 용어는 시리즈다. 또한, 프로메테우스에는 '메트릭 이름'이라는 추가적인 차원이 있다. 반면 로키는 메트릭 이름이 없고 레이블만 있다는 점에서 이를 단순화했으며, 시리즈 대신 스트림을 사용한다.

다음은 예시를 나타낸 것이다.

```
scrape_configs:
 - job_name: system
   pipeline_stages:
   static_configs:
   - targets:
     - localhost
     labels:
      job: syslog
      __path__: /var/log/syslog
 - job_name: apache
   pipeline_stages:
   static_configs:
   - targets:
     - localhost
     labels:
      job: apache
      __path__: /var/log/apache.log
```

2개의 파일을 추적한다. 각 파일에는 값이 하나인 레이블이 하나만 있으므로 로키는 이제 2개의 스트림을 저장하게 된다.

▶ 병렬 처리를 통한 로키 성능 향상

로키와 비교되는 대표적인 로그 관리는 일래스틱서치다. 일래스틱서치는 색인indexing이라는 용어를 사용한다. 색인은 데이터를 검색 가능한 구조로 변경하기 위해서 원본 문서를 검색어 토큰으로 변환하여 저장하는 것이다. 일래스틱과 검색 엔진은 이러한 색인을 사용해서 사용자가 원하는 질의에 대한 정확한 결과를 반환한다.

다른 로그 관리 솔루션은 주로 인덱스를 사용하므로 여기에 익숙한 개발자는 로키를 시작할 때 인덱싱된 데이터가 없으면 쿼리가 느려지지 않는지에 대한 의문을 가질 수 있다. 효과적으로 로그를 쿼리하는 데 레이블 정의가 필수라고 생각하기 때문일 것이다. 로키의 강력한 기능은 쿼리를 작은 조각으로 분할하고 병렬로 전달하여 짧은 시간에 방대한 양의 로그 데이터를 쿼리할 수 있도록 하는 것이므로, 로키를 사용할 땐 '기존 방식과 다르게 병렬 처리로 문제를 어떻게 해결할 수 있는지'로 접근해야 한다.

큰 인덱스는 복잡하고 비용이 많이 든다. 로그 데이터의 전체 텍스트 인덱스full-text index는 로그 데이터 자체와 크기가 같거나 더 크다. 로그 데이터를 쿼리하려면 이 인덱스를 로드해야 하며, 성능을 위해 메모리에 있어야 한다. 이는 확장이 어렵고 수집하는 로그의 크기가 커지면 인덱스의 크기도 빠르게 커진다.

로키의 경우에는 스트림 변동을 최소화하는 작업을 잘 수행하고 있다면 수집된 로그에 비해 인덱스가 매우 느리게 증가한다. 다이나모 DB에 인덱스를 구성하고 운영하면 로키의 인덱스는 예상보다 작다는 것을 이해할 수 있다. 로키는 정적 비용(인덱스 크기, 메모리 요구 사항, 정적 로그 저장소)을 가능한 낮게 효과적으로 유지하고 쿼리 성능을 수평적으로 확장할 수 있다. 이것이 어떻게 작동하는지 알아보기 위해 특정 IP 주소에 대한 액세스 로그 데이터를 쿼리하는 예를 살펴보자. 다음과 같이 필터 표현식을 사용하여 쿼리한다.

```
{job="apache"} |= "11.11.11.11"
```

로키는 이제 해당 쿼리를 더 작은 조각(샤드)으로 나누고, 레이블과 일치하는 스트림에 대해 다수의 청크를 열고 IP 주소를 찾기 시작한다. 샤드의 크기와 병렬 처리 방식은 프로비저닝한 리소스를 기반으로 구성할 수 있다. 원하는 경우 샤드 인터벌 다운shard interval down을 5m까지 구성하고 쿼리어 20개를 배포하여 몇 초 안에 기가바이트의 로그를 처리하거나 200개의 쿼리어를 프로비저닝하고 테라바이트의 로그를 처리할 수도 있다. 전체 텍스트 인덱스보다 더 작은 인덱스 구성과 병렬 강제 쿼리parallel force querying는 로키의 비용 절감 요소다. 큰 인덱스를 운영하는 것은 복잡할 뿐 아니라 비용도 더 높다.

이 설계의 이점은 원하는 쿼리 성능을 결정할 수 있고 필요에 따라 변경할 수 있다는 것이다. 한편, 데이터는 S3, GCS와 같은 저비용 객체 스토리지에 높은 압축률로 저장된다. 이를 통해 고정 운영 비용을 최소화하는 동시에 매우 빠른 쿼리 기능을 실현할 수 있다.

우선 바이너리로 로키를 설치하고 쿠버네티스 설치를 진행하도록 한다. 다음은 로키에서 사용하는 구성 파일이다.

```
auth_enabled: false
server:
  http_listen_port: 3100
ingester:
  lifecycler:
    address: 127.0.0.1
    ring:
      kvstore:
        store: inmemory
      replication_factor: 1
    final_sleep: 0s
  chunk_idle_period: 5m
  chunk_retain_period: 30s
  max_transfer_retries: 0
schema_config:
  configs:
    - from: 2018-04-15
      store: boltdb
      object_store: filesystem
      schema: v11
      index:
        prefix: index_
        period: 168h
storage_config:
  boltdb:
    directory: /data/loki/index
  filesystem:
    directory: /data/loki/chunks
limits_config:
  enforce_metric_name: false
  reject_old_samples: true
  reject_old_samples_max_age: 168h
chunk_store_config:
  max_look_back_period: 0s
table_manager:
  retention_deletes_enabled: false
  retention_period: 0s
```

/var/log 폴더는 리눅스 기본 로그 폴더다. 프롬테일이 도커에서 로그 파일을 수집하는 경우에는 도커 플러그인을 설치해야 한다.

다음은 프롬테일Promtail에서 사용하는 구성 파일이다.

```
server:
  http_listen_port: 9080
  grpc_listen_port: 0
positions:
  filename: /tmp/positions.yaml
clients:
  - url: http://192.168.56.181:3100/loki/api/v1/push
scrape_configs:
  - job_name: system
static_configs:
  - targets:
      - localhost
    labels:
      job: varlogs
      __path__: /var/log/*log
```

프롬테일을 통해서 다양한 파드의 로그 파일을 수집할 수 있다.

- 데몬셋damonset으로 실행되는 프롬테일은 에이전트 방식과 유사한 것으로, 파드가 로그를 푸시하지 않고, 프롬테일이 풀pull해서 처리한다.

- 저장 위치는 /var/log/pods/{namespace}_{pod_name}/{container-name}/{count-number}.log다. 그리고 /var/log/containers에는 모든 파드에 대한 로그 파일들이 {pod_name}_{namespace}_{container-name}.log 형태로 존재한다.

- 프롬테일 구성 파일에는 로키 주소를 추가해야 한다. 중요한 설정은 url: http://쿠버네티스 gateway 서비스명/loki/api/vl/push로 변경하는 것이다. 디스트리뷰터에 로그 데이터를 직접 전송하는 대신 게이트웨이를 통해 전송함으로써 로드 밸런싱을 사용할 수 있다.

프롬테일을 카프카와 함께 사용하는 것을 권장한다. 운영에서 마주치게 되는 다양한 장애 상황에 대비하여 보다 안정적인 운영을 지원한다.

4.2.3 프롬테일 쿠버네티스 구성

프롬테일은 마이크로서비스 모드로 쿠버네티스에 설치, 구성할 수 있다. 프롬테일을 설치하기 위한 차트 저장소repository는 다음과 같다. 다음 명령어를 사용해서 추가한다.

```
helm repo add grafana https://grafana.github.io/helm-charts
```

다음의 구성 파일을 생성한다.

```
config:
  clients:
    - url: http://loki:3100/loki/api/v1/push
```

헬름 차트를 설치한다.

```
helm install promtail grafana/promtail -f loki.yaml
```

프롬테일과 로키는 그라파나에서 제공하는 헬름 차트를 사용해서 설치한다. 쿠버네티스에 헬름 차트 배포 시 오토스케일링 등의 기능을 기본으로 제공하므로, 로키를 보다 유연하고 확장성 있게 운영할 수 있다.

4.2.4 로키 쿠버네티스 구성

헬름 차트를 사용한 로키 설치 명령어는 다음과 같다. 가장 좋은 방법은 디스트리뷰터 대신 게이트웨이를 지정하는 것이다.

```
apiVersion: apps/v1
kind: Deployment
metadata:
  annotations:
    kompose.cmd: kompose convert -f docker-compose.yaml
    kompose.version: 1.26.1 (a9d05d509)
  creationTimestamp: null
  labels:
    io.kompose.service: promtail
  name: promtail
spec:
  replicas: 1
  selector:
    matchLabels:
      io.kompose.service: promtail
  strategy:
    type: Recreate
  template:
    metadata:
      annotations:
        kompose.cmd: kompose convert -f docker-compose.yaml
        kompose.version: 1.26.1 (a9d05d509)
      creationTimestamp: null
      labels:
```

```
            io.kompose.service: promtail
    spec:
      containers:
        - args:
            - -config.file=/etc/promtail/promtail-config.yaml
          image: grafana/promtail:2.2.1
          name: promtail
          ports:
            - containerPort: 9080
          resources: {}
          volumeMounts:
            - mountPath: /etc/promtail
              name: promtail-claim0
            - mountPath: /var/log
              name: promtail-claim1
      restartPolicy: Always
      volumes:
        - name: promtail-claim0
          persistentVolumeClaim:
            claimName: promtail-claim0
        - name: promtail-claim1
          persistentVolumeClaim:
            claimName: promtail-claim1
status: {}
```

기본적으로 제공해주는 헬름 차트가 아닌 커스터마이징된 프롬테일을 설치하는 경우에는 프롬테일 구성 파일을 작성해야 한다. 별도의 구성 파일이 아니라면 컨피그맵ConfigMap을 사용해서 컨피그맵을 구성할 수 있다. 이 책에서 제공하는 많은 예제들은 구성 파일을 필요로 하며, 다음과 같은 방식으로 설치할 수 있다.

PersistentVolume으로 프롬테일 구성 파일을 복사한다. 예를 들어, /tmp/hostpath-provisioner/default/promtail-claim0로 파일을 복사한다.

```
$# kubectl get pv pvc-afaf2256-9e5b-43e0-87da-8e9b28b51a7b
100Mi RWO Delete Bound default/promtail-claim0 standard 8m
[root@control-plane storage]# kubectl edit pv pvc-afaf2256-9e5b-43e0-87da-8e9b28b51a7b

spec:
accessModes:
- ReadWriteOnce
capacity:
    storage: 100Mi
claimRef:
    apiVersion: v1
    kind: PersistentVolumeClaim
```

```
      name: consul-claim0
      namespace: default
      resourceVersion: "540"
      uid: 8f085ebe-e13b-417d-be19-bac152480c78
  hostPath:
      path: /tmp/hostpath-provisioner/default/consul-claim0
      type: ""
  persistentVolumeReclaimPolicy: Delete
  storageClassName: standard
  volumeMode: Filesystem
  status:
  phase: Bound
```

전체 소스는 깃을 참고한다.

로키 설치를 위한 명령어는 다음과 같다.

```
helm upgrade --install loki grafana/loki-distributed \
    --set memcachedChunks.enabled=true \
    --set memcachedExporter.enabled=true \
    --set memcachedFrontend.enabled=true \
    --set memcachedIndexQueries.enabled=true \
    --set memcachedIndexWrites.enabled=true \
    --set querier.autoscaling.enabled=true \
    --set querier.persistence.enabled=true \
    --set querier.persistence.size=10Gi \
    --set queryFrontend.autoscaling.enabled=true \
    --set distributor.autoscaling.enabled=true \
    --set compactor.enabled=true \
    --set gateway.enabled=true \
    --set gateway.autoscaling.enabled=true
```

위의 명령어를 통해서 활성화되는 로키 모듈은 다음과 같다.

- 게이트웨이Gateway

- 인제스터Ingester

- 디스트리뷰터Distributor

- 쿼리어Querier

- 쿼리 프런트엔드Query Frontend

- 콤팩터Compactor

- 멤캐시트 청크Memcached Chunks

- 멤캐시트 프런트엔드Memcached Frontend

- 멤캐시트 인덱스 쿼리Memcached Index Queries

- 멤캐시트 인덱스 라이트Memcached Index Writes

프로메테우스 ServiceMonitor를 포함하는 경우에는 쿠버네티스 1.23에 프로메테우스 오퍼레이터를 설치해야 한다.

```
helm upgrade -install loki grafana/loki-distributed -set memcachedChunks.enabled=true,
memcachedExporter.enabled=true, memcachedFrontend.enabled=true,
memcachedIndexQueries.enabled=true, memcachedIndexWrites.enabled=true,
querier.autoscaling.enabled=true, querier.persistence.enabled=true,
querier.persistence.size=10Gi, queryFrontend.autoscaling.enabled=true,
distributor.autoscaling.enabled=true, compactor.enabled=true, gateway.enabled=true,
gateway.autoscaling.enabled=true, serviceMonitor.enabled=true
```

관측 가능성을 적용하면 몇 가지 제약 사항과 맞닥뜨린다. 쿠버네티스에서 운영 중인 애플리케이션이 동적으로 변경되므로 이를 모니터링하는 관측 가능성에도 동적으로 변경된 환경이 반영되어야 한다. 미니오, 콘술, 레디스 등은 추가적으로 커스터마이징이 가능하다. 모니터링을 위해서 프로메테우스 설정이 가능하다.

로키는 해시 링Hash Ring과 가십 프로토콜을 사용해서 내부적으로 샤드를 관리한다. 이를 위해 멤버리스트를 기본으로 사용하는데, 먼저 다음과 같이 멤버리스트를 구성한다.

```
distributor:
  ring:
    kvstore:
      store: memberlist
memberlist:
  join_members:
    - {{ include "loki.fullname" . }}-memberlist
ingester:
  lifecycler:
    ring:
      kvstore:
        store: memberlist
```

distributor, ingester를 consul로 변경한다.

```
distributor:
  ring:
    heartbeat_timeout: 1m
    kvstore:
      store: consul
      consul:
        host: 192.168.56.180:8500
ingester:
  lifecycler:
    address: 192.168.56.181
    ring:
      kvstore:
        store: consul
        consul:
          host: 192.168.56.180:8500
      heartbeat_timeout: 1m
      replication_factor: 1
    num_tokens: 128
    heartbeat_period: 5s
    join_after: 0s
    min_ready_duration: 10s
    interface_names:
      - "eth0"
    final_sleep: 30s
  chunk_idle_period: 5m
  chunk_retain_period: 30s
```

기본으로 제공해주는 멤캐시트 대신에 레디스를 사용하는 경우 그 설정은 다음과 같다. 로키, 템포는 레디스, 멤캐시트를 지원하고, 미미르는 멤캐시트만 지원한다.

```
chunk_store_config:
  chunk_cache_config:
    redis:
        endpoint: "redis:6379"
        timeout: 100ms
        expiration: 0s
  max_look_back_period: 0s
  write_dedupe_cache_config:
    redis:
      endpoint: "redis:6379"
      timeout: 100ms
      expiration: 0s
```

기본으로 제공하는 콤팩터Compactor 대신 테이블 매니저Table Manager를 사용하는 경우, 다음과 같이 설정한다.

```
table_manager:
  chunk_tables_provisioning:
    inactive_read_throughput: 1
    inactive_write_throughput: 1
    provisioned_read_throughput: 5
    provisioned_write_throughput: 5
  index_tables_provisioning:
    inactive_read_throughput: 1
    inactive_write_throughput: 1
    provisioned_read_throughput: 5
    provisioned_write_throughput: 5
  retention_deletes_enabled: false
  retention_period: 0s
```

그라파나 대시보드를 설치한다.

```
# helm install loki-grafana grafana/Grafana
# kubectl get secret loki-grafana -o jsonpath="{.data.admin-password}" | base64 --decode ; echo
```

다음과 같이 설치된 프롬테일 차트를 삭제한다.

```
helm delete promtail
```

로키의 설정은 그림 4.9를 참고하자.

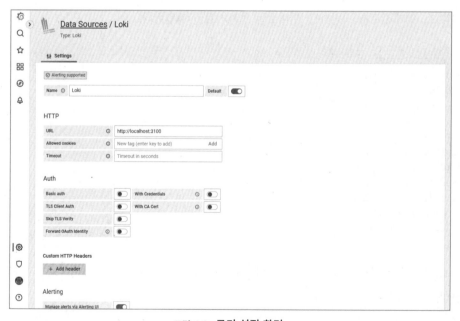

그림 4.9 로키 설정 화면

4.2.5 **로키 테스트**

로키의 구성과 테스트는 복잡하지 않다. 프롬테일에서 파일만 정확하게 입수가 되면 로키에서 쿼리를 사용해서 로그를 조회할 수 있다. 프롬테일 외에도 플루언트비트Fluentbit 등 다른 로그 수집기도 호환성을 제공한다. 기존에는 일래스틱서치 외에 우수한 로그 관리 설루션이 부재하였다. 일래스틱서치는 우수한 로그 관리 설루션이지만, 로키는 쿠버네티스 오토스케일링과 객체 스토리지를 지원함으로써 확장성 측면에서 문제가 없으며, 향후에도 오픈소스 라이선스를 지원할 예정이다.

그라파나 관측 가능성은 관측 가능성을 학습하기 위한 최선의 자료라고 생각한다. 내부적으로 마이크로서비스, 빅데이터, 샤딩, 안정 해시, 가십 프로토콜 등을 사용하므로 좋은 학습 기회를 제공한다.

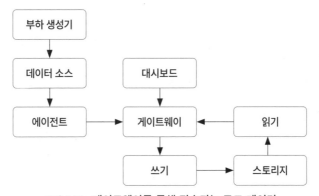

그림 4.10 게이트웨이를 통해 전송되는 로그 데이터

로그를 생성하는 에이전트는 플로그Flog, 로그를 캡처하는 프롬테일, 로그를 저장하는 로키로 구성된 데모다.

- 플로그를 실행하여 로그 라인을 생성
- 프롬테일은 로그 라인을 캡처
- 게이트웨이를 통해 로키 클러스터에 푸시
- 로키는 로그를 저장

일반적인 환경이라면 로그 생성 에이전트, 로그 캡처 에이전트, 로키 클러스터는 다른 위치에서 실행된다.

그라파나를 사용해 브라우저에서 http://localhost:3000으로 이동한다. 로키 클러스터에서 캡처한 로그 라인을 쿼리하고 관찰하자. 그라파나 인스턴스에는 데이터 소스로 구성된 로키가 있다. 로키 데이터 소스를 선택하고 로키 쿼리 브라우저를 불러온다. 쿼리를 입력하고 파란색 쿼리 실행 버튼을 클릭하면 그림 4.11처럼 결과를 출력한다.

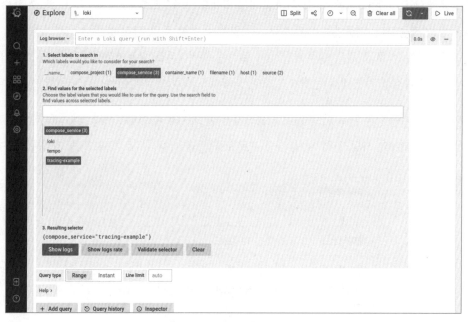

그림 4.11 로키의 쿼리 빌더 화면

그림 4.12는 플로그가 생성한 모든 로그 라인을 나타낸 것이다.

그림 4.12 로키 로그의 쿼리 결과 화면

쿼리를 직접 입력할 수도 있다. 로키는 복잡한 쿼리를 쉽게 개발할 수 있도록 가이드라인을 제공한다. 다양한 조건과 함께 쿼리를 시도해보자.

```
#evaluate-loki_flog_1 컨테이너에서 생성된 로그를 쿼리
{container="root_flog_1"}

#GET 메서드를 쿼리
{container="evaluate-loki_flog_1"} |= "GET"

#POST 메서드를 쿼리
{container="evaluate-loki_flog_1"} |= "POST"

#401 상태를 가지는 모든 로그 라인을 쿼리
{container="evaluate-loki_flog_1"} | json | status="401"
```

YAML 파일 내에서 flog.command 필드의 값을 변경하여 플로그 출력을 지정한다.

```
apiVersion: apps/v1
kind: Deployment
metadata: {}
spec:
  replicas: 1
  selector:
    matchLabels:
      io.kompose.service: flog
  strategy: {}
  template:
    metadata:
      annotations:
        kompose.cmd: kompose convert -f docker-compose.yaml
        kompose.version: 1.26.1 (a9d05d509)
      creationTimestamp: null
      labels:
        io.kompose.network/loki: "true"
        io.kompose.service: flog
status: {}
```

근래 들어 로키를 사용해서 텔레메트리 로그를 수집하고 새로운 서비스 제공에 대한 요구 사항이 많아지고 있다. 로키를 사용하면 로그 수집, 관리, API 제공을 간단하고 빠르게 처리할 수 있다.

4.3 미미르 메트릭 관리

4.3.1 미미르 기능

타노스는 현시점에서 가장 대중적인 장기 저장소 솔루션이다. 하지만 관측 가능성을 구성하기 위해서는 다른 관측 가능성과 연계가 간단하고 우수한 성능이 보장되어야 한다. 타노스의 단점은 튜닝이 어렵고, 문제가 발생하면 해결하는 데 시간이 오래 걸린다는 것이다. 코텍스Cortex 등에 비교하면 성능도 많이 부족한 편이다. 사이드카 방식으로는 멀티 테넌트, 오토스케일링, 멀티 클러스터를 적용하는 것이 복잡해 관측 가능성 시스템 간의 상관관계를 설정하는 것이 어렵다.

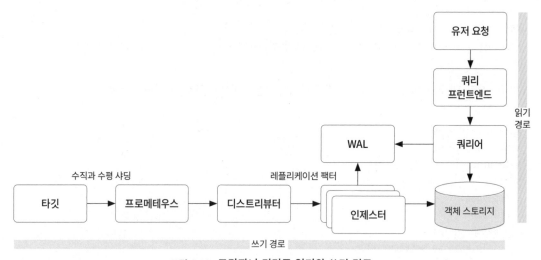

그림 4.13 **그라파나 미미르 읽기와 쓰기 경로**

타노스를 대체할 수 있는 그라파나 **미미르**Mimir를 소개한다.

- 그라파나 미미르는 마이크로서비스 아키텍처로 구현되었다. 미미르에는 병렬 실행과 수평으로 확장 가능한 마이크로서비스가 다수 존재한다.
- 프로메테우스와 오픈메트릭 등을 지원하고 있다. 향후에는 데이터독, 오픈텔레메트리, 인플럭스 등도 지원할 예정이다.
- 쿠버네티스 기반의 마이크로서비스로 배포되며, 대용량의 시계열 빅데이터를 저장한다.
- 미미르, 템포, 로키는 프로메테우스를 기반으로 개발되었으며, 읽기와 쓰기가 분리되었다. 실제로 프로세스명과 처리 흐름이 유사하다.

앞서 다수의 프로메테우스를 통합하는 방법으로 샤딩, 페더레이션, 타노스를 소개했는데, 미미르는 프로메테우스를 통합할 수 있는 메트릭 서버다.

❶ 미미르 컴포넌트

그라파나 미미르는 다양한 컴포넌트로 구성되어 있다. 대부분의 컴포넌트는 상태 비저장stateless 이며, 프로세스가 다시 시작되는 사이에 유지되는 데이터를 필요로 하지 않는다. 일부 상태 저장 stateful 컴포넌트는 프로세스 재시작 사이에서의 데이터 손실을 방지하기 위해 비휘발성non-volatile 저장소에 저장된다.

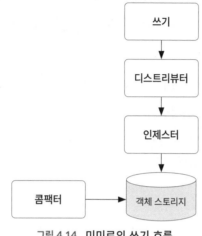

그림 4.14 미미르의 쓰기 흐름

▶ **쓰기 경로**

● **프로메테우스**

- 프로메테우스 인스턴스는 다양한 대상에서 샘플을 스크랩하고 프로메테우스의 원격 쓰기 API를 사용하여 그라파나 미미르로 푸시한다. 원격 쓰기 API는 HTTP PUT 요청 본문 내에 서 일괄 처리된 스내피Snappy 압축 프로토콜 버퍼 메시지를 내보낸다.

- 미미르에는 각 HTTP 요청에 대한 테넌트 ID를 지정하는 헤더가 있어야 한다.

- 들어오는 샘플(프로메테우스의 쓰기)은 디스트리뷰터가 처리하고, 들어오는 읽기(PromQL 쿼 리)는 쿼리 프런트엔드에서 처리한다.

● **인제스터**

- 디스트리뷰터를 통해 인제스터Ingester로 들어온 샘플은 메모리에 보관되고, 로그 선행 기입 (WAL)에 기록된다. 멀티 테넌트를 지원하기 위해서 객체 스토리지 저장 시점에 별도로 구 분된 버킷에 저장된다. 즉, 인제스터는 수신된 샘플을 테넌트별 저장소에 추가한다.

- 메모리 내 샘플은 주기적으로 디스크로 플러시flush되고, **WAL**은 해당 샘플이 새 TSDB 블

록으로 생성될 때 삭제된다. 기본적으로 이 작업은 두 시간마다 발생한다. 새로 생성된 각 블록은 장기 저장소에 업로드되고, 구성된 `-blocks-storage.tsdb.retention-period`가 만료될 때까지 인제스터에 보관된다.

– 인제스터가 갑자기 종료된 경우 메모리 내 시리즈(계열)를 복구할 수 있도록 WAL을 영구persistent 디스크에 저장한다. 퍼블릭 클라우드 환경이라면 AWS EBS 볼륨 또는 GCP 영구 디스크 등이 될 수 있다. 쿠버네티스에서 그라파나 미미르 클러스터를 실행하는 경우 인제스터에 대한 PVCPersistent Volume Claim와 함께 스테이트풀셋StatefulSet을 사용할 수 있다.

- **콤팩터**

  시리즈(시계열) 샤딩과 복제를 위해 기본적으로 각 시계열은 3개의 인제스터로 복제되고, 각 인제스터는 자체 블록을 장기 저장소에 쓴다. 콤팩터Compactor는 여러 수집기의 블록을 단일 블록으로 병합하고 중복 샘플을 제거한다. 블록 압축은 스토리지를 절약하고, 보다 효율적인 읽기 쓰기가 가능하도록 도와준다.

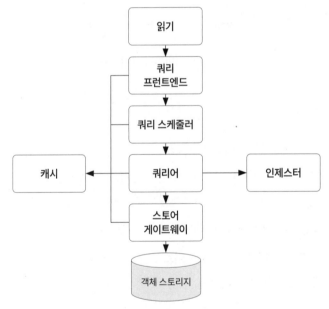

그림 4.15 미미르의 읽기 흐름

▶ **읽기 경로**

- **쿼리 프런트엔드**

  – 그라파나 미미르로 들어오는 쿼리는 쿼리 프런트엔드에 입수되고, 프런트엔드는 쿼리를 여러 개의 더 작은 쿼리로 분할한다.

- 그런 다음 프런트엔드는 결과 캐시를 확인한다. 쿼리 결과가 캐시된 경우에는 캐시된 결과를 반환하고, 캐시에서 응답할 수 없는 쿼리는 프런트엔드 내의 메모리 내 큐Queue에 넣는다.

- **쿼리어**
  - 쿼리 프런트엔드 내 메모리 큐에서 쿼리를 가져오는 작업자 역할을 한다.
  - 쿼리어는 스토어 게이트웨이Store Gateway와 인제스터에 연결하여 쿼리를 실행하는 데 필요한 모든 데이터를 가져온다.
  - 쿼리어는 쿼리를 실행한 후 집계를 위해 프런트엔드에 결과를 반환하고 프런트엔드는 집계된 결과를 클라이언트에 반환한다.

▶ **스토리지 방식**

- 그라파나 미미르는 각 테넌트의 시계열을 자체 TSDB에 저장함으로써 블록의 시리즈를 유지한다. 기본적으로 블록의 범위는 두 시간이며, 각 블록 디렉터리는 인덱스 파일, 메타데이터가 포함된 파일과 시계열 청크를 포함한다.
- TSDB 블록 파일에는 여러 시리즈에 대한 샘플이 들어 있다. 블록 내부의 시리즈는 블록 파일의 시계열에 대한 메트릭 이름과 레이블을 모두 색인(인덱싱)한다.
- 그라파나 미미르에는 블록 파일을 저장할 디스크로 다음의 예와 같은 객체 저장소가 필요하다.
  - AWS, GCP, Azure 등의 스토리지
  - 오픈스택 스위프트OpenStack Swift
  - 로컬 파일시스템local filesystem 단일 노드single node

❷ 인덱스 헤더

스테이트풀인 스토어 게이트웨이는 장기 저장소long-term storage에서 블록을 쿼리한다. 읽기 경로에서 사용자가 쿼리어에게 조회를 요청하거나, 룰러Ruler가 레코딩 규칙을 처리할 때는 항상 스토어 게이트웨이를 사용한다. 객체 스토리지에서 블록 내부 시리즈를 쿼리하려면 스토어 게이트웨이는 블록 인덱스에 대한 정보를 얻어야 한다. 그라파나 관측 가능성은 다양한 형태로 인덱스 정보를 관리할 수 있다. 예를 들어, AWS 다이나모 데이터베이스에 인덱스를 관리하고, 실제 데이터는 S3 객체 스토리지에 저장하는 것이 가능하다. 즉, 인덱스와 데이터를 분리해서 관리하거나 함께 관리하는 것이 가능한 것이다. 필요한 정보를 얻기 위해 스토어 게이트웨이는 블록에 대한 인덱스 헤더index-header를 만들고 로컬 디스크에 저장한다.

스토어 게이트웨이는 GET byte range request 명령어를 사용해 블록 인덱스의 특정 섹션을 포함하는 인덱스 헤더를 빌드하고 쿼리 시 이를 사용한다. 인덱스 헤더는 스토어 게이트웨이가 장기 저장소에서 다운로드하여 로컬 디스크에 보관하는 블록 인덱스의 하위 집합으로, 이를 로컬 디스크에 유지하면 쿼리 실행 속도가 빨라진다. 기본적으로 스토어 게이트웨이는 인덱스 헤더를 디스크에서 다운로드한 후 필요할 때까지 메모리에 로드하지 않고 있다가 필요 시 쿼리에 메모리 매핑하고 -blocks-storage.bucket-store.index-header-lazy-loading-idle-timeout에 지정한 비활성 시간이 지나면 인덱스 헤더는 스토어 게이트웨이에서 자동으로 해제된다.

그라파나 미미르는 인덱스 헤더 지연 로딩을 비활성화하기 위해 구성 플래그 -blocks-storage.bucket-store.index-header-lazy-loading-enabled=false를 제공한다. 비활성화되면 스토어 게이트웨이가 모든 인덱스 헤더를 메모리 매핑하여 인덱스 헤더의 데이터에 더 빠르게 액세스할 수 있다. 그러나 블록 수가 많은 클러스터에서는 쿼리 시 사용되는 빈도에 관계없이 각 스토어 게이트웨이에 메모리 매핑된 많은 양의 인덱스 헤더가 있을 수 있다.

❸ 해시 링의 작동 방식

네트워크상에 다수의 컴포넌트가 샤딩되고 서로 간에는 통신이 필요하다. 다른 컴포넌트를 발견하고 안정적으로 통신하기 위해서 해시 링을 사용한다.

용어를 정리할 필요가 있다. 예를 들어, 미미르는 다수의 컴포넌트로 구성되고, 여기에는 인제스터, 디스트리뷰터, 쿼리어 등이 있다. 구체적으로 내부를 분석해보자. 인스턴스는 컴포넌트의 구성원이다. 예를 들어, 인제스터 컴포넌트는 인제스터 #1, 인제스터 #2 등 다수의 인스턴스를 갖는다. 그라파나 미미르의 해시 링은 컴포넌트의 여러 복제본 간의 작업을 공유하는 데 사용되므로 다른 컴포넌트가 통신할 주소를 결정할 수 있다. 해시값을 사용하여 이를 소유한 링 구성원을 찾는다.

그라파나 미미르는 32비트 부호 없는 정수를 반환하는 fnv32a 해시 함수를 사용하므로 해당 값은 0에서 $2^{32}-1$ 사이다. 이 값을 토큰이라고 한다. 토큰은 **해시 링**의 위치와 미미르 인스턴스의 소유자를 결정한다. 예를 들어, 시리즈는 인제스터에 걸쳐 **샤딩**된다. 주어진 시리즈의 토큰은 시리즈의 레이블과 테넌트 ID를 해싱하여 계산하고 그 결과 토큰 공간 내에서 부호 없는 32비트 정수를 생성한다. 해당 시리즈를 소유하는 인제스터는 시리즈의 토큰을 포함, 토큰 범위를 소유하는 인스턴스다. 가능한 토큰 세트(2^{32})를 클러스터 내에서 사용 가능한 인스턴스로 나누기 위해 인제스터 내에서 실행 중인 모든 인스턴스가 해시 링에 참여한다. 해시 링은 토큰의 공간을 여러 범위로 분할하고, 분할된 각 범위를 지정된 그라파나 미미르 해시 링 멤버에 할당하는 데이터 구조다.

시작 시 인스턴스는 임의의 토큰값을 생성하고 이를 링에 등록한다. 여러 인스턴스에 걸쳐 데이터를 복제하기 위해 그라파나 미미르는 소유자부터 시작하여 링을 시계 방향으로 이동하며 복제본을 찾는다. 작동 방식을 더 잘 이해하기 위해 4개의 인제스터와 0과 9 사이의 토큰 공간을 예로 들어보겠다.

- 인제스터 #1은 토큰 2를 링에 등록한다.
- 인제스터 #2는 토큰 4를 링에 등록한다.
- 인제스터 #3은 토큰 6을 링에 등록한다.
- 인제스터 #4는 토큰 9를 링에 등록한다.

그라파나 미미르는 {__name__="cpu_seconds_total",instance="1.1.1.1"} 시리즈에 대한 샘플을 수신한다. 시리즈의 레이블을 해시한 해시 함수의 결과는 토큰 3이다. 토큰 3을 소유한 인제스터를 찾기 위해 그라파나 미미르는 링에서 토큰 3을 조회하고 3보다 큰 수 중 가장 작은 수의 토큰으로 등록된 인제스터를 찾는다. 토큰 4로 등록된 인제스터 #2는 토큰의 권한이 있는 소유자다.

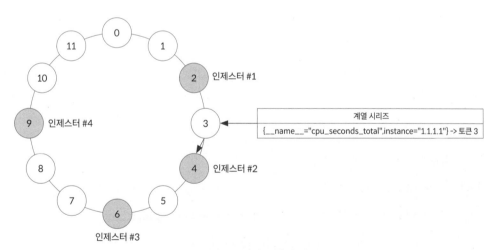

그림 4.16 미미르 해시 링

기본적으로 그라파나 미미르는 각 시리즈를 3개의 인제스터로 복제한다. 시리즈의 소유자를 찾은 후 그라파나 미미르는 링의 시계 방향으로 탐색하고, 시리즈를 복제해야 하는 나머지 두 인스턴스를 찾는다. 다음 예에서 시리즈는 인제스터 #3, 인제스터 #4의 인스턴스에 복제된다.

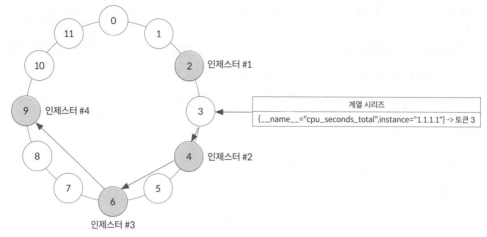

그림 4.17 미미르 해시 링의 복제

▶ 일관된 해싱

링에 인스턴스가 추가되거나 제거될 때, 일관된 해싱consistent hashing은 한 인스턴스에서 다른 인스턴스로 이동되는 토큰 수를 최소화한다. 평균적으로 다른 인스턴스로 이동해야 하는 토큰의 수는 n/m에 불과하다. 여기서 n은 총토큰 수(32비트 부호 없는 정수)이고 m은 링에 등록된 인스턴스 수다.

▶ 해시 링을 사용하는 컴포넌트

해시 링이 필요한 여러 그라파나 미미르 컴포넌트가 있다. 예를 들어, 쿠버네티스 디플로이먼트로 구성되는 다음 컴포넌트는 다수의 파드로 이루어진 해시 링을 구성할 수 있다. 다수의 컴포넌트가 독립적인 샤딩을 구성한다.

- **인제스터**: 샤딩과 시리즈(계열)를 복제한다.
- **디스트리뷰터**: 비율 제한을 시행한다.
- **콤팩터**: 압축 워크로드를 샤딩한다.
- **스토어 게이트웨이**: 장기 저장소에서 쿼리하기 위해서 블록을 샤딩한다.
- **룰러**: 규칙 그룹을 평가하기 위해 샤딩한다(선택 사항).

▶ 그라파나 미미르 인스턴스 간 해시 링을 공유하는 방법

해시 링 데이터 구조는 그라파나 미미르 인스턴스 간에 공유되어야 한다. 해시 링에 변경 사항을 전파하기 위해 그라파나 미미르는 키-값 저장소를 사용하며, 다른 컴포넌트의 해시 링에 대해 독립적으로 구성할 수 있다.

▶ **해시 링을 사용하여 구축한 기능**

- **서비스 디스커버리**Service Discovery: 인스턴스는 링에 등록된 인스턴스를 조회하여 서로를 검색할 수 있다.

- **하트비팅**heartbeating: 인스턴스는 주기적으로 링에 하트비트를 전송하여 작동과 실행 중임을 알린다. 일정 기간 동안 하트비트를 놓치면 해당 인스턴스는 비정상으로 간주된다.

- **영역 인식 복제**zone-aware replication: 장애 도메인 간의 데이터 복제로, 도메인 중단 동안 데이터 손실을 방지하는 데 도움이 된다.

- **셔플 샤딩**: 그라파나 미미르는 멀티 테넌트 클러스터에서 셔플 샤딩shuffle sharding을 선택적으로 지원하여 중단의 폭발 반경blast radius of an outage을 줄이고 테넌트를 더 잘 격리한다. 셔플 샤딩은 서로 다른 테넌트의 워크로드를 격리하고 공유 클러스터에서 실행되는 경우에도 각 테넌트에 단일 테넌트 환경을 제공하는 기술이다. 셔플 샤딩은 각 테넌트에 그라파나 미미르 인스턴스의 하위 집합으로 구성된 샤드를 할당한다. 이 기술은 두 테넌트 간의 겹치는 인스턴스 수를 최소화한다.

❹ 멤버리스트와 가십 프로토콜

멤버리스트Memberlist는 가십Gossip 기반 프로토콜을 사용하여 클러스터 멤버십과 구성원 실패 감지를 관리하는 Go 라이브러리다. 이러한 라이브러리는 광범위하게 사용된다. 모든 분산 시스템에는 구성원 자격이 필요하고, 멤버리스트는 클러스터 구성원 자격과 노드 오류 감지를 관리하기 위한 솔루션이다. 멤버리스트는 여러 경로를 통해 잠재적으로 작동하지 않는 노드와 통신을 시도하여 노드 오류를 감지하고 장애를 극복한다.

기본적으로 그라파나 미미르는 멤버리스트를 사용하여 인스턴스 간에 해시 링 데이터 구조를 공유하는 키-값 저장소를 구현한다. 멤버리스트 기반 키-값 저장소를 사용할 때 각 인스턴스는 해시 링의 복사본을 유지 관리한다. 각 미미르 인스턴스는 로컬에서 해시 링을 업데이트하고, 멤버리스트를 사용하여 변경 사항을 다른 인스턴스에 전파한다. 로컬에서 생성된 업데이트와 다른 인스턴스에서 받은 업데이트는 함께 병합되어 인스턴스에서 링의 현재 상태를 형성한다.

❺ 쿼리 샤딩

미미르에는 여러 시스템에서 단일 쿼리를 실행할 수 있는 기능이 포함되어 있다. 이것은 데이터셋을 더 작은 조각으로 쪼개는데, 이 작은 조각을 샤드라고 한다. 그런 다음 각 샤드는 부분 쿼리에서 쿼리되고, 부분 쿼리는 쿼리 프런트엔드에서 배포되어 다른 쿼리어에서 병렬로 실행된다. 부분 쿼리의 결과는 쿼리 프런트엔드에서 집계하여 전체 쿼리 결과를 반환한다.

모든 쿼리가 샤딩 가능한 것은 아니다. 데이터 전체를 집계해야 하는 전체 쿼리는 분할할 수 없지만, 데이터의 일부를 조회하고 반환하는 내부 부분에 관한 쿼리는 여전히 분할할 수 있다. 예를 들어, 연관 집계(예: sum, min, max, count, avg)는 샤딩할 수 있지만, 일부 쿼리 함수(예: missing, missing_over_time, histogram_quantile, sort_desc, sort)는 샤딩할 수 없다.

샤드 수가 3인 구체적인 예를 살펴보자. 레이블 선택기 __query_shard__를 포함하는 모든 부분 쿼리는 병렬로 실행된다. concat() 함수 내의 내용은 부분 쿼리 결과가 쿼리 프런트엔드에 의해 연결/병합concat되는 시기를 표시한다.

```
sum(rate(metric[1m]))
```

다음과 같이 실행된다.

```
sum(
  concat(
    sum(rate(metric{__query_shard__="1_of_3"}[1m]))
    sum(rate(metric{__query_shard__="2_of_3"}[1m]))
    sum(rate(metric{__query_shard__="3_of_3"}[1m]))
  )
)
```

4.3.2 미미르 구성

이제부터 그라파나에서 제공하는 관측 가능성 소프트웨어를 설치하고 구성해보자. 모든 소프트웨어는 오픈소스이며, 그라파나 웹사이트에서 다운로드받을 수 있다.

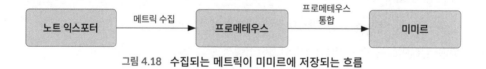

그림 4.18 수집되는 메트릭이 미미르에 저장되는 흐름

실습뿐만 아니라 내부 원리에 대해서도 설명할 것이다. 미미르, 로키, 템포 등이 내부적으로 다양한 컴포넌트를 사용하므로, 어떠한 컴포넌트를 사용해야 하는지 이해하는 것이 필요하다. 모든 컴포넌트를 사용하는 것이 정답이 아니며, 목적에 따라 사용하는 컴포넌트의 기준을 정립할 수 있도

록 가이드라인을 제공하고자 한다. 컴포넌트별로 존재하는 다양한 매개변수의 값을 수정하여 튜닝할 수 있다. 지면상 세부적인 매개변수를 설명하기엔 한계가 따르므로 중요한 매개변수를 위주로 소개한다.

대표적인 모니터링 툴로 활발하게 사용되고 있는 프로메테우스에는 다음과 같은 몇 가지 단점이 있다.

- 클러스터 구성을 지원하지 않는다.
- 메트릭 데이터를 장기간 보관하기에 적합하지 않다.

위에서 언급한 단점을 해결하기 위해서 타노스를 출시했는데, 타노스 역시 단점이 있다.

- 낮은 성능으로 인해서 많은 튜닝이 필요하다.
- 구성이 복잡하고 러닝 커브가 높다.

코텍스Cortex는 타노스의 단점을 극복한 오픈소스이며, 이것의 기능을 개선한 후속 버전이라 할 수 있는 미미르는 다음과 같은 기능을 제공한다.

- 다양한 메트릭과의 연계와 호환성을 제공한다.
- 기존 코텍스에 비해 향상된 쿼리 성능을 제공한다.
- 카디널리티와 레이블에 대한 추가적인 API를 제공한다.
- 헬름 차트, 규칙, 대시보드 등 효과적인 운영 기능을 제공한다.

프로메테우스는 스크랩 대상을 타깃으로 정하고 /metrics에서 메트릭 정보를 읽는 풀pull 방식으로 작동한다. 프로메테우스에서 스크래핑된 메트릭 데이터를 미미르로 전송하기 위해서 원격 쓰기 API를 사용한다. 하지만 미미르는 자체적으로 스크래핑하는 기능은 제공하지 않는다. 사이드카 방식을 사용한다는 점에서도 타노스와 차이점이 있다.

미미르를 사용하면 복잡한 수평 샤딩 구성이나 페더레이션 계층 구조 구성의 필요성이 줄어든다. 즉, 프로메테우스 구성이 간단해진다는 장점이 있다. 미미르 게이트웨이와 디스트리뷰터, 인제스터, 쿼리어, 쿼리 프런트엔드가 오토스케일링이 되도록 구성하면 입수되는 메트릭이 크더라도 기본적인 성능은 보장된다. 미미르 앞단에 오픈텔레메트리 컬렉터를 구성하거나, 로드 밸런서를 별도로 구성하고 네트워크 성능 등 다양한 변수를 고려해야 한다.

미미르를 시작하면 그림 4.19처럼 미미르에서 미니오 객체 스토리지가 초기화된 것을 확인할 수 있다.

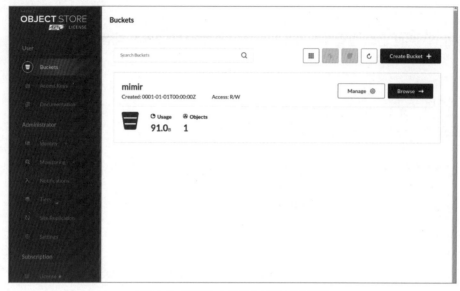

그림 4.19 미미르 스토리지 구성 정보 화면

http://localhost:9009에 접속하고, 'Trigger a flush of data from ingester to storage'를 클릭한다. 현재 미미르 메모리상의 블록을 디스크로 플러시한다는 의미다. 물론 두 시간 주기마다 데이터를 플러시하므로, 대기하면서 미니오 객체 스토리지에 블록이 생성되는 것을 모니터링해도 된다.

Grafana Mimir Admin

Overview	Services' status
Current config	Including the default values Only values that differ from the defaults
Alertmanager	Status Ring status
Compactor	Ring status
Distributor	Ring status Usage statistics HA tracker status
Ingester	Ring status
Ruler	Ring status
Store-gateway	Ring status Tenants & Blocks
Memberlist	Status
Dangerous	Trigger a flush of data from ingester to storage `Dangerous` Trigger ingester shutdown `Dangerous`

그림 4.20 미미르 관리자 구성 정보 화면

플러시가 완료되면 그림 4.21처럼 객체 스토리지 내 버킷에 블록이 생성되는 것을 확인할 수 있다. 버킷의 상세 내용을 보자. 플러시를 클릭할 때마다 하나의 블록이 생성된 것을 확인할 수 있다.

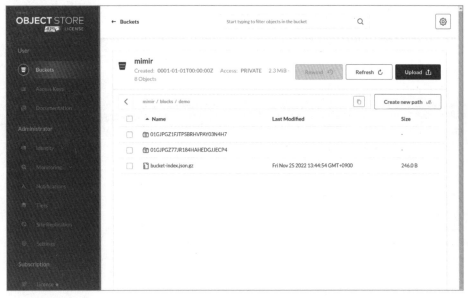

그림 4.21 미미르 버킷 화면에서 버킷 상세 내용 조회

시간이 지나면서 지속적으로 메모리의 내용을 객체 스토리지로 플러시한다.

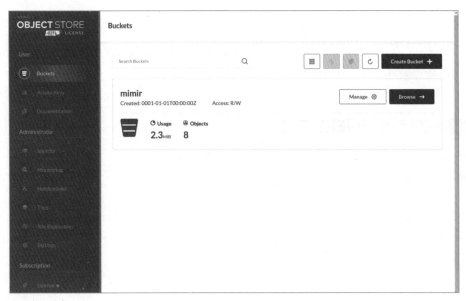

그림 4.22 미미르 버킷 화면

미미르는 REST API를 제공한다.

```
[root@cluster1-localdomain ~]# curl http://127.0.0.1:9009/ready
Ready
```

미미르툴mimirtool은 운영자가 그라파나 미미르와 관련된 여러 일반 작업을 실행하는 데 사용할 수 있는 도구다.

```
[root@cluster1-localdomain Downloads]# ./mimirtool-linux-amd64 alertmanager get
--address=http://127.0.0.1:9009 --id=demo
INFO[0000] no alertmanager config currently exist for this user
[root@cluster1-localdomain Downloads]#

[root@cluster1-localdomain Downloads]# ./mimirtool-linux-amd64 rules list
--address=http://127.0.0.1:9009 --id=demo
Namespace|Rule Group
test|test
[root@cluster1-localdomain Downloads]#
```

다음 명령어로 바이너리 미미르를 실행할 수 있다.

```
[root@cluster1-localdomain ~]# ./mimir --config.file=./demo.yaml
```

공식 문서에 따르면 바이너리로 설치하는 것을 권장하지 않으며, 테스트와 개발 용도로 활용하는 것이 대부분이다. 운영 환경에서는 마이크로서비스 모드로 구성하여 쿠버네티스에서 배포하고 운영하는 것을 우선적으로 고려해야 한다.

4.3.3 미미르 쿠버네티스 구성

미미르는 그라파나에서 제공하는 헬름 차트를 사용해서 설치와 구성을 진행한다. 그라파나 헬름 차트에서 제공하는 미미르, 로키 등의 차트는 다음과 같은 공통적인 특징을 가지고 있다.

- 그라파나 관측 가능성(로키, 미미르, 템포)은 프로메테우스를 기반으로 개발되었고, 유사한 아키텍처와 구성을 가지고 있다. 메트릭 쓰기(프로메테우스 메트릭 데이터 입수 시)와 메트릭 읽기(그라파나에서 PromQL로 조회 시)가 분리되었다.

- 엔진엑스 기반의 로드 밸런싱을 처리한다. 내부적으로 엔진엑스 리버시 프록시를 사용해서 백엔드로 라우팅한다. 헬름 차트 구성 시 게이트웨이를 활성화해야 한다.

- 그라파나 대시보드에서 게이트웨이, 쿼리어, 쿼리 프런트엔드에 모두 연결이 가능하다. 하지만 그라파나 클라이언트(예를 들어 프로메테우스, 프롬테일, 템포 오픈트레이싱 계측 클라이언트, 그라파나 에이전트, 오픈텔레메트리 컬렉터) 등은 게이트웨이에 연결해야 한다. 디스트리뷰터, 즉 쿼리어, 쿼리 프런트엔드에 직접 연결하면 오토스케일링을 사용 못 하는 등의 불이익이 발생할 수 있다.
- 클라이언트가 구성되지 않으면 서버가 정상적으로 동작하지 않는다. 예를 들어, 프로메테우스를 구성하고 메트릭을 수집해야만 미미르에서 정상적인 결과를 확인할 수 있다.

헬름 차트는 복잡하지만, 요구 사항에 적합하게 다양한 모듈을 커스터마이징할 수 있는 장점이 있다. 이 책에서는 핵심 모듈 위주로 구성을 진행한다.

values.yaml을 수정하고 -f values.yaml를 옵션으로 실행하자.

```
# helm install mimir-distributed grafana/mimir-distributed -f values.yaml
W0525 09:54:28.038983   48205 warnings.go:67] policy/v1beta1 PodSecurityPolicy is deprecated
in v1.21+, unavailable in v1.25+
NAME: mimir-distributed
STATUS: deployed
REVISION: 1
TEST SUITE: None
# kubectl get pod
NAME                                            READY   STATUS    RESTARTS   AGE
mimir-distributed-alertmanager-0                1/1     Running   0          2m41s
mimir-distributed-compactor-0                   1/1     Running   0          2m41s
mimir-distributed-distributor-558444bddf-fvfv8  1/1     Running   0          2m41s
mimir-distributed-ingester-0                    1/1     Running   0          2m41s
(이하 생략)
```

설치 순서는 다음과 같다.

- 프로메테우스를 설치하고 원격 쓰기remote write를 구성한다.
- 미미르를 설치한다.
- 그라파나를 설치한다.

이외에 추가적으로 제공되는 많은 대시보드는 미미르 공식 깃에서 확인할 수 있다. 추가 개발 없이 기본으로 제공되는 대시보드를 활용하는 방법을 제공하는 웹사이트[2]에도 방문해보자.

---

2   https://grafana.com/docs/mimir/latest/operators-guide/monitoring-grafana-mimir/dashboards/

만약 미미르 메트릭이 제대로 출력되지 않는 경우가 발생한다면, 프로메테우스에서 원격 쓰기를 설정하거나, 그라파나 에이전트를 사용해서 메타 모니터링 구성을 해야 한다.

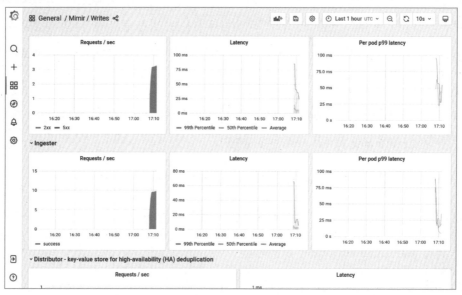

그림 4.23 미미르 대시보드

4.3.4 미미르 업무 규칙

3장에서 레코딩, 알람 업무 규칙에 대한 이론을 살펴보았다. 이번에는 실습을 진행한다. 그라파나 대시보드 최신 버전에서는 로키, 미미르를 위한 업무 규칙을 개발할 수 있다. 메트릭을 사용해서 레코딩과 알람 규칙을 작성하는 것이 일반적이다. 멀티 테넌트를 구성하거나 추적과 로그에서 메트릭으로 변환하는 일이 빈번하게 발생한다. 그리고 외부 이상 탐지의 알람도 프로메테우스 API를 사용해서 메트릭으로 변환하고 적재한다. 작업 자체가 간단하지 않은 데다가 처음부터 아키텍처를 잘 설계하지 않으면 추후 복잡한 변경이 많이 필요해지므로 신중해야 한다.

미미르에서 레코딩, 알람 규칙을 개발하기 위해서는 다음과 같이 구성해야 활성화를 할 수 있다.

```
ruler_storage:
  backend: filesystem
  filesystem:
    dir: /tmp/mimir/rules
```

프로메테우스 생태계에서 알람을 설정하는 것과 그 알람을 통지하는 것은 분리돼 있다.

- 프로메테우스 서버 내의 규칙 매니저는 레코딩 규칙과 알람 규칙, 두 가지를 제어한다. 규칙 매니저는 프로메테우스 시계열 데이터베이스에 저장된 메트릭 데이터를 개발된 규칙과 비교하고 평가하는 역할을 수행한다.

- 통지 기능은 알람 매니저ₐₗₑᵣₜₘₐₙₐ𝓰ₑᵣ를 사용해서 구현한다. 알람 매니저는 프로메테우스 서버 내 하나의 모듈이다. 예를 들어, 슬랙으로 통지하는 것은 알람 매니저에 의해서 처리된다.

1장에서 확인한 지연시간과 가용성은 중요한 SLO 지표다. 이번에는 가용성 레코딩 규칙과 가용성에 대한 알람 규칙을 생성한다. 미미르 업무 규칙은 다음과 같은 단계로 계발한다.

▶ 레코딩 규칙 구성

레코딩 규칙recording rule을 사용하면 자주 필요하거나 계산 비용이 많이 드는 표현식을 미리 계산하고 그 결과를 새로운 시계열 세트로 저장할 수 있다. 그라파나에서 제공하는 도구를 사용하여 그라파나 미미르에서 레코딩 규칙을 구성한다.

- 레코딩 규칙을 구성하기 위해서 'Mimir or Loki recording rule'을 선택한다.

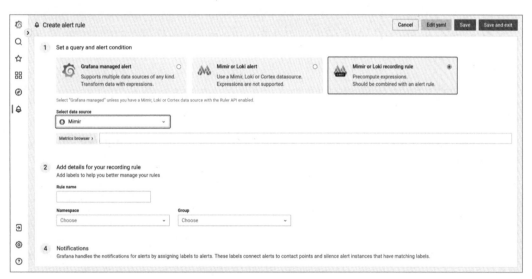

그림 4.24 규칙의 유형 선택

- 'Select data source' 필드에서 'Mimir'를 선택한다.
- 'Rule name' 필드에 `sum:up`을 입력한다.
- 'Namespace' 필드에서 'example-namespace'를 선택한다.
- 'Group' 필드에서 'example-group'을 선택한다.

- 'Create a query to be recorded' 필드에 **sum(up)**을 입력하고 내용을 저장한다.

그림 4.25 새로운 레코딩 규칙 생성

- 'sum:up recording rule'은 가동 중인 미미르 인스턴스의 수를 표시하는 것으로, 이는 곧 스크 랩할 수 있음을 의미한다. 이제 규칙이 그라파나 미미르 룰러에서 생성되고 있으며 곧 쿼리에 사용할 수 있다.

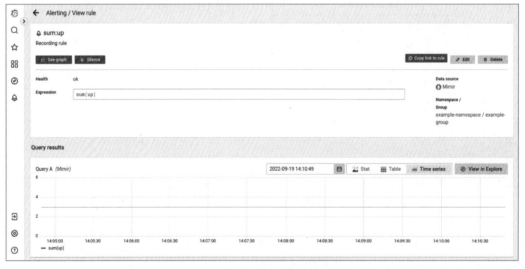

그림 4.26 'Eepression' 입력

- 그라파나 익스플로어Explore를 열고 알람 규칙의 결과 시리즈를 쿼리한다. 구성 후 표시하는 데 최대 1분이 소요될 수 있다.
- sum:up 쿼리가 현재 로컬 설정에서 실행 중인 미미르 인스턴스의 개수인 3을 반환하는지 확인한다.

▶ **알람 규칙 구성**

알람 규칙을 사용하면 PromQL 표현식을 기반으로 경고 조건을 정의하고 경고 발생에 대한 알람을 그라파나 미미르 알람 매니저로 보낼 수 있다. 그라파나에서 제공하는 도구를 사용하여 그라파나 미미르에서 알람 규칙을 구성한다.

그림 4.27 **알람 규칙 선택**

- 'New alert rule'을 클릭한다.
- 'Rule name' 필드에서 'MimirNotRunning'을 입력한다.
- 'Mimir or Loki alert'를 선택한다.
- 'Select data source' 필드에서 'Mimir'를 선택한다.
- 'Namespace' 필드에서 'example-namespace'를 선택한다.
- 'Group' 필드에서 'example-group'을 선택한다.
- 'Create a query to be alerted on' 필드에서 up == 0을 입력하고 내용을 저장한다.

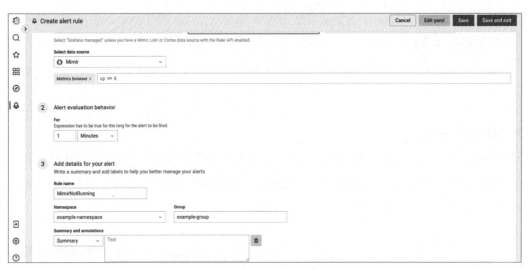

그림 4.28 **알람의 임계점과 주기 설정**

그라파나는 현재 추적에 대한 업무 규칙을 제공해주지 않으므로, 메트릭 기반의 업무 규칙을 중심으로 알람을 개발해야 한다. 예를 들어 일래스틱은 로그, 추적, 메트릭에 대한 업무 규칙을 적용하고 알람을 전송하는 기능을 제공하는 데 비해, 그라파나는 추적에 대한 알람은 없다. 향후 기능이 추가될 것으로 예상된다.

그림 4.29 **알람 규칙 전개**

미미르는 프로메테우스 알람 매니저와 유사한 알람 매니저를 제공하지만, 현재 알람을 위한 별도의 사용자 화면을 제공하지 않는다. 그러므로 그림 4.30의 화면과 같이 알람을 개발하고 관리할 수 있다.

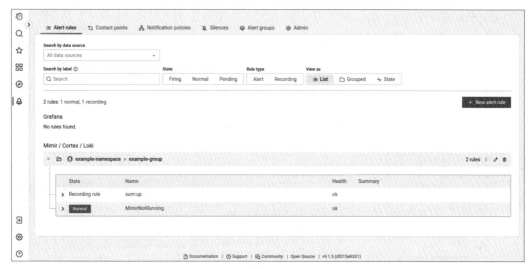

그림 4.30 알람 규칙의 상태 확인

- 'MimirNotRunning' 알람 규칙이 이제 그라파나 미미르 룰러Ruler에서 생성되고 있으며, 그라파나 미미르 인스턴스 수가 3개 미만일 때 실행될 것으로 예상된다. 그라파나 알람 페이지를 열고 'example-namespace > example-group' 행을 확장하여 상태를 확인할 수 있다. 3개의 인스턴스가 모두 현재 실행 중이므로 상태는 '정상'이어야 한다.

이제 인스턴스를 종료해서 내부에서 이를 어떻게 감지하는지 확인해보자.

```
docker-compose kill mimir-3
```

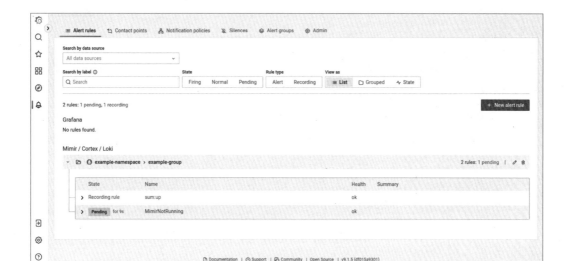

그림 4.31 알람 규칙의 상태 변경

- 그라파나 알람을 열고 경고 'MimirNotRunning'의 상태를 확인한다. 이 경고는 약 1분 후에 'Pending' 상태로 전환되고 다시 1분 후에 'Firing' 상태로 전환되어야 한다. 미미르 인스턴스를 갑자기 종료했기 때문에 규칙을 쿼리할 때 그라파나 알람 UI에 일시적으로 오류가 표시될 수 있다. 오류는 그라파나 미미르 내부 상태 확인이 종료된 인스턴스를 비정상으로 감지하는 즉시 자동으로 해결된다.

그림 4.32   레코딩 규칙에 의해 생성된 메트릭을 확인

- 그라파나 미미르 알람 매니저는 아직 통지 채널Notification channel을 통해 경고를 알리도록 구성되지 않았다. 알람 매니저를 구성하려면 'Contact points'에서 필요한 통지 채널을 설정할 수 있다.

그림 4.33   알람 규칙이 'Firing' 상태로 변경

- 경고를 해결하기 위해 종료된 미미르 인스턴스를 다시 추가하기 전에 그라파나 탐색 페이지로 이동하여 'sum:up Recording rule'을 쿼리한다. 하나의 인스턴스가 다운되었으므로 sum:up의 값이 2로 떨어졌어야 한다. 또한, 이 규칙과 다른 모든 메트릭에 대한 쿼리는 하나의 인스턴스가 다운되더라도 계속 작동한다는 것을 알 수 있다.

그림 4.34　알람 규칙이 'Normal' 상태로 변경

기존의 'Firing' 상태에서 'Normal' 상태로 변동된 것을 확인할 수 있다.

위에서 개발한 업무 규칙을 실행하기 위해 사용한 구성 파일은 깃에서 제공한다.

4.4 템포 추적 관리

4.4.1 템포 기능

1 그라파나 템포 아키텍처

템포Tempo는 다음과 같은 특징을 가지고 있다.

- 오픈텔레메트리를 포함한 다양한 추적 프로토콜을 지원한다.
- 카산드라, 일래스틱 등 특정 스토리지에 종속적이지 않고, 일반적인 객체 스토리지를 지원한다.
- 메트릭, 로그와 긴밀하게 통합한다.
- 메트릭 생성기Metric Generator를 사용해서, 서비스 그래프와 이그젬플러Exemplar를 생성한다.

- 그림 4.35에서는 제외되었지만, 게이트웨이는 읽기와 쓰기 요청을 각 구성 요소로 라우팅한다.
- 프로메테우스 기반이며, 로키, 미미르 등과 유사한 구성 요소로 운영된다.

템포의 컴포넌트는 그림 4.35와 같다.

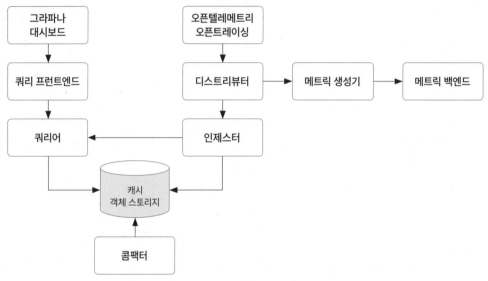

그림 4.35 템포 컴포넌트

- **디스트리뷰터**
  - 예거, 오픈텔레메트리, 집킨을 포함한 여러 형식의 **스팬**을 허용한다. 추적 ID를 해시하고, 분산된 일관 해시 링을 사용하여 스팬을 인제스터로 라우팅한다.
  - 디스트리뷰터는 오픈텔레메트리 컬렉터의 인제스터 계층을 사용한다. 최상의 성능을 위해 OTLP를 사용한다. 오픈텔레메트리 컬렉터는 otlp 리시버와 익스포터를 사용하여 스팬을 템포로 전송한다.

- **인제스터**
  - 추적을 블록으로 일괄 처리하고 블룸bloom 필터와 인덱스를 생성한 다음 이를 모두 백엔드로 플러시한다. 백엔드의 블록은 다음의 구조대로 생성된다. 객체 스토리지에는 테넌트 ID별로 생성되므로, 템포는 멀티 테넌트를 구현하는 데 적합하다.

```
<bucketname> / <tenantID> / <blockID> / <meta.json>
                                      / <index>
                                      / <data>
```

```
                    / <bloom_0>
                    / <bloom_1>
                       ...
                    / <bloom_n>
```

- **쿼리 프런트엔드**

  - 입수되는 쿼리에 대한 샤딩을 담당한다.

  - 추적은 간단하게 HTTP 엔드포인트를 통해 노출된다(예: GET /api/traces/<traceID>).

  - 내부적으로 쿼리 프런트엔드는 블록 ID 공간을 구성 가능한 샤드 수로 분할하고 이러한 요청을 대기열에 넣는다. 즉, 쿼리 프런트엔드는 입수된 쿼리를 분할해서 다수의 쿼리를 생성한다. 쿼리어는 gRPC를 통해 쿼리 프런트엔드에 연결하여 이러한 분할 쿼리를 처리한다.

- **쿼리어**

  - 수집기 또는 백엔드 저장소에서 요청된 추적 ID를 찾는 일을 담당한다. 객체 스토리지의 블록을 검색하기 위해 인제스터와 인덱스를 쿼리한다.

  - 쿼리어는 쿼리 프런트엔드로 보내야 한다.

- **콤팩터**

  블록을 분석하고 테넌트의 여러 블록을 하나의 최적화된 더 큰 블록으로 압축하여 총블록 수를 줄인다.

- **메트릭 생성기**Metrics Generator

  수집된 추적에서 메트릭을 파생derivation하고 이를 메트릭 저장소에 기록한다.

❷ 그라파나 템포 일관된 해시 링

템포는 코텍스의 일관된 **해시 링** 구현을 사용한다. 구성된 링 내의 모든 템포 컴포넌트 간에는 가십 프로토콜을 사용한다. 그러나 원하는 경우 콘술 또는 Etcd를 사용하도록 구성할 수도 있다.

다음은 네 가지 종류의 일관된 해시 링이다.

- **디스트리뷰터**

  해시 링을 사용하여 다른 활성 디스트리뷰터를 계산한다. 들어오는 트래픽은 모든 디스트리뷰터에 고르게 분산된 것으로 가정하고 로컬에서 속도 제한에 사용된다.

- **인제스터**

  디스트리뷰터가 트래픽을 인제스터로 로드 밸런싱하기 위해 사용한다. 스팬이 수신되면 추적 ID가 해시되고 링의 토큰 소유권을 기반으로 적절한 인제스터로 전송된다. 또한, 쿼리어는 이 링을 사용하여 최근 추적을 쿼리하기 위한 인제스터를 찾는다.

- **메트릭 생성기**

  디스트리뷰터가 트래픽을 메트릭 생성기로 로드 밸런싱하기 위해 사용한다. 스팬이 수신되면 추적 ID가 해시되고 추적은 링의 토큰 소유권에 따라 적절한 메트릭 생성기로 전송된다.

- **콤팩터**

  압축 작업을 분할하는 데 사용한다. 작업은 링으로 해시되고 콤팩터는 압축 시 특정 블록에 경쟁 조건이 발생하는 것을 방지한다.

읽기, 쓰기 성능 향상을 위해 다음의 권장 사항을 참고하길 바란다.

- 읽기에서 **캐시**를 활용해야 한다. 블록 스토리지와 WAL에서 읽는 것은 캐시보다 느리다. 캐시의 용량을 확보하고 가능하면 캐시에서 결과를 조회하도록 한다.

- 주기적으로 실행되면서 데이터를 갱신하는 대시보드도 캐시에서 읽도록 변경하는 것을 권장한다. 오래된 데이터를 블록 스토리지에서 조회하면 속도가 느려진다.

- 병렬 처리가 잘 이뤄지고 있는지 조사한다. 대용량 조회 쿼리를 분할하고 병렬 처리를 하면 훨씬 빠르게 읽기를 처리할 수 있다.

- 인제스터는 다수의 레플리케이션 팩터를 메모리에 관리하고, 다른 구성 요소와의 상호작용을 필요로 하는 무거운 프로세스다. 플러시 주기가 두 시간이라면 인제스터는 내부적으로 메모리에 데이터를 보관하고 두 시간마다 디스크에 블록을 생성한다. 충분한 리소스를 할당해서 메모리가 부족해지는 상황을 피해야 한다.

- 개별 컴포넌트의 파라미터를 튜닝하는 것보다는 샤드를 늘리는 것이 성능을 향상하는 좋은 방법이다. 오토스케일링을 적용해서 샤드를 늘리고 충분한 리소스를 확보한다. 스케일 인$_{in}$ 시에는 데이터가 유실되지 않도록 특히 주의해야 한다.

- 리밸런싱이 자주 발생하지 않도록 주의하고, 가급적 WAL과 레플리케이션 팩터를 사용해서 복구를 진행한다.

4.4.2 템포 바이너리 구성

다음과 같이 구성 파일을 작성한다.

```yaml
server:
  http_listen_port: 3200

distributor:
  receivers:
    zipkin:

storage:
  trace:
    backend: local
    local:
      path: /tmp/tempo/blocks
```

템포는 바이너리를 다운받고, 다음 명령어로 템포를 실행한다.

```
./tempo -config.file ./config.yaml
```

curl을 사용해서 추적을 생성한다.

```
curl -X POST http://localhost:9411 -H 'Content-Type: application/json' -d '[{
  "id": "1234",
  "traceId": "0123456789abcdef",
  "timestamp": 1608239395286533,
  "duration": 100000,
  "name": "span from bash!",
  "tags": {
    "http.method": "GET",
    "http.path": "/api"
  },
  "localEndpoint": {
    "serviceName": "shell script"
  }
}]'
```

생성된 추적에 대한 정보를 조회하려면 다음과 같이 입력한다.

```
root@philip-virtual-machine:~# curl http://localhost:3200/api/traces/0123456789abcdef
(이하 생략)
```

4.4.3 템포 쿠버네티스 구성

템포는 바이너리 설치를 진행하지 않고 쿠버네티스만 진행하도록 한다. 헬름 차트로 설치하고 깃에서 제공하는 소스를 실행해보자.

```
# helm upgrade -f microservices-tempo-values.yaml --install tempo grafana/tempo-distributed
# kubectl create -f microservices-extras.yaml
```

다음과 같은 결과가 나오는 것을 확인할 수 있다.

```
# kubectl get pod
NAME                                                    READY  STATUS   RESTARTS      AGE
tempo-tempo-distributed-memcached-0                     1/1    Running  0             2m23s
synthetic-load-generator-746cbb8944-d8c5c               1/1    Running  0             2m16s
minio-5fc9766ff5-cvxbd                                  1/1    Running  0             2m16s
tempo-tempo-distributed-query-frontend-694d48ffc-67jmm  2/2    Running  1 (101s ago)  2m23s
tempo-tempo-distributed-querier-7d9f55dcd9-qt5g9        1/1    Running  1 (80s ago)   2m23s
tempo-tempo-distributed-distributor-68ff8547fd-qjlk9    1/1    Running  0             2m23s
tempo-tempo-distributed-compactor-8f69b5cd-98djg        1/1    Running  2 (78s ago)   2m23s
loki-grafana-547ccb9fbd-p6v88                           1/1    Running  0             64s
tempo-tempo-distributed-ingester-1                      1/1    Running  1 (80s ago)   2m23s
tempo-tempo-distributed-ingester-0                      1/1    Running  1 (80s ago)   2m23s
tempo-tempo-distributed-ingester-2                      1/1    Running  1 (80s ago)   2m23s
```

synthetic-load-generator는 자동으로 추적을 생성한다.

```
# kubectl port-forward
service/loki-grafana 3001:80
Forwarding from 127.0.0.1:3001 -> 3000
Forwarding from [::1]:3001 -> 3000
Handling connection for 3001
Handling connection for 3001
```

로그를 확인하면 다음과 같은 결과가 나타난다.

```
22/06/07 07:42:28 INFO ScheduledTraceGenerator: Emitted traceId 609c933431eb255e for service
frontend route /cart
22/06/07 07:42:28 INFO ScheduledTraceGenerator: Emitted traceId f26d6b560a3db5ba for service
frontend route /cart
22/06/07 07:42:28 INFO ScheduledTraceGenerator: Emitted traceId 837aab78d8d7ebb5 for service
frontend route /cart
22/06/07 07:42:29 INFO ScheduledTraceGenerator: Emitted traceId a97a1cdfa0a54a6f for service
frontend route /product
```

http://localhost:3001/explore 템포 게이트웨이에 접속한다. 현재 공유되는 헬름 차트의 게이트웨이는 쿠버네티스 인그레스를 사용하지 않고 엔진엑스상에서 작동한다. 게이트웨이 구성 파일에는 다양한 리버스 프록시 설정이 포함되어 있다.

그림 4.36 템포 데이터 소스 설정 화면

템포 화면에서 출력되는 스팬 결과는 그림 4.37과 같다.

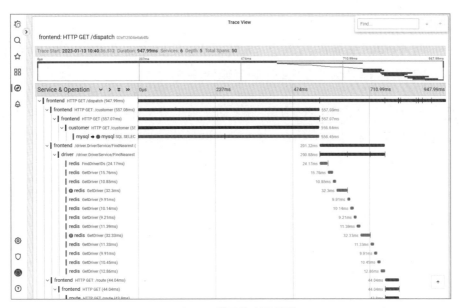

그림 4.37 템포의 추적 조회

그라파나 대시보드에서는 템포 외에도 예거와 연결할 수 있다. 이후 언급하는 다양한 예제들이 예거를 사용하고 있다. 예거(1.35 버전 이후로부터), 템포는 오픈텔레메트리를 지원하므로 어떠한 추적 설루션을 사용해도 관측 가능성과 연계하고 추적 결과를 시각화하는 데 문제가 없다.

4.4.4 템포 쿠버네티스 테스트

템포를 객체 스토리지와 연계하는 구성 파일의 내용은 다음과 같다.

```
storage:
  trace:
    backend: s3
    block:
      bloom_filter_false_positive: .05
      index_downsample_bytes: 1000
      encoding: zstd
    wal:
      path: /tmp/tempo/wal
      encoding: snappy
    s3:
      bucket: tempo
      endpoint: minio:9000
      access_key: tempo
      secret_key: supersecret
      insecure: true
    pool:
      max_workers: 100
      queue_depth: 10000
```

추적은 시스템 전체적으로 실행의 흐름을 집계하고 세부 트랜잭션을 분석하는 데 사용된다. 의존성과 시간 관점에서 추적이 여러 스팬으로 구성되는 것을 알 수 있다.

- 다른 스팬 간의 의존 관계를 관찰할 수 있다. 이 스팬은 같은 애플리케이션 또는 다른 곳에서도 호출할 수 있다. 이 경우에 부모 스팬 ID를 전파해서 새로운 스팬 ID가 시작된다. 즉, 부모 스팬을 참조한다.
- 각 스팬을 완료하는 데 걸린 시간도 볼 수 있다. 스팬에 담겨 있는 시간 정보를 이용해서 타임라인을 구성할 수 있다.

각 **스팬**은 다음 정보를 담고 있다.

- 동작의 이름
- 시작과 종료 타임스탬프
- 0개 이상의 스팬 태그
- 0개 이상의 스팬 로그
- 스팬 콘텍스트(문맥) 정보
- 0개 이상의 스팬 레퍼런스reference

스팬 사이의 인과관계가 나타나고, 스팬들이 동일한 추적에 속한다는 것을 보여주어야 한다. 이러한 관계는 스팬 레퍼런스로 나타난다.

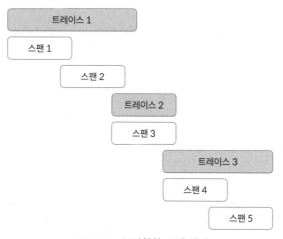

그림 4.38 부정확한 스팬 결과

스팬이 개별적으로 출력되면 안 되고, 전체 추적 내에서 개별적인 스팬이 연결되는 구조로 생성되어야 한다. 그림 4.39와 같이 각 요청에 대해 단일 추적이 올바르게 생성된다.

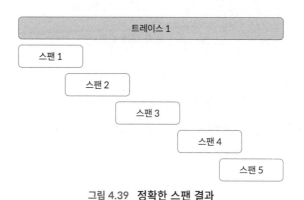

그림 4.39 정확한 스팬 결과

4.5 예거 추적 관리

4.5.1 예거 쿠버네티스 구성

템포의 장점은 멀티 테넌트, 객체 스토리지, 스팬 메트릭과 서비스맵의 자동 생성, 상관관계 구현이 쉽다는 점이다. 또한, **예거**Jaeger는 객체 스토리지를 제외한 다양한 백엔드 스토리지 지원, 프로파일과의 손쉬운 연계, 스팬 메트릭 자동 생성, 근본 원인 분석 등의 장점이 있다. 서로 제공해주는 기능이 상이하고, 방향성이 다르다는 점을 이해할 필요성이 있다. 예를 들어, 멀티 테넌트를 구현하려면 템포가 적합하고, 근본 원인 분석이 목적이라면 예거가 더 나은 선택이다. 개인적으로는 예거를 선호하지만, 목적에 적합하게 선택하는 것을 추천한다.

템포 이전에 예거, 집킨Zipkin 등 다양한 분산 추적 툴이 존재했다. 지금까지도 예거는 가장 대중적으로 사용되며, 다른 절에서도 예거를 사용해서 예제를 구성하였다. 예거의 처리 흐름은 프로메테우스와 유사하다.

- 읽기, 쓰기가 분리되었다. 예거 에이전트와 컬렉터를 통해서 데이터베이스에 쓰기를 처리한다. 읽기는 예거 화면에서 쿼리를 통해 수행한다.
- 스파크를 통해서 샤딩과 파티셔닝을 구현한다.

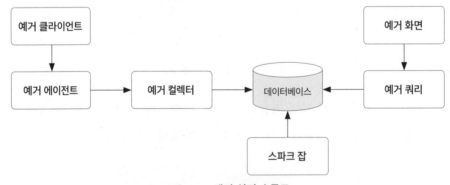

그림 4.40 예거 처리 흐름도

- **예거 클라이언트**

  예거 클라이언트는 오픈트레이싱 API의 언어 특정 구현이다. 수동으로 또는 이미 오픈트레이싱과 통합된 캐멀Camel(Fuse), 스프링 부트Spring Boot(RHOAR), 마이크로프로파일MicroProfile(RHOAR/T©tail), 와일드플라이Wildfly(EAP) 등의 다양한 기존 오픈소스 프레임워크를 사용하여 분산 추적에 대해 애플리케이션을 조정하는 데 사용할 수 있다.

- **예거 에이전트(서버 큐, 프로세서 워커Workers)**

  예거 에이전트는 UDPUser Datagram Protocol를 통해 전송되는 기간을 수신 대기하는 네트워크 데몬으로, 수집기에 배치하고 전송한다. 에이전트는 조정된 애플리케이션과 동일한 호스트에 배치해야 한다. 일반적으로 쿠버네티스와 같은 컨테이너 환경에서 사이드카와 함께 수행이 이루어진다.

- **예거 수집기(큐, 워커)**

  수집기는 에이전트와 유사하게 기간을 수신하여 처리를 위한 내부 큐에 배치할 수 있다. 그러면 수집기는 기간이 스토리지로 이동할 때까지 대기하지 않고 클라이언트/에이전트로 즉시 돌아갈 수 있다.

- **스토리지(데이터 저장소)**

  수집기에는 영구 스토리지 백엔드가 필요하다. 예거에는 기간 스토리지를 위한 플러그인 메커니즘이 있다. 지원되는 스토리지는 카산드라와 일래스틱서치다.

- **쿼리(쿼리 서비스)**

  쿼리는 스토리지에서 추적을 검색하는 서비스다.

- **인제스터(인제스터 서비스)**

  예거는 수집기와 실제 백업 스토리지(일래스틱서치) 간의 버퍼로 카프카를 사용할 수 있다. 인제스터는 카프카에서 데이터를 읽고 다른 스토리지 백엔드(일래스틱서치)에 쓰는 서비스다.

- **예거 콘솔**

  예거는 분산 추적 데이터를 시각화할 수 있는 사용자 인터페이스를 제공한다. 검색 페이지에서 추적을 찾고 개별 추적을 구성하는 기간의 세부 사항을 확인할 수 있다.

다음처럼 헬름 차트를 통해 예거를 설치한다.

```
helm repo add jaegertracing https://jaegertracing.github.io/helm-charts

helm install jaegertracing/jaeger --set hotrod.enabled=true --generate-name
```

HotROD를 기본으로 제공한다. 쿠버네티스 기반으로 쉽게 예거를 설치할 수 있다.

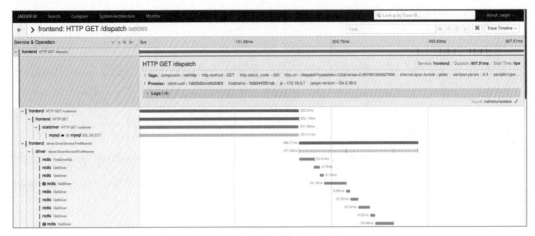

그림 4.41 예거 연관관계 분석 결과

아직 정식 출시된 기능은 아니지만 수집된 추적에서 메트릭과의 연관성을 보여주기 위해 메트릭 스토리지Metrics Storage를 제공한다. 이는 템포의 메트릭 생성기와 유사한 기능을 제공한다. 이 기능을 활용해서 추적에서 메트릭으로 연관관계를 분석할 수 있다. 향후에는 예거에서도 메트릭과 연계해서 상세한 분석이 가능할 것으로 보인다.

그림 4.42 예거 모니터링 대시보드

4.5.2 예거 데이터 모델

예거의 데이터 모델에 대해서 알아보자.

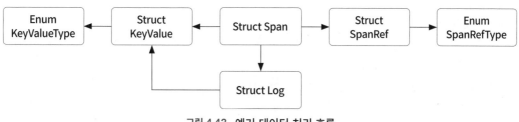

그림 4.43 예거 데이터 처리 흐름

예거의 구체적인 표현을 살펴본다.

- 스팬 구조체에는 Operation Name, Start Time, Duration, Tags, Logs 같은 필드가 나타나 있다. Trace ID와 Span ID 필드도 볼 수 있다.

- 레퍼런스 목록은 인과관계 DAG에 있는 상위 스팬에 대한 링크를 포함하고 있다. 키와 값을 포함하는 키-값 구조체로 표현된다.

- 로그 구조체는 타임스탬프와 키-값 쌍 중첩 목록의 조합이다. 이것은 예거의 백엔드 데이터 모델이기 때문에 스팬 콘텍스트에 대한 데이터 유형이 없으며, 메타데이터를 전달하고 스팬 간에 인과관계 참조를 설정할 때만 필요하다.

예거의 데이터베이스는 오픈서치와 카산드라를 지원하는데, 성능 결과 리포트에 따르면 오픈서치가 더 높은 성능과 확장성을 제공한다.

카산드라를 사용해서 예거를 구성하고, 예거의 추적 데이터 모델을 분석한다. 카산드라에 로그인해서 예거 설치 과정을 통해 어떠한 스키마가 생성되는지 이해하는 것은 중요하다. 수집된 추적데이터를 사용해 추가적인 분석을 해야 하기 때문이다.

```
# cqlsh -u cassandra -p cassandra
Connected to Test Cluster at 127.0.0.1:9042
[cqlsh 6.0.0 | Cassandra 4.0.4 | CQL spec 3.4.5 | Native protocol v5]
Use HELP for help.
cassandra@cqlsh>
cassandra@cqlsh> describe keyspaces

jaeger_v1_dc1  system_auth        system_schema   system_views
system         system_distributed system_traces   system_virtual_schema
```

```
cassandra@cqlsh>
cassandra@cqlsh:jaeger_v1_dc1> use jaeger_v1_dc1;
cassandra@cqlsh:jaeger_v1_dc1> describe tables;

dependencies_v2   operation_names_v2       service_name_index        tag_index
duration_index    operation_throughput     service_names             traces
leases            sampling_probabilities   service_operation_index

cassandra@cqlsh:jaeger_v1_dc1>
cassandra@cqlsh:jaeger_v1_dc1> select * from traces;

(0 rows)
cassandra@cqlsh:jaeger_v1_dc1>
```

HotROD를 실행한 후, 카산드라에 접속해서 간단한 쿼리를 실행한다. 추적과 스팬 정보를 확인할 수 있다. 다음과 같이 테이블 형태로 데이터의 추출이 가능하므로, 프레스토Presto 카산드라 커넥터를 통해서 추가적인 분석 작업을 진행한다.

- 지연이 발생한 원인 분석
- 병목, 성능 저하가 발생하는 구간과 시스템에 대한 튜닝
- 시스템 내부를 이해함으로써 알람 전송을 최적화

```
cassandra@cqlsh:jaeger_v1_dc1> select distinct trace_id from traces;

 trace_id
-----------------------------------
 0x000000000000000000ce95e08ce050cc
 0x00000000000000001e4482ec764126e2
 0x000000000000000000b11e2cbf24c7bd7
(9 rows)
cassandra@cqlsh:jaeger_v1_dc1>
cassandra@cqlsh:jaeger_v1_dc1> select trace_id, span_id from traces;
 trace_id                            | span_id
-------------------------------------+--------------------
 0x000000000000000000ce95e08ce050cc |    58148636871119052
 0x00000000000000001e4482ec764126e2 |    51290506445627626
```

위에서 살펴본 예거 데이터 모델을 참고해서 쿼리를 작성한다. 후속작에서 소개할 근본 원인 분석은 위의 방법과 유사하다. SQL을 사용해서 추적 테이블을 조인하고 조회해서 원하는 결과를 출력한다. 그리고 이를 자동화하는 것이 올바른 근본 원인 분석 방법이다.

그라파나 관측 가능성 데모

4장에서는 메트릭, 로그, 추적을 통합하지 않고 개별적으로 살펴보았다. 각 영역별로 이해하고 나서 통합하는 것이 올바른 절차다. 이번 장에서는 상관관계를 구성하고, 구체적인 예제를 통해서 메트릭, 로그, 추적을 연계해보도록 한다. 상관관계를 구성하기 위해서 다양한 표준 기술들을 개발하고 있다. 이그젬플러, 스팬 메트릭Span Metrics 등이 대표적인 예다. 그라파나를 제외한 다른 설루션들도 유사한 기능을 제공하지만, 툴이기 때문에 조금씩 차이점은 존재한다. 하지만 개념을 이해하면 다른 툴을 사용하더라도 상관관계를 좀 더 쉽게 구현할 수 있다.

책의 절반에 가까운 내용을 실습에 할당하였다. 관측 가능성을 이해하는 가장 빠른 방법은 실습이지만, 관측 가능성이 실습하기 어려운 이유는 신호를 생성하는 애플리케이션을 필요로 하기 때문이다. 이를 위해서 이번 장에서는 4개의 데모를 제공하며, 데모는 다음과 같은 특징이 있다.

1. 각 애플리케이션은 쿠버네티스 혹은 리눅스에서 직접 실행하여 신호를 생성할 수 있다.

2. 그라파나 관측 가능성 오픈소스를 주로 사용하지만, 오픈서치 등 다른 관측 가능성도 구현할 수 있다.

3. 단순한 상관관계에 그치지 않고 복잡한 여러 가지 기능을 추가하였다. 예를 들어 이그젬플러, 스팬 메트릭, 서비스 그래프를 사용해서 문맥이 풍부하고, 근본 원인 분석이 가능하도록 관측 가능성을 구성한다.

이번 장에서는 4개의 데모를 소개한다.

1. 첫 번째 데모에서는 다양한 관점에서 근본 원인을 분석하는 방법을 소개한다. 추적에서 메트릭을 생성하는 방법은 비용을 절감하고 신속하게 관측 가능성을 구축하는 좋은 방법이다.

2. 두 번째 데모 TNS에서는 그라파나 관측 가능성이 제공하는 상관관계에 대해서 자세히 설명한다.

3. 세 번째 데모 HotROD는 오픈텔레메트리를 도입하였다. 이를 통해서 그라파나, 오픈서치 등 다양한 솔루션과 연계하고 관측 가능성을 구현하는 방법을 설명한다. HotROD에 관측 가능성을 점진적으로 적용하는 방법과 개선해나가는 과정을 알아본다.

4. 네 번째 데모에서는 커스텀 메트릭, 로그, 추적을 직접 개발해서 관측 가능성을 구축할 것이다. 텔레메트리와 신호를 직접 개발해보는 것은 조금 더 정확하게 동작하는 관측 가능성을 구축하는 데 가장 좋은 방법이다.

1개의 데모는 쿠버네티스에서 실행되고, 나머지 3개의 데모는 바이너리 프로세스로 실행된다(4개의 애플리케이션은 원래 쿠버네티스에서 운영되는데, 집필 중 바이너리 환경으로 변경하였다). 데모 애플리케이션은 다양한 카오스 엔지니어링이 가능하도록 구성되었다.

1. 에러의 임의 생성이 가능하며, 에러 비율을 조절할 수 있다. 특정 마이크로서비스의 트랜잭션이 실패하거나 특정 에러가 더 많이 생성될 수 있다.

2. 클라이언트와 서버의 지연시간을 조절할 수 있다. 지연시간이 증가하므로 타임아웃이 발생하거나 불필요한 재시도가 발생할 수 있다.

3. 쿠버네티스에 전개되므로 특정 파드를 삭제하거나 단일 장애점을 만들 수 있다. 이로 인해 장애가 전파되거나 서킷 브레이커 등이 발생한다. 쿠버네티스가 제공하는 가용성, 복원성, 신뢰성을 테스트할 수 있다.

4. 병렬 처리와 동시성의 문제점도 재연이 되도록 시스템을 구성할 수 있다. 시스템 내부에서 발생하는 복잡한 현상도 관측 가능성을 통해서 해결할 수 있도록 가이드라인을 제공한다.

데모 애플리케이션에 카오스 엔지니어링을 적용하고, 그라파나와 오픈서치가 제공하는 관측 가능성을 이용해서 근본 원인 분석을 학습할 것이다. 이번 장의 핵심 내용은 실제로 관측 가능성을 구축하고, 애플리케이션의 근본 원인을 분석하는 것 두 가지다.

5.1 상관관계

그라파나의 다양한 상관관계correlation을 정의하는 기능을 살펴보자. 개념적으로 이해하는 것에 그치지 않고, 솔루션에서 어떻게 구현되는지 구체적으로 이해하고 상황에 적합하게 구성해보는 과정이 필요하다. 대시보드 버전에 따라 상관관계를 지원하지 않거나, 템포 버전과 충돌이 발생하는 등의 다양한 이슈가 발생할 수 있다. 깃에 공개된 그라파나 대시보드 버전은 문제없이 잘 동작하므로 가급적 소스에 첨부된 대시보드의 버전 사용을 권장한다. 대시보드의 호환성 문제로 인해서 에러가 발생하는 경우가 있다.

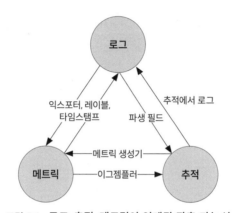

그림 5.1 로그-추적-메트릭이 연계된 관측 가능성

그라파나 관측 가능성을 사용해서 대략 세 가지 방법으로 상관관계를 구현할 것이다.

- **기본적으로 개발 툴에서 지원하는 상관관계를 활용**

  로그와 추적 간 상관관계는 그라파나에서 기본적으로 제공해주는 기능을 활용해 구현한다.

- **상관관계 표준을 구현**

  메트릭과 추적 간 상관관계는 표준인 이그젬플러, 메트릭 생성기Metrics Generator(스팬 메트릭) 등을 활용해서 구현한다.

- **추가 개발을 통해서 구현**

  메트릭과 로그 간 상관관계는 표준이 없으며, 개발 툴에서도 기본적으로 지원해주지 않는다. 이경우에는 레이블, 타임스탬프, 네이밍 규칙, 계측 API 등 다양한 방법을 사용해서 메트릭과 로그간 상관관계를 구현한다.

프로메테우스는 이그젬플러를 관리하기 위해서 메모리에 별도로 공간을 할당하고 이를 저장한다. 이그젬플러를 설정하기 위해서는 두 가지 설정이 필요하다.

- 그림 5.2의 화면과 같이 그라파나 대시보드 내 프로메테우스 데이터 소스 설정 부분에는 이그 젬플러를 설정하는 부분이 있다.
- 프로메테우스 시작 시에 추가적인 옵션을 설정해야 한다.

그림 5.2 그라파나에서 이그젬플러 설정

이그젬플러는 주어진 시간 간격에서 측정된 추적의 샘플링이다. 이그젬플러는 시계열 데이터 내의 특정 이벤트에서 높은 카디널리티를 가지는 메타데이터를 식별하는 데 도움이 된다. 메트릭은 시스템에 대한 집계 보기를 제공하는 데 탁월하지만, 추적은 단일 요청에 대한 세부적인 보기를 제공한다. 따라서 둘의 상관관계를 만들어 서로 보완해야 하며, 이그젬플러는 메트릭과 추적을 연결하는 방법이다.

웹사이트에서 트래픽양이 급증하고 있다고 가정해보자. 사용자의 80% 이상이 2초 이내에 웹사이트에 액세스할 수 있지만, 일부에서는 지연이 발생하고 있다. 대기시간에 기여하는 요인을 식별하려면 빠른 응답에 대한 추적과 느린 응답에 대한 추적을 비교해야 한다. 일반적인 프로덕션 환경에서 방대한 양의 데이터를 고려할 때 매우 힘들고 시간이 많이 걸리는 작업이다.

이그젬플러는 측정된 시간 내에서 높은 대기시간을 나타내는 거래를 추적하고, 문제가 있는 데이터 포인트를 식별하는 데 도움을 준다. 이그젬플러로 지연시간latency 문제를 추적과 연계하고 근본원인 분석을 수행해 빠르게 성능 문제를 해결할 수 있다.

- 이그젬플러는 프로메테우스 데이터 소스에서 사용할 수 있으며, 사용 시 그 기능을 활성화해야 한다.
- 프로메테우스는 이그젬플러를 관리하기 위한 공간을 할당하고 이를 저장한다. 이그젬플러 저장소는 모든 시리즈(계열)의 메모리에 이그젬플러를 저장하는 고정 크기 원형 버퍼로 구현된다. 이 기능을 활성화하면 프로메테우스가 스크래핑한 이그젬플러를 저장할 수 있다. 구성 파일 블록 스토리지 내 이그젬플러를 사용하여 원형 버퍼의 크기를 제어할 수 있다. traceID=<trace-id>만 있는 이그젬플러는 메모리 내 이그젬플러 저장소를 통해 대략 100바이트의 메모리를 사용한다. 이그젬플러 저장소가 활성화되면 로컬 지속성을 위해 이그젬플러를 WAL에 추가한다.
- 그라파나 미미르에는 메모리에 이그젬플러를 저장하는 기능이 포함되어 있다. 그라파나 미미르의 예시 스토리지는 프로메테우스에서와 유사하게 구현된다. 이그젬플러는 모든 시리즈의 메모리에 이그젬플러를 저장하는 고정 크기 원형 버퍼로 저장된다.
- 오픈메트릭OpenMetrics은 이그젬블러를 공식적으로 지원한다. 이그젬플러는 일종의 메트릭 집합이며, 외부의 데이터에 대한 참조다.

이그젬플러를 자동 생성할 수 있는 기능을 제공하는 스팬 메트릭Span Metrics을 알아본다.

5.1.2 추적에서 메트릭으로

메트릭 생성기는 추적에서 메트릭을 생성하고, 생성된 메트릭으로 상관관계 기능을 제공하고, 수집된 추적에서 메트릭을 파생derivation시키는 템포 컴포넌트다. 디스트리뷰터는 수신된 스팬을 인제스터와 메트릭 생성기에 기록한다. 메트릭 생성기는 스팬을 처리하고, 프로메테우스 원격 쓰기remote write 프로토콜을 사용하여 프로메테우스 데이터 소스에 메트릭을 기록한다. 메트릭 생성기는 내부적으로 다수 프로세서를 실행한다. 각 프로세서는 스팬을 수집하고 버킷, 합계, 개수 등 다양한 메트릭을 생성한다. 현재 사용할 수 있는 프로세서는 서비스 그래프Service Graphs와 스팬 메트릭Span Metrics이다.

- 서비스 그래프는 그라파나 대시보드에서 서비스 간의 상관관계를 시각적으로 표현한다.
- 스팬 메트릭은 프로메테우스에서 처리 개수, 처리 지연에 관련된 메트릭을 자동으로 생성한다.

메트릭과 추적 간 상관관계를 위해서는 이그젬플러를 사용하는 것을 권장한다. 개발자가 프로메테우스 API를 사용해서 이그젬플러를 개발할 수도 있다. 스팬 메트릭은 보다 간단하게 추적과 메트릭 간 상관관계인 이그젬플러를 구현하기 위한 방법을 제공한다.

- 스팬 메트릭은 스팬에서 메트릭을 생성함으로써 상관관계를 구현한다.
- 스팬 메트릭은 요청, 오류, 기간(RED) 메트릭을 포함하여 수집된 추적 데이터에서 메트릭을 생성한다.

스팬 메트릭은 추적에서 메트릭을 생성하므로 중요하고 필요한 기능이다. 생성된 메트릭은 추적이 애플리케이션을 통해 전파되는 한, 애플리케이션 수준의 통찰력을 보여준다.

마지막으로 스팬 메트릭은 이그젬플러 사용에 대한 진입 장벽을 낮춘다. 스팬 메트릭 프로세서는 시계열 메트릭에 이그젬플러를 자동으로 추가함으로써 애플리케이션을 이해하는 데 추가적인 가치를 제공한다.

작동 방식은 다음과 같다. 스팬 메트릭 프로세서는 수신된 모든 스팬을 검사하고, 모든 차원dimension에 대한 전체 수와 스팬 기간을 계산하여 작동한다. 차원은 서비스 이름, 작업, 스팬 종류, 상태 코드, 스팬에 있는 속성일 수 있다.

스팬 메트릭이 자동으로 생성하는 메트릭은 다음과 같다.

- traces_spanmetrics_latency_bucket는 작업 기간durations of all requests을 계산하는 히스토그램이다. 버킷Bucket(분위수와 분포도), 개수Count, 합계Sum 등 3개 메트릭을 자동적으로 생성한다.
- traces_spanmetrics_calls_total은 카운터다. 요청을 계산하고, 호출 횟수를 의미한다.

다음은 프로메테우스 옵션에 추가해야 하는 메트릭이다.

- web.enable-remote-write-receiver
- enable-feature=exemplar-storage

기존 APM(애플리케이션 성능 관리)은 성능 데이터를 수집하고, 처리 개수, 지연시간 등을 내부적으로 계산해서 자동으로 메트릭을 생성했다. 이와 유사하게 스팬 메트릭은 수집된 추적 데이터를 내부적으로 계산해서 애플리케이션 성능에 대한 프로메테우스 메트릭을 생성한다.

실제 운영 환경에서는 메트릭을 개발할지 아니면 추적을 개발해서 메트릭을 자동으로 생성할 것인지 고민하게 마련이다. 전자는 프로메테우스의 도입과 함께 클라우드 네이티브 아키텍처 관점에서 고려해야 한다. 후자는 대부분 레거시 APM에서 자동 계측과 함께 제공하고 있는 기능이다.

기존 소스 변경이 부담스러운 상황이라면, 스팬 메트릭을 사용해서 변경 없이 신속하게 중요한 메트릭을 생성할 수 있다.

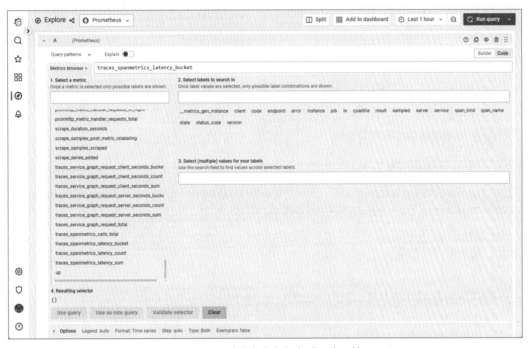

그림 5.3 그라파나에서 추적-메트릭 조회

시스템이 정상적으로 작동하는 상태에서 프로메테우스에 접속해보면 그림 5.3에서 보이는 것처럼 trace_spanmetrics_latency_bucket, trace_spanmetrics_latency_count, trace_spanmetrics_latency_sum이 생성된다. 템포에서 전송이 되었는지, 프로메테우스에서 수신이 되었는지 확인한다.

❶ 데모 구성
데모는 가상머신에서 진행하고 쿠버네티스는 사용하지 않는다. 이 데모에 필요한 애플리케이션은 템포, 로키, 프로메테우스로 5.4절에서 사용하는 애플리케이션과 동일하다. 다만 커스텀 메트릭을 사용하느냐, 스팬 메트릭을 사용하느냐가 다를 뿐이다. 추적에서 메트릭을 자동으로 생성하는 데모를 구성할 것이므로 스팬 메트릭을 사용할 것이다.

데모를 실행하기 위해서는 2대의 호스트가 필요하다.

- 1번 서버에 프로메테우스, 프롬테일, 템포를 설치한다.
- 2번 서버에 로키를 설치한다.

1번 서버에서 그라파나를 시작한다.

```
systemctl start grafana-server
```

그리고 템포를 시작한다.

```
./binary/tempo -config.file ./binary/config.yaml
```

그런 다음 프로메테우스를 시작한다.

```
./binary/prometheus-2.39.1.linux-amd64/prometheus --config.file=./binary/prometheus-
2.39.1.linux-amd64/prometheus.yml --enable-feature=exemplar-storage --storage.tsdb.max-
block-duration=1m --storage.tsdb.min-block-duration=1m
```

그리고 템포를 시작한다.

```
./binary/tempo -config.file ./binary/tempo_config.yaml
```

이어서 프롬테일을 시작한다.

```
./binary/promtail-local-config.yaml
```

마지막으로 애플리케이션을 시작한다.

```
./tracing-example 2>&1 | tee tracing-example.log
```

2번에서 로키를 시작한다.

```
./binary/loki-linux-amd64 --config.file=./binary/loki-local-config.yaml
```

❷ 설정 파일

템포 구성 파일을 작성한다. 구성 파일에 대해서 설명하면 다음과 같다.

- metrics_generator_enabled은 true로 설정되어 있다.

- metrics_generator_processors: [service-graphs, span-metrics]가 설정되어 있는 것을 확인할 수 있다.

- 원격 쓰기 구성이 http://localhost:9090/api/v1/write로 설정되어 있다. 해당 주소는 프로메테우스다.

```
multitenancy_enabled: false
search_enabled: true
metrics_generator_enabled: true

server:
  http_listen_port: 3200

distributor:
  receivers:
    jaeger:
      protocols:
        thrift_http:
        grpc:
        thrift_binary:
        thrift_compact:
    zipkin:
    otlp:
      protocols:
        http:
        grpc:

storage:
  trace:
    backend: local
    local:
      path: /tmp/tempo/blocks

metrics_generator:
  storage:
    path: /tmp/tempo/generator/wal
    remote_write:
      - url: http://localhost:9090/api/v1/write

overrides:
  metrics_generator_processors: [service-graphs, span-metrics]
```

프롬테일의 구성 파일을 작성한다. `tracing-example.log`를 입력으로 읽어서, 로키에 적재하도록 구성한다.

```
multitenancy_enabled: false
search_enabled: true
metrics_generator_enabled: true

server:
  http_listen_port: 3200

distributor:
  receivers:
    jaeger:
      protocols:
        thrift_http:
        grpc:
        thrift_binary:
        thrift_compact:
    zipkin:
    otlp:
      protocols:
        http:
        grpc:

storage:
  trace:
    backend: local
    local:
      path: /tmp/tempo/blocks

metrics_generator:
  storage:
    path: /tmp/tempo/generator/wal
    remote_write:
      - url: http://localhost:9090/api/v1/write

overrides:
  metrics_generator_processors: [service-graphs, span-metrics]
```

프로메테우스 구성 파일을 작성한다. `tracing-example`의 커스텀 메트릭을 스크래핑하도록 설정되어 있다. 하지만 이 데모에서는 메트릭을 사용하지 않을 것이다.

```
# my global config
global:
  scrape_interval: 15s # Set the scrape interval to every 15 seconds. Default is every 1 minute.
  evaluation_interval: 15s # Evaluate rules every 15 seconds. The default is every 1 minute.
  # scrape_timeout is set to the global default (10s).


# Alertmanager configuration
alerting:
  alertmanagers:
    - static_configs:
        - targets:
          # - alertmanager:9093


# Load rules once and periodically evaluate them according to the global 'evaluation_interval'.
rule_files:
  # - "first_rules.yml"
  # - "second_rules.yml"


# A scrape configuration containing exactly one endpoint to scrape:
# Here it's Prometheus itself.
scrape_configs:
  # The job name is added as a label `job=<job_name>` to any timeseries scraped from this config.
  - job_name: "prometheus"

    # metrics_path defaults to '/metrics'
    # scheme defaults to 'http'.

    static_configs:
      - targets: ["localhost:9090"]


  - job_name: 'tracing-example'
    static_configs:
      - targets: ["localhost:8000"]
```

요약하면 메트릭 생성기는 서비스 그래프와 스팬 메트릭을 지원하며, 이를 통해 마이크로서비스의 중요 메트릭을 자동으로 생성할 수 있다. 그라파나는 이러한 기능을 추가 개발 없이 사용할 수 있도록 지원한다. 한 가지 덧붙이자면 오픈텔레메트리도 이제는 서비스 그래프와 스팬 메트릭을 지원하는데, 그라파나 등 특정 솔루션에 종속되지 않는다는 장점이 있다.

서비스 그래프는 일반적인 서비스 맵과 동일하다. 메트릭 생성기는 서비스 그래프를 자동으로 생성한다. 스팬 메트릭과 유사하게 버킷, 개수, 합계의 메트릭을 자동으로 생성한다. 마이크로서비스 간에 어떠한 전파가 발생했는지 이해하는 데 유용하다. 그라파나 대시보드에서 노드 그래프 차트를 사용하면 쉽게 서비스 그래프를 시각화할 수 있다. 다양한 메트릭을 함께 출력하므로, 마이크로서비스의 통계를 생성하고 문제점을 해결하는 데 도움을 준다. 서비스 그래프와 스팬 메트릭은 기술 블로그(https://yohaim.medium.com/2e435ce9c96f)에서 자세히 설명한다.

5.1.3 로그에서 추적으로

그라파나에서는 추가적인 개발 없이 간단한 구성만으로 로그에서 추적으로 상관관계를 설정할 수 있다. 그림 5.4는 그라파나 대시보드에서 로키 데이터 소스를 구성하는 화면이다. 그림 5.4와 같이 파생 필드_{Derived fileds}를 사용하면 출력되는 로그에 Trace ID를 포함하는 Log to Trace를 구현할 수 있다.

그림 5.4 그라파나에서 추적-로그 설정

그림 5.4에서 확인되는 것과 같은 기능은 오픈텔레메트리를 구현한 것이 아니고, 그라파나 자체적인 구현 결과다.

이제 오픈텔레메트리에서 로그에서 추적으로 어떻게 이동을 구현하는지 알아보자. 오픈텔레메트리는 로깅 내에 추적과 관련된 Trace ID, Span ID를 추가할 수 있도록 지원한다. 이 문제를 해결하기 위해 각 이벤트에 대해 고유한 이벤트 식별자를 생성하고, 이 식별자를 기록된 모든 로그에 추가하는 메커니즘을 개발했다. 그리고 이 정보는 전체 시스템에 전파된다. 이것이 바로 오픈텔레메트리의 추적 식별자 Trace ID가 하는 일이다. 추적과 스팬 식별자는 기록할 로그를 트리거하는 특정 작업을 정확히 찾아낼 수 있다.

그림 5.5는 로깅 출력과 작업 이름, 해당 식별자를 포함하는 추적 출력의 일부를 보여준다. 출력에서 로그 레코드를 생성한 작업을 확인한다.

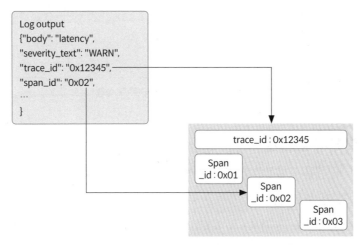

그림 5.5 로깅 출력에서 확인되는 추적 정보

5.1.4 추적에서 로그로

출력되는 Trace ID에 로그를 포함해서, 추적에서 로그로 이동을 구현할 수 있다. Log to Trace와 유사하게 Trace to Log도 그라파나에서 간단한 구성만으로 구현하는 것이 가능하다. 그라파나 랩에서 내부 로직을 어떻게 구현하였는지 소스를 분석하지는 않았다. 다만 추측건대 추적 데이터 소스와 로그 데이터 소스 간 조인을 구현하지 않았나 싶다.

그라파나 대시보드 신규 버전을 사용하는 것을 권장한다. 예전 버전에서는 기능을 제공하지 않거나 에러가 발생하는 경우가 종종 있다.

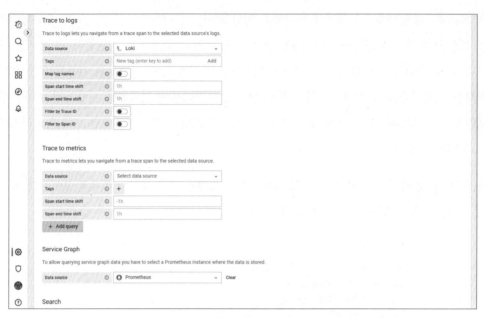

그림 5.6   그라파나에서 추적-로그 설정

5.1.5   메트릭에서 로그로

레이블, 태그는 상관관계를 구현하는 가장 기본적인 방법이다. 표준화가 제정되기 전부터, 그리고 개발 툴에서 지원하기 전부터, 많은 운영자들은 추가 개발과 레이블을 통해 상관관계를 구현해왔다. 가장 좋은 예는 메트릭과 로그, Trace to Metric 등이다. Log to Metric과 Metric to Log의 상관관계를 지원하기 위한 표준은 현재 정의되지 않은 상태이며, 현업에서는 레이블과 네이밍 규칙을 사용해서 상관관계를 구현해왔다. 레이블은 그룹을 표현하고, 구체적이지 않은 모호성 때문에 단점도 있다. 이러한 단점을 보완하기 위한 타임스탬프, 네이밍 규칙 등을 중복해서 다수 지정해야 한다. 부족한 부분은 소스 내 계측 API를 사용해서 구현할 수 있다.

그라파나는 위에서 언급한 이그젬플러, 스팬 메트릭 등이 표준화되기 이전에 다음과 같은 방법을 사용해서 상관관계를 구현하였다.

- 레이블과 태그 지정
- UTC와 동일한 포맷의 타임스탬프 사용
- 네이밍 규칙 사용, 중복 네이밍 지정
- 계측 API를 소스에 구현

상관관계를 구현하기 위해서 개발을 권장하는 것은 좋은 방법이 아니다. 개발 없이 간단한 구성만으로 상관관계가 가능하다는 것이 이 책에서 말하고 싶은 내용이다. 물론 추적을 구현하기 위해서는 자동 계측보다는 API를 사용한 수동 계측을 권장하지만, 개발을 최소화하고 생산성과 유지 보수를 향상하는 방법을 권장한다.

▶ **그라파나에서 메트릭과 로그의 상관관계를 지정하는 방법**

실제 운영 환경에서 오류 응답이 증가하는 것을 모니터링하고 무슨 일이 일어나고 있는지 그리고 오류가 발생하는 이유를 파악하기 위해 신속하게 로그를 분석할 필요성이 있다. 하지만 현실은 로그를 검색하는 데 시간이 많이 걸리고, 부정확한 검색 결과가 나오는 경우가 많다. 검색이 되더라도 해석하고 분석하는 작업이 만만치 않다.

❶ 메트릭에서 로그로

상관관계를 정의하기 위해서 아래의 두 가지가 필요하다.

- **애플리케이션 계측**
  - 소스 레벨에서 상관관계를 일치시키는 방법은 추천하지 않는다. 필요한 네이밍과 태그를 추가할 때마다 컴파일을 해줘야 하므로 유연하지 못하기 때문이다.
  - 프로메테우스 익스포터와 로키는 계측 API를 제공하므로 개발을 통한 추적, 로그와 연계가 가능하다. 시스템 구성만으로 상관관계와 기능을 자동화하는 것은 쉽지 않지만, 추가적인 개발을 할 수 있다면 상관관계를 보강할 수 있는 방법은 다수 존재한다. 메트릭의 연계를 위해서는 프로메테우스 익스포터와 관련한 설정(예를 들어 레이블, 태그, 네이밍 규칙)이 포함되어야 한다.
  - 언어별 로깅 라이브러리에 태그, 레이블 등을 추가할 수 있다. 그리고 프로메테우스 익스포터에서 생성한 태그, 레이블과 일치시키면 메트릭과 로그를 일치시키는 것이 어렵지 않다.

- **두 시스템에서 일치하는 레이블**
  - 프로메테우스(레이블 재지정)와 로키는 모두 레이블을 사용하여 쿼리에 사용할 수 있는 데이터에 태그를 지정한다. 이 둘을 대상으로 동일한 레이블을 사용하여 프로메테우스 쿼리에서 중요한 데이터를 추출하고, 유사한 방식으로 로키 쿼리에서도 사용할 수 있다. 프로메테우스 쿼리와 로키 쿼리의 기능이 서로 유사하다.
  - 개발보다 가급적 태그, 레이블을 활용하면 시스템을 유연하게 관리할 수 있다.

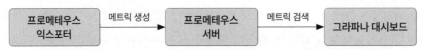

그림 5.7 프로메테우스 익스포터에서 그라파나 대시보드까지의 메트릭의 흐름

그림 5.7과 같은 방식은 로그에서 메트릭으로 이동, 메트릭에서 로그로 이동하는 상관관계를 구현할 때 효과적이며, 여러 솔루션 벤더도 위와 같은 방법을 자주 사용한다.

프로메테우스에서 스크래핑하기 위해 필요한 레이블은 다음과 같다.

```
scrape_configs:
  - job_name: kubernetes-pods
    kubernetes_sd_configs:
      - role: pod
    relabel_configs:
      - source_labels: [_meta_kubernetes_namespace]
        separator: ;
        regex: (.*)
        target_label: namespace
        replacement: $1
        action: replace
```

프로메테우스가 스크래핑해야 하는 대상을 정의하는 프로메테우스 서버 측에서 레이블을 구성해야 한다. 프로메테우스는 쿠버네티스 API에서 모든 서비스와 레이블을 자동 검색할 수 있도록 잘 통합되어 있으므로 레이블을 만드는 것이 쉽다. 이것은 kubernetes_sd_configs로 구성된다. 한 가지 주의해야 할 점은 프로메테우스에서는 기본적으로 이중 언더바가 접두사로 붙는 레이블을 삭제하므로 실제 레이블 생성 시 자동 검색된 레이블을 사용하여 레이블링을 재생성relabeling해야 한다는 것이다.

쿠버네티스 또는 자동 검색 기능을 사용하지 않으려면 다음과 같이 레이블을 정적으로 구성해야 한다.

```
scrape_configs:
  - job_name: static_job
    static_configs:
      - targets:
        - localhost:9090
        labels:
          my: label
```

로키의 경우 특별한 로깅 클라이언트 라이브러리가 필요하지 않다. 각 언어별로 제공되는 로깅 라이브러리에 레이블이나 정보를 추가할 수 있다.

그림 5.8 애플리케이션 소스에서 생성된 로그가 그라파나 대시보드에 출력되는 흐름

개발을 통해서 메트릭과 로그를 생성할 수 있다. 소스 내 태그를 사용하는 정적인 방법은 권장하지 않는다. 가급적 파이프라인에서 구성하거나, 소스와 분리된 별도의 구성 파일로 분리해야 한다. 프로메테우스와 프롬테일 등은 유연하게 태그와 레이블을 설정할 수 있는 기능을 제공한다.

로그가 로키에 직접 전송되지 않고 에이전트를 통해서 전송된다. 이를 위해 플루언트디Fluentd, 플루언트비트FluentBit 또는 도커 로깅 드라이버를 사용한다. 혹은 프롬테일 에이전트를 사용할 수도 있다. 애플리케이션에서 실행되고 로그 파일을 스크래핑한 다음 로키에 로그를 보내는 방식으로 작동한다.

```
scrape_configs:
- job_name: kubernetes-pods-name
  kubernetes_sd_configs:
    - role: pod
  pipeline_stages:
   - docker: {}
  relabel_configs:
   - action: replace
     source_labels:
       - __meta_kubernetes_pod_container_name
     target_label: container_name
   - replacement: /var/log/pods/*$1/*.log
     separator: /
     source_labels:
       - __meta_kubernetes_pod_uid
       - __meta_kubernetes_pod_container_name
     target_label: __path__
```

프롬테일은 프로메테우스와 동일한 자동 검색 기능과 메커니즘을 사용하고 동일한 레이블을 제공하지만, 접두어에 이중 언더바가 붙으므로 프로메테우스와 일치하도록 레이블을 다시 지정해야 한다. 또한, 자동 검색 기능을 사용하려면 프롬테일이 스크랩 대상을 알 수 있도록 특수 레이블을 만들어야 한다. 예를 들어, 위 소스에서는 __path__이다.

프로메테우스의 예와 마찬가지로 사전 정의된 컨피그레이션 템플릿Configuration Template을 사용하여 프로메테우스와 로키에서의 레이블이 서로 동일한지 확인하는 것을 권장한다.

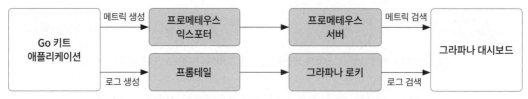

그림 5.9 상관된 메트릭과 로그가 그라파나 대시보드에 조회되는 흐름

레이블을 정의했으면 다음 단계는 쿼리를 사용해서 데이터를 추출하는 것이다. 동일한 레이블을 사용하면 유사한 쿼리를 실행하고 애플리케이션 간에 상관된 데이터를 가져올 수 있다. 그라파나 대시보드에서는 메트릭에서 범위를 지정하는 것만으로 쉽게 추적과 로그를 조회할 수 있다. 그림 5.10과 같이 동일한 JOB 레이블을 사용해서 메트릭과 로그에 조회한다.

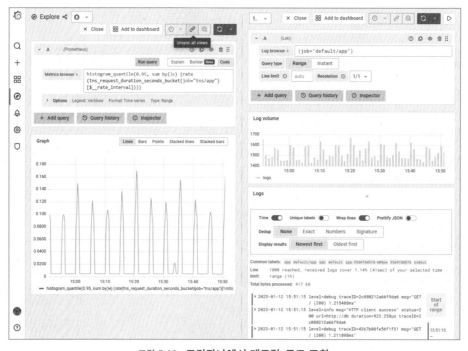

그림 5.10 그라파나에서 메트릭-로그 조회

다음은 프로메테우스에서 메트릭을 추출하는 쿼리다.

```
sum by (status_code) (rate(tns_request_duration_seconds_count{job=" default/app"} [1m] ) )
```

다음은 로키에서 로그를 추출하는 쿼리다.

```
{job="default/app"}
```

직접 쿼리를 실행하지 않고 로그와 추적을 조회하는 방법이 있다. 그림 5.10의 화면 왼쪽 상단에 있는 동기화 버튼을 클릭하면 왼쪽 화면의 프로메테우스와 오른쪽 화면의 로키를 동기화한다.

- 메트릭에서 이그젬플러를 선택하고, 특정 추적의 결과를 동기화한다.
- 메트릭에서 일정 시간대를 선택하고, 다수의 추적과 로그 결과를 동기화한다.

프로메테우스와 로키는 유사한 쿼리 언어와 레이블 시스템을 가지고 있기 때문에 통합이 쉽다.

데이터독 등 상용 설루션은 로그 파일에 텍스트 분석 기능을 적용해서 Log to Metric을 구현한다. 즉, 자주 노출되거나 의미 있는 텍스트를 추출하고, 메트릭으로 변환하기 적합한 개수의 **카디널리티**를 가지고 있는지 분석하는 것이다. 만약 로그 파일 텍스트 분석 결과가 일관성 있고 적절하다는 판단이 들면 사용자에게 메트릭으로 사용할 것을 자동으로 추천한다. 즉, 텍스트 분석과 추천 기능을 결합해서 Log to Metric을 구현하는 것이다.

그라파나 설루션이 아닌 오픈소스를 통해서 Log to Metric을 구현할 수 있다. 조금 더 응용해본다면 다음과 같이 로그를 통해서 메트릭을 수집할 수 있다.

- 계측 API를 통해서 직접 레이블과 태그를 획득
- 출력 로그 파일에 메트릭의 레이블을 작성한 다음, 로그에서 레이블을 획득

Log to Metric의 기능을 직접 개발하는 경우에 유용한 툴을 소개한다. 구글에서 개발한 mtail은 패턴 매칭 로직으로 프로그램을 실행할 수 있는 가벼운 로그 프로세스이며, 매칭된 로그에서 메트릭을 추출할 수 있다. 프로메테우스, StatsD, 그라파이트Graphite 등과 같은 여러 형식을 지원한다.

/metrics 엔드포인트 외에도 mtail 서비스의 /metrics는 중요한 디버그 정보를 제공한다.

- mtail_log_watcher_error_count는 fsnotify에서 받은 에러 수를 계산한다.
- mtail_vm_line_processing_duration_milliseconds_bucket은 mtail 프로그램당 밀리초 단위로 라인 처리 기간 분포도를 제공하는 히스토그램이다.

grok_exporter는 mtail과 마찬가지로 비정형 로그 데이터를 구문 분석하고 그로부터 메트릭을 생성한다. 로그스태시Logstash 패턴 언어(그록Grok)를 모델로 한 익스포터의 도메인 특화 언어로, 이미 작성한 패턴을 재사용할 수 있다..

- grok_exporter_line_buffer_peak_load는 로그 파일에서 읽고 처리 대기 중인 라인 수를 제공하는 요약 정보다.
- grok_exporter_line_processing_errors_total은 정의된 각 메트릭별 처리한 전체 에러 수를 표시한다.

5.2 뉴 스택

이 책을 집필하면서 데모를 위한 런타임 환경을 선택하는 것은 가장 중요한 작업이었다. 도커, 쿠버네티스, 바이너리 리눅스 중에서 어떠한 환경이 관측 가능성이라는 주제와 가장 부합하는지, 독자들에게 가치를 제공해줄 수 있을지 심사숙고했다. 관측 가능성을 데모하기 위해서는 프런트엔드, 백엔드를 포함한 애플리케이션이 필수다. 텔레메트리를 생성하는 것이 필요하기 때문이다. 관측 가능성에 필요한 데모의 조건은 다음과 같다.

- 부하 생성기를 제공해야 한다. 관측 가능성은 일정 수준 이상의 데이터가 필요하다. 자동화된 부하 생성기 없이 수동으로 트래픽을 생성하는 경우에는 관측 가능성 데이터에 대한 확인과 검증이 어려우며 시간이 많이 걸린다.
- 에러를 생성한다. 생성되는 많은 트래픽에 문제가 없으며 정상인 경우는 올바른 관측 가능성 테스트가 아니다. 실운영 환경과 유사하게끔 구성할 필요성이 있으며, 수만 건의 트래픽에서 문제가 되는 소수를 발견하고, 이를 해결해나가는 과정이 관측 가능성에서는 필수이므로 일정량의 에러를 만들어내는 것이 필요하다.
- 추가적으로 오픈텔레메트리를 지원해야 한다. 관측 가능성 데이터를 추가로 분석할 필요성이 있으며, 다양한 관점으로 변환하는 작업이 필요한데, 오픈텔레메트리는 유용한 컬렉터를 제공하고 있다. 특정 프레임워크에 의존적인 텔레메트리를 생성하는 것보다는 오픈텔레메트리를 추천한다. 비교, 검증, 변환 등에 유용하며 다양한 선택이 가능하다.

개발자 측면에서 도커는 아주 유용한 런타임 환경이다. 도커를 사용하면 데모를 쉽고 신속하게 구성할 수 있다. 하지만 문제를 트러블슈팅troubleshooting하는 과정이 없이 도커를 사용해서 쉽게 빌드와 배포를 하면, 추후 문제가 발생했을 경우 디버깅이 어려울뿐더러 원인을 분석하고 문제점을 해결할 수 없다.

쿠버네티스를 모든 데모에 우선적으로 적용했다. 현재 쿠버네티스는 클라우드 네이티브 런타임 환경에서 표준이므로, 쿠버네티스에서 관측 가능성과 관련된 모든 작업을 수행하는 것이 바람직하다고 판단했다. 비록 도커와 바이너리에 비해서 상당히 복잡하다는 단점은 있지만, 관측 가능성은 쿠버네티스에서 운영될 때 확장성, 복원력, 비용 절감을 달성할 수 있다. 개발과 관련된 API를 설명하는 것이 주목적이 아니고, 관측 가능성 그 자체로 높은 수준의 운영 방안이 필요하므로, 이에 적합한 환경은 쿠버네티스라고 생각한다.

바이너리를 실행해보는 것도 장점이 있다. 직접 빌드하고 바이너리를 실행하도록 가이드라인을 제공한다. 쿠버네티스에 곧바로 배포하지 않고, 처음부터 빌드하고 배포하도록 독자를 안내할 것이다. 그 과정을 통해 원리를 이해하고, 각 데모의 의도와 목적도 쉽게 받아들일 수 있을 거라 믿는다.

제공되는 데모를 활용해서 이 책에서 설명한 개념과 다양한 차트, 지표를 테스트하고 에러를 생성할 수 있다. 기술 블로그(https://yohaim.medium.com/ba79f7291af)에서 더 자세한 내용을 확인해보자.

관측 가능성과 가시성을 아우르는 이 책은 시스템과 애플리케이션 운영에 대한 통찰력을 제공한다.

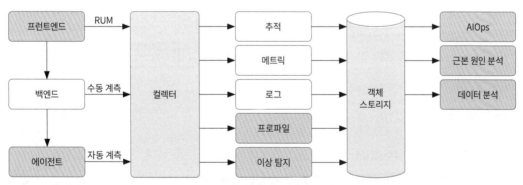

그림 5.11 관측 가능성, 가시성, 데이터 분석이 서로 연계된 전체 아키텍처

5.2.1 뉴 스택 소개

뉴 스택 The New Stack, TNS은 메트릭, 로그, 추적의 관측 가능성을 데모하며, 프런트엔드, 백엔드, 데이터 저장소 3개의 레이어로 구성된 마이크로서비스다. 최신 관측 가능성 기술 스택을 어떻게 개발하고 구성하는지에 대한 통찰력을 제공하고, 다양한 유형의 관측 가능성 데이터 사이의 상관관계를 보여주는 레퍼런스 애플리케이션이다.

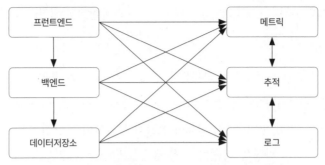

그림 5.12 애플리케이션과 DB, 관측 가능성의 연계

이 책은 그라파나 에이전트를 통해서 마이크로서비스 애플리케이션과 그라파나 관측 가능성을 연계하도록 구성하였다. 아키텍처적으로 그라파나 에이전트는 오픈텔레메트리 컬렉터와 유사한 역할을 수행한다. 벤더에 종속적이므로 오픈텔레메트리를 사용하는 것을 권장하지만, 실운영 환경에서는 어떤 것이 더 적합한지 고민해보아야 할 것이다.

- 프런트엔드는 HTTP 클라이언트이고, 부하 생성 프로그램을 통해서 부하를 자동적으로 생성한다.
- 백엔드는 프런트엔드에서 요청을 받고, 데이터 저장소로 전달하는 역할을 수행한다.
- 데모에서의 데이터 저장소는 데이터베이스가 아니다. MySQL 등 물리적인 데이터베이스를 구현하는 것이 적합하지만, 테스트를 위해 데이터베이스 역할을 하는 애플리케이션을 개발하였다.

위브웍스Weaveworks에서 개발한 TNS는 미니쿠브minikube에서 실행되고, 다수의 파드로 쿠버네티스에 전개된다.

TNS의 메트릭, 추적, 로그는 다음과 같다.

- TNS 애플리케이션은 /metrics 엔드포인트에서 메트릭을 제공하며, 스크래핑 과정을 통해서 메트릭을 수집한다. 프로메테우스 메트릭 외에도 오픈메트릭을 제공한다. 오픈메트릭을 제공해야만 이그젬플러가 활성화된다. 만약 그라파나 에이전트를 사용하면 그라파나 에이전트가 스크래핑을 하고 프로메테우스 원격 쓰기를 사용해서 메트릭을 프로메테우스 서버에 쓴다.
- 프로메테우스가 TNS에서 직접 메트릭을 스크래핑할 수도 있으며, 그라파나 에이전트를 메트릭, 로그, 추적을 수집하는 게이트웨이처럼 구성할 수 있다. 프로메테우스 서버뿐만 아니라 타노스 또는 코텍스와 같이 프로메테우스 원격 쓰기를 허용하는 모든 시스템은 메트릭을 관리할 수 있다.

- 이그젬플러를 사용하기 위해서는 오픈메트릭을 사용해야 한다. 사용 방법은 go build를 실행하고, DB 폴더에서 curl -H 'Accept: application/openmetrics-text' http://localhost:80/metrics | less를 실행하면 이그젬플러를 수집하고 저장할 수 있다.

위브웍스 API를 사용해서 관측 가능성을 구현하였다. 클라이언트 코드는 다음과 같다. 히스토그램 유형의 client_request_duration_seconds 메트릭을 생성한다.

```
var requestDuration = promauto.NewHistogramVec(prometheus.HistogramOpts{
    Namespace:"tns",
    Name: "client_request_duration_seconds",
    Help: "Time (in seconds) spent doing client HTTP requests",
    Buckets: prometheus.DefBuckets,
}, []string{"method", "status_code"})
```

LB는 TraceRequest 후에 커스텀 로직을 처리하고 추출extract한다. TNS의 각 계층(LB, APP, DB)은 오픈텔레메트리 형식의 추적을 템포로 전달하고, 추적 데이터를 저장한다.

```
func (c *Client) Do(req *http.Request) (*http.Response, error) {
    start := time.Now()
    req, ht := nethttp.TraceRequest(opentracing.GlobalTracer(), req)
    defer ht.Finish()

    resp, err := c.Client.Do(req)
    duration := time.Since(start)

    id, _ := tracing.ExtractTraceID(req.Context()).
}
```

TNS의 각 계층(LB, APP, DB)은 표준 출력 또는 표준 오류error를 로그에 쓴다. 프롬테일이 쿠버네티스 로그 파일을 수집하고, 로키에 로그 데이터를 전달한다. LB는 스팬을 초기화한다. LB, APP, DB는 유사한 형식으로 로그와 추적을 초기화한다.

```
logger := level.NewFilter(
    log.NewLogfmtLogger(log.NewSyncWriter(os.Stdout)),
    serverConfig.LogLevel.Gokit,
)
    serverConfig.Log = logging.GoKit(logger)

    trace, err := tracing.NewFromEnv("lb")
    if err != nil {
```

```
        level.Error(logger).Log("msg", "error initializing tracing", "err", err)
        os.Exit(1)
    }
```

APP은 API 서버이며, 3개 엔드포인트에 따라서 로직을 처리한다.

```
    s, err := server.New(serverConfig)
    if err != nil {
        level.Error(logger).Log("msg", "error starting server", "err", err)
        os.Exit(1)
    }
    defer s.Shutdown()
    databases, err := getDatabases(flag.Args())
    if err != nil {
        level.Error(logger).Log("msg", "error parsing databases", "err", err)
        os.Exit(1)
    }
    level.Info(logger).Log("database(s)", len(databases))

    app, err := new(logger, databases)
    if err != nil {
        level.Error(logger).Log("msg", "error initialising app", "err", err)
        os.Exit(1)
    }

    s.HTTP.HandleFunc("/", app.Index)
```

커스텀 메트릭을 개발하였으며, 이그젬플러를 생성하도록 구성되어 있다. DB는 다음과 같이 이그
젬플러를 추가한다.

```
func (db *db) Fetch(w http.ResponseWriter, r *http.Request) {
    traceId, _ := tracing.ExtractTraceID(r.Context())
    if c, ok := db.fetches.(prometheus.ExemplarAdder); ok {
        c.AddWithExemplar(1, prometheus.Labels{"traceID": traceId})
    }
}
```

DB는 ExemplarObserver 인터페이스를 사용하고, ObserveWithExemplar 메서드를 통해 추적 ID
를 기록한다.

```
func (db *db) Vote(w http.ResponseWriter, r *http.Request) {
    traceId, _ := tracing.ExtractTraceID(r.Context())
    start := time.Now()
```

```
        defer func() {
            elapsed := time.Since(start)
                if h, ok := db.votes.(prometheus.ExemplarObserver); ok {
                    h.ObserveWithExemplar(elapsed.Seconds(), prometheus.Labels{"traceID":
traceId})
                }
        }()
```

LB, APP, DB는 메트릭을 제공하는데, 소스는 다음과 같다.

```
func New(logger log.Logger, reg prometheus.Registerer) *db {
        return &db{
            logger: logger,
            fetches: promauto.With(reg).NewCounter(prometheus.CounterOpts{
                Name: "tns_db_fetches_total",
                Help: "Number of fetch requests handled by the database",
            }),
                posts: promauto.With(reg).NewHistogram(prometheus.HistogramOpts{
                    Name: "tns_db_post_time_seconds",
                    Help: "Time taken to submit new links to the database",
                }),
                votes: promauto.With(reg).NewHistogram(prometheus.HistogramOpts{
                    Name: "tns_db_vote_time_seconds",
                    Help: "Time taken to vote on links in the database",
                }),
                    links: map[int]*Link{},
            }
}
```

5분마다 30초 동안 40%의 트랜잭션이 실패하도록 구성되어 있다.

```
    if time.Now().Unix()%(5*60) < 30 && rand.Intn(10) <= 8 {
        time.Sleep(50 * time.Millisecond)
        if rand.Intn(10) <= 4 {
            panic("too many open connections")
        } else {
            panic("query lock timeout")
        }
    }
```

이러한 로직을 포함하고 있는 탓에 이전에 시계열 차트에서 본 것처럼 갑작스럽게 주기적으로 스파이크가 발생한다. 또한, 쿠버네티스에 전개되어 있으므로 다양한 에러가 생성된다. 설정된 수치를 임의로 변경하면서 실습하다 보면 관측 가능성에 대해서 더 깊게 이해할 수 있을 것이다.

이 책에서 제공하는 대부분의 애플리케이션은 장애를 내부적으로 생성하고 일정 비율로 에러가 발생하도록 조절하는 것이 가능하게 구성되어 있다. 쿠버네티스에 마이크로서비스로 운영되므로 다양한 카오스 엔지니어링을 시도하고 수집되는 신호를 분석하면서 학습할 수 있다.

1. 파드에 할당된 자원을 최소화하고 클라이언트에서 생성되는 트래픽을 증가시킨다. 어떠한 장애가 발생하는지 관찰하라.

2. 특정 디플로이먼트와 파드를 삭제하면, 어떤 트랜잭션이 유실되고 어떻게 복구되는지 확인하라.

3. 대시보드에 서비스 그래프를 생성하고 서비스별로 처리량, 지연시간, 에러 비율을 측정하라.

4. 로그를 보강하라. 근본 원인을 분석하는 데 현재 출력되는 로그만으로는 충분하지 않다.

5. 개별 마이크로서비스에서 지연이 발생하도록 변경하라. 클라이언트에서 더 많은 트래픽을 생성하는 것도 좋은 방법이다.

테스트를 여러 번 수행하면서, 과거의 결과와 어떠한 차이점이 존재하는지 그리고 정상적인 경우와 다른 점이 무엇인지 비교하라.

5.2.2 뉴 스택 구성

계측된 3개 레이어(데이터 계층, 백엔드 계층, 프런트엔드 계층) 애플리케이션을 쿠버네티스 클러스터에 배포하고, 이 애플리케이션을 모니터링한다. 그리고 성능 지표를 시각화하기 위해 대시보드를 그라파나 인스턴스에 배포한다.

▶ 데모 애플리케이션 설치 및 구성

다음과 같은 순서로 진행한다. 구체적인 절차를 살펴보자.

먼저 미니쿠베를 시작한다.

```
minikube start --vm-driver=none --kubernetes-version v1.20.0 --memory=12000 --cpus=2
```

그리고 차트를 추가한다.

```
helm repo add grafana https://grafana.github.io/helm-charts
```

다음으로 템포를 설치한다.

```
helm upgrade --install tempo grafana/tempo
```

이어서 프로메테우스를 설치한다.

```
kubectl apply -f prometheus-service.yaml
kubectl apply -f prometheus-deployment.yaml
kubectl apply -f prometheus-claim0-persistentvolumeclaim.yaml
cp prometheus.yml /tmp/hostpath-provisioner/default/prometheus-claim0
```

그런 다음 로키를 설치한다.

```
kubectl apply -f loki-service.yaml
kubectl apply -f loki-deployment.yaml
```

그리고 프롬테일을 설치하기 위해서 values.yaml을 다음과 같이 저장한다.

```
config:
  clients:
    - url: http://loki:3100/loki/api/v1/push
```

다음과 같이 헬름 명령어를 실행한다.

```
helm install promtail grafana/promtail -f values.yaml
```

그라파나 버전 8.5.4를 설치한다.

조금 더 자동화가 필요하다. 이러한 방식으로 설치하는 것은 솔직히 좋지 않은 방법이다. 예를 들어, YAML에서 컨피그맵으로 변환하거나 YAML에서 헬름 차트로 변환해야 한다. 오픈소스 툴을 사용하면 쉽게 변환이 가능하지만 시간이 필요하다.

```
kubectl apply -f grafana-service.yaml
kubectl apply -f grafana-deployment.yaml
kubectl apply -f grafana-claim2-persistentvolumeclaim.yaml
kubectl apply -f grafana-claim1-persistentvolumeclaim.yaml
kubectl apply -f grafana-claim0-persistentvolumeclaim.yaml
cp datasources.yaml /tmp/hostpath-provisioner/default/grafana-claim0
cp datasources.yaml /tmp/hostpath-provisioner/default/grafana-claim1
cp datasources.yaml /tmp/hostpath-provisioner/default/grafana-claim2
cp dashboards.yaml /tmp/hostpath-provisioner/default/grafana-claim0
cp dashboards.yaml /tmp/hostpath-provisioner/default/grafana-claim1
cp dashboards.yaml /tmp/hostpath-provisioner/default/grafana-claim2
cp -rf dashboards/ /tmp/hostpath-provisioner/default/grafana-claim0
```

```
cp -rf dashboards/ /tmp/hostpath-provisioner/default/grafana-claim1
cp -rf dashboards/ /tmp/hostpath-provisioner/default/grafana-claim2
```

애플리케이션을 설치한다.

```
kubectl apply -f .
```

웹 브라우저에서 http://localhost:8080으로 이동하여 작동 중인 데모를 확인한다. 계측된 데모 애플리케이션과 부하 생성기가 실행 중이므로 그라파나 대시보드로 이동하여 애플리케이션 로그를 쿼리하고, 메트릭을 시각화하고, 추적 데이터를 검사할 수 있다.

그라파나는 바탕색을 변경할 수 있다. 검은색이 기본이지만, 흰색 바탕으로 설정하는 것이 가능하다. 정확하게 구성하였는지 확인하기 위해 다음의 쿼리를 실행한다.

```
{job="default/db"}
```

로그 파일은 쿠버네티스 파드의 로그 파일이며, 쿠버네티스는 /var/log/ 폴더에 로그 파일을 출력한다.

Trace ID를 선택하면 템포로 이동할 수 있다. 이 기능은 위에서 설정한 로키 데이터 소스의 파생 필드에 의해서 생성된다.

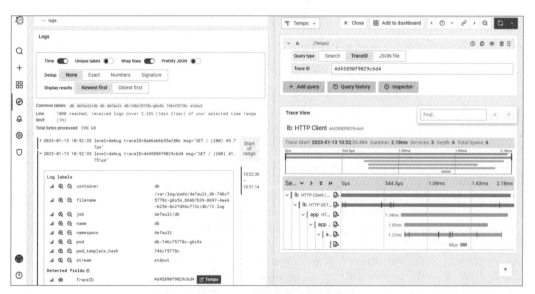

그림 5.13 로그에서 추적으로 이동

템포를 클릭하면 해당되는 추적으로 연결이 되는 것을 확인할 수 있다.

```
2022-08-16 23:28:52 level=debug traceID=6b34f1be8a986c7 msg="POST /post (302) 2.635115ms"
2022-08-16 23:28:52 level=info msg="HTTP client success" status=208 url=http://db/post
duration=2.362456ms traceID=6b34f1be8a986c7
2022-08-16 23:28:52 level=debug traceID=22c9f288f9ece1b0 msg="GET / (200) 2.857113ms"
2022-08-16 23:28:52 level=info msg="HTTP client success" status=200 url=http://db
duration=2.276518ms traceID=22c9f288f9ece1b0
2022-08-16 23:28:52 level=debug traceID=2a831e81ab2c380 msg="GET / (200) 3.169247ms"
```

5.2.3 뉴 스택 상관관계

TNS **상관관계** 데모는 메트릭에서 추적으로 이동, 추적에서 로그로 이동, 로그에서 추적하는 데모를 포함하며, 그라파나, 프로메테우스, 로키, 템포 관측 가능성과 애플리케이션이 어떻게 통합되는지 보여준다. 그리고 사전 빌드된 대시보드, 부하 생성기load generator, 이그젬플러를 포함한다.

그림 5.14는 TNS의 대시보드다. 일반적으로 여러 개의 차트로 구성된 대시보드는 그림과 같이 구성되며, 주기적으로 화면을 새로고침하여 시스템을 모니터링한다.

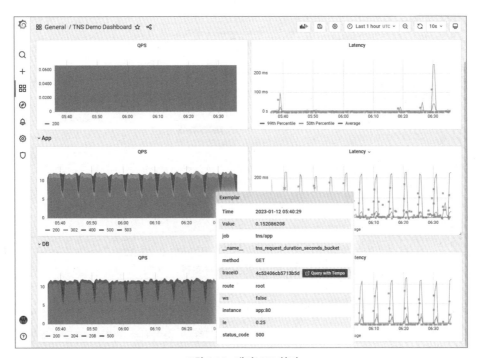

그림 5.14 대시보드 화면

❶ 메트릭에서 추적으로 탐색

5장의 주목적은 다양한 관측 가능성 프로세스와 예제를 설명하는 것이다. 유사한 화면이 반복될 수도 있지만, 세부적인 관측 가능성 프로세스는 다른 방법으로 진행되므로 차이점을 이해해야 한다. 어떠한 프로세스가 본인의 업무에 적합한지 알아보고, 일하는 방식에 적합하게 최적화해나가는 것이 좋다.

로키, 프로메테우스, 템포가 실행 중이고, TNS 데모가 쿠버네티스 클러스터에 배포된 것을 확인한다. 또한, 그라파나 대시보드에서 프로메테우스 데이터 소스 구성이 필요하다.

- 위브웍스 미들웨어는 이그젬플러로 요청 지연시간request latency을 자동으로 기록한다. 프로메테우스 화면에서 다음과 같이 PromQL 쿼리를 실행하고 이그젬플러를 활성화한다. TNS/APP에 대한 요청 지연시간을 보여준다.

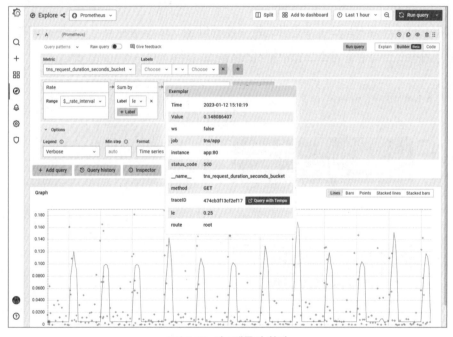

그림 5.15 이그젬플러 화면

부하 생성기는 다수의 트랜잭션을 생성하는데 일부는 지연이 발생하고, 일부는 실패한 요청을 생성한다. 실패한 요청은 이그젬플러로 출력된다. 히스토그램에 출력되는 점이 이그젬플러인데, 이것을 클릭하면 메트릭에서 추적으로 바로 이동할 수 있다. 이그젬플러를 통해서 실패한 요청을 자세히 분석할 수 있는 것이다.

```
histogram_quantile(.99, sum(rate(tns_request_duration_seconds_bucket{status_code="500"}
[1m])) by (le))
```

쿼리를 입력하고, 주기적으로 쿼리를 실행한다. 출력되는 이그젬플러는 이 메트릭을 생성하기 위해 집계aggregate된 요청으로, 대부분이 실패한 요청이다. 현재 이그젬플러는 지연시간 히스토그램에 대해서만 활성화되어 있으므로 tns_request_duration_seconds_bucket에서 이그젬플러를 확인해야 한다.

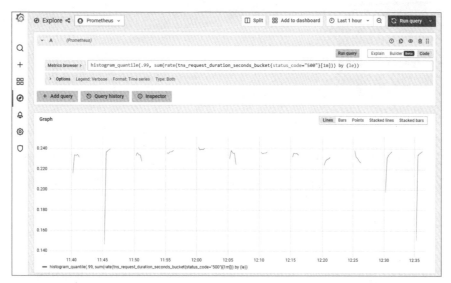

그림 5.16 에러 검색 화면

❷ 로그에서 추적으로 탐색

로그에서 추적을 연계하는 방법은 로그에서 Trace ID를 출력하는 것이다. 중요한 구성은 Trace ID에서 URL 링크를 생성하기 위해 로키 파생 필드derived field를 설정하는 것이다. 그림 5.17은 로키 데이터 소스 구성을 보여준다.

그라파나 대시보드는 SQLITE 3에 내부 구성 정보를 저장하고 있다. 로키, 템포, 미미르에 필요한 정규식과 구성 정보를 관리하고 연계한다. 정규 표현식을 사용해서 Trace ID를 추출한다.

```
(?:traceID|trace_id)=(\w+)
```

쿼리에 다음의 값을 입력한다.

```
${__value.raw}
```

그림 5.17 로키 파생 필드 설정 화면

이제 로그에서 추적으로 이동하는 방법을 실습한다. 만약 APP에서 DB로 이동하는 것에 실패한 API 요청을 표시하고, 100ms보다 오래 걸리는 애플리케이션을 확인하려면 다음과 같이 쿼리한다.

```
{ job = "default/db" } | logfmt
```

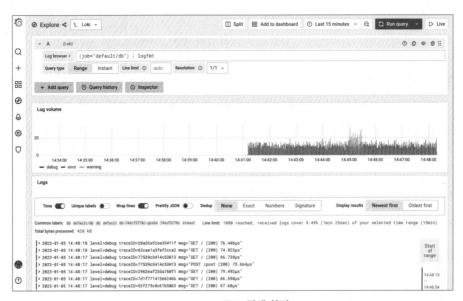

그림 5.18 로그 검색 화면

로그 라인에서 추적을 보려면 Trace ID의 템포 버튼을 클릭한다. 오른쪽에 해당하는 추적이 출력되는 것을 확인할 수 있다. 추적 내 문제가 발생한 스팬에 빨간색으로 표시가 되는 것을 확인할 수 있다. 스팬을 자세히 분석하면 그래프가 올바르지 않다. 부하 생성기가 실습을 위해 생성한 에러다.

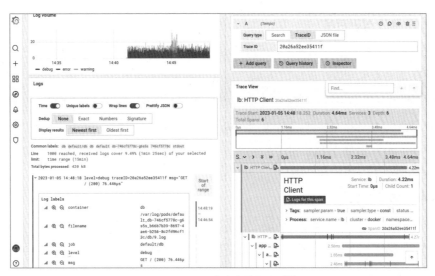

그림 5.19 로그에서 추적으로 이동

이제 추적에서 로그로 이동하는 구성을 알아볼 차례다. 그림 5.20처럼 템포 데이터 소스에서 구성할 수 있다. 데이터 소스에서 로키를 선택하고 'Loki Search'를 활성화한다.

그림 5.20 추적 구성 화면

특정 스팬을 선택하면 로키로 이동할 수 있는 연결이 활성화되는 것을 확인할 수 있다. TNS 데모는 추적에서 메트릭으로 이동할 수 있도록 도와주는 스팬 메트릭 기능은 포함하지 않는다. 5장 초반에서 설명한 스팬 메트릭 구성을 참고하면 쉽게 추적에서 메트릭 간의 상관관계를 구현할 수 있다.

❸ 메트릭과 로그 상관관계

메트릭에서 추적으로 이동하는 기능은 이그젬플러, 스팬 메트릭을 사용해서 해결했다. 운영 시스템의 문제를 신속하게 해결하고 MTTR$_{mean\ time\ to\ repair}$(평균 수리 시간)을 줄이기 위해 메트릭과 로그 간의 이동 기능은 필수적이지만, 이를 지원하는 표준 기능은 아직 없다. 메트릭은 일반적으로 집계와 통계를 나타내기 때문에 로그에 출력되는 이벤트와 일대일로 매핑을 하기에는 부적합한 것도 사실이다. 가장 빠르고 쉬운 방법은 레이블, 태그, 네이밍 규칙을 사용하는 것이다.

❹ 추적에서 로그로 탐색

이제는 메트릭, 추적, 로그의 상관관계를 사용해서 업무 프로세스를 진행한다. 다음 가이드라인은 메트릭에서 로그, 추적으로 이동하는 방법을 설명한다. 데이터 소스에서 프로메테우스를 선택하고 다음 쿼리를 실행한다.

```
histogram_quantile(.99, sum(rate(tns_request_duration_seconds_bucket{}[1m])) by (le))
```

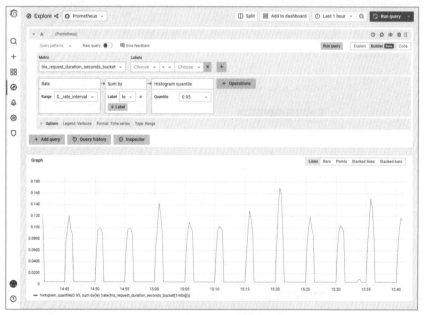

그림 5.21 메트릭 조회 화면

특히 느린 요청을 분석하기 위해서 이그젬플러를 클릭할 수 있다. 그림 5.22의 그래프를 분석하면 대부분의 트랜잭션은 문제가 없지만, 소수의 트랜잭션의 지연시간이 오래 걸리는 것을 확인할 수 있다. 스파이크와 함께 이그젬플러가 주기적으로 출력되고 있다.

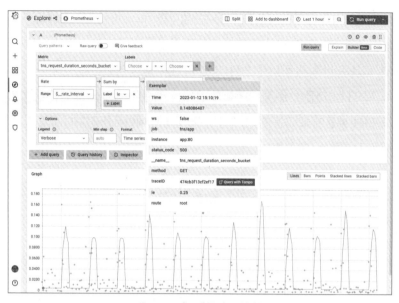

그림 5.22 이그젬플러 조회 화면

이그젬플러는 샘플링으로 수집되므로 모든 메트릭을 수집하지는 않지만, 원인을 이해하고 문제점을 해결하기 위한 좋은 시작점이 될 수 있다.

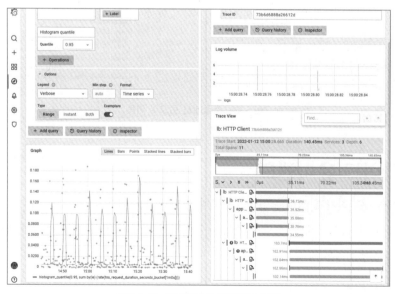

그림 5.23 메트릭에서 추적으로 이동

특정 이그젬플러를 클릭하면 추적으로 이동한다. 스팬은 로그 정보를 포함할 수 있다. 추적은 로그 파일 자체를 분석하는 것보다 풍부한 문맥 정보를 제공하므로 운영자가 더욱 쉽고 빠르게 문제점을 인식할 수 있다.

만약 스팬 내 정보만으로 문제의 원인을 찾을 수 없다면 로그 파일로 이동해서 디버깅을 수행한다. 로그 파일을 직접 찾는다면 시간이 많이 걸리고 부정확할 가능성도 있지만, 다행히도 특정 스팬을 선택하면 로그로 바로 이동할 수 있다. 스팬 라인의 로그 아이콘을 클릭하면 로그 세부 정보가 나온다. 로그보다는 가급적 추적을 통해서 문제를 해결하는 것을 권장한다. 하지만 디버깅이 필요한 경우도 있기 때문에 로그는 항상 유용하며, 필요한 데이터를 정확하게 수집하고 검색할 수 있도록 시스템을 구축하는 것이 좋다.

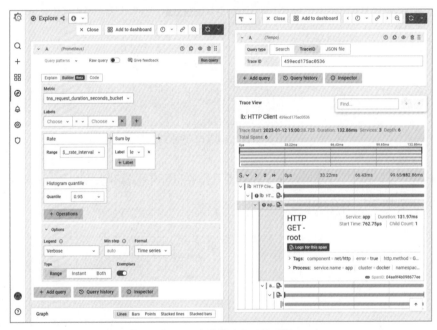

그림 5.24 추적에서 로그로 이동

5.3 라이드 온디맨드

관측 가능성을 구현하기 위해서는 협업이 중요하다. 개발자는 관측 가능성에 대한 계측을 수행해야 하는데, 개발에 들어가기 전에 관측 가능성 전문가와 정확한 가이드라인을 공유해야 한다. 관측 가능성 전문가가 업무 로직과 많은 소스에 기여하는 것은 올바른 방향이 아니다.

데브옵스DevOps 담당자는 시스템을 모니터링하고 장애를 해결하기 위해서, 개발자는 디버깅을 통해서 소스의 버그를 해결하는 데 관측 가능성 시스템을 활용한다. 관측 가능성 시스템을 함께 구축하고 사용하면서 협업을 하는 것이다.

이번 장에서는 베스트 프랙티스를 포함한 레퍼런스 애플리케이션을 통해서 관측 가능성을 데모하고 세부 내용을 분석한다.

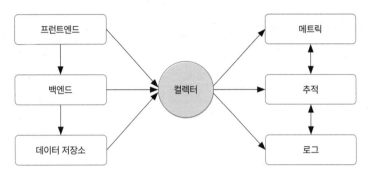

그림 5.25 **라이드 온디맨드 데모 구성도**

다음은 프로젝트 폴더를 나타낸 것이다. Go는 이와 유사한 프로젝트 구조를 가지고 있다.

- cmd에는 4개 마이크로서비스의 main이 구현되어 있으며, services를 호출한다
- pkg에는 마이크로서비스에서 참조하는 Go 패키지가 포함되어 있다.
- services에는 4개 마이크로서비스가 구현된 처리 로직이 포함되어 있다.

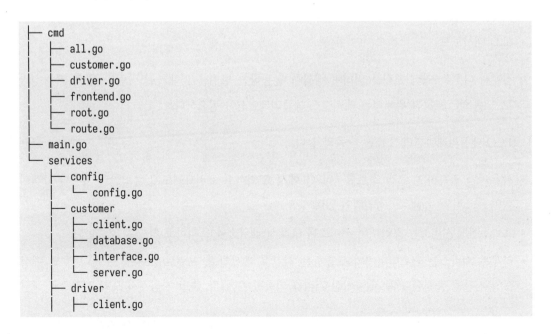

```
├── cmd
│   ├── all.go
│   ├── customer.go
│   ├── driver.go
│   ├── frontend.go
│   ├── root.go
│   └── route.go
├── main.go
└── services
    ├── config
    │   └── config.go
    ├── customer
    │   ├── client.go
    │   ├── database.go
    │   ├── interface.go
    │   └── server.go
    ├── driver
    │   ├── client.go
```

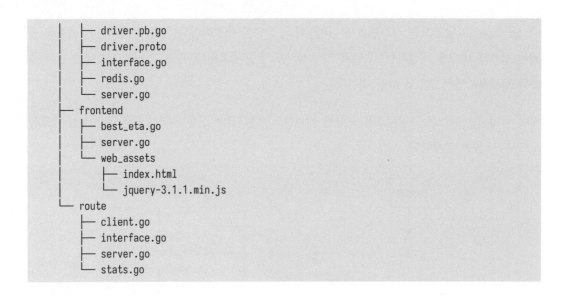

```
|   ├── driver.pb.go
|   ├── driver.proto
|   ├── interface.go
|   ├── redis.go
|   └── server.go
├── frontend
|   ├── best_eta.go
|   ├── server.go
|   └── web_assets
|       ├── index.html
|       └── jquery-3.1.1.min.js
└── route
    ├── client.go
    ├── interface.go
    ├── server.go
    └── stats.go
```

5.3.1 시스템 설정

HotROD는 예거 데모를 위해서 개발한 레퍼런스 애플리케이션이다. 4개의 마이크로서비스로 구성되어 있으며, 데이터 저장소는 레디스와 MySQL을 사용한다. 프런트엔드는 자바스크립트로 개발되었으며, 나머지 3개의 마이크로서비스 라우트route, 드라이버driver, 커스터머customer는 Go로 개발되었다. 이 데모는 다음과 같은 여러 기능을 테스트하고 검증하는 데 유용하다.

- 근본 원인 분석

- 프로파일

- SLO 대시보드

이 책에서 다루는 여러 예제를 익히며 정확히 활용하는 방법을 이해하길 바란다. 관측 가능성과 대시보드를 테스트하기 위해서는 레퍼런스 애플리케이션이 필요하다.

HotROD 애플리케이션의 흐름은 다음과 같다.

- 사용자가 접속하면 고객 정보를 MySQL에서 조회하고 프런트엔드에 출력한다. 4명의 고객이 이미 커스터머customer로 정의되어 있다.
- 프런트엔드 서비스는 드라이버 서비스를 통해서 레디스를 조회하고 차량을 호출한다.
- 라우트 서비스는 커스터머에게 도달하는 시간을 계산하고, 프런트엔드는 차량의 번호와 예상 도착 시간을 출력한다. 택시는 직선 거리를 이동할 수 없다. 출발 지점에서 도착 지점으로 도달

하기 위해서는 거리와 소요 시간을 계산해서 여러 번 경로를 변경한다. 이러한 현실성을 반영하기 위해 HotROD는 라우트를 여러 번 호출하도록 개발되었다.

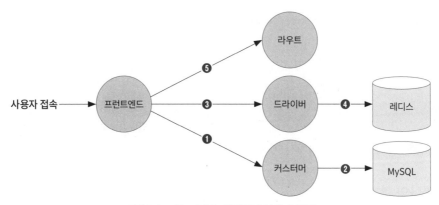

그림 5.26 HotROD 애플리케이션 흐름도

쿠버네티스에 HotROD를 실행하기 위한 절차를 설명한다. 쿠버네티스 없이 바이너리에서 곧바로 실행할 수도 있다.

HotROD를 데모로 선택한 이유는 앞서 언급한 좋은 데모의 조건을 만족하기 때문이다. 또한, HotROD는 다양한 관측 가능성 솔루션에서 데모로 활용되고 있다. 그라파나, 일래스틱은 HotROD 데모를 사용해서 자사의 관측 가능성이 어떻게 동작하는지를 설명한다. HotROD가 텔레메트리 데이터를 생성하고, 그라파나에서 수집된 관측 가능성 데이터를 분석함으로써 제품에 대한 이해를 높이고 장단점을 비교, 분석할 수 있도록 도와준다.

원래 HotROD는 예거 데모 애플리케이션으로 제작되었다. 하지만 이 책에서는 여기에 머물지 않고 관측 가능성 관점에서 HotROD를 확장한다. 그라파나와 오픈서치를 사용해서 데모를 진행하는 것이다. 즉, HotROD를 사용해서 그라파나 관측 가능성에 관한 데모를 우선 진행하고, 오픈서치를 사용해서 다른 관점에서 데모를 진행하도록 하겠다. 이러한 기능이 가능하도록 해주는 기술은 바로 오픈텔레메트리다. 총 세 가지 방법으로 추적 중심의 관측 가능성을 구현할 것이다.

1. 예거 사용
2. 그라파나 관측 가능성 사용
3. 오픈서치 관측 가능성 사용

예거, 그라파나, 오픈서치는 추구하는 방향과 사용 방법이 다르다. 솔루션에 따라 운영 프로세스도 다르기 마련이다. 데모를 직접 실행해보면서 적합한 오픈소스와 운영 방법을 찾는 것을 추천한다.

❶ 예거와 연계

첫 번째는 예거를 사용한다. 먼저 예거를 시작한다.

```
./binary/jaeger-1.38.1-linux-amd64/jaeger
```

이어서 HotROD를 시작한다.

```
./example-hotrod
```

예거를 사용한 상세 설명은 아래에서 계속 이어간다.

❷ 그라파나와 연계

두 번째는 그라파나를 사용한다. 그라파나 관측 가능성에 필요한 오픈소스를 사용한다. 템포, 프로메테우스, 로키를 사용해서 HotROD에 그라파나 관측 가능성을 적용한다. 먼저, 그라파나의 최신 버전을 설치한다. 가끔식 템포와 그라파나 대시보드가 버전으로 인해 문제가 발생하는 경우가 있는데 버그로 보인다. 일반적인 상황에서 그라파나 오픈소스는 버전에 따른 이슈가 발생하지 않는다.

오픈텔레메트리 컬렉터 구성 파일은 다음과 같다.

```
receivers:
  jaeger:
    protocols:
      grpc:

exporters:
  otlp:
    endpoint: localhost:4317
    tls:
      insecure: true
  logging:
service:
  pipelines:
    traces:
      receivers: [jaeger]
      exporters: [logging, otlp]
```

오픈텔레메트리의 구성을 약간 변경하면 템포와 연계할 수 있다.

다음으로 프로메테우스를 시작한다.

```
./binary/prometheus-2.39.1.linux-amd64/prometheus --config.file=./binary/prometheus-
2.39.1.linux-amd64/prometheus.yml --enable-feature=exemplar-storage --storage.tsdb.max-
block-duration=1m --storage.tsdb.min-block-duration=1m
```

프로메테우스 구성은 다음과 같다.

```
# my global config
global:
  scrape_interval: 15s # Set the scrape interval to every 15 seconds. Default is every 1 minute.
  evaluation_interval: 15s # Evaluate rules every 15 seconds. The default is every 1 minute.
  # scrape_timeout is set to the global default (10s).

# Alertmanager configuration
alerting:
  alertmanagers:
    - static_configs:
        - targets:
          # - alertmanager:9093

# Load rules once and periodically evaluate them according to the global 'evaluation_interval'.
rule_files:
  # - "first_rules.yml"
  # - "second_rules.yml"

# A scrape configuration containing exactly one endpoint to scrape:
# Here it's Prometheus itself.
scrape_configs:
  # The job name is added as a label `job=<job_name>` to any timeseries scraped from this config.
  - job_name: "prometheus"

    # metrics_path defaults to '/metrics'
    # scheme defaults to 'http'.

    static_configs:
      - targets: ["localhost:9090"]

  - job_name: 'hotrod-application'
    static_configs:
      - targets: ["localhost:8083"]
```

템포를 시작한다.

```
./binary/tempo -config.file ./binary/config.yaml
```

템포 구성은 다음과 같다.

```yaml
ultitenancy_enabled: false
search_enabled: true
metrics_generator_enabled: true

server:
  http_listen_port: 3200

distributor:
  receivers:
    jaeger:
      protocols:
        thrift_http:
        grpc:
        thrift_binary:
        thrift_compact:
    zipkin:
    otlp:
      protocols:
        http:
        grpc:

storage:
  trace:
    backend: local
    local:
      path: /tmp/tempo/blocks

metrics_generator:
  storage:
    path: /tmp/tempo/generator/wal
    remote_write:
      - url: http://localhost:9090/api/v1/write
        send_exemplars: true

overrides:
  metrics_generator_processors: [service-graphs, span-metrics]
```

이어서 로키를 시작한다.

```
./binary/loki-linux-amd64 --config.file=./binary/loki-local-config.yaml
```

로키 구성은 다음과 같다.

```yaml
auth_enabled: false

server:
  http_listen_port: 3100

ingester:
  lifecycler:
    address: 127.0.0.1
    ring:
      kvstore:
        store: inmemory
      replication_factor: 1
    final_sleep: 0s
  chunk_idle_period: 5m
  chunk_retain_period: 30s
  max_transfer_retries: 0

schema_config:
  configs:
    - from: 2018-04-15
      store: boltdb
      object_store: filesystem
      schema: v11
      index:
        prefix: index_
        period: 168h

storage_config:
  boltdb:
    directory: /data/loki/index

  filesystem:
    directory: /data/loki/chunks

limits_config:
  enforce_metric_name: false
  reject_old_samples: true
  reject_old_samples_max_age: 168h

chunk_store_config:
  max_look_back_period: 0s
```

```
table_manager:
  retention_deletes_enabled: false
  retention_period: 0s
```

예거 에이전트를 시작한다.

```
./binary/jaeger-1.38.1-linux-amd64/jaeger-agent --reporter.grpc.host-port=localhost:14250
```

HotROD를 시작한다.

```
./example-hotrod --metrics prometheus all 2>&1 | tee hotrod.log
```

프롬테일을 시작한다.

```
./binary/promtail-linux-amd64 -config.file ./binary/promtail-local-config.yaml
```

프롬테일 구성 파일은 다음과 같다.

```
server:
  http_listen_port: 9080
  grpc_listen_port: 0

positions:
  filename: /tmp/positions.yaml

clients:
  - url: http://localhost:3100/loki/api/v1/push

scrape_configs:
- job_name: system
  static_configs:
  - targets:
      - localhost
    labels:
      job: hotrod
      __path__: /root/binary/jaeger-1.38.1-linux-amd64/hotrod.log
```

그림 5.27은 그라파나를 사용해서 HotROD의 관측 가능성을 모니터링하는 화면이다.

그림 5.27 HotROD 관측 가능성 데모 화면

그림 5.27을 분석해보면 레디스의 **스팬**에서 에러가 발생한 것을 알 수 있다. 그리고 MySQL 스팬의 지연시간이 상대적으로 길다는 것 또한 화면에 나타난다.

그림 5.28 HotROD 데이터 소스 화면

3개의 데이터 소스를 등록한다. 템포는 추적, 로키는 로그, 프로메테우스는 메트릭을 관리한다. 관측 가능성은 표준에 기반한 기술을 사용하므로, 그라파나 일래스틱 등 특정 벤더의 제품에 상관없이 관측 가능성을 개발하고 운영할 수 있어야 한다.

그라파나 대시보드는 일래스틱서치, 로키 등 제품에 상관없이 로그에서 추적으로 이동할 수 있는 기능을 제공한다. 정규 표현식을 사용해서 Trace ID를 추출하고, 추적으로 이동할 수 있는 연결 URL을 만들 수 있다.

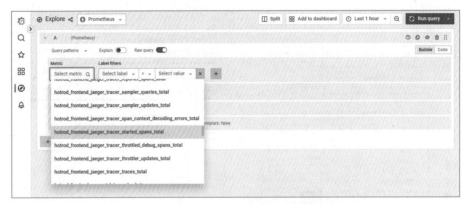

그림 5.29 HotROD 메트릭 목록

4개 마이크로서비스에 대한 메트릭을 제공한다. `request_latency_bucket` 메트릭은 요청 지연에 따른 분포도를 출력한다. le값을 세부적으로 조정하면서 모니터링을 수행한다.

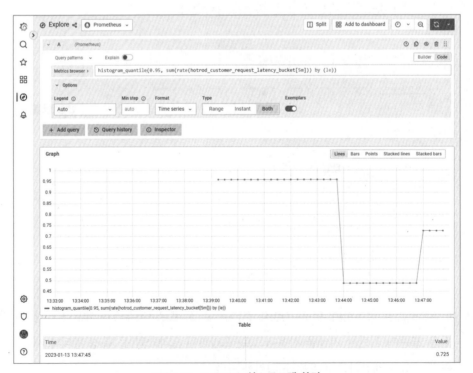

그림 5.30 HotROD 히스토그램 화면

다음의 쿼리를 입력하면 HotROD를 모니터링할 수 있다.

```
histogram_quantile(0.95, sum(rate(hotrod_customer_request_latency_bucket[5m])) by (le))
```

다양한 마이크로서비스에 대한 추적을 조회할 수 있다. 원래 HotROD는 예거 추적 기반에서 실행된다. 하지만 예거 추적 기반에서 단독으로 실행하는 것보다, 그라파나와 오픈서치와 같은 관측 가능성 기반으로 구축하면 메트릭, 로그 등과 결합해 문맥이 풍부한 운영 환경을 구축할 수 있다.

이어서 HotROD를 일래스틱 관측 가능성을 통해서 운영하는 데모를 살펴보자. 일래스틱도 다양한 제품군을 연동해서 관측 가능성이라는 큰 아키텍처를 설계하고 있다. 그중 일래스틱서치는 로그를 검색하기 위한 제품으로, 일래스틱 APM 서버는 추적에 대한 기능을 제공한다. AWS는 일래스틱과 라이선스 문제로 분쟁을 겪었는데, 이후에 AWS는 **오픈서치**라는 이름으로 일래스틱을 포크fork해서 오픈소스로 공개한다.

그라파나 관측 가능성을 적용하면 예거 추적만 사용하는 것보다 다양한 관점에서 근본 원인을 분석할 수 있다. 그라파나 데이터 소스에 대한 설명과 추가적인 화면은 블로그를 참고하라.

❸ 오픈서치와 연계

세 번째는 오픈서치를 사용하는 경우다. 오픈서치 관측 가능성을 구현하기 위해 오픈텔레메트리 컬렉터와 데이터 프레퍼data prepper를 사용해서 파이프라인을 구성할 것이다. 설치 버전은 다음과 같다.

- 오픈서치 2.0.1
- 데이터 프레퍼 1.5.2

데이터 프레퍼 버전 2.x의 구성이 변경되어 오픈서치와 통신하는 데 간혹 문제가 발생하기도 한다. 이럴 경우 데이터 프레퍼의 버전을 낮추는 것을 권장한다. 나머지 오픈소스는 최신 버전을 설치하라.

컬렉터 구성 파일은 다음과 같다.

```
receivers:
  jaeger:
    protocols:
      grpc:
```

```
exporters:
  otlp/2:
    endpoint: 127.0.0.1:21890
    tls:
      insecure: true
      insecure_skip_verify: true
  logging:
service:
  pipelines:
    traces:
      receivers: [jaeger]
      exporters: [logging, otlp/2]
```

오픈서치를 시작한다.

```
./opensearch-2.4.1/bin/opensearch
```

오픈서치 대시보드를 시작한다.

```
./opensearch-dashboards-2.4.1-linux-x64/bin/opensearch-dashboards
```

데이터 프레퍼를 시작한다.

```
./opensearch-data-prepper-jdk-1.5.2-linux-x64/data-prepper-tar-install.sh /home/philip/
opensearch-data-prepper-jdk-1.5.2-linux-x64/config/example-pipelines.yaml /home/philip/
opensearch-data-prepper-jdk-1.5.2-linux-x64/config/example-data-prepper-config.yaml
```

데이터 프레퍼 구성은 다음과 같다.

```
entry-pipeline:
  delay: "100"
  source:
    otel_trace_source:
      ssl: false
  sink:
    - pipeline:
        name: "raw-pipeline"
    - pipeline:
        name: "service-map-pipeline"
raw-pipeline:
  source:
```

```yaml
    pipeline:
      name: "entry-pipeline"
  prepper:
    - otel_trace_raw_prepper:
  sink:
    - opensearch:
        hosts: [ "https://node-0.example.com:9200" ]
        cert: "/usr/share/data-prepper/root-ca.pem"
        username: "admin"
        password: "admin"
        trace_analytics_raw: true
service-map-pipeline:
  delay: "100"
  source:
    pipeline:
      name: "entry-pipeline"
  prepper:
    - service_map_stateful:
  sink:
    - opensearch:
        hosts: ["https://node-0.example.com:9200"]
        cert: "/usr/share/data-prepper/root-ca.pem"
        username: "admin"
        password: "admin"
        trace_analytics_service_map: true
```

오픈텔레메트리 컬렉터를 시작한다.

```
./binary/otelcol-contrib --config ./binary/collector.yml
```

예거 에이전트를 시작한다.

```
./binary/jaeger-1.38.1-linux-amd64/jaeger-agent --reporter.grpc.host-port=localhost:14250
```

HotROD를 시작한다.

```
./example-hotrod --metrics prometheus all 2>&1 | tee hotrod.log
```

/etc/apt/sources.list에 다음 내용을 추가한다.

```
curl https://packages.fluentbit.io/fluentbit.key | gpg --dearmor > /usr/share/keyrings/
fluentbit-keyring.gpg
```

플루언트비트를 설치한다.

```
sudo apt-get install ca-certificates

sudo apt-get update

sudo apt-get install fluent-bit
```

플루언트비트 상태를 확인한다.

```
sudo systemctl start fluent-bit
```

그림 5.31은 오픈서치에서 HotROD를 실행한 결과다. 프로메테우스 중심의 그라파나 관측 가능성과 비교해서 상관관계를 구현하는 것이 복잡하지만, 엔드포인트별 지연시간, 에러율, 처리량에 대한 상세한 관측 가능성 메트릭을 제공한다.

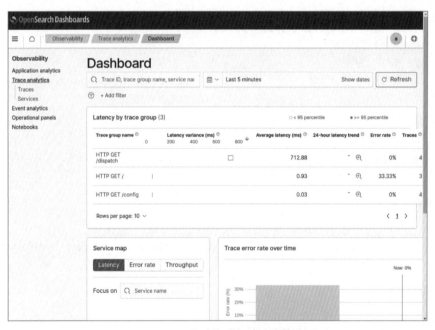

그림 5.31 오픈서치 관측 가능성 화면

그림 5.32는 예거에서 제공하는 DAG와 유사한 화면이다. 오픈서치 관리 화면 내 관측 가능성 화면에서는 서비스 간의 상호작용과 지연시간, 에러율, 처리량, 서비스 연관성에 대한 상세한 정보를 제공한다.

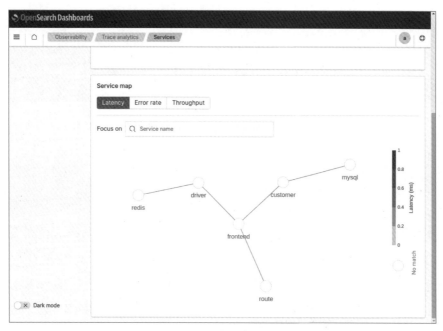

그림 5.32 **오픈서치 서비스맵 화면**

관측 가능성은 SLO 대시보드를 직접 개발해야 하는 데 비해, 오픈서치 관측 가능성은 이미 잘 구성된 SLO 대시보드와 지표를 제공한다. 추가적인 화면은 블로그를 참고하기 바란다.

5.3.2 소스 설명

1 애플리케이션 개요

예제 HotROD를 시작한다.

```
$# ./example-hotrod all
이하 생략
```

애플리케이션의 프런트엔드로 이동해보자. http://127.0.0.1:8080에 접속한다. 4명의 고객을 보유하고 있으며, 4개의 버튼 중 하나를 클릭해 고객의 위치로 가기 위해 차를 호출한다. 제품을 받아서 다른 곳으로 배달을 하고자 한다. 차량 요청이 백엔드로 보내지면 차의 번호판인 T789857C와 2분의 예상 도착 시간으로 응답한다.

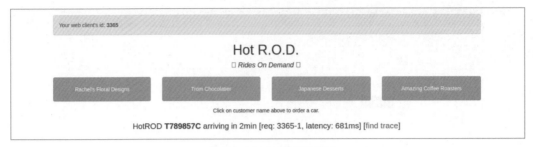

그림 5.33   HotROD 메인 화면

그림 5.33에 표시되는 디버깅 정보는 다음과 같다.

- 왼쪽 상단에는 웹 클라이언트 ID인 '3365'가 있다. 이 숫자는 자바스크립트 UI에서 할당한 임의의 세션 ID다. 페이지를 새로고침하면 다른 세션 ID가 표시된다.
- 차량 정보 뒤의 대괄호 안에 있는 'req: 3365-1'는 요청 ID를 가리킨다. 이 ID는 자바스크립트 UI에서 백엔드로 요청한 각 요청에 대한 세션 ID와 시퀀스 번호로 구성된 고유한 ID다.
- 디버깅 데이터의 마지막 부분인 'latency: 681ms'은 자바스크립트 UI에서 측정되며, 백엔드가 응답하는 데 걸린 시간을 보여준다.

이 추가 정보는 애플리케이션의 동작에는 영향을 주지 않지만, 성능 문제를 조사할 때 유용할 것이다.

근래의 모니터링 솔루션은 서비스 간의 상호작용을 관찰해서 아키텍처 다이어그램을 만드는 작업을 자동화한다. 예거가 트랜잭션을 처리하면 마이크로서비스 간의 호출 경로를 분석해서 자동으로 다이어그램을 생성한다.

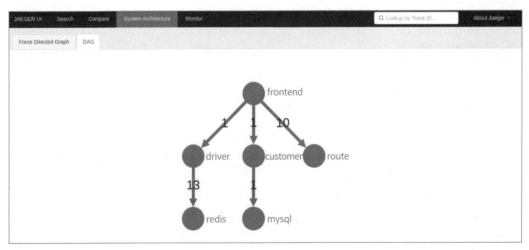

그림 5.34   예거 DAG

HotROD는 4개의 마이크로서비스, 2개의 스토리지 백엔드인 레디스, MySQL을 실행하고 있다. 스토리지는 실제로 존재하지 않으며, 애플리케이션에 의해서 시뮬레이션을 수행한다. 앞에서 각 서비스를 실행하는 서버의 네트워크 주소를 각각 로깅하는 것을 보았다. 프런트엔드 마이크로서비스는 자바스크립트 UI를 서비스하며, 다른 세 마이크로서비스에 RPC로 호출한다. 차량 한 대에 대해 단일 요청을 처리하기 위한 호출 수를 보여주는데, 예로 라우트route 서비스를 10회, 레디스를 13회 호출했다.

애플리케이션이 여러 마이크로서비스로 구성돼 있다는 것을 앞에서 이미 설명했다. 예거는 세부적인 요청 흐름을 이해하기 가장 좋은 방법을 제공한다. 예거 화면에서 최상위 서비스인 프런트엔드를 선택한다.

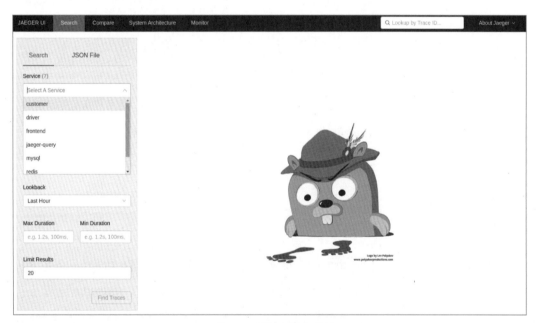

그림 5.35 **예거 서비스 목록**

추적을 생성하면 7개의 서비스가 출력되는 것을 확인할 수 있다.

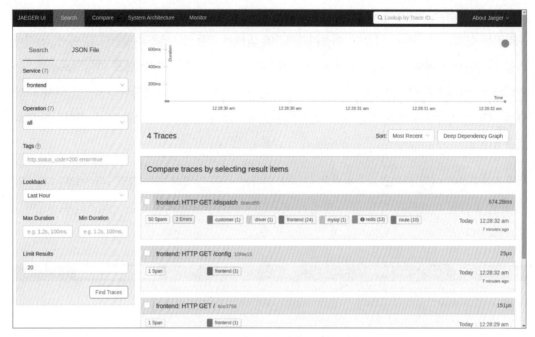

그림 5.36 프런트엔드 서비스 조회 화면

시스템에서는 4개의 추적을 발견한다. 추적은 다음과 같은 정보를 출력한다.

- 추적에 포함된 스팬의 이름
- 예거로 전송되는 각 서비스의 스팬 개수
- 같은 추적에 대한 일부 메타데이터

이름이 'frontend: HTTP GET /dispatch'인 첫 번째 추적을 자세히 분석한다. 네이밍 규칙은 서비스 이름인 프런트엔드와 최상위 스팬의 동작 이름, 이 경우에는 'HTTP GET /dispatch'를 합친 것이다. 그림 5.36의 오른쪽을 보면 추적에 걸린 총시간은 674.28ms다. 이것은 HotROD UI에서 본 681ms보다 짧은데, 후자는 자바스크립트가 HTTP 클라이언트 측에서 측정했지만 전자는 Go 백엔드가 제공한 수치이기 때문이다. 이 수치 간의 차이 6.72ms는 네트워크 지연 때문일 수 있다. 추적 제목을 클릭해보자.

추적 타임라인 뷰는 다음과 같은 많은 정보를 포함하고 있다.

- 추적 이름은 서비스 이름과 루트 스팬의 동작 이름을 조합한다.
- 왼쪽에는 마이크로서비스 안의 호출 계층을 출력한다.

- 프런트엔드frontend 서비스에서 라우트route 서비스로의 호출은 접혀 있으며, 펼치는 것이 가능하다.

- 오른쪽의 수평 타임라인에 스팬을 표시하는 간트 차트를 출력한다.

- 타임라인 뷰는 추적 스팬의 시간 순서를 의미한다.

- 스팬은 단일 서비스 내의 작업 단위를 가리킨다.

- 루트 스팬이라고 하는 최상위 스팬은 프런트엔드 서비스에 의한 자바스크립트 UI의 메인 HTTP 요청 처리를 의미하며, 이는 차례로 커스터머 서비스와 MySQL 데이터베이스를 호출한다.

- 스팬의 폭은 특정 동작이 수행된 시간과 비례한다. 이것은 어떤 일을 처리하거나 다운스트림 호출을 기다리는 서비스라는 것을 나타낼 수 있다.

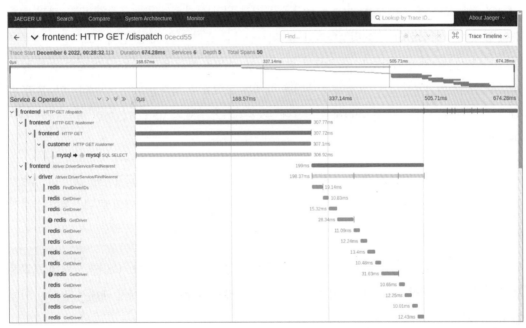

그림 5.37 예거 추적 내용

이 화면에서 애플리케이션이 요청을 어떻게 처리하는지 살펴보자.

- 프런트엔드 서비스는 외부 HTTP GET 요청을 /dispatch 엔드포인트로 수신한다.

- 프런트엔드 서비스는 커스터머customer 서비스의 /customer 엔드포인트에 HTTP GET 요청을 보낸다.

- 커스터머 서비스는 MySQL에서 SELECT SQL 문을 실행한다. 결과는 프런트엔드 서비스로 반환된다.

- 프런트엔드 서비스는 드라이버driver 서비스에 RPC 요청인 'Driver::findNearest'를 만든다. 추적 세부 사항을 자세히 파악하지 않으면 어떤 RPC 프레임워크가 이 요청에 사용되는지 알 수 없지만, HTTP는 아니라고 추측할 수 있다.
- 드라이버 서비스는 레디스에 호출을 한다. 이러한 호출 중 일부는 실패를 나타내는 느낌표가 있는 빨간색 원을 표시한다. 이를 통해서 동작에 오류가 있음을 알 수 있다.
- 프런트엔드 서비스는 라우트 서비스의 /route 엔드포인트에 일련의 HTTP GET 요청을 실행한다.
- 프런트엔드 서비스는 결과를 외부 호출자에 반환한다.

애플리케이션 모니터링 측면에서 이 문제에 접근하면 가장 간편한 방법은 애플리케이션이 STDOUT에 쓰는 로그를 보는 것이다. 로그를 보면서 원인을 분석하려면 우수한 로그 관리 설루션이 필요하고, 복잡한 쿼리를 작성해야만 원하는 결과를 출력할 수 있다. 만약 로그 관리 설루션이 없다면 생산성이 떨어지는 아주 지루한 작업이 될 것이며, 시간 또한 매우 오래 걸릴 것이다. 그리고 애플리케이션에서 소수 요청을 실행했을 때에는 로그를 분석하는 것이 가능하지만, 운영 환경에서 시스템이 많은 요청을 처리하는 경우에 로그는 거의 쓸모가 없어진다. 이런 경우 다른 접근 방법이 필요하다.

추적 시스템 고유의 기능은 특정 요청을 실행하는 동안 발생한 로그만 표시하는 것이다. 이러한 특정 요청의 콘텍스트에서뿐만 아니라, 해당 요청에 대한 추적 내 특정 스팬의 콘텍스트에서 수집되기 때문에 문맥이 있는 로그라고 한다.

추적 시스템이 수집한 로그를 보자. 예를 들어, 루트 스팬을 클릭하고 'Logs (18)'를 클릭해 로그를 펼치고 확인한다. 이러한 로그를 통해 /dispatch 엔드포인트의 동작 상태에서 대해서 자세히 이해할 수 있다.

- 'customer_id=392'로 지정된 고객 정보를 검색하기 위해 커스터머 서비스를 호출했다.
- 고객 위치에 가장 가까운 N개의 가용한 운전자를 검색한다. 간트 차트를 통해 드라이버 서비스를 호출하면 이 작업이 완료됐음을 알 수 있다.
- 운전자의 위치(pickup)와 고객 위치(dropoff) 사이의 최단 경로를 찾기 위해 라우트 서비스를 호출했다.

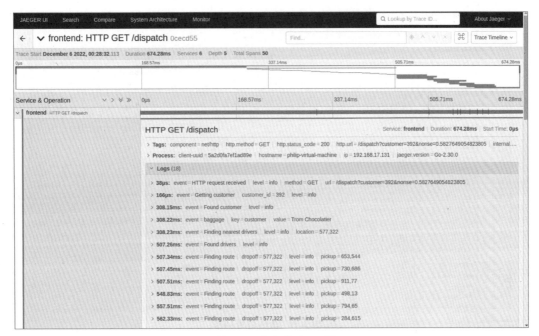

그림 5.38 예거 내 로그 내용

이 예제에는 루트 스팬 실행 중에 발생한 로그만 나타난다. 추적 내의 특정 스팬과 특정 요청의 콘텍스트에서 캡처되기 때문에 'Contextualized'라고 한다. 앞서 시간이 초과된 레디스 호출의 오류 로그를 확인했다. 기존 로그 출력에서는 다른 많은 명령문과 혼합되었을 수 있지만, 추적 시스템에서는 관련 서비스와 스팬에 깔끔하게 격리된다. 'Contextualized Logs'를 사용하면 프로그램의 다른 부분이나 다른 동시 요청의 로그에 대해 걱정하지 않고 애플리케이션의 동작에 집중할 수 있다.

루트 스팬을 닫고 다른 스팬을 열어보자. 특히 레디스에 대해 실패한 호출 중 하나를 열어보자. 이 스팬에는 태그로 'error=true'가 지정돼 있어서 UI가 이를 실패로 강조하여 표시했다. 로그 문은 오류의 특성을 'redis timeout'으로 설명했다. 로그에는 드라이버 서비스가 레디스에서 검색하려고 했던 driver_id도 포함돼 있다. 이러한 모든 세부 사항은 디버깅 중에 매우 유용한 정보의 역할을 한다.

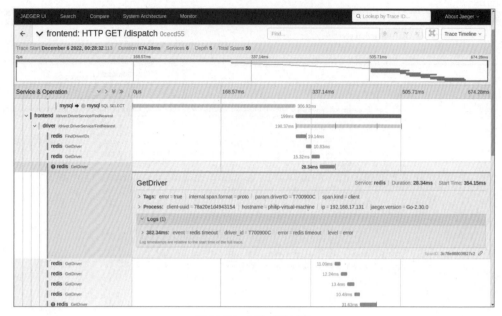

그림 5.39 스팬 상세 내용

커스터머 스팬에서는 /customer 엔드포인트로의 요청에 'customer=392' 파라미터가 있음을 보여주는 http.url 태그와 해당 스팬 동안에 발생한 실행을 설명하는 2개의 로그를 볼 수 있다. MySQL 스팬에서는 실행된 정확한 SQL 쿼리인 SELECT * FROM customer WHERE customer_id=392 와 일부 록lock을 얻은 것에 대한 로그를 보여주는 sql.query 태그가 있다.

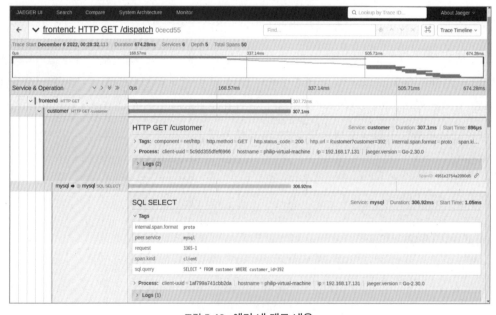

그림 5.40 예거 내 태그 내용

스팬 태그와 스팬 로그의 차이점은 무엇일까? 둘 다 문맥적인 정보를 스팬에 주석으로 추가하는 것은 동일하다. 태그는 일반적으로 스팬에 적용되는 반면, 로그는 스팬 실행 중에 발생한 일부 이벤트를 나타낸다. 로그에는 항상 스팬의 시작-종료 시간 사이에 속하는 타임스탬프가 있다. 추적 시스템은 스팬 간 인과관계를 추적하는 방식으로, 로깅된 이벤트 간 인과관계는 명시적으로 추적하지 않는다. 왜냐하면 타임스탬프에서 그 관계를 추정할 수 있기 때문이다.

❷ 동시성 처리

애플리케이션의 대략적인 흐름을 살펴보고, 실패가 존재하는 것도 확인했다. 이제는 조금 더 상세히 애플리케이션의 세부 호출과 지연시간을 분석한다.

- 자동차를 보내야 하는 위치를 포함하고 있는 고객 데이터를 얻을 때까지는 다른 작업을 수행할 수 없으므로 커스터머 서비스에 대한 호출은 병렬 처리가 안 되는 상황이라고 추측할 수 있다. 백엔드는 항상 동시 요청을 처리하기 위해서 자원을 관리하고, 록을 방지하고, 다수의 스레드를 처리할 수 있어야 한다.

- 드라이버 서비스는 고객의 위치에서 N개의 가장 가까운 운전자를 검색한 다음 각 운전자의 데이터를 순서대로 레디스에 쿼리하는데, 이 형태는 레디스 GetDriver 스팬의 계단식 패턴에서 볼 수 있다. 업무상 순차적으로 처리해야 하는 상황이 아니라면 병렬로 처리하는 것이 원칙이다. 만약 해당 작업을 병렬로 수행할 수 있다면 전체 지연시간을 거의 200ms까지 줄일 수 있다.

- 라우트 서비스에 대한 호출은 순차적이지 않지만 병렬적이지도 않다. 최대 3개의 요청이 진행 중일 수 있으며, 그중 하나가 끝나면 다른 요청이 시작되는 것을 알 수 있다. 라우트 서비스의 동작 방식은 다른 서비스와 다르다고 추측할 수 있다. 이미 정해진 개수 내에서 자원을 생성하고, 해당 자원은 다른 작업을 위해서 재사용된다고 생각한다. 이러한 작동 방식은 풀pool로서 관리되고, 구성 파라미터 내 풀의 개수가 명시적으로 지정되어 있다.

커스터머, 드라이버, 라우트 서비스를 개선할 필요가 있다는 것을 대략적으로 이해할 수 있다. 위에서 언급한 분석은 운영 환경에서 쉽게 접할 수 있는 흔한 문제점들이다. 개발 환경에서는 쉽게 디버깅하기가 어렵지만, 운영 환경에서는 자주 마주치게 된다. 바로 관측 가능성이 필요한 이유이기도 하다. 이제는 각 서비스의 문제점을 진단하고 해결해보자.

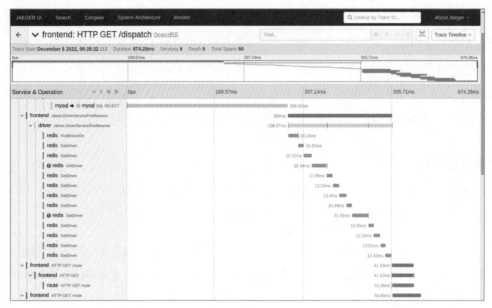

그림 5.41 스팬의 순차 처리

MySQL 호출은 다수의 자원의 경합이 발생하고 대기 상태 중인 것으로 보인다. 아마도 임계critical section 경로에 있는 듯하며, 추적 시간의 40%를 차지하므로 확실히 최적화를 적용하기에 좋은 대상이다. 드라이버 서비스에서 레디스로의 호출은 계단 모양으로 보이며 완전한 순차 실행을 보여준다. 만약 병렬로 처리한다면 시간 측면에서 상당히 개선될 것이다.

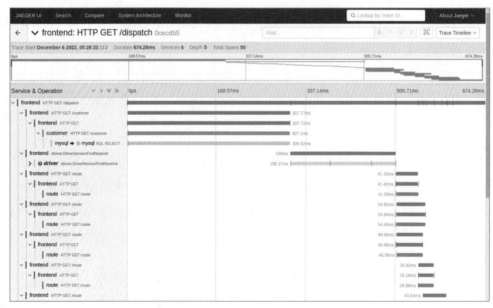

그림 5.42 프런트엔드 서비스의 제한된 리소스 풀

프런트엔드 서비스에서 라우트 서비스로의 요청은 병렬로 처리되지만, 한 번에 3개 이상 요청하지 않은 것을 쉽게 알 수 있다. 빨간색 화살표는 한 요청이 끝나자마자 다른 요청이 어떻게 시작되는지를 보여준다. 이 패턴은 일종의 경합(레이싱)을 나타내며, 아마도 3개의 작업자만 있는 작업자 풀을 사용했을 것이다.

백엔드에 동시에 많은 요청을 하면 어떻게 될까? HotROD UI로 이동하여 버튼 중 하나를 반복적으로(빠르게) 클릭해보자.

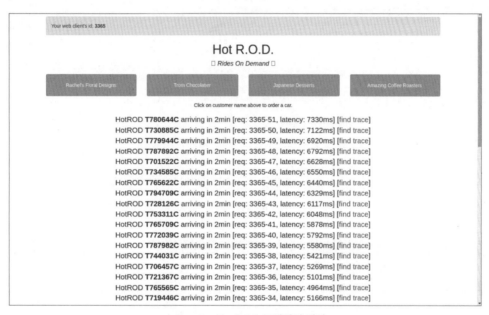

그림 5.43 HotROD 트랜잭션 생성

동시에 처리되는 요청이 많을수록 백엔드가 응답하는 시간이 오래 걸린다. 가장 긴 요청에 대한 추적을 살펴보자. 두 가지 방법으로 확인할 수 있다. 단순히 모든 추적을 검색하고 제목 표시 줄의 하늘색이 가장 긴, 지연시간이 가장 높은 추적을 선택하면 된다.

그림 5.44 프런트엔드 서비스의 추적 목록

또 다른 방법은 스팬에 있는 태그 또는 로그를 사용해 검색하는 것이다. 루프 스팬은 최종 로그를 내보내며, 거기에 가장 가까운 자동차의 번호판 번호를 로그 필드 중 하나로 기록한다.

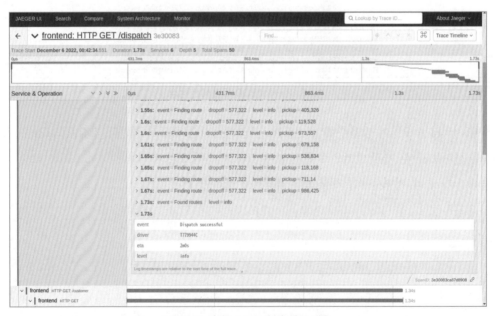

그림 5.45 /dispatch 추적 세부 내용

예거 백엔드는 태그와 로그 필드를 포함한 모든 스팬을 인덱싱하며 태그 검색을 통해 해당 추적을 찾을 수 있다.

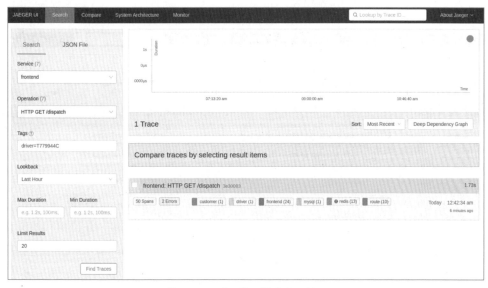

그림 5.46 프런트엔드 처리 속도 분포도

그림 5.46을 살펴보면 이 추적은 1.73초가 걸렸으며, 681ms로 측정된 첫 번째 추적보다 약 2배 더 오래 걸렸다. 이 추적을 열어 무엇이 다른지 조사해보자.

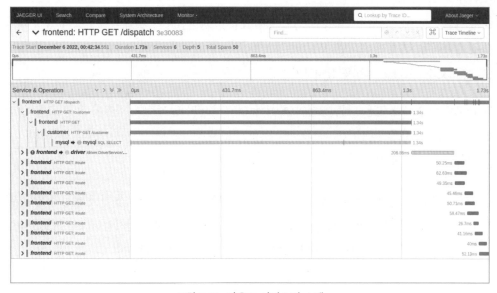

그림 5.47 라우트 서비스의 스팬

그림 5.47은 가장 높은 지연시간을 보인 추적을 나타낸 것이다. 데이터베이스 쿼리는 1.34초가 걸렸다. 애플리케이션에서 단 하나의 요청만 처리할 때는 데이터베이스 쿼리가 306.92ms 걸렸는데, 다수의 요청을 동시에 처리하면 1초 이상 오래 걸리는 것이다. 스팬에서 그 이유를 알아보자.

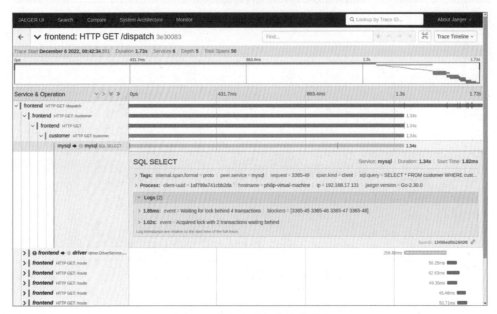

그림 5.48 **SQL SELECT 상세 내용**

그림 5.48을 살펴보면 스팬의 로그 항목에서 실행이 차단되어 1.02초 이상 잠금을 기다리고 있는 것을 볼 수 있다. 이는 분명히 애플리케이션 병목현상이지만, 자세히 알아보기에 앞서 록이 블로킹되기 전에 기록된 첫 번째 로그인 'Waiting for lock behind 4 transactions. blockers = [3365-45 3365-46 3365-47 3365-48]'을 살펴보자.

로그 레코드는 얼마나 많은 다른 요청이 록에서 대기 중인지 알려주며, 심지어 요청 ID를 알려주기도 한다. 얼마나 많은 고루틴이 블로킹됐는지를 관리하는 록 구현을 상상하기는 어렵지만, 요청 ID는 어디서 얻는 것일까?

그림 5.49의 커스터머 서비스에 대한 이전 스팬을 펼치면 HTTP 요청을 통해 전달된 유일한 데이터가 'customer=392'라는 것을 볼 수 있다. 실제로 추적의 각 스팬을 검사하더라도 '3365-46' 같은 요청 ID가 파라미터로 전달되는 어떤 원격 호출도 찾지 못할 것이다.

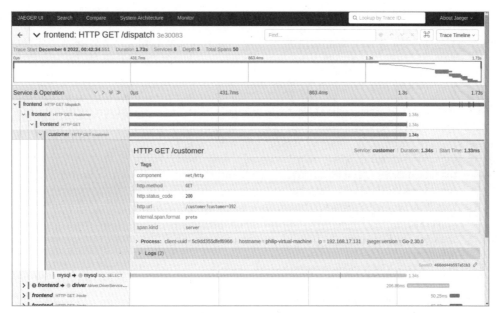

그림 5.49 커스터머 서비스 상세 내용

그림 5.49에서 스팬은 프런트엔드 서비스에서 커스터머 서비스로의 HTTP 호출을 나타낸다. 이 스팬의 태그를 펼치면 태그를 표 형식으로 보여준다. http.url 태그는 HTTP 엔드포인트로 전달한 유일한 파라미터(customer=392)다.

로그에서 요청 ID가 관찰되는 이유는 오픈트레이싱 API에서 배기지라고 하는 분산 콘텍스트 전파를 사용하는 계측 덕분이다. 추적 계측은 스레드, 프로세스 간에 특정 메타데이터를 전파하도록 설계되었으므로 종단 간 추적이 작동한다. 추적과 스팬 ID는 메타데이터의 예다. 다른 예로 배기지가 있으며, 이것은 모든 프로세스 간 요청에 포함된 키-값 저장소다. 자바스크립트 UI는 백엔드에 요청하기 전에 배기지에 세션 ID와 요청 ID를 저장한다. 또한, 이 배기지는 요청 파라미터로부터 명시적으로 정보를 전달할 필요 없이 요청을 처리하는 모든 서비스에 대한 오픈트레이싱 계측을 통해 투명하게 처리할 수 있다. 이는 전파하는 내용을 이해하기 위해 모든 서비스를 변경하지 않고도 아키텍처 전반에 걸친 단일 요청의 콘텍스트에서 다양하고 유용한 정보를 전파하는 데 사용할 수 있는 매우 강력한 기법이다.

큐에 고정된 요청 ID를 알면 이러한 요청의 추적을 찾아 분석할 수 있다. 일반적으로 빨리 처리되는 요청을 방해하는, 장기간 실행되는 요청을 발견할 수 있다. 실제 운영 시스템에서도 이러한 요청을 예기치 않게 발견할 수도 있다.

이제 호출이 MySQL에 막혀 있다는 것을 알아냈으므로 이 문제를 쉽게 해결할 수 있다. 애플리케이션은 실제로 MySQL을 사용하지 않고 단지 록을 시뮬레이션만 하며, 그 록은 여러 고루틴 간에 공유되는 단일 데이터베이스 연결을 나타내기 위한 것이다.

```go
func (d *database) Get(ctx context.Context, customerID string) (*Customer, error) {
    d.logger.For(ctx).Info("Loading customer", zap.String("customer_id", customerID))
    // simulate opentracing instrumentation of an SQL query
    if span := opentracing.SpanFromContext(ctx); span != nil {
        span := d.tracer.StartSpan("SQL SELECT", opentracing.ChildOf(span.Context()))
        tags.SpanKindRPCClient.Set(span)
        tags.PeerService.Set(span, "mysql")
        // #nosec
        span.SetTag("sql.query", "SELECT * FROM customer WHERE customer_id="+customerID)
        defer span.Finish()
        ctx = opentracing.ContextWithSpan(ctx, span)
    }
    if !config.MySQLMutexDisabled {
        // simulate misconfigured connection pool that only gives one connection at a time
        d.lock.Lock(ctx)
        defer d.lock.Unlock()
    }

    // simulate RPC delay
    delay.Sleep(config.MySQLGetDelay, config.MySQLGetDelayStdDev)
    if customer, ok := d.customers[customerID]; ok {
        return customer, nil
    }
    return nil, errors.New("invalid customer ID")
}
```

잠금lock 동작이 환경 설정을 통해 비활성화되지 않으면 SQL 쿼리 지연을 시뮬레이션하기 전에 록을 얻는다. defer d.lock.Unlock()은 이 구문을 포함하고 있는 함수를 종료하기 전에 록을 해제하는 데 사용된다. 매개변수 ctx를 록 객체에 전달하는 방법에 주목하자. Context.Context는 Go에서 애플리케이션 전체에 요청 범위 데이터를 전달하는 표준 방법이다. 오픈트레이싱 스팬은 콘텍스트에 저장되어 있으며, 이를 통해 록이 스팬을 검사하고 배기지에서 자바스크립트의 요청 ID를 검색할 수 있게 한다. 다행히 HotROD 애플리케이션에서는 명령행 플래그를 통해 이러한 환경 설정 파라미터를 변경할 수 있다.

이 플래그로 HotROD 애플리케이션을 다시 시작해서 동시 요청이 연결에 대해 경쟁하지 않아도 될 만큼 충분한 용량의 연결 풀을 사용하도록 코드를 수정한 것처럼 보이게 해보자.

```
root@philip-virtual-machine:~/binary/jaeger-1.38.1-linux-amd64# ./example-hotrod -M -D 100ms
all
2022-12-06T00:51:34.673+0900        INFO  cobra@v1.5.0/command.go:902  Using expvar as
metrics backend
2022-12-06T00:51:34.673+0900        INFO  cobra@v1.5.0/command.go:902  fix: overriding MySQL
query delay        {"old": "300ms", "new": "100ms"}
2022-12-06T00:51:34.673+0900        INFO  cobra@v1.5.0/command.go:902  fix: disabling db
connection mutex
2022-12-06T00:51:34.673+0900        INFO  cobra@v1.5.0/command.go:872  Starting all
services
2022-12-06T00:51:34.775+0900        INFO  tracing/init.go:70  debug logging disabled
{"service": "frontend"}
```

로그에 변경 사항이 적용됐음을 알 수 있다. 어떻게 동작하는지 확인하려면 HotROD 웹페이지를 다시 로드하고, 버튼 하나를 여러 번 빠르게 클릭해 여러 동시 요청을 만드는 테스트를 반복한다.

❸ 리소스 제약

지연은 시스템에 더 많은 요청이 추가될 때 계속 증가하지만, 이전의 단일 데이터베이스 병목과 같이 증가하지는 않는다. 더 긴 추적 중 하나를 다시 살펴보자.

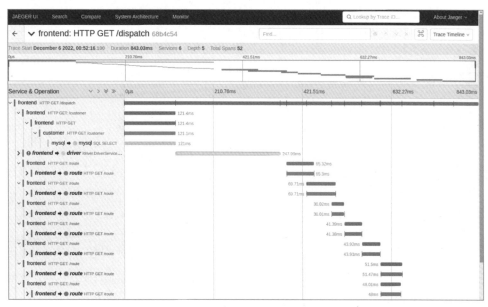

그림 5.50 다수 서비스 호출을 분석

그림 5.50을 살펴보면 예상대로 MySQL 스팬은 부하에 관계없이 약 121ms를 유지한다. 드라이버 스팬은 더 이상 늘어나지 않지만 이전과 같은 시간이 걸린다. 흥미로운 변화는 총 요청 시간 중

505ms를 차지하는 라우트 호출에 있다. 이전에는 이러한 요청이 한 번에 3개씩 병렬로 실행되는 것을 봤지만, 이제는 한 번에 하나씩만 보이고, 심지어 라우트 서비스에 요청이 실행되지 않을 때 프런트엔드에서 드라이버 호출 직후의 간격도 보인다. 명백히 일부 제한된 리소스에서 다른 고루틴과의 경합이 있고 프런트엔드 서비스의 스팬 사이에도 간격이 있다는 것을 확인할 수 있다. 이것은 병목이 라우트 서비스에 있지 않고 프런트엔드 서비스가 이를 어떻게 호출하는가에 있다는 것을 의미한다.

```
func (eta *bestETA) getRoutes(
    ctx context.Context,
    customer *customer.Customer,
    drivers []driver.Driver,
) []routeResult {
    results := make([]routeResult, 0, len(drivers))
    wg := sync.WaitGroup{}
    routesLock := sync.Mutex{}
    for _, dd := range drivers {
        wg.Add(1)
        driver := dd // capture loop var
        eta.pool.Execute(func() {
            route, err := eta.route.FindRoute(ctx, driver.Location, customer.Location)
            routesLock.Lock()
            results = append(results, routeResult{
                driver: driver.DriverID,
                route:  route,
                err:    err,
            })
            routesLock.Unlock()
            wg.Done()
        })
    }
    wg.Wait()
    return results
}
```

이 함수는 고객 레코드(주소 포함)와 운전자 목록(현재 위치 포함)을 수신한 다음 각 운전자에 대한 예상 도착 시간(ETA)을 계산하는 것이다. eta.pool.Execute()에 함수를 전달해서 고루틴 풀을 통해 실행되는 익명 함수 안에서 각 운전자에 대해 라우트 서비스를 호출한다.

모든 함수가 비동기적으로 실행되므로 CountDownLatch(어떤 스레드가 다른 스레드에서 작업이 완료될 때까지 기다리도록 해주는 클래스)를 구현하는 대기 그룹인 **wg**를 사용해 실행 완료를 추적한다.

모든 새 함수에 대해 `we.Add(1)`로 카운트를 증가시킨 다음, 생성된 개별 함수가 `wg.Done()`을 호출할 때까지 `wg.Wait()`를 블로킹한다.

풀에 충분한 이그제큐터(고루틴)가 있어야 모든 계산을 병렬로 실행할 수 있다. 이그제큐터 풀의 크기는 service/config/config.go에 정의된다.

```
RouteWorkerPoolSize = 3
```

기본값인 3은 왜 병렬 실행의 최대 개수가 3개인지를 설명한다. `-w` 명령행 플래그를 사용해 그 값을 100으로 변경하고 HotROD를 다시 시작한다.

```
root@philip-virtual-machine:~/binary/jaeger-1.38.1-linux-amd64# ./example-hotrod -M -D 100ms
-W 100 all
2022-12-06T00:56:00.423+0900    INFO    cobra@v1.5.0/command.go:902 Using expvar as metrics
backend
2022-12-06T00:56:00.423+0900    INFO    cobra@v1.5.0/command.go:902 fix: overriding MySQL
query delay    {"old": "300ms", "new": "100ms"}
```

HotROD를 다시 테스트한다. 요청이 500ms 이내로 반환된다.

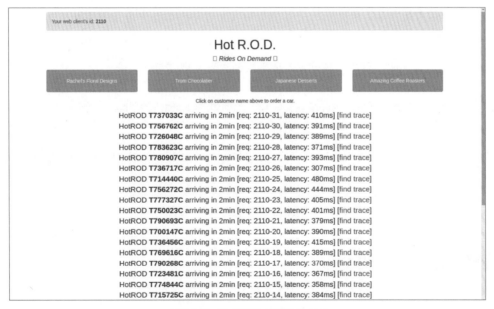

그림 5.51 HotROD 트랜잭션 생성

이 새로운 추적 중 하나를 살펴보면 예상대로 프런트엔드에서 라우트 서비스로의 호출이 모두 병렬로 처리되므로 전체 요청 지연이 최소화된다는 것을 알 수 있다.

그림 5.52 병렬 처리 결과

순차 처리에서 병렬 처리로 변경하고, 구성 파라미터에 설정된 작업자 풀을 변경하고, 동시성 문제를 해결함으로써 지연시간을 줄이고 성능을 향상하는 방법을 살펴보았다. 이처럼 추적은 로그에 비해 편의성을 제공하며, 원인을 분석하고 문제를 해결하는 데 효과적이다.

- 커스터머 서비스는 임계 구역critical section으로 인해서 록lock이 발생하고, 다수의 트랜잭션이 대기하게 된다.
- 드라이버 서비스는 병렬 처리가 가능함에도 불구하고 순차적으로 처리하여 지연시간을 증가시킨다.
- 라우팅 서비스는 동시에 처리하는 리소스가 3개로 제약되므로 3개만 병렬로 처리한다.

5.3.3 HotROD 개선 방향

앞에서 HotROD에서 발생하는 리소스 제약과 동시성 문제를 해결했다.

이 책에서는 다음과 같이 일부 개선하였다.

- 그라파나와 오픈서치를 부분적으로 연계하였다.
- 오픈텔레메트리 컬렉터를 적용하였다.

HotROD를 그라파나와 오픈서치 관측 가능성으로 구현하고 확장하는 작업을 수행할 것이다. 이번 책에서 설명한 HotROD는 간단하고 신속하게 구축 가능하도록 구현하였다. 하지만 후속작에서는 다양한 기술을 추가해서 고도화를 진행할 것이다. 많은 기업이 이미 모니터링 시스템을 운영하고 있으므로, 기존의 것을 잘 활용하면서 어떻게 점진적으로 개선할 수 있는지 이해하는 것이 중요하다.

다음과 같은 다양한 기술을 사용해서 관측 가능성을 개선하고 기능을 추가하는 데모를 제공해야 한다.

- 이그젬플러, 서비스 그래프, 스팬 메트릭을 추가하였다. 이 책에서는 스팬 메트릭, 서비스 그래프, 이그젬플러를 구현하기 위해서 그라파나 관측 가능성을 사용하였다. 이 말인즉 특정 솔루션에 종속적이라는 의미다. 하지만 오픈텔레메트리는 이러한 기능을 충분히 지원하고 있다. 그라파나를 사용하지 않고 예거 추적을 사용하더라도 기능을 구현하는 데 문제가 없다. 기능을 개선하고 표준에 기반한 구현을 위해서 오픈텔레메트리 사용을 권장한다.
- 프로파일을 추가하였다. 로그, 추적, 메트릭 외에 다른 신호가 있다. 예를 들어 eBPF, 프로파일은 기존 신호에서 제공하지 못한 기능을 지원한다. 스레드의 병렬 처리, 네트워크 패킷의 유실 등은 추적만으로는 해결하기 어려운 이슈다. 프로파일은 좀 더 특화되고 상세한 근본 원인 분석이 가능하도록 도와준다.
- 그라파나와 오픈서치를 지원한다. ChatGPT의 활성화로 인해 오픈서치에 대한 관심이 높아지고 있다. 다른 데이터베이스와 다르게 자연어 검색이 가능하고, 더불어 벡터 데이터베이스까지 지원한다. 그라파나 관측 가능성이 가지고 있는 단점을 보완할 수 있는 오픈서치는 관측 가능성을 고도화하기에 유용한 오픈소스다.
- 프롬스케일을 추가하였다. 관측 가능성을 고도화하기 위해서는 AIOps가 필요하다. AIOps를 구현하기 위한 전제 조건은 SQL이 가능한 데이터다. 프롬스케일과 오픈서치는 로그, 추적, 메트릭을 데이터베이스에 저장하고 SQL을 지원한다.
- 자동 계측을 사용한다. 이 책에서는 자동 계측만 설명하지 않고, 다양한 API 소개와 더불어 수동 계측을 설명하였다. 하지만 자동 계측은 여러 모로 유용한 기술이다. 서비스 매시와는 다르게 애플리케이션에 대한 상세한 정보를 수집해서, 근본 원인 분석을 도와준다.

- 운영 환경에서는 관측 가능성의 시스템 구성이 훨씬 복잡하다. 멀티 테넌트를 지원하고, 객체 스토리지 등 대용량 트래픽을 지원하도록 개선해야 한다. 다양한 아키텍처 수준의 디자인 패턴이 필요하다. 다양하고 복잡한 파이프라인의 성능을 개선하고, 신뢰할 수 있고 복원성 있는 시스템을 구축해야 한다.

- 관측 가능성은 쿠버네티스에서 운영된다. 이 책에서는 일부 쿠버네티스도 사용했지만, 리눅스에서 검증하고 데모를 진행하였다. 운영 환경에서는 쿠버네티스에 운영하는 것이 필요하며, 이를 위해서는 많은 경험과 지식이 필요하다.

- 복잡한 상관관계를 구현한다. 로그, 추적, 메트릭을 사용해서 기본적인 상관관계를 설명하였다. 새로운 신호들을 추가하여 더 복잡하고 정교한 상관관계를 구축할 것이다.

HotROD는 레거시 애플리케이션이 어떻게 오픈텔레메트리와 표준 기술을 사용해서 개선되어가는지 이해하는 좋은 데모다. 이것이 바로 HotROD를 정확히 이해해야 하는 이유다. 이 책에서는 HotROD에서 메트릭, 로그, 추적 신호를 생성했다. 후속작에서는 HotROD에 프로파일을 추가하고, 프롬스케일 SQL을 적용할 예정이므로 계속해서 HotROD를 살펴볼 것이다.

5.4 그라파나 관측 가능성

5.4.1 시스템 개요

그라파나 랩의 수석 개발자인 조 엘리엇Joe Elliott이 개발한 데모인 그라파나 관측 가능성에 대해서는 이미 자세히 살펴보았으므로, 관측 가능성 API 개발에 대해서 자세히 살펴본다. Go를 사용해 오픈텔레메트리와 프로메테우스 계측을 하며, 로그와 이그젬플러를 통해서 추적을 분석하는 과정을 실습한다.

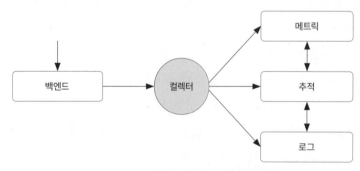

그림 5.53 그라파나 관측 가능성 아키텍처

테스트하는 절차는 다음과 같다.

- 애플리케이션을 쿠버네티스 파드에 전개한다.
- 8000포트에서 웹서버를 운영한다.
- 파드의 시작과 동시에 프롬테일은 파드에서 생성된 로그를 수집한다.
- HTTP 요청을 생성하고, 해당 시점에 추적을 생성한다.
- curl을 사용해서 웹서버에 접근하면 특정 메트릭(request_latency_seconds)에 대한 정보를 생성한다.
- 프로메테우스 메트릭을 증가시킬 때마다 현재 요청의 추적 ID를 포함한다.

Go 애플리케이션에서 이그젬플러를 활성화하기 위해서는 다음 절차대로 진행한다.

- 웹서버에서 메트릭을 생성하며 프로메테우스 메트릭을 오픈메트릭 형식으로 노출한다.
- 이그젬플러와 관련된 추적을 시각화하기 위해 템포에 대한 URL 연결을 사용한다.

Go 애플리케이션을 실행하고, curl을 사용해서 트랜잭션을 생성한다.

```
curl http://localhost:8000/
```

오픈메트릭 형식으로 이그젬플러를 생성한다.

```
curl -H 'Accept: application/openmetrics-text' http://localhost:8000/metrics | less
```

/metrics 엔드포인트의 출력을 오픈메트리 형식으로 확인하려면 Accept HTTP 헤더를 사용해야 한다. 그렇지 않으면 이그젬플러 없이 기본 프로메테우스 형식을 얻게 된다. 그라파나 대시보드 http://localhost:3000/explore에 로그인하여 프로메테우스 데이터 소스를 선택하고, 다음 쿼리를 실행한다.

```
histogram_quantile(.99, sum(rate(demo_request_latency_seconds_bucket[1m])) by (le))
```

그림 5.54와 같이 히스토그램이 출력된다.

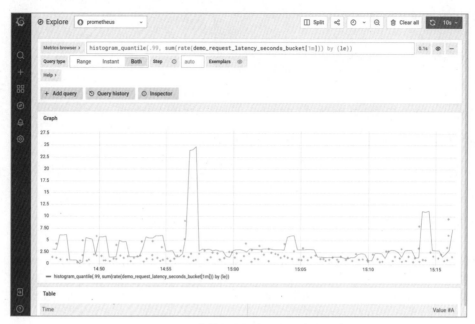

그림 5.54 그라파나 관측 가능성 시계열 화면

메트릭의 결과를 보면 5초를 주기로 소수의 트랜잭션에서 지연이 발생하고 있다. 트래픽을 증가시키면 훨씬 많은 스파이크가 빈번하게 발생하는 것을 확인할 수 있다.

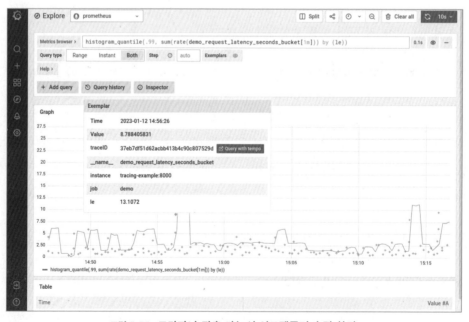

그림 5.55 그라파나 관측 가능성 이그젬플러 추적 화면

이 책을 읽는 독자는 이미 상관관계에 익숙해져 있을 거라고 생각한다. 템포로 이동하면 해당 트랜잭션을 상세하게 분석할 수 있다.

그림 5.56 그라파나 관측 가능성 데모 화면

지연시간으로 인한 타임아웃, 재시도 등 다양한 에러를 임의로 생성할 수 있다. 에러가 로그에 출력되는지 확인해보라.

5.4.2 소스 설명

다음과 같이 쿼리를 하면 로그를 출력할 수 있다.

```
{container_name="tracing-example"} | logfmt | latency > 1s
```

추적에 오픈텔레메트리를 사용하고 있으므로 콘텍스트에서 현재 추적 ID를 쉽게 검색할 수 있다.

```
├── Dockerfile
├── build.sh
├── config
│   ├── datasource.yml
│   └── prometheus.yaml
├── docker-compose.yaml
├── exemplar.png
```

```
├── go.mod
├── go.sum
├── loki.png
├── main.go
└── readme.md
```

▶ 프로메테우스로 이그젬플러 수집

이제 우리는 프로메테우스가 연결된 이그젬플러를 사용하여 메트릭을 수집할 수 있는지 확인해야
한다. 이그젬플러 스토리지 기능은 --enable-feature=exemplar-storage 플래그를 사용하여 명
시적으로 활성화해야 한다. 프로메테우스 헬름 차트를 사용하는 경우 다음 값을 설정하여 활성화
할 수 있다.

```
server:
  image:
    repository: tomwilkie/prometheus
    tag: 0ea72b6a6
  extraArgs:
    enable-feature: exemplar-storage
```

이 데모는 1개의 Go 애플리케이션이며, curl로 서버를 호출하면 서버가 메트릭을 생성한다.

```
var addr = "127.0.0.1:8000"
var tracer trace.Tracer
var httpClient http.Client
var logger log.Logger

var metricRequestLatency = promauto.NewHistogram(prometheus.HistogramOpts{
    Namespace: "demo",
    Name:      "request_latency_seconds",
    Help:      "Request Latency",
    Buckets:   prometheus.ExponentialBuckets(.0001, 2, 50),
})
```

다음은 추적을 구현한 부분이다.

```
func initTracer() func() {
        ctx := context.Background()
        driver := otlpgrpc.NewDriver(
                otlpgrpc.WithInsecure(),
                otlpgrpc.WithEndpoint("tempo:55680"),
```

```
                otlpgrpc.WithDialOption(grpc.WithBlock()),
        )
        exp, err := otlp.NewExporter(ctx, driver)

        bsp := sdktrace.NewBatchSpanProcessor(exp)
        tracerProvider := sdktrace.NewTracerProvider(
                sdktrace.WithConfig(sdktrace.Config{DefaultSampler: sdktrace.
AlwaysSample()}),
                sdktrace.WithResource(res),
                sdktrace.WithSpanProcessor(bsp),
        )

        otel.SetTextMapPropagator(propagation.TraceContext{})
        otel.SetTracerProvider(tracerProvider)

}
```

ExemplarObserver 인터페이스를 사용하였고, ObserveWithExemplar 메서드를 사용해서 추적 ID 를 기록한다. 그라파나 대시보드에 추적 ID를 검색하는 데 사용할 레이블을 명시한다.

다음은 서버 내에서 로그를 구현한 부분이다.

```
func instrumentedServer(handler http.HandlerFunc) *http.Server {
        omHandleFunc := func(w http.ResponseWriter, r *http.Request) {
                start := time.Now()
                handler.ServeHTTP(w, r)
                ctx := r.Context()
                traceID := trace.SpanContextFromContext(ctx).TraceID.String()
                metricRequestLatency.(prometheus.ExemplarObserver).ObserveWithExemplar(
                        time.Since(start).Seconds(), prometheus.Labels{"traceID": traceID},
                )

                logger.Log("msg", "http request", "traceID", traceID, "path", r.URL.Path,
"latency", time.Since(start))
        }
        otelHandler := otelhttp.NewHandler(http.HandlerFunc(omHandleFunc), "http")
        r := mux.NewRouter()
        r.Handle("/", otelHandler)
        r.Handle("/metrics", promhttp.HandlerFor(prometheus.DefaultGatherer,
promhttp.HandlerOpts{
                EnableOpenMetrics: true,
        }))
}
```

기본 프로메테우스 HTTP 핸들러를 사용하는 경우에는 이그젬플러를 지원하지 않는 프로메테우스 형식을 사용하여 메트릭만 노출한다. 프로메테우스 형식 기반의 오픈메트릭은 이그젬플러를 지원한다. 프로메테우스는 오픈메트릭 형식으로 노출된 메트릭을 수집하는 방법을 알고 있다. 그러므로 프로메테우스 HTTP 핸들러를 변경하여 오픈메트릭을 지원해야 한다.

```go
func instrumentedGet(ctx context.Context, url string) (*http.Response, error) {
        req, err := http.NewRequestWithContext(ctx, "GET", url, nil)
        if err != nil {
                panic(err)
        }
        return httpClient.Do(req)
}

func handleErr(err error, message string) {
        if err != nil {
                panic(fmt.Sprintf("%s: %s", err, message))
        }
}
```

5.4.3 시스템 구성

데모 애플리케이션은 바이너리로 실행되지만, 도커 이미지도 제공한다. 다음처럼 도커 이미지를 생성한다. 도커 이미지는 `alpine/curl:3.14`를 사용한다. build.sh에서 `docker build -t tracing-example:0.3`으로 수정한다.

```
$# docker tag tracing-example:0.3 yohaim1511/
tracing-example:0.3
$# docker push yohaim1511/tracing-example:0.3
The push refers to repository [docker.io/yohaim1511/tracing-example]
b0ee9ccc0e44: Pushed
4ee472ad1e7e: Pushed
1ad27bdd166b: Pushed
0.1: digest: sha256:e475688d5d7d379b0f771ce06dca330348a103000f8acba78056367062eb7a64 size: 947
root@philip-virtual-machine:~/tracing-example-bk#
```

도커 이미지를 확인한다.

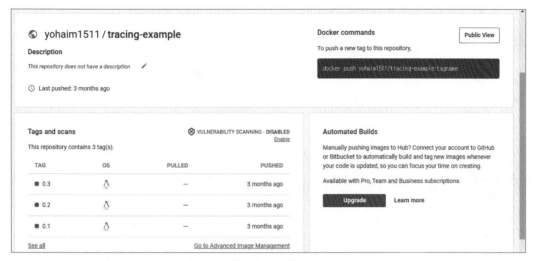

그림 5.57 데모에 사용되는 도커 이미지

쿠버네티스 Deployment는 다음과 같다.

```
apiVersion: apps/v1
kind: Deployment
    spec:
      containers:
        - image: yohaim1511/tracing-example:0.3
          name: tracing-example
          ports:
            - containerPort: 8000
          resources: {}
      restartPolicy: Always
status: {}
```

Go 애플리케이션을 빌드하고 실행한다.

```
root@philip-virtual-machine:~/tracing-example# go build
root@philip-virtual-machine:~/tracing-example# ./tracing-example
listening tracer...
listening done...
listening...
ts=2022-07-04T04:46:18.184438519Z msg="http request" traceID=c0f0886f5dcbf929c25c94e6048ee8d5
path=/ latency=102.612044ms
```

다음 명령어를 사용해서 애플리케이션을 빌드하고, 로컬에서 테스트해보자.

```
CGO_ENABLED=0 GOOS=linux go build -a -installsuffix cgo -o app .
```

프로메테우스 구성 파일과 템포의 구성 파일은 이전 데모와 거의 유사하다. 다음은 템포 구성 파일이며, 메트릭 생성기는 제외되었다.

```
multitenancy_enabled: false
search_enabled: true

server:
  http_listen_port: 3200

distributor:
  receivers:
    jaeger:
      protocols:
        thrift_http:
        grpc:
        thrift_binary:
        thrift_compact:
    zipkin:
    otlp:
      protocols:
        http:
        grpc:

storage:
  trace:
    backend: local
    local:
      path: /tmp/tempo/blocks
```

백엔드 애플리케이션에 요청한다.

```
$# curl http://localhost:8000/
```

자동화하는 경우에는 다음과 같이 실행한다.

```
while true; do curl http://localhost:8000/; sleep 2; clear; done
```

추적을 생성한다. 로그에 표시된 latency는 이상 탐지를 테스트하기 위한 좋은 예다. sleep을 0.1로 정의하면 latency가 급격히 증가하는 경우가 있을 것이다. 이상 탐지는 이러한 지연을 탐지하고, 원인 분석을 할 수 있다.

```
listening...
ts=2022-12-08T09:00:31.927275998Z msg="http request"
traceID=a7d5fad55e0f1a68b21705b1b6988bb8 path=/ latency=102.121289ms
hello world
hello world
ts=2022-12-08T09:00:32.03030602Z msg="http request"
traceID=a7d5fad55e0f1a68b21705b1b6988bb8 path=/ latency=101.204696ms
hello world
ts=2022-12-08T09:00:32.030811861Z msg="http request"
traceID=a7d5fad55e0f1a68b21705b1b6988bb8 path=/ latency=309.020192ms
hello world
ts=2022-12-08T09:00:32.031244984Z msg="http request"
traceID=a7d5fad55e0f1a68b21705b1b6988bb8 path=/ latency=414.046547ms
hello world
ts=2022-12-08T09:00:32.031742669Z msg="http request"
traceID=a7d5fad55e0f1a68b21705b1b6988bb8 path=/ latency=517.627752ms
```

1개의 서버로 구성된 애플리케이션이므로 에러와 장애를 생성하는 것이 어렵지는 않다. 예를 들어 다음과 같다.

1. 프로세스를 갑자기 죽이면 더 이상 클라이언트의 요청에 응답하지 못한다.

2. Sleep 시간을 최소화하고 대량의 요청을 서버로 보내면, 타임아웃이 발생하고 요청이 실패한다.

클라이언트에서 지연을 최소화해서 트래픽을 대량으로 생성할 수 있도록 설정이 가능하며, 소스내에 특정 확률로 서버 처리 시 지연을 발생시킬 수 있도록 설정할 수 있다. 소스에서 값을 변경하고, 다양한 테스트를 시도하는 것은 좋은 테스트 방법이다.

```
func shouldExecute(percent int) bool {
    return rand.Int()%100 < percent
}

func longRunningProcess(ctx context.Context) {
    ctx, sp := tracer.Start(ctx, "Long Running Process")
    defer sp.End()

    time.Sleep(time.Millisecond * 50)
    sp.AddEvent("halfway done!")
    time.Sleep(time.Millisecond * 50)
}
```

앞의 결과처럼 로그의 형식은 다음과 같다.

```
ts=2023-01-12T05:43:30.689033161Z msg="http request"
traceID=cb752735fbb4e8a7db8852e7611f929e path=/ latency=101.490632ms
```

오픈메트릭을 요청한다.

```
$# curl -H 'Accept: application/openmetrics-text' http://localhost:8000/metrics | less
```

오픈메트릭을 확인한다. traceID가 출력되는 것을 볼 수 있다. 앞에서 설명한 exemplar다.

```
# HELP demo_request_latency_seconds Request Latency
# TYPE demo_request_latency_seconds histogram
demo_request_latency_seconds_bucket{le="0.0001"} 0
demo_request_latency_seconds_bucket{le="0.0002"} 0
demo_request_latency_seconds_bucket{le="0.0004"} 0
demo_request_latency_seconds_bucket{le="0.0008"} 0
demo_request_latency_seconds_bucket{le="0.0016"} 0
demo_request_latency_seconds_bucket{le="0.0032"} 0
demo_request_latency_seconds_bucket{le="0.0064"} 0
demo_request_latency_seconds_bucket{le="0.0128"} 0
demo_request_latency_seconds_bucket{le="0.0256"} 0
demo_request_latency_seconds_bucket{le="0.0512"} 0
demo_request_latency_seconds_bucket{le="0.1024"} 2 #
{traceID="a7d5fad55e0f1a68b21705b1b6988bb8"} 0.101191218 1.670490032030292e+09
demo_request_latency_seconds_bucket{le="0.2048"} 2
demo_request_latency_seconds_bucket{le="0.4096"} 3 #
{traceID="a7d5fad55e0f1a68b21705b1b6988bb8"} 0.309012213 1.6704900320308034e+09
demo_request_latency_seconds_bucket{le="0.8192"} 5 #
{traceID="a7d5fad55e0f1a68b21705b1b6988bb8"} 0.517619484 1.670490032031735e+09
demo_request_latency_seconds_bucket{le="1.6384"} 5
demo_request_latency_seconds_bucket{le="3.2768"} 5
demo_request_latency_seconds_bucket{le="6.5536"} 5
demo_request_latency_seconds_bucket{le="13.1072"} 5
demo_request_latency_seconds_bucket{le="26.2144"} 5
demo_request_latency_seconds_bucket{le="52.4288"} 5
demo_request_latency_seconds_bucket{le="104.8576"} 5
demo_request_latency_seconds_bucket{le="209.7152"} 5
demo_request_latency_seconds_bucket{le="419.4304"} 5
demo_request_latency_seconds_bucket{le="838.8608"} 5
demo_request_latency_seconds_bucket{le="1677.7216"} 5
demo_request_latency_seconds_bucket{le="3355.4432"} 5
demo_request_latency_seconds_bucket{le="6710.8864"} 5
demo_request_latency_seconds_bucket{le="13421.7728"} 5
```

```
demo_request_latency_seconds_bucket{le="26843.5456"} 5
demo_request_latency_seconds_bucket{le="53687.0912"} 5
demo_request_latency_seconds_bucket{le="107374.1824"} 5
demo_request_latency_seconds_bucket{le="214748.3648"} 5
demo_request_latency_seconds_bucket{le="429496.7296"} 5
demo_request_latency_seconds_bucket{le="858993.4592"} 5
demo_request_latency_seconds_bucket{le="1.7179869184e+06"} 5
demo_request_latency_seconds_bucket{le="3.4359738368e+06"} 5
demo_request_latency_seconds_bucket{le="6.8719476736e+06"} 5
demo_request_latency_seconds_bucket{le="1.37438953472e+07"} 5
demo_request_latency_seconds_bucket{le="2.74877906944e+07"} 5
demo_request_latency_seconds_bucket{le="5.49755813888e+07"} 5
```

이번에 데모하는 애플리케이션은 마이크로서비스가 1개다. 관측 가능성의 모든 기능을 데모하기 위해서는 1개의 마이크로서비스만으로도 충분하다.

애플리케이션을 설치하고 구성하는 방법은 이전 데모와 유사하므로 따로 설명하지 않고 넘어가도록 한다. 대신 화면을 중심으로 살펴보자.

5.4.4 그라파나 데이터 소스 설정

로키의 설정은 다음과 같다. Derived fields는 출력되는 로그에서 추적 아이디에 대한 링크를 생성한다.

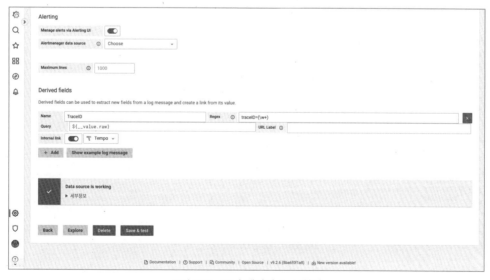

그림 5.58 로키 데이터 소스 화면

프로메테우스 설정은 다음과 같다. 이그젬플러는 시계열 차트에서 추적 아이디에 대한 링크를 출력한다.

그림 5.59 　프로메테우스 데이터 소스 화면

템포의 설정은 다음과 같다. 서비스 그래프, 로키 검색 등의 기능을 활성화한다.

그림 5.60 　템포 데이터 소스 화면

## CHAPTER 6

관측 가능성의 표준, 오픈텔레메트리

6장에서는 관측 가능성 시스템을 구축하는 방법과 함께 애플리케이션과 **오픈텔레메트리** API를 설명한다. 마지막으로 쿠버네티스 오픈서치 기반으로 **근본 원인을 분석**하는 데모를 제공한다.

관측 가능성은 좋은 신호(**텔레메트리**)를 필요로 한다. 신호가 부정확하면 시스템을 이해하고 근본원인을 분석하는 것도 부정확할 것이다. 관측 가능성뿐만 아니라 알람, 이상 탐지 예측(**AIOps**) 구현 시에도 신호가 가장 중요하다. 알람이 부정확하다고 가정해보자. 그 이유는 여러 가지가 있겠지만, 먼저 정확한 신호를 받았는지 조사해봐야 한다. 예를 들어, 잘못된 신호를 보내거나 신호의 의미가 명확하지 않거나 중복되고 유실된 경우다. 의도하지 않은 신호를 받는 것은 문제가 아니다. 이러한 신호는 이상치로 분류하고, 새로운 패턴으로 정의해서 지속적으로 관리하면 된다.

오픈텔레메트리는 신호 개발의 표준이다. 추적을 위주로 시작한 오픈텔레메트리는 쿠버네티스 다음으로 가장 큰 CNCFCloud Native Computing Foundation 커뮤니티로 떠올랐다. 오픈텔레메트리 이전에는 신호의 표준이 없다 보니, 솔루션 벤더도 개발자도 여러 가지 어려움이 많았다. 오픈텔레메트리의 상호 운영성과 호환성은 기술적 스펙의 완성도 이상으로 중요하다. 텔레메트리(원격측정)와 신호(추적, 메트릭, 로그, 프로파일)가 표준화되는 것은 분명 의미 있고 중요한 작업이다.

이 책은 오픈텔레메트리의 비전과 방향성에 동의하며, 오픈텔레메트리에 상당 부분을 할애하여 상세한 설명을 담아내려 노력하였다. 대규모 시스템을 운영하는 현실적인 상황을 고려해서 판단해보면 기존의 텔레메트리 기술과 오픈텔레메트리를 함께 사용해야 한다. 즉, 오픈텔레메트리로의 전면적인 이행보다는, 단계적으로 필요한 부분부터 점진적으로 이행하는 것을 권장한다. 왜냐하면 기존 텔레메트리는 솔루션에 종속적이고 시스템 증설이나 확대 시 비용이 급격히 증가하기 때문이다. 또한, 조직 간 협업 시에도 유연성이 떨어지며 확장에 제한이 있다. 하지만 오픈텔레메트리의 스펙과 기능이 아직 완전하지 않으므로 상관관계를 구현하는 데 여러 가지 제약이 있다. 따라서 권장하는 방안은 기존 텔레메트리와 오픈텔레메트리를 적재적소에 함께 사용하는 것이다. 이를 통해 기술적인 문제점을 해결할 수 있으며, 유연하고 효율적인 관측 가능성을 구현할 수 있다. 이 책은 현실적인 제약과 앞으로의 방향성을 고려해서, 점진적인 관측 가능성의 구현에 초점을 맞췄다.

6.1 오픈텔레메트리 소개

2019년 초에 2개의 기존 오픈소스 프로젝트인 오픈트레이싱OpenTracing과 오픈센서스OpenCensus가 오픈텔레메트리OpenTelemetry 프로젝트로 합병하였다. 프로젝트의 초기에는 오픈센서스와 오픈트레이싱 커뮤니티 모두에게 핵심이었던 추적 기능을 통합하고, 기존 사용자들이 오픈텔레메트리로 쉽게 전환할 수 있도록 도움을 주는 데 집중했다. 오픈텔레메트리는 애플리케이션의 계측instrumenting 방식과 텔레메트리 데이터가 생성, 수집, 전송되는 방식을 표준화하는 것을 목표로 한다. 또한, 사용자가 소프트웨어를 더 잘 이해할 수 있도록 시스템, 언어, 응용 프로그램 전반에서 텔레메트리를 상호 연관시키는 데 필요한 도구를 제공하는 것을 목표로 한다. 더불어 클라우드 네이티브 소프트웨어에 대한 관측 가능성 프레임워크를 제공하는 것도 지향한다.

오픈텔레메트리는 다양한 언어를 지원하고, 내부적으로 많은 작업 그룹으로 구성된다. 오픈텔레메트리는 11개 언어와 18개 특수 관심 그룹 또는 작업 그룹으로 구현되었으며, 프로메테우스와 오픈메트릭 프로젝트의 구성원을 포함하여 추가 오픈소스 프로젝트의 커뮤니티가 오픈텔레메트리 활동에 참여했다.

현재에는 데이터독, 뉴렐릭 등 관측 가능성 전문 솔루션 벤더와 구글, 아마존 등 메이저 클라우드 사업자 등이 참여하고 있으며, 매 분기마다 API SDK 컬렉터 등을 릴리즈하며 관측 가능성을 표준화하고 대중화하기 위해서 노력하고 있다. 현재는 추적 메트릭 로그를 아우르는 가장 큰 규모의 관측 가능성 프로젝트로 성장하였으며, CNCF 내에서도 상당한 영향력을 미치고 있다. 현재 오픈텔레메트리는 텔레메트리에 관해서 표준으로 자리 잡고 있으며, 2022년 GA를 발표한 이후로는 다양한 고객사와 프로젝트에 적극 도입되며 성공 사례를 발표하고 있다.

대형 관측 가능성 벤더(데이터독, 뉴렐릭 등)는 자사의 제품군 내에 오픈텔레메트리를 구현하고 수용하기 위해서 적극 노력하고 있으며, 벤더의 고유한 API SDK보다 오픈텔레메트리를 더 권장하며 투자하고 있다.

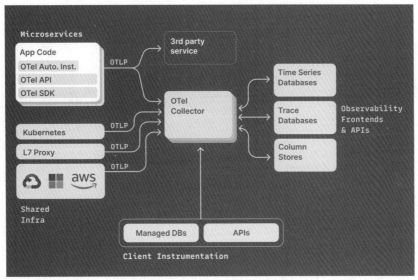

그림 6.1 오픈텔레메트리 아키텍처

다양한 언어로 개발된 애플리케이션의 신호와 텔레메트리를 통합하고자 하는 의도에서 시작하였으며, 주로 백엔드, 프런트엔드에 관한 텔레메트리를 표준화한 것이 현재까지 오픈텔레메트리의 발자취이지만, 향후 데이터와 네트워크 영역까지 관측 가능성을 확장하고 표준화하기를 바란다.

6.2 오픈텔레메트리 컴포넌트

오픈텔레메트리 프로젝트는 다음과 같이 구성된다.

- 신호(메트릭, 로그, 추적)
- 콘텍스트 전파
- 파이프라인

각 컴포넌트를 살펴보도록 하자. 오픈텔레메트리는 세 가지 핵심 개념을 정의한다. 이 중에서 가장 중요한 것은 신호다. 신호는 로그, 메트릭, 추적에 대한 기술적인 스펙을 정의하고, 파이프라인은 오픈텔레메트리에서 컬렉터를 구현하는 구체적인 방법을 설명한다.

콘텍스트 전파는 다양한 스트림(업, 다운 스트림) 간에 문맥을 전달하는 과정을 의미한다. 오픈텔레메트리는 분산된 마이크로서비스 간의 관계를 콘텍스트 전파로 표현한다.

그림 6.2 오픈텔레메트리 신호의 범위

우리가 일반적으로 흔히 사용하는 신호signal라는 의미와 혼동하지 않도록 주의해야 한다. 오픈텔레메트리에서는 메트릭, 로그, 추적 등을 포괄하는 의미로 신호라는 용어를 사용한다. 오픈텔레메트리는 다양한 텔레메트리 데이터를 포괄하는 공개 사양을 제공하는 것이 목표다. 커뮤니티는 가능한 빨리 사용자에게 가치를 제공하기 위해 이러한 신호를 중심으로 작업을 제공하는 것에 중점을 두었다. 2021년 초에 추적과 배기지 신호를 출시하였으며 곧이어 메트릭 신호를 발표했다. 오픈텔레메트리의 각 신호에서 제공하는 것은 다음과 같다.

- 신호에 가이드라인을 제공하는 스펙
- 신호 표현 방식을 나타내는 데이터 모델
- 애플리케이션과 라이브러리 개발자가 코드를 계측하는 데 사용할 수 있는 API
- 사용자가 API를 사용하여 텔레메트리를 생성할 수 있도록 하는 데 필요한 SDK
- 사용을 단순화하는 계측 라이브러리
- 계측을 단순화하는 계측 라이브러리와 에이전트

오픈텔레메트리가 초기에 정의한 신호는 추적, 메트릭, 로깅이다. 오픈텔레메트리의 가장 중요한 측면 중 하나는 사용하는 언어에 관계없이 유사한 경험을 기대할 수 있도록 하는 것이다. 이는 개방형 사양에는 오픈텔레메트리 호환성을 최대한 보장하며, 이를 준수하도록 가이드라인을 제공한다. 신호는 클라우드 네이티브 애플리케이션을 계측하여 생성되는 텔레메트리 데이터의 핵심을 나타낸다. 독립적으로 사용할 수 있지만 오픈텔레메트리의 진정한 힘은 사용자가 신호 간에 데이터를 연관시켜 시스템을 더 잘 이해할 수 있도록 하는 것이다.

6.2.1 신호의 구성 요소

1 데이터 모델

데이터 모델은 **메트릭**, **추적**, **로그**에 대한 상세한 레이아웃과 데이터 구조를 기술한다. 일래스틱을 경험해본 개발자라면 ECSElastic Common Schema와 유사하다고 이해하면 된다. 오픈텔레메트리 데이터 모델은 메트릭, 추적, 로그 간의 상관관계를 쉽게 구현할 수 있는 표준화 메시지와 데이터 형식이며, 벤더 중립적으로 설계되었다. 또한, gRPC 프로토콜 버퍼와 호환성에서도 문제가 없다.

만약 데이터 모델이 없다고 가정하면 비록 전송 프로토콜은 동일하더라도, 스키마 형태가 매번 변경되는 탓에 텔레메트리를 통신하는 애플리케이션과 관측 가능성 간의 복잡도가 증가하고 유지보수, 개발에 어려움을 경험할 것이다. 개발자와 아키텍트가 텔레메트리를 위한 표준화된 메시지 포맷을 설계할 필요가 없으므로 시간과 비용을 절감할 수 있으며, 지속적으로 적재되는 오픈텔레메트리 데이터를 분석할 경우에 스키마 변동으로 인한 혼선을 피할 수 있다.

애플리케이션과 데이터 아키텍처 관점에서 견고한 메시지와 데이터 모델을 설계하는 것은 중요하며, 오픈텔레메트리 데이터 모델이 제공해주는 이점 또한 분명하다. 메트릭에 대한 오픈텔레메트리 데이터 모델은 사전 집계된 메트릭 시계열 데이터 전달을 위한 프로토콜 사양과 의미 체계 규칙 semantic convention으로 이루어져 있다.

- 데이터 모델은 기존 시스템에서 데이터를 가져오고 기존 시스템으로 데이터를 내보낼 때 필요하다.
- 스팬 또는 로그 스트림 등 다른 신호에서 메트릭 지표를 생성하기 위한 기술적인 스펙도 지원한다.
- 다양한 차트와 시각화 기능을 제공하는 데이터 모델은 데이터 변환에 적합하다.

기존 데이터 모델과의 호환성도 고려하였다. 예를 들어, 인기 있는 기존 메트릭 데이터 형식, 프로메테우스 형식은 오픈텔레메트리 데이터 모델로 명확하게 변환할 수 있다. 현재까지 많이 사용하는 프로메테우스 메트릭 유형을 어떻게 지원하고, 오픈텔레메트릭 유형과 어떻게 호환성을 유지할 것인지에 대한 스펙을 포함한다. 추적은 기존의 다양한 추적 표준을 유지하는 것보다는 새로운 오폰텔레메트리 추적으로 통합하는 방식을 사용하며, 로그는 다양한 언어별 로그 라이브러리를 사용할 수 있도록 유지하면서 텔레메트리의 로그를 보강하는 방향으로 개선하고 있다.

오픈텔레메트리 컬렉터는 다양한 형식의 메트릭 데이터를 허용하고 오픈텔레메트리 데이터 모델을 사용하여 데이터를 전송한 다음 기존 시스템으로 내보낸다. 데이터 모델은 자동으로 속성을 제거하고 히스토그램 해상도를 낮추는 기능을 포함하여 데이터의 잘 정의된 변환을 통해 기능이나 의미의 손실 없이 프로메테우스 원격 쓰기 프로토콜로 변환하는 것이 가능하다.

데이터 모델은 다음과 같은 특징을 갖는다.

- 텔레메트리가 지원할 수 있는 OTLP_OpenTelemetryProtocol와 공급업체에 구애받지 않는 의미 체계 규칙을 정의한다.
- 데이터 모델은 특정 신호를 형성하는 컴포넌트의 표현을 정의한다. 각 컴포넌트에 있어야 하는 필드에 대한 세부 정보를 제공하고 모든 컴포넌트가 서로 상호적으로 작용하는 방식을 설명한다. 또한, 데이터 모델은 표준을 구현하는 개발자에게 데이터가 어떻게 작동해야 하는지 알려준다.

다음은 오픈텔레메트리 추적 메시지 예제다. 콘텍스트와 함께 `events`, `attribute`, `resource`, `links` 등 다양한 객체를 포함하고 있다. 각 객체들이 의미하는 바를 알아보자.

```
{
    "name": "opentelemetry trace",
    "context": {
        "trace_id": "0x4b6c50bc5c49e82fddc196b8a905768f",
        "span_id": "0xec8f0a64e3206a8c",
        "trace_state": "[]"
    },
    "kind": "SpanKind.CLIENT",
    "parent_id": "0x8f395001df358d3f",
    "start_time": "2022-12-26T13:40:07.727380Z",
    "end_time": "2022-12-26T13:40:07.740846Z",
    "status": {
        "status_code": "OK"
    },
    "attributes": {
        "http.method": "GET",
        "http.flavor": "1.1",
        "http.url": "http://localhost:5000/products",
        "net.peer.ip": "127.0.0.1",
```

```
            "http.status_code": 200
        },
    "events": [
        {
            "name": "events sent",
            "timestamp": "1970-01-01T00:00:00.000000Z",
            "attributes": {
                "url": "http://localhost:5000/products"
            }
        }
    ],
    "links": [],
    "resource": {
        "telemetry.sdk.language": "python",
        "telemetry.sdk.name": "opentelemetry",
        "telemetry.sdk.version": "1.10.0",
        "net.host.name": "philip-virtual-machine",
        "net.host.ip": "127.0.1.1",
        "service.name": "client",
        "service.version": "0.1.2"
    }
}
```

다음은 오픈텔레메트리 로그 메시지 예시다. 다음과 같은 형식으로 로그 메시지를 정의하는 것이 일반적이다. 기존 로그 메시지 형식에 추적 등의 상관관계 정보와 텔레메트리 정보를 추가하는 것이 일반적인 오픈텔레메트리 로그의 방향성이다.

```
{
    "body": "opentelemetry log",
    "name": null,
    "severity_number": "<SeverityNumber.INFO: 9>",
    "severity_text": "INFO",
    "attributes": {},
    "timestamp": "2022-12-26T13:23:06.035780Z",
    "trace_id": "0x4ca66f7dfefc05fd9b8823dafd48bf1c",
    "span_id": "0x5df7437bac087fab",
    "trace_flags": 1,
    "resource": "BoundedAttributes({'telemetry.sdk.language': 'python',
'telemetry.sdk.name': 'opentelemetry', 'telemetry.sdk.version': '1.9.0',
'net.host.name': 'philip-virtual-machine', 'net.host.ip': '127.0.1.1',
'service.name': 'shopper', 'service.version': '0.1.2'}, maxlen=None)"
}
```

다음은 오픈텔레메트리 메트릭 메시지 예시다. 오픈텔레메트리 메트릭은 프로메테우스 메트릭에 비해서 복잡하고, 제공되는 메트릭 유형도 다양하다.

```
{
  "attributes": "",
  "description": "",
  "instrumentation_info": "InstrumentationInfo(client, 0.1.2,
https://opentelemetry.io/schemas/1.9.0)",
  "name": "opentelemetry metric",
  "resource": "BoundedAttributes({'telemetry.sdk.language': 'python',
'telemetry.sdk.name': 'opentelemetry', 'telemetry.sdk.version': '1.10.0',
'net.host.name': 'philip-virtual-machine', 'net.host.ip': '127.0.1.1',
'service.name': 'shopper', 'service.version': '0.1.2'}, maxlen=None)",
  "unit": "ms",
  "point": {
    "start_time_unix_nano": 1672061810649043615,
    "time_unix_nano": 1672061810650148037,
    "bucket_counts": [
      0,
      0,
      0,
      0,
      1,
      0,
      0,
      0,
      0,
      0,
      0
    ],
    "explicit_bounds": [
      0.0,
      5.0,
      10.0,
      25.0,
      50.0,
      75.0,
      100.0,
      250.0,
      500.0,
      1000.0
    ],
    "sum": 30.760162,
    "aggregation_temporality": 2
  }
}
```

추적, 메트릭, 로그의 데이터 모델과 예제를 살펴보았다. 이제 API와 각 신호별로 세부적인 객체에 대해서 알아보자.

❷ API

API_{application programming interface}는 사용자 애플리케이션 또는 타사 라이브러리가 이에 의존하고 전체 SDK_{software development kit} 구현을 연결하지 않는 경우에도 애플리케이션이 빌드되고 실행이 이루어진다.

API 종속성은 API의 최소 구현_{minimal implementation}을 포함한다. 애플리케이션에 명시적으로 구현을 포함하지 않으면 텔레메트리 데이터가 수집되지 않는다. API의 최소 구현에서 반환된 값이 유효하고, 호출자가 추가 검사를 수행할 필요가 없다는 것이 중요하다. 예를 들어, `createSpan()` 메서드는 실패하지 않아야 하며, 유효한 널_{null}이 아닌 스팬 객체를 반환해야 하는 경우가 이에 해당한다. 최소 구현을 적용하면 계측 코드에서 오류 처리가 최소화된다. 또한, 최소한의 구현이 성능 저하를 초래하지 않도록 한다. 그리고 텔레메트리 데이터는 실제로 텔레메트리 백엔드로 전달되지 않는다. 이와는 반대로 SDK는 백엔드로 내보내기_{exporter}를 지원한다.

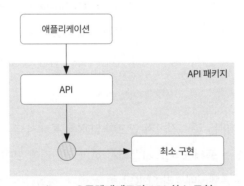

그림 6.3 오픈텔레메트리 API 최소 구현

오픈텔레메트리에서 설명하는 API와 SDK의 차이점을 이해할 필요가 있다. 일반적인 프로그래밍 언어에서 정의하는 개념과는 차이가 있기 때문이다. 오픈텔레메트리의 리시버, 익스포터를 개발하지 않고 계측 애플리케이션만 개발하는 경우에는 API, SDK에 대한 상세한 지식은 필요하지 않다. API와 SDK의 차이점은 종속성으로 구분한다. 오픈텔레메트리는 세 가지 측면에서 표준을 제공한다.

- 기존 메트릭, 추적, 메트릭 표준(오픈트레이싱, 오픈메트릭)을 통합한다.
- 다양한 개발 언어를 지원한다.
- 다양한 벤더와 설루션을 지원한다.

견고한 프레임워크 기반에서 종속적이지 않은 API를 설계하였다. 다양한 개발 언어, 벤더 설루션, 신호를 지원하기 위해서 SDK를 제공하고, 종속적인 부분은 SDK를 사용해서 커스터마이징하도록 유도한다.

오픈텔레트리는 11개 언어에 대한 API를 제공한다. 다양한 프레임워크의 자동 계측을 지원하며, 수동 계측에는 백엔드와 프런트엔드 개발 시 텔레메트리 생성을 위한 언어의 차이점을 최대한 배제하고, 공통적인 API를 제공한다.

API는 다음과 같은 특징을 갖는다.

- 공급업체에 의존성 없는 방식으로 계측하는 코드를 개발할 수 있다.
- 사용자가 빠르게 시작하고 실행할 수 있도록 다양한 언어로 계측 라이브러리를 사용할 수 있다. 이러한 라이브러리는 인기 있는 오픈소스 프로젝트와 프레임워크를 위한 도구를 제공한다. 예를 들어, 파이썬에서는 계측 라이브러리로 플라스크Flask, 장고Django 등을 지원한다.
- 추적, 메트릭과 로깅 데이터를 생성하고 상호 연관시키기 위한 데이터 유형과 작업을 정의한다.

❸ SDK

로직의 구현에만 집중하는 API는 종속적이지 않으며 SDK를 통해서 로직 외적인 벤더와 기술 종속적인 문제를 해결한다. SDK는 플러그인을 개발해서, API 패키지에 포함된 최소 구현을 대체한다. 오픈텔레메트리 컬렉터는 오픈텔레메트리 SDK의 좋은 예다. 컬렉터는 다수의 벤더 설루션과 연계를 필요로 하는데, 이 경우에 SDK를 사용한다. SDK를 사용해서 컬렉터 내 리시버, 익스포터 등을 개발하고 벤더와 호환되는 다수의 플러그인을 제작하는 것이다. 컬렉터는 문법에 맞게 구성 파일에 선언하면 자동적으로 작동하는 방식이다. 다양한 리시버, 프로세서, 익스포터 기능이 SDK 내에 구현되어 있으므로 선언만 하면 런타임에 동작하는 프로세스를 생성할 수 있다.

SDK는 API 호출을 내보낼 준비가 된 텔레메트리 데이터로 변환하는 데 필요한 핵심 기능을 구현한다. 그림 6.4는 SDK가 활성화된 경우의 오픈텔레메트리 컴포넌트의 내부 구조다.

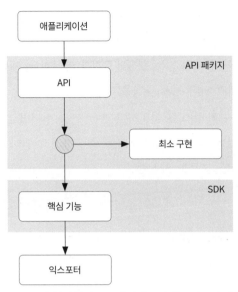

그림 6.4 **SDK가 활성화된 오픈텔레메트리 컴포넌트의 내부 구조**

SDK는 내보내기 인터페이스를 정의한다. 텔레메트리 데이터를 백엔드로 보내는 역할을 하는 프로토콜별 내보내기는 인터페이스를 구현해야 한다. SDK는 필요한 경우 추가 기능을 위해 구성할 수 있는 선택적 도우미optional helper 내보내기도 포함되어 있다. SDK는 다음과 같은 특징을 갖는다.

- SDK는 오픈텔레메트리에서 텔레메트리를 생성, 집계, 전송하는 기본 시스템을 구현한다. 텔레메트리의 수집 방법, 전송 위치, 구성 방법을 제공한다.
- SDK 구성은 코드 내 구성과 사양에 정의된 환경 변수를 통해 지원한다. 구성, 데이터 처리, 익스포터 개념도 여기에서 정의한다.

❹ 계측 라이브러리

오픈텔레메트리에서 말하는 계측 라이브러리 용어에 대해 정의한다. 계측 라이브러리는 자동 계측과 동일한 의미라고 이해하면 된다. 즉, 파이썬의 플라스크와 장고, 자바의 스프링 부트 등 많이 사용하는 프레임워크를 지원하며, 직접적인 API 개발 없이 자동으로 계측이 가능하도록 돕는 것이 오픈텔레메트리 계측 라이브러리다.

- **계측 라이브러리**
  - 빠르게 시작하고 실행할 수 있도록 다양한 언어로 계측 라이브러리를 사용할 수 있다. 이러한 라이브러리는 인기 있는 오픈소스 프로젝트와 프레임워크를 위한 도구를 제공한다. 예를

들어, 파이썬에서는 계측 라이브러리는 플라스크, 장고 등을 포함한다. 이러한 라이브러리를 구현하는 데 사용하는 메커니즘은 언어별로 다르며, 자동 계측과 함께 사용하여 사용자에게 필요한 코드 변경이 거의 없는 텔레메트리를 제공한다. 계측 라이브러리는 오픈텔레메트리 조직에서 지원되며 의미 체계 규칙을 따른다.

— 오픈텔레메트리가 다양한 언어를 지원하고 있는 만큼 언어별로 진척률이 다르다. 자바, Go, 파이썬 등 주요 언어는 현재 다양한 API를 충실하게 지원하고 있다. 자바 스프링 부트, Node.js 익스프레스Express 등도 지원한다.

5 리소스

리소스는 텔레메트리를 생성하는 엔티티entity를 나타낸다. 쿠버네티스에서 텔레메트리를 생성하는 프로세스는 파드명, 네임스페이스명, 프로세스명을 포함하며, 이러한 데이터는 리소스의 속성attribute이 된다.

오픈텔레메트리는 추적을 초기화하기 위해서 TracerProvider, 메트릭을 초기화하기 위해서 MeterProvider를 사용한다. 각 Provider 생성 시점에 리소스도 생성하며, Exporter에서 리소스를 참조한다. 이러한 방식을 통해서 SDK가 신호를 어디에서 받고, 어디로 보내야 하는지 이해할 수 있도록 도와준다. 예를 들면 쿠버네티스 컨테이너에 노출된 메트릭은 클러스터, 네임스페이스, 파드, 컨테이너 이름을 지정하는 리소스에 연결할 수 있다. 일부의 프로세스 식별 정보는 오픈텔레메트리 SDK를 통해 자동으로 텔레메트리와 연결할 수 있다. SDK에서 리소스의 주요 목적은 익스포터에서 리소스 정보의 검색을 분리하는 것이다. SDK는 리소스 생성과 텔레메트리와의 연결을 지원한다.

리소스는 초기화 시 tracer provider에 할당되어야 하며 속성과 매우 유사하게 생성된다.

```go
func newResource() *resource.Resource {
  r, _ := resource.Merge(
    resource.Default(),
    resource.NewWithAttributes(
      semconv.SchemaURL,
      semconv.ServiceName("fib"),
      semconv.ServiceVersion("v0.1.0"),
      attribute.String("environment", "demo"),
    ),
  )
```

```
    return r
}
```

6 배기지

오픈텔레메트리 신호 중에서 주목할 만한 점은 **배기지**baggage다. 배기지는 추적에서 사용되는, 사용자가 정의 가능한 키-값 쌍 형식의 메타데이터다. 배기지는 텔레메트리에 주석을 달고 추적 콘텍스트와 정보를 추가할 때 사용한다. 사용자 정의 속성attribute을 설명하는 이름(키)-값 쌍의 집합이다. 배기지의 각 이름은 정확히 하나의 값과 연결되어야 한다. 배기지는 **스팬** 사이에 전달되는 콘텍스트 정보를 나타낸다. 여러 서비스를 포함하는 추적의 모든 스팬에 Customer ID 속성을 갖고 싶다고 상상해보자. 그러나 Customer ID 속성은 하나의 특정 서비스와 스팬에서만 사용할 수 있다. 속성은 특정 서비스와 스팬에 종속적이고, 상위 스팬의 속성은 하위 스팬의 속성과 다른 경우가 많으므로 콘텍스트 전파에 적합하지 않다. 오픈텔레메트리 배기지를 사용하여 시스템 전체에 이 값을 전파할 수 있다. 오픈텔레메트리에서 배기지는 스팬 간에 전달되는 콘텍스트 정보를 나타낸다. 추적 콘텍스트 내에 있는 키-값 저장소로, 해당 추적 내에서 생성된 모든 스팬에서 값을 사용할 수 있다.

오픈텔레메트리는 콘텍스트 전파를 사용하여 배기지를 전달하며, 각기 다른 라이브러리 구현에는 명시적으로 구현할 필요 없이 해당 배기지를 분석하고 사용할 수 있도록 만드는 전파자propagator가 있다.

▶ 배기지의 필요성

오픈텔레메트리는 크로스 플랫폼cross-platform이자 크로스 프레임워크cross-framework다. 배기지는 콘텍스트값이 같은 장소에 존재하며, 같은 형식을 가지며, 같은 패턴을 따르도록 만든다. 즉, 언어에 관계없이 모든 응용 프로그램에서 해당 응용 프로그램을 읽고 구문 분석하여 사용할 수 있다. 이는 대규모 분산 시스템을 구축하고 팀이 원하는 언어나 프레임워크로 작업할 수 있도록 자율성을 제공하려는 경우에 유용하다. 예를 들어, 조직에서 헤더와 기타 항목에 대한 표준화를 위해 각기 다른 것을 사용하는 것이 가능하다고 해도, 개발 팀이 모든 프레임워크와 언어가 서로 호환하도록 개발해야 하는 부담이 크기 때문에 결코 쉽게 결정할 수 있는 사항이 아니다.

▶ 배기지의 활용법

오픈텔레메트리 배기지는 외부에 잠재적으로 노출해도 상관없는 민감하지 않은 데이터에 사용해야 한다. 예를 들어, 계정 ID, 사용자 ID, 제품 ID, 원본 IP와 같은 상위 스택에서만 액세스할 수 있는 정보가 있는데, 이를 하위 스택으로 전달하려면 배지기에 정의하고, 다운스트림 서비스의 스팬에 전파할 수 있다. 또한 관측 가능성 백엔드에서도 배지기를 사용하면 보다 쉬운 검색과 필터링을 제공한다.

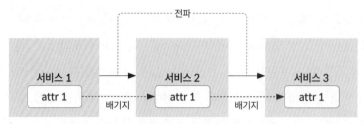

그림 6.5 하위 스택으로 전달되는 배기지

배기지는 다양한 용도로 활용할 수 있다.

- 쿠버네티스는 멀티 테넌트이며, 그라파나 관측 가능성도 멀티 테넌트를 지원한다. 멀티 테넌트 환경에서는 싱글 테넌트에서보다 디버깅이 복잡하고, 테넌트를 구분하기 위한 많은 구분자가 필요하다. 배기지는 멀티 테넌트를 구분하는 구분자를 관리하기에 유용하다.
- 웹 서비스는 요청을 보낸 서비스에 대한 콘텍스트를 포함함으로써 이점을 얻을 수 있다.
- SaaS 공급자는 해당 요청을 담당하는 API 사용자 또는 토큰에 대한 콘텍스트를 포함할 수 있다.
- 특정 브라우저 버전이 이미지 처리 서비스의 오류와 관련되어 있는지 확인하는 데 유용하다.

▶ 배기지 API
배기지 API의 구성은 다음과 같다.

- 배기지를 생성하고 관리
- 콘텍스트에서 배기지와 상호작용하는 기능

배기지는 텔레메트리에 주석을 달고 메트릭, 추적 및 로그에 콘텍스트와 정보를 추가하는 데 사용된다. 배기지의 각 이름은 정확히 하나의 값과 연결되어야 한다. API는 콘텍스트를 통해 배기지와 직접 상호작용하여 이러한 기능을 구현할 수 있다.

배기지 API는 SDK가 설치되어 있지 않은 경우에도 완전히 작동해야 한다. 이는 투명한 크로스 프로세스 배기지 전파transparent cross-process baggage propagation를 활성화하기 위해 필요하다. 배기지 전파자가 API에 설치된 경우 설치된 SDK의 유무에 관계없이 작동한다. 배기지 컨테이너는 불변이며 포함하는 콘텍스트 또한 불변이다.

다음은 콘텍스트와 배기지가 상호작용하는 예제를 파이썬으로 구현한 것이다.

```python
from opentelemetry import trace, baggage

tracer = trace.get_tracer("my.tracer")
with tracer.start_as_current_span(name="root span") as root_span:
    parent_ctx = baggage.set_baggage("context", "parent")
    with tracer.start_as_current_span(
        name="child span", context=parent_ctx
    ) as child_span:
        child_ctx = baggage.set_baggage("context", "child")

print(baggage.get_baggage("context", parent_ctx))
print(baggage.get_baggage("context", child_ctx))
```

7 이벤트

추가로 이벤트를 정의할 수 있다. 이벤트는 스팬에서 사람이 읽을 수 있는 메시지이며, 필요 시에 언제든 추가할 수 있다. 로그와 유사한 개념이다.

파이썬으로 구현한 다음 예제를 살펴보자.

```python
from opentelemetry import trace

current_span = trace.get_current_span()

current_span.add_event("Gonna try it!")

# 로직을 추가

current_span.add_event("Did it!")
```

트레이스에는 이벤트를 정의할 수 있으며, 이벤트에는 속성을 추가할 수 있다. 또한, 이벤트를 리소스 및 콘텍스트와 의미 있는 관계가 되도록 생성함으로써 시스템을 자세히 이해할 수 있다.

8 링크

링크는 스팬 간 관계를 표현하는 것이다. 스팬은 다른 스팬에 연결하는 스팬 링크를 생성할 수 있다. 링크를 만들려면 스팬 콘텍스트가 필요하다.

파이썬으로 구현한 다음 예제를 살펴보자.

```python
from opentelemetry import trace

tracer = trace.get_tracer(__name__)

with tracer.start_as_current_span("span-1"):
    ctx = trace.get_current_span().get_span_context()
    link_from_span_1 = trace.Link(ctx)

with tracer.start_as_current_span("span-2", links=[link_from_span_1]):
    pass
```

6.2.2 콘텍스트 전파

추적의 핵심 개념은 스팬과 **콘텍스트 전파**다. 마이크로서비스 사이에 상호 호출이 자주 발생하므로 추적에서는 전파가 중요하다. 오픈텔레메트리에서도 그 중요성을 인식하고 콘텍스트 전파를 관측 가능성의 핵심 기능 중 하나로 선정했다. 분산 추적의 핵심 개념인 콘텍스트 전파는 논리적 경계로 분리된 서비스 간에 중요한 콘텍스트 정보를 전달하는 기능을 제공한다. 콘텍스트 전파는 분산 추적에서 여러 시스템의 요청을 함께 연관시킨다. 이전의 오픈트레이싱에서도 배기지를 제공했다. 오픈트레이싱에서 배기지는 일종의 메타데이터이고, 데이터를 전달하는 데 배기지를 사용했다. 오픈텔레메트리는 이것을 프로젝트의 핵심 구성 요소로 추진했다. 콘텍스트 전파를 통해 사용자 정의값(배기지)을 전파할 수 있다. 배기지를 사용하여 신호 전반에 걸쳐 텔레메트리에 주석(추가적인 설명)을 달 수 있다.

콘텍스트 전파는 콘텍스트 API를 오픈텔레메트리 스펙 일부로 정의한다. 오픈텔레메트리는 경계를 넘어 콘텍스트를 전파하는 데 필요한 메커니즘을 구현하고 인터페이스도 제공한다. 그림 6.6의 축약 코드는 A와 B라는 두 서비스가 콘텍스트 API를 사용하여 콘텍스트를 공유하는 방법을 보여준다. 서비스 A에서 서비스 B로의 두 요청을 비교하여 살펴보자. 최상위 요청은 콘텍스트를 전파하지 않고 이루어진다. 결과적으로 서비스 B에는 서비스 A가 수행하는 추적 정보나 배기지가 없다.

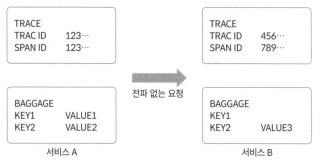

그림 6.6 콘텍스트 전파가 없는 요청

그림 6.7은 서비스 B가 서비스 A를 요청할 때 콘텍스트 데이터가 주입되어, 전파된 콘텍스트 데이터를 서비스 B에서 액세스하는 과정을 보여준다.

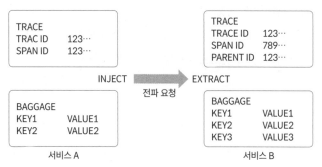

그림 6.7 콘텍스트 전파가 있는 요청

추적 콘텍스트를 전파하려면 오픈텔레메트리 API에 전파자를 등록해야 한다.

Go로 구현한 다음 예제를 살펴보자.

```
import (
  "go.opentelemetry.io/otel"
  "go.opentelemetry.io/otel/propagation"
)
...
otel.SetTextMapPropagator(propagation.TraceContext{})
```

6.2.3 파이프라인

각 신호에 의해 캡처된 텔레메트리는 저장과 분석을 수행할 수 있는 데이터 저장소로 내보내져야 emitted한다. 이를 달성하기 위해 각 신호 구현은 텔레메트리를 생성, 처리, 전송하는 일련의 메커니즘을 제공한다. 그림 6.8과 같은 순서대로 처리한다.

그림 6.8 오픈텔레메트리 파이프라인 아키텍처

텔레메트리 **파이프라인**의 컴포넌트(구성 요소)는 일반적으로 애플리케이션 코드 초기에 초기화된다. 일단 구성되면 애플리케이션은 일반적으로 텔레메트리를 기록하기 위해 텔레메트리 생성기와 상호작용을 하고, 파이프라인은 데이터 수집과 전송을 처리한다. 이제 파이프라인의 각 구성 요소를 살펴보자.

- **프로바이더**

  텔레메트리 파이프라인의 시작점은 프로바이더Provider다. 프로바이더는 텔레메트리 데이터를 생성하는 데 사용되는 엔티티다. 애플리케이션 내에서 여러 프로바이더를 구성할 수 있지만, SDK를 통해 디폴트 글로벌default global 프로바이더를 사용할 수도 있다. 프로바이더는 텔레메트리 데이터를 생성하기 전 애플리케이션 코드 초기에 구성해야 한다.

- **텔레메트리 생성기**

  코드 초반에 텔레메트리를 생성하기 위해 프로바이더가 인스턴스화한 텔레메트리 생성기를 SDK에서 사용할 수 있다. 텔레메트리 생성기는 신호에 따라 이름이 다르게 지정된다. 추적 신호는 이것을 트레이서라고 부르고, 메트릭 신호는 미터를 나타낸다. 일반적으로 이들의 목적은 동일하다. 바로 텔레메트리 데이터를 생성하는 것이다. 텔레메트리 생성기를 인스턴스화할 때 애플리케이션과 계측 라이브러리는 프로바이더에게 이름을 전달해야 한다. 사용자는 선택적으로 프로바이더에게도 버전 식별자를 지정할 수 있다. 이 정보는 생성된 텔레메트리 데이터에 추가 정보를 제공하는 데 쓰인다.

- **프로세서**

  텔레메트리 데이터가 생성되면 프로세서는 데이터 내용을 추가로 수정할 수 있는 기능을 제공한다. 프로세서는 데이터를 처리해야 하는 빈도 또는 데이터를 내보내는 방법을 결정할 수 있다. 프로세서를 인스턴스화할 때 애플리케이션과 계측 라이브러리는 프로바이더에게 이름을 전달해야 한다. 사용자는 선택적으로 프로바이더에게도 버전 식별자를 지정할 수 있다.

- **익스포터**

  마지막 단계는 익스포터Exporter를 통과하는 것이다. 익스포터의 역할은 오픈텔레메트리의 내부 데이터 모델을 구성된 익스포터와 가장 일치하는 형식으로 변환하는 것이다. 오픈텔레메트리는 여러 익스포터 형식과 프로토콜을 지원한다.

파이프라인이라는 용어를 여러 의미로 사용하므로 독자들이 혼동할 수 있다. 파이프라인의 개념을 먼저 살펴보자. 오픈텔레메트리 컬렉터가 파이프라인이라는 것은 알고 있을 것이다. 컬렉터는 외부에 종속적이지 않고 독립적인 프로세스로 작동하는 파이프라인이다. 지금 설명하는 파이프라인은 마이크로서비스와 같은 애플리케이션에 수동 계측되는 경우에 사용하는 것을 의미한다. 즉, 오픈텔레메트리 API를 사용해서 소스 내에서 수동 계측되는 경우에도 파이프라인 개념을 도입한 것이다.

오픈텔레메트리의 개념과 그것이 다루는 다양한 신호에 어느 정도 익숙해졌을 것이다. 오픈텔레메트리 API는 몇 가지 원칙이 있는데, 이를 숙지해야 한다.

- 신호들의 객체에 대해서 이해해야 한다. 신호마다 많은 객체의 수에 부담을 갖지 않고, 필요한 객체부터 적용하면 된다.
- 신호의 메시지가 어떻게 구성되는지 이해해야 한다. 객체를 생성할 때마다 신호의 메시지가 어떻게 변화되고 추가되는지 이해할 필요가 있다.

6.3 추적

6.3.1 오픈텔레메트리 추적 소개

1장에서 오픈트레이싱을 사용해서 추적을 구현하였다. 이번에는 오픈텔레메트리 추적 API를 구현한다. **추적**은 사용자나 애플리케이션이 요청request을 할 때 어떤 일이 발생하는지에 대한 큰 그림을 제공한다. 오픈텔레메트리는 마이크로서비스, 관련 애플리케이션을 추적하여 코드에 관측 가능성을 구현하는 방법을 제공한다.

다음은 오픈텔레메트리 추적 예제다. 보다 자세한 내용이 궁금하다면 블로그[1]를 참조한다.

먼저 다음의 라이브러리를 설치한다.

```
pip install opentelemetry-api==1.14.0
pip install opentelemetry-sdk==1.14.0
pip install opentelemetry-exporter-otlp==1.14.0
```

---

1 https://yohaim.medium.com/3fe751d7c62f

```
pip install protobuf==3.20.*
export PROTOCOL_BUFFERS_PYTHON_IMPLEMENTATION=python
```

다음은 오픈텔레메트리 추적 API로 구현된 애플리케이션이다.

```python
from opentelemetry import trace
from opentelemetry.sdk.trace import TracerProvider
from opentelemetry.sdk.trace.export import (
    BatchSpanProcessor,
    ConsoleSpanExporter,
)

provider = TracerProvider()
processor = BatchSpanProcessor(ConsoleSpanExporter())
provider.add_span_processor(processor)
trace.set_tracer_provider(provider)

tracer = trace.get_tracer(__name__)

with tracer.start_as_current_span("foo"):
    with tracer.start_as_current_span("bar"):
        with tracer.start_as_current_span("baz"):
            print("Hello world from OpenTelemetry Python!")
```

위의 예제를 실행하면 복잡한 구조의 JSON 메시지를 반환한다. 메시지의 구조와 API에 대해서 자세히 살펴보자. 다음의 결과를 출력한다.

```json
{
    "name": "baz",
    "context": {
        "trace_id": "0xb32f2cdcf4c8b26f34fe4a1fee4a0e2c",
        "span_id": "0x5bd53cae0562a840",
        "trace_state": "[]"
    },
    "kind": "SpanKind.INTERNAL",
    "parent_id": "0xb009a72fd6138340",
    "start_time": "2022-12-08T14:19:53.399632Z",
    "end_time": "2022-12-08T14:19:53.399687Z",
    "status": {
        "status_code": "UNSET"
    },
    "attributes": {},
    "events": [],
```

```
        "links": [],
        "resource": {
            "attributes": {
                "telemetry.sdk.language": "python",
                "telemetry.sdk.name": "opentelemetry",
                "telemetry.sdk.version": "1.13.0",
                "service.name": "unknown_service"
            },
            "schema_url": ""
        }
    }
},
{
    "name": "bar",
    "context": {
        "trace_id": "0xb32f2cdcf4c8b26f34fe4a1fee4a0e2c",
        "span_id": "0xb009a72fd6138340",
        "trace_state": "[]"
    },
    "kind": "SpanKind.INTERNAL",
    "parent_id": "0x0b2aef3447b50143",
    "start_time": "2022-12-08T14:19:53.399595Z",
    "end_time": "2022-12-08T14:19:53.399730Z",
    "status": {
        "status_code": "UNSET"
    },
    "attributes": {},
    "events": [],
    "links": [],
    "resource": {
        "attributes": {
            "telemetry.sdk.language": "python",
            "telemetry.sdk.name": "opentelemetry",
            "telemetry.sdk.version": "1.13.0",
            "service.name": "unknown_service"
        },
        "schema_url": ""
    }
}
```

트레이스에는 이벤트를 정의할 수 있으며, 이벤트에는 속성을 추가할 수 있다. 이벤트를 리소스 및 콘텍스트와 의미 있는 관계가 되도록 생성함으로써 시스템을 자세히 이해할 수 있다. 오픈트레이싱과 유사하지만, 용어에서 차이점이 있다. 혼동을 피하고자, 추가 설명을 덧붙인다. 이미 설명한 오픈트레이싱의 메시지 형식과의 차이점이 보이는가? 오픈텔레메트리가 설명하는 스팬은 작업

operation 또는 작업 단위를 나타낸다. 다수의 **스팬**은 **추적**을 구성하며, 다음과 같은 데이터를 포함한다.

- 부모 스팬 ID_{parent span ID}
- 추적이 시작되고 끝난 시간_{timestamps}
- 스팬 콘텍스트_{context}
- 스팬 속성_{attributes}
- 스팬 이벤트_{events}
- 스팬 링크_{links}
- 스팬 상태_{status}

위에서 설명한 콘텍스트, 이벤트, 속성, 링크에 대해서 이해할 필요가 있다. 개념 이해를 넘어서 필요한 데이터를 적합하게 채워 주어야만 문맥이 풍부한 추적을 생성할 수 있으며, 근본 원인을 분석하는 데 도움이 되기 때문이다. 레거시 소스에 관측 가능성을 구현하는 경우라면 개발자가 메트릭과 로그를 변경하기가 쉽지 않다. 많은 변경이 필요할 뿐 아니라 운영에서 실행되고 있는 소스를 변경하고 빌드, 배포하는 작업은 부담스러운 업무다. 이러한 경우에는 추적을 생성하고, 추적으로부터 메트릭과 로그를 자동 생성하는 방법을 권장한다. 추적을 잘 만들기 위해서는 추적의 개념과 필요한 속성에 대해서 정확히 이해해야 한다.

다음은 메시지 예제다.

```
{
    "name": "baz",
    "context": {
        "trace_id": "0xb32f2cdcf4c8b26f34fe4a1fee4a0e2c",
        "span_id": "0x5bd53cae0562a840",
        "trace_state": "[]"
    },
    "kind": "SpanKind.INTERNAL",
    "parent_id": "0xb009a72fd6138340",
    "start_time": "2022-12-08T14:19:53.399632Z",
    "end_time": "2022-12-08T14:19:53.399687Z",
    "status": {
        "status_code": "UNSET"
    },
    "attributes": {},
```

```
        "events": [],
        "links": [],
        "resource": {
            "attributes": {
                "telemetry.sdk.language": "python",
                "telemetry.sdk.name": "opentelemetry",
                "telemetry.sdk.version": "1.13.0",
                "service.name": "unknown_service"
            },
            "schema_url": ""
        }
    }
}
{
    "name": "bar",
    "context": {
        "trace_id": "0xb32f2cdcf4c8b26f34fe4a1fee4a0e2c",
        "span_id": "0xb009a72fd6138340",
        "trace_state": "[]"
    },
    "kind": "SpanKind.INTERNAL",
    "parent_id": "0x0b2aef3447b50143",
    "start_time": "2022-12-08T14:19:53.399595Z",
    "end_time": "2022-12-08T14:19:53.399730Z",
    "status": {
        "status_code": "UNSET"
    },
    "attributes": {},
    "events": [],
    "links": [],
    "resource": {
        "attributes": {
            "telemetry.sdk.language": "python",
            "telemetry.sdk.name": "opentelemetry",
            "telemetry.sdk.version": "1.13.0",
            "service.name": "unknown_service"
        },
        "schema_url": ""
    }
}
```

메시지의 내용을 보면 콘텍스트, 어트리뷰트, 이벤트 등으로 구성되어 있다. 지금부터 각 개념을 설명하고자 한다.

▶ 어트리뷰트

어트리뷰트attriubutes는 키와 값으로 구성되며, 스팬은 연관된 속성을 설정할 수 있는 기능이 있다.

- SetAttributes 인수로 전달되는 단일 속성을 설정하는 API
- 오픈텔레메트리의 어트리뷰트(속성)는 오픈트레이싱 태그와 유사하다. 이미 정의된 속성 이외에도 사용자 속성을 정할 수 있다.

다음은 Go로 구현한 예제다.

```
span := tracer.Start(ctx, "attributesAtCreation",
    trace.WithAttributes(attribute.String("hello", "world")),
)
span.SetAttributes(
    attribute.Bool("isTrue", true),
    attribute.String("stringAttr", "hi!"),
)
```

▶ 이벤트

스팬에는 이벤트events를 추가할 수 있는 기능이 있으며, 이벤트에는 스팬에 추가되는 순간과 관련된 시간 정보가 있다. 이벤트는 다음 항목으로 이루어지며 구조적으로 정의된다.

- 이벤트의 이름
- 이벤트가 추가된 시간 또는 사용자가 제공한 타임스탬프
- 이벤트를 추가로 설명하는 0개 이상의 속성

다음은 Go로 구현한 예제다.

```
span.AddEvent("Acquiring lock")
mutex.Lock()
span.AddEvent("Got lock, doing work...")
// 로직을 추가
span.AddEvent("Unlocking")
mutex.Unlock()
```

AddEvent는 인수로 전달되는 단일 이벤트를 기록하는 API다. API는 이벤트의 이름, 선택적 속성, 이벤트가 발생한 시간을 지정하는 데 사용할 수 있는 선택적 타임스탬프가 필요하다. 사용자가 사용자 지정 타임스탬프를 제공하지 않으면 구현 단계 시 이벤트에서 이 API가 호출되는 시간을 자동으로 설정한다. 이벤트는 기록되는 순서를 유지해야 한다.

▶ 링크

링크links는 다른 스팬과의 관계를 정의하고, 스팬을 생성하는 동안 사용자는 다른 스팬에 대한 링크를 기록할 수 있다. 연결된 스팬은 같거나 다른 추적에서 올 수 있다. 링크는 구조적으로 다음과 같이 정의된다.

- 연결할 스팬의 스팬 콘텍스트
- 링크를 추가로 설명하는 0개 이상의 속성

오픈트레이싱에서 소개된 스팬 레퍼런스와 유사한 개념이다. SpanKind는 스팬의 역할을 의미한다.

6.3.2 추적 파이프라인 구성

오픈텔레메트리를 사용하여 분산 추적을 생성하는 첫 번째 단계인 추적 파이프라인을 구성할 준비를 마쳤다. 추적 파이프라인은 추적 데이터가 오픈텔레메트리 API 호출을 수행할 때 생성되며, 데이터가 익스포트되는 위치와 방법도 정의한다. 추적 파이프라인은 다음과 같은 구성으로 이루어져 있다.

- 스팬을 생성해야 하는 방법을 결정하는 프로바이더Provider
- 스팬의 소스를 식별하는 리소스Resource
- 스팬을 내보내는 방법을 설명하는 프로세서Processor
- 스팬을 내보낼 위치를 설명하는 익스포터Exporter

그림 6.9 추적 파이프라인의 각 구성과 흐름

▶ 트레이서 획득

추적 파이프라인을 구성하는 방법은 다음과 같다.

- 추적 데이터에 대한 제너레이터인 트레이서를 획득
- `TracerProvider` 인터페이스는 `get_tracer`를 얻을 수 있는 메서드를 정의

`get_tracer()` 메서드에는 이름 인수가 필요하고, 선택적으로 버전 인수가 필요하다. 이 인수는 계측 모듈의 이름과 버전을 반영해야 한다. 이 정보는 사용자가 추적 데이터의 출처가 무엇인지 빠르게 식별하는 데 유용하다.

```python
def configure_tracer():
    span_processor = SimpleSpanProcessor(exporter)
    provider = TracerProvider()
    provider.add_span_processor(span_processor)
    trace.set_tracer_provider(provider)
    return trace.get_tracer("", "0.0.1")
```

▶ 추적 데이터 생성

오픈텔레메트리에서 스팬을 생성하는 방법은 다음과 같다.

- 이전에 얻은 트레이서 인스턴스에서 **start_span**을 호출한다.
- 스팬 이름으로 필요한 유일한 문자열 인수를 사용하여 스팬 객체object를 생성한다.
- 스팬 객체는 분산 추적을 구성하는 주요 컴포넌트이며, 애플리케이션에서 고유한 작업 단위unit of work를 나타내기 위한 것이다. 일부 작업을 수행하는 메서드를 호출하기 전에 새 스팬 객체를 만든다.
- 스팬을 시작한 후에는 사용자 메서드를 호출한다.
- 작업이 완료되었음을 알리기 위해 스팬 객체에서 **end**를 호출한다.

```python
tracer = configure_tracer()
span = tracer.start_span("")
span.end()
```

▶ 콘텍스트 API

콘텍스트 객체는 전파를 통해 프로세스 내 또는 API 경계를 넘어, 애플리케이션에 대한 데이터를 공유하는 메커니즘이다. 애플리케이션 코드의 어디에 있든 콘텍스트 API를 사용하여 현재 스팬을 가져올 수 있다. 콘텍스트 객체는 구현 전반에 걸친 API를 가진 불변immutable 데이터 저장소로 생각할 수 있다.

- 스팬을 연결
- 스팬을 활성화하고 현재 콘텍스트 객체에서 스팬을 설정

```python
tracer = configure_tracer()
span1 = tracer.start_span("span_1")
ctx = trace.set_span_in_context(span1)
token = context.attach(ctx)
span2 = tracer.start_span("span_2")
```

```
    span2.end()
    context.detach(token)
    span1.end()
```

콘텍스트 API는 사용자가 오픈텔레메트리를 사용할 때 일관된 경험을 갖도록 보장한다.

- **get_value**

  콘텍스트에서 주어진 키에 대한 값을 검색한다. 유일한 필수 인숫값은 키이며, 옵션으로 콘텍스트 인수context argument가 있다. 콘텍스트가 주어지지 않으면 반환할 값은 글로벌 콘텍스트에서 가져온다.

- **set_value**

  콘텍스트의 특정 키에 대한 값을 저장한다. 이 메서드는 키, 값과 선택적으로 값을 설정할 콘텍스트 인수를 받는다. 앞에서 언급했듯이 콘텍스트는 변경할 수 없으므로 반환값은 새 값이 설정된 새 콘텍스트 객체다.

- **attach**

  attach를 호출하면 현재 실행execution이 지정된 콘텍스트와 연결된다. 즉, 현재 콘텍스트를 인수로 전달한 콘텍스트로 설정한다. 반환값은 다음에 설명하는 detach 메서드에서 사용되는 고유한 토큰token이다.

- **detach**

  이 메서드는 콘텍스트를 이전 상태로 되돌리기 위해 다른 콘텍스트에 연결하여 얻은 토큰을 받는다. 호출 시 attach를 호출하면 현재의 콘텍스트가 복원된다.

▶ **스팬 프로세서**

추적 파이프라인의 초기 구성은 SimpleSpanProcessor를 사용했다. 이것은 스팬이 끝나는 즉시 발생하는 익스포터에 따라 모든 처리를 수행한다. 이는 모든 스팬이 애플리케이션에 지연시간을 추가한다는 것을 의미한다. SimpleSpanProcessor의 대안은 BatchSpanProcessor다. 프로그램 실행이 SimpleSpanProcessor에 의해 중단되어 스팬을 익스포트하는 반면, BatchSpanProcessor에서는 다른 스레드가 익스포트 작업을 처리하는 방법을 보여준다.

```
from opentelemetry.sdk.trace.export import BatchSpanProcessor, ConsoleSpanExporter

def configure_tracer():
```

```
        span_processor = BatchSpanProcessor(exporter)
        provider = TracerProvider()
        provider.add_span_processor(span_processor)
        trace.set_tracer_provider(provider)
        return trace.get_tracer("client.py", "0.0.1")
```

▶ 데이터 보강

이전 출력에서 내보낸emitted 각 스팬에는 리소스가 포함되어 있다. 리소스는 텔레메트리를 생성하는 엔티티의 정보를 제공한다. 리소스는 추적에만 국한되지 않는다. 텔레메트리를 내보내는 모든 신호는 익스포트 시 생성된 데이터에 추가하여 리소스를 활용한다. 추적의 경우 `TracerProvider` 인 텔레메트리 생성기와 연결된다. 스팬의 리소스는 SDK 자체에 대한 일부 정보, 기본 서비스 이름과 함께 SDK에서 자동으로 제공된다. 서비스 이름은 백엔드에서 추적을 보내는 서비스를 식별하는 데 사용된다. 다음 내용을 포함해 코드를 구현했다.

- 서비스 이름과 버전 번호를 사용하여 새 리소스 개체를 생성한다.
- `TracerProvider` 생성자에 인수로 전달한다.

```python
from opentelemetry.sdk.resources import Resource
from opentelemetry.sdk.trace import TracerProvider
from opentelemetry.sdk.trace.export import BatchSpanProcessor, ConsoleSpanExporter

def configure_tracer():
    span_processor = BatchSpanProcessor(exporter)
    resource = Resource.create(
        {
            "service.name": "service",
            "service.version": " ",
        }
    )
    provider = TracerProvider(resource=resource)
    provider.add_span_processor(span_processor)
    trace.set_tracer_provider(provider)
    return trace.get_tracer(" ", " ")
```

▶ ResourceDetector

`ResourceDetector` 속성의 목적은 리소스에 자동으로 채워질 정보를 감지하는 것이다. `ResourceDetector`는 애플리케이션을 실행하는 플랫폼에 대한 정보를 추출하며, 일부 인기 있는 클라우드 제공업체에 대한 기존 감지기detector가 이미 있다. 이 정보는 애플리케이션 성능 문

제를 정확히 찾아내려고 할 때 호스트별로 애플리케이션을 그룹화하는 유용한 방법이 될 수 있다. ResourceDetector용 인터페이스는 구현 시 리소스를 반환하는 단일 메서드를 지정한다. ResourceDetector 인터페이스를 구현해보자. 이 탐지기는 코드를 실행하는 컴퓨터의 호스트 이름과 IP 주소를 자동으로 채운다.

```python
import socket
from opentelemetry.sdk.resources import Resource, ResourceDetector

class LocalMachineResourceDetector(ResourceDetector):
    def detect(self):
        hostname = socket.gethostname()
        ip_address = socket.gethostbyname(hostname)
        return Resource.create(
            {
                "net.host.name": hostname,
                "net.host.ip": ip_address,
            }
        )
```

▶ 스팬 속성

이제 추적을 더욱 유용하게 만들기 위해 속성을 추가한다.

- 데커레이터decorator를 사용하여 get_current_span 메서드를 호출
- 현재 스팬을 획득하고 set_attribute 메서드를 호출
- http.url, net.peer.ip에 대한 플레이스홀더placeholder값을 설정

set_attribute 메서드에는 설정할 키와 값이라는 2개의 인수가 필요하다.

```python
span = trace.get_current_span()
span.set_attribute("http.method", "GET")
span.set_attribute("http.flavor", "1.1")
span.set_attribute("http.url", "http://localhost:5000")
span.set_attribute("net.peer.ip", "127.0.0.1")
```

▶ SpanKind

스팬에 대한 또 다른 유용한 정보는 SpanKind다. SpanKind는 스팬을 분류하고 추적에서 스팬 간의 관계에 대한 추가 정보를 제공하는 한정자qualifier다. SpanKind에 대한 다음 범주category는 오픈텔레메트리에서 정의된다.

- **INTERNAL**: 스팬이 애플리케이션 내부의 작업임을 나타낸다. 즉, 이 특정 작업에는 외부 종속성이나 관계가 없다. 설정하지 않은 경우 스팬의 기본값이다.

- **CLIENT**: 스팬이 서버 스팬으로 식별되어야 하는 원격remote 서비스에 요청하는 작업임을 나타낸다. 이 작업에 의한 요청은 동기적이며 클라이언트는 서버의 응답을 기다려야 한다.

- **SERVER**: 스팬이 클라이언트 스팬의 동기 요청에 응답하는 작업임을 나타낸다. 클라이언트/서버에서 클라이언트는 요청의 발신자originator이므로 서버에 대한 부모 스팬으로 식별된다.

- **PRODUCER**: 작업을 비동기 요청의 발신자로 식별한다. PRODUCER는 클라이언트 스팬의 경우와 달리, 생산자producer는 비동기 요청의 소비자consumer로부터 응답을 기대하지 않는다.

- **CONSUMER**: 생산자로부터의 비동기 요청의 소비자로서 작업operation을 식별한다.

```python
with tracer.start_as_current_span(
    "client request", kind=trace.SpanKind.CLIENT
) as span:
    url = "http://localhost:5000"
    span.set_attributes(
        {
            SpanAttributes.HTTP_METHOD: "GET",
            SpanAttributes.HTTP_FLAVOR: str(HttpFlavorValues.HTTP_1_1),
            SpanAttributes.HTTP_URL: url,
            SpanAttributes.NET_PEER_IP: "127.0.0.1",
        }
    )
    resp = requests.get(url)
    span.set_attribute(SpanAttributes.HTTP_STATUS_CODE, resp.status_code)
```

오픈트레이싱에서 사용되는 SpanKind와 동일한 개념이다. SpanKind는 스팬 검색 시에 유용하다.

▶ 콘텍스트 전파 구현

서비스 간에 콘텍스트를 전파하는 데 필요한 데이터는 스팬 콘텍스트다. 여기에는 네 가지 주요 정보가 포함된다.

- **Span ID**: 현재 스팬의 식별자

- **Trace ID**: 현재 추적의 식별자

- **Trace Flags**: W3C 트레이스 콘텍스트 사양[2]에 따라 추적 수준과 샘플링을 제어하는 데 사용할 수 있는 추가 구성 플래그

---

2 https://www.w3.org/TR/trace-context/#traceflags

- **Trace State**: W3C 트레이스 콘텍스트 사양[3]에 따른 특정 벤더 식별 데이터셋

새로운 스팬이 시작될 때마다 사용된다. 다른 서비스에서 새 스팬이 시작될 때 콘텍스트가 올바르게 전달되지 않으면 새 스팬에 필요한 데이터를 가져올 정보가 없다. 콘텍스트는 직렬화되어야 하고 전파가 발생하려면 경계를 넘어 캐리어carrier에 주입되어야 한다. 수신 측에서 콘텍스트는 캐리어에서 추출되고 역직렬화되어야 한다. 콘텍스트를 전송하는 데 사용되는 캐리어 매체medium는 HTTP 헤더다. 오픈텔레메트리의 전파자propagator API는 다음 예제에서 사용할 메서드를 제공한다. 우리는 클라이언트 측에서 헤더로 HTTP 요청에 전달될 스팬 콘텍스트를 설정하기 위해 inject 메서드를 호출할 것이다.

```
with tracer.start_as_current_span(
    "web request", kind=trace.SpanKind.CLIENT
) as span:
    headers = {}
    inject(headers)
    resp = requests.get(url, headers=headers)
```

▶ 다양한 전파 형식

전파자는 W3C 트레이스 콘텍스트 전파 형식이다. 근래에 콘텍스트 전파 형식이 발표되었다. 다른 추적 표준과의 상호 호환성을 지원하는 것은 중요한 과제이므로 다수의 전파 형식을 지원한다. 예를 들어 B3, 예거, OTTrace는 표준을 수립할 당시부터 오픈텔레메트리에서 지원하고 있으며 오픈텔레메트리와 함께 사용할 수 있는 추가적인 전파자다.

- 전파자는 inject 메서드와 extract 메서드를 사용하여 TextMapPropagator 인터페이스를 구현
- 전파자는 set_global_textmap 메서드를 사용하여 전역적으로 구성

다음 코드는 응용 프로그램에 대한 B3MultiFormat 전파자를 구성하는 예를 보여준다. 이 전파자는 opentelemetry-propagator-b3 패키지를 설치하여 찾을 수 있다.

```
from opentelemetry.propagators.b3 import B3MultiFormat
from opentelemetry.propagate import set_global_textmap

set_global_textmap(B3MultiFormat())
```

---

3 https://www.w3.org/TR/trace-context/#tracestateheader

▶ **이벤트 추가**

속성 외에도 이벤트는 특정 시간에 발생하는 범위에 대한 데이터를 기록하는 기능을 제공한다. 이
벤트는 타임스탬프를 포함하고 속성 또는 키-값 쌍의 목록을 포함할 수 있다는 점에서 오픈트레이
싱의 로그와 유사하다. 이벤트는 다음 코드와 같이 이름 인수, 선택적으로 타임스탬프, 속성 목록
을 허용하는 범위의 add_event 메서드를 통해 추가한다.

```
span.add_event(" ")
        resp = requests.get(url, headers=headers)
        span.add_event("request sent", attributes={"url": url}, timestamp=0)
```

6.4 메트릭

6.4.1 오픈텔레메트리 메트릭 소개

메트릭 분석은 애플리케이션에서 일어나는 일에 대한 정보를 이해할 수 있는 한 가지 방법이다. 메
트릭을 생성하도록 오픈텔레메트리 파이프라인을 구성하는 방법을 알아본다. 그리고 오픈텔레메
트리를 사용해서 계측을 구현해보자.

- 메트릭을 수집, 집계하고 콘솔로 결과를 내보내도록 오픈텔레메트리를 구성한다.
- 사용 가능한 다양한 계측을 사용하여 메트릭을 생성한다.

오픈텔레메트리 메트릭은 카운터, 게이지, 히스토그램 등 다양한 메트릭 타입을 지원한다. 다음 예
제는 오픈텔레메트리 메트릭 API를 사용해서 메트릭을 개발하는 것이다. 자세한 설명이 궁금하다
면 기술 블로그(https://yohaim.medium.com/3fe751d7c62f)에 방문해보자.

```
from typing import Iterable

from opentelemetry.metrics import (
    CallbackOptions,
    Observation,
    get_meter_provider,
    set_meter_provider,
)
from opentelemetry.sdk.metrics import MeterProvider
from opentelemetry.sdk.metrics.export import (
    ConsoleMetricExporter,
    PeriodicExportingMetricReader,
```

```
)

exporter = ConsoleMetricExporter()
reader = PeriodicExportingMetricReader(exporter)
provider = MeterProvider(metric_readers=[reader])
set_meter_provider(provider)


def observable_counter_func(options: CallbackOptions) -> Iterable[Observation]:
    yield Observation(1, {})


def observable_up_down_counter_func(
    options: CallbackOptions,
) -> Iterable[Observation]:
    yield Observation(-10, {})


def observable_gauge_func(options: CallbackOptions) -> Iterable[Observation]:
    yield Observation(9, {})


meter = get_meter_provider().get_meter("getting-started", "0.1.2")

counter = meter.create_counter("counter")
counter.add(1)

observable_counter = meter.create_observable_counter(
    "observable_counter", [observable_counter_func]
)

updown_counter = meter.create_up_down_counter("updown_counter")
updown_counter.add(1)
updown_counter.add(-5)

observable_updown_counter = meter.create_observable_up_down_counter(
    "observable_updown_counter", [observable_up_down_counter_func]
)

histogram = meter.create_histogram("histogram")
histogram.record(99.9)

gauge = meter.create_observable_gauge("gauge", [observable_gauge_func])
```

오픈텔레메트리 메트릭 API는 기존의 프로메테우스 메트릭 API와는 많은 차이점이 있다. 프로메테우스는 4개의 메트릭 유형을 제공하지만, 오픈텔레메트리는 6개 메트릭 Counter, Asynchronous Counter, UpDownCounter, Asynchronous UpDownCounter, (Asynchronous) Gauge, Histogram을 제공한다.

```
{
  "resource_metrics": [
    {
      "resource": {
        "attributes": {
          "telemetry.sdk.language": "python",
          "telemetry.sdk.name": "opentelemetry",
          "telemetry.sdk.version": "1.13.0",
          "service.name": "unknown_service"
        },
        "schema_url": ""
      },
      "scope_metrics": [
        {
          "scope": {
            "name": "getting-started",
            "version": "0.1.2",
            "schema_url": ""
          },
          "metrics": [
            {
              "name": "counter",
              "description": "",
              "unit": "",
              "data": {
                "data_points": [
                  {
                    "attributes": {},
                    "start_time_unix_nano": 1670508984365299000,
                    "time_unix_nano": 1670508984366005000,
                    "value": 1
                  }
                ],
                "aggregation_temporality": 2,
                "is_monotonic": true
              }
            },
            {
              "name": "histogram",
```

```
        "description": "",
        "unit": "",
        "data": {
          "data_points": [
            {
              "attributes": {},
              "start_time_unix_nano": 1670508984365470700,
              "time_unix_nano": 1670508984366005000,
              "count": 1,
              "sum": 99.9,
              "bucket_counts": [
                0,
                0,
                0,
                0,
                0,
                0,
                1,
                0,
                0,
                0,
                0
              ],
              "explicit_bounds": [
                0,
                5,
                10,
                25,
                50,
                75,
                100,
                250,
                500,
                1000
              ],
              "min": 99.9,
              "max": 99.9
            }
          ],
          "aggregation_temporality": 2
        }
      },
      {
        "name": "gauge",
        "description": "",
        "unit": "",
```

```
                "data": {
                  "data_points": [
                    {
                      "attributes": {},
                      "start_time_unix_nano": 0,
                      "time_unix_nano": 1670508984366005000,
                      "value": 9
                    }
                  ]
                }
              }
            ],
            "schema_url": ""
          }
        ],
        "schema_url": ""
      }
    ]
}
```

결과가 너무 길어서 일부 생략했다. 프로메테우스 메트릭과 오픈메트릭에 익숙한 운영자라면, 오픈텔레메트리 메트릭은 약간 복잡하게 느껴질 수도 있다. 상세한 자료는 블로그를 참고하길 바란다.

6.4.2 메트릭 파이프라인 구성

▶ **MeterProvider 초기화**

메트릭의 설계는 추적과 개념적으로 유사하다. 메트릭 파이프라인은 다음과 같이 구성된다.

- MeterProvider는 메트릭을 생성하고 미터meter에 대한 액세스를 제공한다.
- 미터는 측정measurement을 기록하는 계측instrument을 만드는 데 사용된다.

애플리케이션 개발자는 보기view를 통해 SDKsoftware development kit에서 생성된 메트릭을 필터링하고 처리할 수 있다.

- MetricReader는 기록되는 메트릭을 수집한다.
- MetricExporter는 메트릭을 다양한 프로토콜에 대한 출력 형식으로 변환하는 메커니즘을 제공한다.

그림 6.10은 메트릭 파이프라인의 다양한 요소를 보여준다.

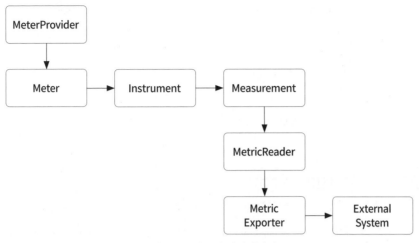

그림 6.10 메트릭 파이프라인

MeterProvider는 생성된 메트릭의 소스를 식별하기 위해 리소스와 연결할 수 있다. 추적에서 만든 LocalMachineResourceDetector를 메트릭과 함께 재사용하는 방법을 간단히 살펴보겠다.

- 빈 리소스로 MeterProvider를 인스턴스화한다.
- set_meter_provider로 전역 메서드를 호출한다.
- 프로그램에 대한 MeterProvider를 설정한다.

```python
from opentelemetry._metrics import set_meter_provider
from opentelemetry.sdk._metrics import MeterProvider
from opentelemetry.sdk.resources import Resource

def configure_meter_provider():
    provider = MeterProvider(resource=Resource.create())
    set_meter_provider(provider)
```

▶ 미터 획득

MeterProvider를 전역적으로 구성하면 전역 메서드를 사용하여 미터meter를 얻을 수 있다. 앞서 언급했듯이 미터는 측정을 기록하기 위해 애플리케이션에서 사용하는 계측기를 만드는 데 사용된다. 미터는 생성 시 다음의 인수를 필요로 한다.

- 메트릭을 생성하는 애플리케이션 또는 라이브러리의 이름
- 텔레메트리를 생성하는 애플리케이션 또는 라이브러리의 버전을 식별
- 생성된 데이터를 설명하는 schema_url

```
from opentelemetry._metrics import get_meter_provider, set_meter_provider
...
if __name__ == "__main__":
    configure_meter_provider()
    meter = get_meter_provider().get_meter(
        name="metric-example",
        version="0.1.2",
        schema_url=" https://opentelemetry.io/schemas/1.9.0",
    )
```

▶ 오픈텔레메트리 계측기 선택

이제 애플리케이션에서 메트릭을 생성할 준비가 되었다. 트레이서 프로그램은 분산 추적을 만드는 데 사용되는 스팬을 생성한다. 이와 대조적으로 미터는 메트릭을 생성하지 않는다. 미터의 역할은 계측기를 생산하는 것이다. 오픈텔레메트리는 측정을 기록할 수 있는 다양한 계측기를 제공한다. 예를 들어 카운터, 게이지, 히스토그램 등이다. 각 계측기에는 특정 목적이 있으며, 올바른 계측기는 다음에 따라 다르다.

- 기록되는 측정 유형

- 측정을 동기식으로 수행해야 하는지 여부

동기식 계측기의 경우 측정을 기록할 시간이 되면 계측기에서 메서드를 호출하고, 비동기식 계측기의 경우 계측기 생성 시 콜백 메서드를 구성한다. 계측기에는 이름과 종류 속성이 있으며, 단위, 설명을 지정할 수 있다.

▶ 오픈텔레메트리 히스토그램

히스토그램 계측기는 대규모 데이터셋에서 값의 빈도 분포를 비교할 때 유용하다. **히스토그램**은 버킷을 사용하여 나타내는 데이터를 그룹화하고 이상치 또는 이상anomaly을 효과적으로 식별한다. 이미 설명한 프로메테우스 히스토그램과 비교해보는 것도 의미가 있다.

▶ 서비스 요청에 대한 응답시간

요청에 대한 응답시간을 나타내는 샘플 히스토그램 차트를 보여준다. 막대 차트처럼 보이지만 각 막대가 포함된 값의 범위를 포함하는 버킷을 나타낸다는 점이 다르다. y축은 각 버킷의 요소 수를 나타낸다.

그림 6.11 응답시간 분포를 나타내는 히스토그램 차트

히스토그램에서 정보를 캡처하려면 지정된 버킷이 기록할 것으로 예상되는 모든 값을 포함할 수 있어야 한다. 예를 들어, 명시적 상한explicit upper bound이 0ms와 10ms인 2개의 버킷이 포함된 히스토그램을 살펴보자. 10ms 경계bound보다 큰 측정은 히스토그램에서 제외exclude된다. 프로메테우스와 오픈텔레메트리는 추가 버킷에서 최대 상한선maximum upper boundary을 초과하는 값을 캡처하여 이 문제를 해결한다. 히스토그램은 백분위수를 계산하는 데 자주 사용한다.

다음 코드는 `create_histogram` 메서드를 통해 히스토그램을 생성한다. 히스토그램이 있는 메트릭을 생성하는 데 사용되는 방법을 레코드라고 한다.

```
histogram = meter.create_histogram(
    "response_times",
    unit="ms",
    description="Response times for all requests",
)
histogram.record(96)
histogram.record(9)
```

▶ **요청 기간 히스토그램 예제**

다음 예에서 `total_duration_histo` 히스토그램은 요청 기간request duration을 기록하도록 구성되어 있다.

- 추가 히스토그램인 `total_duration_histo`를 생성
- 전체 작업 기간duration of the entire operation을 캡처
- 기간period은 현재 시간을 나노세컨드 단위로 반환하는 시간 라이브러리의 `time_ns` 메서드를 사용하여 계산

```python
import time
total_duration_histo = meter.create_histogram(
    name="duration",
    description="request duration",
    unit="ms",
)


    start = time.time_ns()
    resp = requests.get(url, headers=headers)
    duration = (time.time_ns() - start)/1e6
    total_duration_histo.record(duration)
```

다음 단계는 전체 요청과 작업 기간을 기록하도록 히스토그램을 구성하는 것이다.

- 전체 작업의 시작과 끝을 계산한다.
- Flask의 `before_request` 및 `after_request` 메서드를 사용하여 전체 작업의 시작과 끝을 계산한다.

```python
import time
total_duration_histo = meter.create_histogram(
    name="duration",
    description="request duration",
    unit="ms",
)

@app.before_request
def before_request_func():
    token = context.attach(extract(request.headers))
    request.environ["start_time"] = time.time_ns()
@app.after_request
def after_request_func(response):
    duration = (time.time_ns() - request.environ["start_time"]) / 1e6
    total_duration_histo.record(duration)
    return response
```

이제 이 모든 히스토그램이 준비되었으므로 구간별 요청 기간을 볼 수 있다. 모든 애플리케이션의 출력을 결합하여 시스템 전체에서 소요된 시간을 획득한다. 이제 메트릭을 사용해서 요청 기간과 대기시간을 계산할 수 있다. 보다 상세한 구성과 결과는 기술 블로그를 참고한다.[4]

▶ 이그젬플러

이미 이그젬플러에 대해서 언급하였지만, 오픈텔레메트리에서도 이그젬플러를 표준으로 선정하고 이를 상세화하는 작업을 활발하게 진행 중이다. 이미 프로메테우스에서는 이그젬플러를 적용 중이고, 늦은 감이 있지만 표준화하는 작업으로 이해하면 좋을 것 같다.

메트릭은 그 자체로 도움이 되는 경우가 많지만, 추적 정보와 상관관계가 있을 때 시스템에서 발생하는 이벤트에 대해 훨씬 더 많은 콘텍스트와 깊이를 제공한다. 이그젬플러는 활성 스팬에 대한 정보를 포함하는 메트릭을 활성화하여 오픈텔레메트리에서 이를 수행하는 도구를 제공한다. 오픈텔레메트리에 정의된 데이터 포인트data point는 이그젬플러 필드를 포함한다. 이 필드에는 다음을 포함한다.

- 진행 중인 현재 스팬의 추적 ID
- 현재 진행 중인 스팬의 스팬 ID
- 측정된 이벤트의 타임스탬프
- 이그젬플러와 관련된 속성 세트
- 기록되는 값

프로메테우스 메트릭이 업계 표준으로 인식되는 현 상황에서, 앞으로 오픈텔레메트리 메트릭이 얼마나 널리 활용될지는 미지수다. 개인적인 생각은 오픈텔레메트리 메트릭의 메시지 형식이 복잡해서 이를 해석하고 활용하는 데 어려움이 많을 것으로 예측한다.

스팬 메트릭스Span Metrics를 사용해서 처리 시간, 개수 등을 자동적으로 생성할 수 있다. 커스텀 메트릭의 개발에 부담이 있다면 추적을 개발하고, 스팬 메트릭스를 사용해서 메트릭을 생성하고, 오픈텔레메트리 컬렉터를 사용해서 로그를 생성하는 것도 대안이 될 수 있다.

---

4 https://yohaim.medium.com/968a09b2359e

6.5 로그

6.5.1 오픈텔레메트리 로그 소개

메트릭과 추적은 클라우드 네이티브 애플리케이션의 동작과 복잡성을 이해하는 데 큰 도움이 된다. 때로는 디버그 시 사용할 수 있는 추가 정보를 기록하는 것이 유용하다. 로깅은 추적이나 메트릭보다 더 유연하고 자유로운 방식으로 정보를 기록할 수 있는 기능을 제공한다. 로그는 구조화와 비구조화된 로그로 나뉘는데, 오픈텔레메트리는 구조화된 로깅을 개발할 수 있는 프레임워크를 제공한다. 로그는 다른 신호와 비교해서 자유로운 형식으로 내용을 정의할 수 있는데, 이러한 유연성은 종종 남용되어 검색하기 어렵고 집계하기 어려운 로그를 생성한다. 이와 같은 부정적인 사례를 극복하기 위해서 오픈텔레메트리 기반의 구조화된 로그를 개발하는 방법을 살펴보도록 하자.

- 로그를 내보내도록 오픈텔레메트리 구성
- 오픈텔레메트리 API와 표준 로깅 라이브러리를 통한 로그 생성
- 애플리케이션의 콘텍스트 내에서 로깅 신호

오픈텔레메트리 로깅의 `OTLPHandler`는 언어별 로깅 라이브러리와 연계한다. 다음 예제는 오픈텔레메트리 로깅 API를 사용해서 구조적인 로깅을 개발한다. 자세한 설명은 기술 블로그(https://yohaim.medium.com/968a09b2359e)를 참조한다.

다음의 파이썬으로 개발한 오픈텔레메트리 로그 예제를 살펴보자. 파이썬 애플리케이션은 오픈텔레메트리 클라이언트로 오픈텔레메트리 컬렉터는 오픈텔레메트리 서버다. 오픈텔레메트리 로그 메시지 형식으로 클라이언트와 서버는 로그를 출력한다.

```
import logging

from opentelemetry import trace
from opentelemetry._logs import set_logger_provider
from opentelemetry.exporter.otlp.proto.grpc._log_exporter import (
    OTLPLogExporter,
)
from opentelemetry.sdk._logs import LoggerProvider, LoggingHandler
from opentelemetry.sdk._logs.export import BatchLogRecordProcessor
from opentelemetry.sdk.resources import Resource
from opentelemetry.sdk.trace import TracerProvider
from opentelemetry.sdk.trace.export import (
    BatchSpanProcessor,
    ConsoleSpanExporter,
```

```
)
trace.set_tracer_provider(TracerProvider())
trace.get_tracer_provider().add_span_processor(
    BatchSpanProcessor(ConsoleSpanExporter())
)

logger_provider = LoggerProvider(
    resource=Resource.create(
        {
            "service.name": "shoppingcart",
            "service.instance.id": "instance-12",
        }
    ),
)
set_logger_provider(logger_provider)

exporter = OTLPLogExporter(insecure=True)
logger_provider.add_log_record_processor(BatchLogRecordProcessor(exporter))
handler = LoggingHandler(level=logging.NOTSET, logger_provider=logger_provider)

logging.getLogger().addHandler(handler)

logging.info("Jackdaws love my big sphinx of quartz.")

logger1 = logging.getLogger("myapp.area1")
logger2 = logging.getLogger("myapp.area2")

logger1.debug("Quick zephyrs blow, vexing daft Jim.")
logger1.info("How quickly daft jumping zebras vex.")
logger2.warning("Jail zesty vixen who grabbed pay from quack.")
logger2.error("The five boxing wizards jump quickly.")

tracer = trace.get_tracer(__name__)
with tracer.start_as_current_span("foo"):
    # Do something
    logger2.error("Hyderabad, we have a major problem.")

logger_provider.shutdown()
```

오픈텔레메트리 로그 클라이언트에서는 다음의 결과를 출력한다.

```
$# python3 example.py
{
    "name": "foo",
    "context": {
```

```
            "trace_id": "0x0b18b15919accaa354af94e786e818e6",
            "span_id": "0x03118a52974b31bb",
            "trace_state": "[]"
        },
        "kind": "SpanKind.INTERNAL",
        "parent_id": null,
        "start_time": "2023-06-27T12:03:01.627971Z",
        "end_time": "2023-06-27T12:03:01.628054Z",
        "status": {
            "status_code": "UNSET"
        },
        "attributes": {},
        "events": [],
        "links": [],
        "resource": {
            "attributes": {
                "telemetry.sdk.language": "python",
                "telemetry.sdk.name": "opentelemetry",
                "telemetry.sdk.version": "1.18.0",
                "service.name": "unknown_service"
            },
            "schema_url": ""
        }
}
```

오픈텔레메트리 컬렉터에 출력되는 결과다. 지면 한계상 일부 생략하여 나타냈다.

```
2023-06-27T12:03:01.630Z info LogsExporter {"kind": "exporter", "data_type": "logs",
"name": "logging", "resource logs": 1, "log records": 3}
2023-06-27T12:03:01.630Z info ResourceLog #0
Resource SchemaURL:
Resource attributes:
     -> telemetry.sdk.language: Str(python)
     -> telemetry.sdk.name: Str(opentelemetry)
     -> telemetry.sdk.version: Str(1.18.0)
     -> service.name: Str(shoppingcart)
     -> service.instance.id: Str(instance-12)
ScopeLogs #0
ScopeLogs SchemaURL:
InstrumentationScope opentelemetry.sdk._logs._internal
LogRecord #0
ObservedTimestamp: 1970-01-01 00:00:00 +0000 UTC
Timestamp: 2023-06-27 12:03:01.620740608 +0000 UTC
SeverityText: WARNING
SeverityNumber: Warn(13)
Body: Str(Jail zesty vixen who grabbed pay from quack.)
```

```
Trace ID:
Span ID:
Flags: 0
LogRecord #1
ObservedTimestamp: 1970-01-01 00:00:00 +0000 UTC
Timestamp: 2023-06-27 12:03:01.6273408 +0000 UTC
SeverityText: ERROR
SeverityNumber: Error(17)
Body: Str(The five boxing wizards jump quickly.)
Trace ID:
Span ID:
Flags: 0
LogRecord #2
ObservedTimestamp: 1970-01-01 00:00:00 +0000 UTC
Timestamp: 2023-06-27 12:03:01.62799872 +0000 UTC
SeverityText: ERROR
SeverityNumber: Error(17)
Body: Str(Hyderabad, we have a major problem.)
Trace ID: 0b18b15919accaa354af94e786e818e6
Span ID: 03118a52974b31bb
Flags: 1
 {"kind": "exporter", "data_type": "logs", "name": "logging"}
```

위의 예제를 실행하면 복잡한 구조의 JSON 메시지를 반환한다. 메시지의 구조와 API에 대해서 자세히 살펴보자.

다음 파이썬 라이브러리를 설치한다.

```
pip install opentelemetry-api
pip install opentelemetry-sdk
pip install opentelemetry-exporter-otlp
```

▶ 오픈텔레메트리 로깅 구성

이전에 설명한 두 신호와 달리 오픈텔레메트리의 로깅 신호는 로깅 인터페이스 표준화와 관련이 없다. 많은 언어에 이미 로깅 API가 있으며, 오픈텔레메트리는 언어별 로깅 API를 활용하고 연계하는 방식을 지원한다. 오픈텔레메트리는 로깅을 생성할 수 있는 API를 제공하지만, 주된 목적은 기존 로깅 기능에 연결하는 것이다. 즉, 로그를 구조적으로 출력하고, 해당 로그를 다른 신호와 상관시키는 메커니즘을 제공하는 것이다. 그림 6.12는 로깅 파이프라인의 구성 요소를 나타낸 것이다.

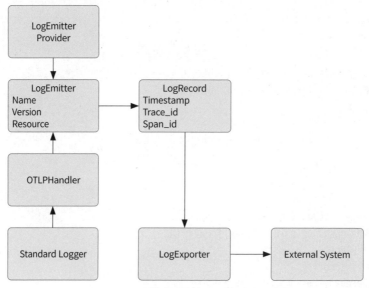

그림 6.12 오픈텔레메트리의 로깅 파이프라인

로그 레코드를 생성하고 외부 시스템으로 내보낸다. 로깅 파이프라인은 다음으로 구성된다.

- 하나 이상의 로그 이미터를 인스턴스화하는 메커니즘을 제공하는 `LogEmitterProvider`
- 로그 레코드 데이터를 생성하는 `LogEmitter`
- 로그 레코드를 사용하고 데이터를 백엔드로 보내는 `LogExporter`

오픈텔레메트리 로그에서 중요한 사항은 다음과 같다.

- 이미터와 로그 레코드를 이해하고 구조적인 로그를 생성한다.
- 로그 레벨과 이미터를 활용하여 불필요한 로그를 최소화하고 필요한 로그만 외부로 내보내도록 출력을 최적화하는 방법을 이해해야 한다.
- 추적과 리소스, 이벤트를 로그에 추가해서 상관관계를 구현하고 문맥을 보강한다.

파이썬 API를 사용해서 오픈텔레메트리 로그에 대해 자세히 살펴보자.

- 프로바이더를 구성
- SDK에서 `LogEmitterProvider`를 인스턴스화
- `resource` 인수를 통해 리소스를 전달
- `set_log_emitter_provider` 메서드를 통해 글로벌 로그 이미터를 설정

```
from opentelemetry.sdk._logs import LogEmitterProvider, set_log_emitter_provider
from opentelemetry.sdk.resources import Resource
def configure_log_emitter_provider():
    provider = LogEmitterProvider(resource=Resource.create())
    set_log_emitter_provider(provider)
```

LogEmitter를 구성하는 것만으로는 텔레메트리를 생성할 수 없다. 파이프라인에 언급한 것처럼 로그 프로세서와 익스포터가 필요하다.

- 로그 레코드 처리를 배치 처리하는 BatchLogProcessor를 추가한다.
- ConsoleLogExporter를 사용하여 콘솔에 로깅 정보를 출력한다.

```
from opentelemetry.sdk._logs.export import ConsoleLogExporter, BatchLogProcessor
from opentelemetry.sdk._logs import LogEmitterProvider, set_log_emitter_provider
from opentelemetry.sdk.resources import Resource
def configure_log_emitter_provider():
    provider = LogEmitterProvider(resource=Resource.create())
    set_log_emitter_provider(provider)
    exporter = ConsoleLogExporter()
    provider.add_log_processor(BatchLogProcessor(exporter))
```

오픈텔레메트리를 구성했으므로 이제 로그 계측을 시작할 준비가 되었다.

▶ 로그 생성

다른 신호와 유사한 과정으로 로그를 생성한다.

- LogProvider의 인스턴스를 가져와 로깅을 시작한다.
- LogEmitter를 획득하고, 오픈텔레메트리 API를 사용하여 로그를 생성한다.

다음 코드는 get_log_emitter 메서드를 사용하여 이를 수행하는 방법을 보여준다.

```
configure_log_emitter_provider()
log_emitter = get_log_emitter_provider().get_log_emitter(
    "client",
    "0.1.2",
)
```

LogEmitter를 사용하여 로그 레코드를 생성할 준비가 되었다. 로그 레코드에 포함되는 다음의 정보를 확인하자.

- **로그이미터**LogEmitter: 로그 레코드 데이터를 생성
- **타임스탬프**Timestamp: 로그 레코드와 관련된 시간
- **추적**Trace **ID**: 로그 레코드와 연관시킬 추적의 16진수로 인코딩된 식별자. 이에 대한 자세한 내용, 스팬 식별자, 추적 플래그는 곧 제공될 예정
- **스팬**Span **ID**: 로그 레코드와 연관시킬 스팬의 16진수로 인코딩된 식별자
- **추적 플래그**Trace Flags: 로그 레코드가 생성될 때 활성화된 추적과 관련된 추적 플래그
- **심각도 텍스트**Severity Text: 심각도 수준의 문자열 표현
- **심각도 번호**Severity Number: 심각도 수준의 숫잣값
- **내용**Body: 기록되는 로그 메시지의 내용
- **리소스**Resource: 로그 레코드의 프로바이더와 연결된 리소스
- **속성값**Attributes: 키-값 쌍 형태의 로그 레코드와 관련된 추가 정보

이러한 각 필드는 생성자constructor에 인수로 전달할 수 있다. 이러한 모든 필드는 선택 사항이다.

- 최소한의 정보로 로그 레코드를 생성한다.
- 로그 항목을 생성하기 위해서 `emit`를 호출한다.

```
configure_log_emitter_provider()
log_emitter = get_log_emitter_provider().get_log_emitter(
    "client",
    "0.1.2",
)
log_emitter.emit(
    LogRecord(
        timestamp=time.time_ns(),
        body="log",
    )
)
```

다음과 같이 결과를 확인할 수 있다.

```
{
  "body": "log",
  "name": null,
  "severity_number": "None",
```

```
  "severity_text": null,
  "attributes": null,
  "timestamp": 1630814115049294000,
  "trace_id": "",
  "span_id": "",
  "trace_flags": null,
  "resource": ""
}
```

앞서 언급했듯 오픈텔레메트리 로깅 신호의 목표 중 하나는 기존 로깅 API와 호환성과 상호작용을 유지하는 것이다.

6.5.2 로그 파이프라인 구성

오픈텔레메트리와 상호작용하기 위해 파이썬에서 사용할 수 있는 표준 로깅 라이브러리를 사용해야 한다. 로깅 라이브러리는 표준 파이썬 라이브러리의 일부이며, 장고나 플라스크와 같은 많은 인기 있는 프레임워크에서 사용된다.

오픈텔레메트리 신호의 파이썬 구현은 사용할 추가 구성 요소인 OTLPHandler를 제공한다. 그림 6.13은 OTLPHandler가 로깅 파이프라인에 적합한 위치를 보여준다.

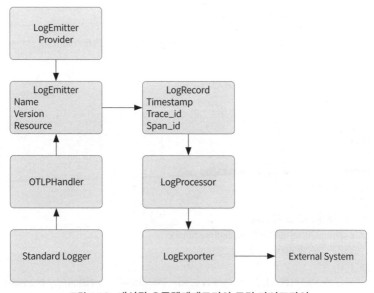

그림 6.13 개선된 오픈텔레메트리의 로깅 파이프라인

▶ 로그 이미터 구성

OTLPHandler는 표준 로깅 라이브러리의 logging.Handler 클래스를 확장하고, 구성된 LogEmitter를 사용하여 로그 레코드를 생성한다. OTLPHandler는 오픈텔레메트리 SDK 패키지 1.10.0 이후 릴리스에서 LoggingHandler로 이름이 변경되었다.

- 로깅 모듈을 획득한다.

- getLogger 메서드를 사용하여 표준 로거 객체를 획득한다.

- OTLPHandler가 로거에 추가되고 경고_{warning} 메시지를 기록한다.

```
logger = logging.getLogger(__file__)
handler = OTLPHandler()
logger.addHandler(handler)
logger.warning("log")
```

많은 필드가 자동으로 채워지는 만큼 이전 예제와 차이점을 이해해야 한다.

- 타임스탬프는 현재 시간으로 설정한다.

- 심각도 수준의 문자열과 숫잣값은 로그를 기록하는 데 사용된 방법에 따라 설정한다.

- 경고 방법은 로그 심각도_{log severity} WARN으로 설정한다.

- 추적과 스팬 정보는 현재 콘텍스트에서 정보를 가져와 설정한다.

- 리소스 데이터는 LogEmitterProvider를 통해 설정한다.

이를 통해 이미터 프로바이더가 크게 향상된다.

```
{
  "body": "log",
  "name": null,
  "severity_number": "<SeverityNumber.WARN: 13>",
  "severity_text": "WARNING",
  "attributes": {},
  "timestamp": 1630810960785738000,
  "trace_id": "0x00000000000000000000000000000000",
  "span_id": "0x0000000000000000",
  "trace_flags": 0,
  "resource": "BoundedAttributes({'telemetry.sdk.language': 'python', 'telemetry.sdk.name':
'opentelemetry', 'telemetry.sdk.version': '1.9.0', 'service.name': 'unknown_service'},
maxlen=None"
}
```

▶ **로그에 속성 추가**

출력에는 더 풍부한 데이터가 포함되어 있으며 표준 라이브러리를 사용하여 로그를 생성했다.

- `OTLPHandler`는 표준 로그 레코드에 정의된 추가 속성extra attributes을 추가한다.
- 속성 사전attribute dictionary을 생성한다.

다음 코드는 로깅 시 추가 인수extra argument를 전달하는 것이다.

```
logger.warning("log", extra={"key": "value"})
```

이전에 접해본 다른 속성과 마찬가지로 여기에는 기록되는 특정 이벤트와 관련한 정보를 포함해야 한다. 출력에 추가 속성을 표시해야 한다.

```json
{
  "body": "second log line",
  "name": null,
  "severity_number": "<SeverityNumber.WARN: 13>",
  "severity_text": "WARNING",
  "attributes": {
    "key": "value"
  },
  "timestamp": 1630946024854904000,
  "trace_id": "0x00000000000000000000000000000000",
  "span_id": "0x0000000000000000",
  "trace_flags": 0,
  "resource": "BoundedAttributes({'telemetry.sdk.language': 'python', 'telemetry.sdk.name':
'opentelemetry', 'telemetry.sdk.version': '1.9.0', 'service.name': 'unknown_service'},
maxlen=None"
}
```

▶ **로그 레벨 구성**

파이썬 로깅 모듈은 보다 구체적인 로거가 구성되지 않을 때마다 사용되는 루트 로거를 생성한다. 기본적으로 루트 로거는 심각도가 경고 이상인 메시지만 기록한다. `getLogger`를 통해 인스턴스화된 모든 로거는 해당 심각도severity 레벨을 상속하므로 info 레벨 메시지가 표시되지 않는 이유를 설명한다. 프로그램에서 사용 중인 로거에 대해 `setLevel`을 호출하여 예제를 수정할 수 있다.

- 표준 로거를 생성한다.
- info 메서드를 사용하여 로그를 기록한다.

- **LogEmitter**를 직접 사용한 예와 동일한 심각도를 제공하는지 확인한다.

```
logger = logging.getLogger(__file__)
logger.setLevel(logging.DEBUG)
handler = OTLPHandler()
logger.addHandler(handler)
logger.info("log")
```

이제 출력에 예상대로 로그 라인이 포함되었을 것이다.

```
{
  "body": "second log line",
  "name": null,
  "severity_number": "<SeverityNumber.INFO: 9>",
  "severity_text": "INFO",
  "attributes": {},
  "timestamp": 1630857128712922000,
  "trace_id": "0x00000000000000000000000000000000",
  "span_id": "0x0000000000000000",
  "trace_flags": 0,
  "resource": "BoundedAttributes({'telemetry.sdk.language': 'python', 'telemetry.sdk.
name': 'opentelemetry', 'telemetry.sdk.version': '1.9.0', 'service.name': 'unknown_service'},
maxlen=None)"
}
```

루트 로거의 로그 레벨을 구성하는 다른 방법은 로깅 모듈의 basicConfig 메서드를 사용하는 것이다. 이를 통해 심각도 레벨, 형식 등을 구성할 수 있다. 기존 로깅 라이브러리를 사용할 때의 장점은 약간의 추가 구성으로 기존 응용 프로그램에서 오픈텔레메트리 로깅을 활용할 수 있다는 것이다.

텔레메트리는 기본적으로 대용량 트랜잭션이다. 과도한 트래픽을 처리해야 하는 경우가 빈번한데, 추적의 경우에는 샘플링을 사용해서 처리하는 비율을 정할 수 있다. 메트릭의 경우에는 수집 주기를 조절하는 것도 하나의 방법이나, 저장 시점에 해상도를 변경하는 것도 대안이다. 로그는 샘플링과 수집 주기를 설정하는 것이 불가능한 대신에 로그 레벨을 조절해서 수집되는 로그의 양을 조절하는 것이 일반적이다. Emitter를 이해하는 것은 중요하다. Emitter를 사용해서, 외부로 전송하는 로그를 선별할 수 있도록 구성해야 한다. 그래야만 운영자에게 로그의 의미를 명확하게 전달하고 트래픽을 최적화할 수 있다.

▶ 분산 추적과 로그

이 장의 앞부분에서 LogRecord 클래스에 스팬과 추적 식별자와 추적 플래그에 대한 필드가 포함되어 있다는 것을 확인했다. 로그를 특정 추적, 스팬과 상호적으로 연관시켜 최종 사용자가 애플리케이션을 실행할 때 수행하는 작업을 더 잘 이해할 수 있도록 하는 것이다. 텔레메트리의 상관관계를 일치시키기 위해서 타임스탬프를 사용해 이벤트를 검색하는 경우가 많다. 이러한 과정은 비효율적이고 많은 시간이 걸린다. 많은 작업이 동일한 시스템에서 동시에 발생하므로 어떤 작업이 이벤트를 발생시켰는지 알기 어렵다.

```python
def configure_logger(name, version):
    provider = LogEmitterProvider(resource=Resource.create())
    set_log_emitter_provider(provider)
    exporter = ConsoleLogExporter()
    provider.add_log_processor(BatchLogProcessor(exporter))
    logger = logging.getLogger(name)
    logger.setLevel(logging.DEBUG)
    handler = OTLPHandler()
    logger.addHandler(handler)
    return logger
```

결과는 다음과 같다. 예상한 것처럼 스팬 ID, 추적 ID, 추적 플래그를 볼 수 있다.

```json
{
  "body": "",
  "name": null,
  "severity_number": "<SeverityNumber.INFO: 9>",
  "severity_text": "INFO",
  "attributes": {},
  "timestamp": 1630867176948227000,
  "trace_id": "0xf999a4164ac2f20c20549f19abd4b434",
  "span_id": "0xed5d3071ece38633",
  "trace_flags": 1,
  "resource": "BoundedAttributes({'telemetry.sdk.language': 'python',
'telemetry.sdk.name': 'opentelemetry', 'telemetry.sdk.version': '1.9.0',
'service.name': 'unknown_service'}, maxlen=None)"
}
```

▶ 리소스 상관관계

오픈텔레메트리 로깅이 사용하는 중요 데이터는 리소스 속성이다. 이미 설명했듯 리소스는 텔레메트리의 소스를 설명한다. 이를 통해 동일한 리소스에 대해 별도의 신호에서 발생하는 이벤트를 상호 연관시킬 수 있다.

- 시스템 정보를 포함한 오픈텔레메트리 리소스를 생성하는 LocalMachineResourceDetector 클래스를 정의한다.
- 빈 리소스를 만드는 대신 이 리소스를 사용하도록 LogEmitterProvider를 인스턴스화한다.

```python
def configure_logger(name, version):
    local_resource = LocalMachineResourceDetector().detect()
    resource = local_resource.merge(
        Resource.create(
            {
                ResourceAttributes.SERVICE_NAME: name,
                ResourceAttributes.SERVICE_VERSION: version,
            }
        )
    )
    provider = LogEmitterProvider(resource=resource)
    set_log_emitter_provider(provider)
```

로그 내 소스에 대한 의미 있는 데이터를 포함하고 있는지 확인하도록 한다.

```
{
  "body": "client request",
  "name": null,
  "severity_number": "<SeverityNumber.INFO: 9>",
  "severity_text": "INFO",
  "attributes": {},
  "timestamp": 1630949852869428000,
  "trace_id": "0x2ff0e5c9886f2672c3af4468483d341d",
  "span_id": "0x40d72ae565b4c19a",
  "trace_flags": 1,
  "resource": "BoundedAttributes({'telemetry.sdk.language': 'python', 'telemetry.sdk.name':
'opentelemetry', 'telemetry.sdk.version': '1.9.0', 'net.host.name': 'MacBook-Pro.local',
'net.host.ip': '127.0.0.1', 'service.name': 'shopper', 'service.version': '0.1.2'},
maxlen=None)"
}
```

출력을 보면 이제 서비스의 이름과 버전, 머신에 대한 정보를 알 수 있다. 이 정보는 특정 시스템, 컴퓨팅 노드, 환경 문제를 식별하기 위해 동일한 리소스에서 생성된 메트릭과 함께 사용할 수 있다.

오픈텔레메트리 생성에 도움이 되는 핵심 신호를 다루었다. 코드를 수동으로 계측하여 텔레메트리를 생성하는 방법을 이해하는 것은 관측 가능성을 개선하기 위한 시작이다. 텔레메트리가 없으면 시스템이 수행하는 작업을 이해하는 것이 훨씬 더 어렵다. 개발자에게 메트릭과 추적의 개발을 요청하는 것은 쉽지 않다. 왜냐하면 메트릭은 추적을 통해서 자동 생성할 수 있기 때문이다. 또한, 도메인 애플리케이션과 관측 가능성을 모두 개발하는 것은 많은 공수가 필요하다. 그러므로 자동 계측을 도입하는 것은 좋은 생각이다. 오픈텔레메트리는 다양한 언어에 대해서 에이전트를 제공하기 때문이다. 만약 자동 계측을 사용하지 않는다면 추적과 로그만 개발하는 것을 권장한다.

지금까지 오픈텔레메트리에서 로깅 구현의 목적과 기존 로깅 구현과 공존하는 방법에 대해 알아보았다. 로깅 파이프라인을 구성한 후 오픈텔레메트리 API를 사용하여 로그를 생성하는 방법을 살펴보고 표준 로깅 API를 사용하는 것과 비교했다. 또한, 예제를 곁들여 로깅이 추적, 메트릭과 어떻게 연관되는지 살펴보았다. 이를 통해 기존 애플리케이션 내에서 오픈텔레메트리 로깅을 활용하여 애플리케이션을 디버깅할 때 로그를 사용하는 능력을 향상시킬 수 있는 방법을 소개했다. 마지막으로 계측 라이브러리가 텔레메트리를 보다 쉽게 생성하는 데 어떻게 도움이 되는지에 대해 간략하게 알아보았다.

오픈텔레메트리 로그는 잘 정리된 로그 프레임워크다. 개발의 진척도가 초기 단계임에도 불구하고 운영 환경에서 충분히 사용 가능할 것으로 보인다. 메트릭만큼 복잡하지도 않아서 로그를 개발하는 과정에서 유용하게 적용할 수 있다.

6.6 컬렉터

6.6.1 오픈텔레메트리 컬렉터 소개

오픈텔레메트리 컬렉터는 여러 데이터 형식을 처리할 수 있는 유연성을 제공하고, 텔레메트리 데이터의 구현과 관리를 애플리케이션으로부터 분리한다. 또한, 텔레메트리 데이터를 관리하기 위해 애플리케이션의 책임을 덜어 오버헤드를 줄일 뿐 아니라, 텔레메트리 데이터를 수집하는 공급업체에 종속적이지 않은 독립적인 방법을 제공한다. 오픈텔레메트리 컬렉터를 사용하면 여러 관측 가능성 벤더에 여러 형식의 텔레메트리 데이터를 내보낼 수 있다. 오픈텔레메트리 컬렉터는 텔레메트리 데이터 파이프라인에 대한 신속한 변경을 지원한다. 다른 형식의 데이터를 수신하도록 구성 파일을 업데이트하는 것은 간단하다. 예를 들어 메모리, CPU, 스토리지 용량과 같은 호스트 메트릭을 수집하는 기능도 쉽게 추가하거나 제거할 수 있다.

오픈텔레메트리 컬렉터와 유사한 파이프라인을 구현할 수 있는 오픈소스가 다수 있다. 예를 들어 플루언트비트, 데이터독 벡터 등도 우수한 기능과 성능을 보인다. 오픈텔레메트 컬렉터는 리시버, 프로세서, 익스포터 3개 컴포넌트로 구성된다. 파이프라인 구성 시에 리시버, 익스포터는 필수이며, 프로세스는 옵션이다.

▶ 리시버

리시버receiver는 데이터를 컬렉터로 가져오는 데 사용된다. 현재 컬렉터는 40가지가 넘는 다양한 유형의 리시버를 지원하며, 풀pull 혹은 푸시push 방식으로 텔레메트리 데이터를 컬렉터로 전송하는 기능을 제공한다. 데이터를 수신할 수 있는 형식은 여러 가지가 있는데, 기본 형식은 OTLP이지만 예거 또는 프로메테우스와 같은 다른 인기 있는 오픈소스 형식으로 수신할 수 있다. 쿠버네티스와 컨테이너에서 직접적으로 메트릭을 수집할 수도 있다. 이는 프로메테우스 익스포터와 유사한 동작 방식이다.

▶ 프로세서

프로세서processor는 데이터 변환 또는 컬렉터를 통해 유입되는 데이터의 변경과 같이 수집 데이터에 필요한 처리를 수행하는 데 사용된다. 수집된 텔레메트리 데이터에서 민감한 개인 정보 데이터를 제거하는 데에도 매우 유용하다. 데이터를 보내기 전에 배치 처리하고, 내보내기에 실패한 경우 다시 시도하고, 메타데이터 추가, 샘플링 등의 작업을 수행할 수도 있다. 성능과 가용성을 높이기 위해서 프로세서는 필수적이다. 배치, 버퍼링, 레이트 리미트 등의 기능을 활용해야 한다. 프로세서는 상관관계 구현을 위한 이그젬플러, 스팬 메트릭 등의 기능도 제공하고, 서비스 그래프를 자동적으로 생성할 수 있다. 현재 많은 기능을 제공하고 있으며, 계속 기능이 추가되고 있다.

▶ 익스포터

익스포터exporter는 다양한 관측 가능성 백엔드로 데이터를 내보내는 데 사용된다. 여러 데이터 형식으로 데이터를 보낼 수 있다. 예를 들어 예거에 추적을 보내고, 프로메테우스에 메트릭을 보낼 수 있다. 다양한 텔레메트리 신호를 다양한 백엔드 분석 도구로 보낼 수 있다. S3로 신호를 전송하거나 카프카를 통해서 다른 곳으로 라우팅하는 것도 가능하다. 또한, 익스포터는 다양한 벤더와 연계를 지원한다. 뉴렐릭, 데이터독 등 많은 익스포터를 제공한다.

이 세 가지 구성 요소의 조합으로 오픈텔레메트리 컬렉터를 사용하여 데이터 파이프라인을 구축할 수 있다. 파이프라인은 YAML 구성 파일을 통해 쉽게 구성할 수 있다. 이는 텔레메트리 데이터를 관리하는 팀에 유연성을 제공한다.

```
receivers:
  jaeger:
    protocols:
      thrift_http:
exporters:
  otlp:
    endpoint: tempo:4317
    insecure: true
service:
  pipelines:
    traces:
      receivers: [jaeger]
      exporters: [otlp]
```

오픈텔레메트리 컬렉터는 다양한 형식의 텔레메트리를 수신하여 처리한 다음, 하나 이상의 대상으로 내보내는 프로세서다. 컬렉터는 예를 들어 텔레메트리, 애플리케이션, 노드의 소스와 분석을 위해 데이터를 저장할 백엔드 사이에서 중개자 역할을 한다. 그림 6.14는 컬렉터가 배포되는 위치를 보여준다.

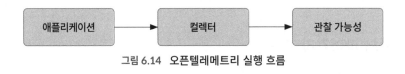

그림 6.14 오픈텔레메트리 실행 흐름

▶ **컬렉터의 장점**

오픈텔레메트리 컬렉터 배포는 실행, 운영, 모니터링에 추가 리소스를 소비해야 하므로 간단하지 않은 작업이지만, 다음과 같은 이유로 컬렉터 사용을 고려할 필요가 있다. 운영에서 관측 가능성 파이프라인을 개발할 때 다양한 요구 사항에 마주치게 된다. 플루언트비트, 데이터독, 카프카 커넥트 등 다양한 솔루션을 검토하게 되는데, 다른 솔루션과 비교해서 오픈텔레메트리는 다음과 같은 장점이 있다.

• 프로세서가 제공하는 다양한 기능을 활용하면 성능을 향상시킬 수 있다. 일반적으로 파이프라인의 운영에 필요로 하는 배치, 벌크, 버퍼링, 재시도, 타임아웃, 레이트 리미트를 지원한다.

• 다양한 배포 환경을 지원한다. 쿠버네티스 데몬셋, 디플로이먼트를 지원한다. 필요 시 다수의 컬렉터를 한 노드에 운영할 수 있다. 자동으로 수평적인 확장이 가능하다.

• 오픈텔레메트리는 다양한 에이전트를 제공한다. 에이전트는 파이썬, 자바, Node.js, Go 등 다양

한 언어를 자동으로 계측할 수 있도록 지원하며, 이는 개발 생산성을 향상시킨다. 컬렉터와 에이전트는 OTLP로 연계된다.

- 다른 파이프라인 오픈소스와 비교해서 다양한 인터페이스를 제공한다. 리시버와 익스포터가 제공하는 인터페이스를 사용하면 업계 대부분의 솔루션과 연계가 가능하다.

- 컬렉터는 간단한 구성만으로 데이터의 라우팅과 필터링이 가능하며, 개발자의 추가적인 코드 개발이 필요 없다. 또한, 필터링으로 데이터 누출을 방지하고 데이터를 안전하게 전달할 수 있다.

- 오픈텔레메트리 컬렉터는 그라파나에서 제공하는 고급 상관관계 기능과 오픈서치에서 필요로 하는 멀티 테넌트를 지원한다. 특정 솔루션에 대한 종속성을 낮추고, 표준에 기반한 시스템 구축이 가능하다.

컬렉터는 관측 가능성 아키텍처 구성 시 유연성을 제공한다. 중간에 유연한 파이프라인 없이 그라파나, 오픈서치만을 사용해서 관측 가능성을 구축하면, 추후에 다양한 제약 사항을 맞닥뜨릴 것이다. 제품 간 호환성 문제가 발생하고 향후 마이그레이션도 어렵다. 컬렉터를 사용하면 느슨하게 결합하고, 유연성 있는 파이프라인을 구축할 수 있다.

6.6.2 컬렉터 파이프라인 구성

컬렉터를 사용하면 리시버, 프로세서, 익스포터를 결합하여 각 신호에 대한 **파이프라인**을 개별적으로 구성할 수 있다. 이러한 구성을 활용하면 컬렉터가 다양한 방법으로 텔레메트리를 처리할 수 있고 많은 유연성을 얻을 수 있다.

그림 6.15 오픈텔레메트리 컬렉터를 통한 데이터의 흐름

컬렉터의 초기 구현은 오픈센서스OpenCensus 생태계에서 유사한 목적을 제공하는 오픈센서스 서비스[5]의 포크였다. 컬렉터는 입력과 출력을 위해 즉시 사용할 수 있는 많은 개방형 프로토콜을 지원한다. 컬렉터는 3개의 구성 요소를 가지고 있다. 이 중에 프로세서에 대해서 상세히 설명한다. 이미 리시버[6]와 익스포터에 대해서는 익숙하고, 컬렉터의 강점은 바로 프로세서에 있기 때문이다.

---

5   https://opencensus.io/service/

6   https://github.com/open-telemetry/opentelemetry-collector-contrib/tree/main/receiver

▶ 프로세서

데이터를 내보내기 전에 원치 않는 텔레메트리 필터링 또는 속성 추가와 같은 작업을 수행하는 것이 유용한 경우가 있다. 이 작업을 수행하는 것이 프로세서의 역할이다. 리시버, 익스포터와 달리 프로세서의 기능은 프로세서마다 크게 다르다. 데이터가 한 프로세서에서 다른 프로세서에 직렬로 전달되기 때문에 구성의 컴포넌트 순서가 프로세서에 중요하다는 점도 주목할 가치가 있다. 몇 가지 중요한 프로세서에 대해서 더 살펴보자.

• 속성 프로세서

앞에서 논의한 것처럼 속성 프로세서는 텔레메트리 데이터 속성attribute을 수정하는 데 사용하는 것으로, 다음 작업을 지원한다.

- 삭제Delete: 지정된 키의 속성을 삭제한다.
- 추출Extract: 정규 표현식을 사용하여 지정된 속성에서 값을 추출하고, 해당 추출로 인해 새로운 속성을 업데이트한다.
- 해시Hash: 기존 속성값의 SHA-1 해시를 계산하고, 해당 속성값을 계산된 해시로 업데이트한다.
- 삽입Insert: 존재하지 않는 지정된 키에 대한 속성을 삽입하고, 속성이 있으면 아무 작업도 수행하지 않는다.
- 업데이트Update: 지정된 값으로 기존 속성을 업데이트한다. 속성이 존재하지 않으면 아무 작업도 수행하지 않는다.
- 업서트Upsert: 삽입과 업데이트 기능을 결합한다. 속성이 존재하지 않으면 지정된 값으로 삽입하고, 그렇지 않으면 값으로 속성을 업데이트한다.

이어서 소개할 스팬 프로세서와 함께 속성 프로세서를 사용하면 매치 형식match type을 기반으로 스팬을 포함하거나 제외할 수 있다. 일치하는 하나 이상의 구성 필드(서비스, 스팬 이름 또는 속성)에 적용된다.

• 리소스 프로세서

리소스 프로세서를 사용하면 속성 프로세서와 마찬가지로 사용자가 속성을 수정할 수 있다. 그러나 개별 스팬, 메트릭 또는 로그의 속성을 업데이트하는 대신 리소스 프로세서는 텔레메트리 데이터와 연결된 리소스의 속성을 업데이트한다. 리소스 프로세서를 구성하는 데 사용할 수 있는 옵션의 속성은 프로세서와 동일하다.

- **스팬 프로세서**

  스팬 이름을 기반으로 스팬의 속성이나 스팬 이름을 변경하는 것이 유용할 수 있다. 스팬에서 속성을 추출하고 해당 속성을 기반으로 이름을 업데이트할 수 있다. 또는 스팬의 이름을 가져와 해당 스팬과 연결된 개별 속성으로 확장할 수 있다.

- **스팬 메트릭 프로세서**

  프로세스 목록을 살펴보면 유용하고, 기술적으로 흥미로운 프로세스를 발견할 수 있다. 관측 가능성에 필요한 추적에서 메트릭으로 전환을 위해서 스팬 메트릭을 언급했는데, 스팬 메트릭 프로세서를 활용하는 것도 좋은 방법이다. 스팬 메트릭 프로세서를 사용하여 스팬의 데이터를 메트릭으로 집계한 다음, 백엔드로 내보낼 수 있다. 예를 들어, 이 프로세서는 HTTP 경로와 응답 상태 코드에 대한 데이터를 수집하여 어떤 경로에 가장 많은 500개의 오류가 있는지 확인할 수 있다. 제공하는 프로세서[7]와 익스포터[8] 목록을 확인해보자.

오픈텔레메트리가 다양한 언어로 작성된 API, SDK를 제공하는 것은 큰 장점 중의 하나다. 그리고 컬렉터의 확장성과 유연성은 비용을 낮추고 유연한 관측 가능성을 구축하는 데 있어서 중요한 역할을 수행한다. 컬렉터는 대량의 텔레메트리를 처리할 수 있도록 확장성 있게 구성하고, 장애 극복이 가능하도록 운영해야 한다.

오픈텔레메트리를 배포하고 운영하는 방식은 게이트웨이와 에이전트 방식이 있다.

▶ **게이트웨이**

컬렉터를 게이트웨이로 사용하면 다른 서비스와 독립적인 독립 실행형 시스템으로 실행되거나, 전체 분산 아기텍쳐에서 텔레메트리 데이터가 들어오는 중심점 역할을 한다.

- 샘플링(예: 컬렉터가 오류가 있는 범위만 내보내는 경우)과 같이 에이전트보다 고급 기능을 제공한다.
- API 토큰 관리에 도움이 되고, 데이터를 보내는 데 필요한 이그레스egress 지점 수를 줄일 수 있다.
- 각 컬렉터 인스턴스는 독립적이라는 것을 알아야 한다. 즉, 확장하려는 경우 로드 밸런서 뒤에 다양한 컬렉터 게이트웨이 인스턴스가 있는 '게이트웨이 클러스터'를 설정할 수 있다.

---

7 https://github.com/open-telemetry/opentelemetry-collector-contrib/tree/main/processor
8 https://github.com/open-telemetry/opentelemetry-collector-contrib/tree/main/exporter

▶ 에이전트

에이전트는 소스 애플리케이션과 동일한 호스트에서 실행된다.

- 지정된 키의 속성을 삭제하는 기능을 제공한다.
- 호스트에 대한 통찰력 있는 정보(IP, 호스트 이름 등)를 추가할 수 있다.
- 수행할 DNS resolving이 없기 때문에 데이터를 더 빠르게 수신한다.
- 일괄 처리, 압축, 재시도 등이 필요하지 않으므로 간단하게 동작한다. 위의 모든 작업을 수행한 후 게이트웨이 컬렉터로 데이터를 보낸다.
- 에이전트 모드를 사용할 때의 이점에도 불구하고 백엔드 애플리케이션과 오픈텔레메트리를 유지 관리하면 인프라 오버헤드가 발생하기 때문에 시스템과 오픈텔레메트리가 어느 정도 성숙도에 도달한 경우에만 이 접근 방식을 권장한다.

쿠버네티스, 베어메탈 또는 다른 형태의 하이브리드 클라우드 환경에 상관없이, 이 장에서 텔레메트리를 수집하는 방법은 동일하게 적용될 수 있다. 애플리케이션에서 텔레메트리를 수집하는 것은 항상 애플리케이션 자체에 미치는 영향을 최소화하면서 수행해야 한다. 에이전트보다는 게이트웨이로 구성하는 것이 일반적이며, 쿠버네티스에 컬렉터를 배포하지 않으면 바이너리로 설치해서 운영하는 것도 가능하다. 컬렉터를 파드로 운영하는 경우에는 데몬셋으로 구성되므로 노드별 1개의 컬렉터만 운영할 수 있다. 디플로이먼트를 사용하면 노드에 다수의 컬렉터를 운영할 수 있다. 다양한 목적에 적합하게 다양한 운영 방식을 지원한다. 기존에 사용하던 텔레메트리에서 오픈텔레메트리로 완전하게 이행하는 것보다는 필요한 부분부터 단계적으로 나아가는 것을 권장한다.

이제 오픈텔레메트리를 사용하여 텔레메트리 생성을 시작하는 데 필요한 용어와 추척, 메트릭, 로깅 신호, 파이프라인 구성 요소에 익숙해졌을 것이다. 리소스, 콘텍스트 전파, 이벤트를 연관시키는 방법을 이해하는 것은 오픈텔레메트리에서 중요한 과제다. 이 학습을 통해 우리는 고품질 텔레메트리를 생성하는 관측 가능성의 첫 번째 과제를 해결할 수 있다. 리소스와 콘텍스트 전파를 이해하면 서비스와 신호 전반에서 이벤트를 연관시키는 데 도움이 되고, 시스템을 더 잘 이해할 수 있다.

▶ 컬렉터 데모

간단한 오픈텔레메트리 **컬렉터** 데모를 제공한다.

- 오픈텔레메트리 추적을 오픈텔레메트리 컬렉터로 전송한다.
- 프로메테우스는 오픈텔레메트리 컬렉터의 메트릭을 수집한다.

- 컬렉터는 프로메테우스, 예거와 연계한다.
- Go로 개발된 클라이언트는 서버를 주기적으로 호출하면서, 텔레메트리를 생성한다.
- 요청 개수와 지연시간 메트릭을 제공한다.

컬렉터를 실행한다.

```
./otelcol-contrib --config ./otel-collector-config.yaml
```

예거를 실행한다.

```
./jaeger-all-in-one --collector.zipkin.host-port=:9411
```

서버를 실행한다.

```
./server
```

클라이언트를 실행한다.

```
./client
```

서버와 클라이언트는 메시지를 주고받으면서 트랜잭션을 자동으로 생성한다. 블로그를 참고하면 추가 정보를 확인할 수 있다.

이 책에서는 지금까지 그라파나 관측 가능성 오픈소스를 사용했다. 마지막으로 오픈서치를 소개하면서 실습을 마무리하고자 한다. 오픈서치를 한 챕터로 간략하게 설명하기에는 무리가 있으므로 자세한 내용은 블로그를 참고하기 바란다.

6.7 오픈텔레메트리 데모

앞에서 그라파나 관측 가능성에 대해서 설명하였다. 이번에는 또 다른 관측 가능성 오픈소스 중하나인 오픈서치에 대해서 알아보자. AWS에서 제공하는 오픈서치는 일래스틱서치에서 갈라진 프로젝트다. **오픈서치**는 단순한 로그 오픈소스가 아니다. 로그에서 시작했고, 강력한 로그 분석 기능이 많이 있다. 하지만 근래 들어 다양한 기술과 결합해서 새로운 가능성을 보여주고 있다.

- 오픈서치를 사용한 관측 가능성

- AIOps, 데이터 분석

- 이상 탐지와 SIEM(보안 정보 및 이벤트 관리)

- ChatGPT, 벡터 데이터베이스

- 머신러닝과 다양한 알고리즘

오픈서치는 기대되는 오픈소스임에 틀림이 없다. 계속 기능이 향상되고 있으며, 성능은 일래스틱서치에 비교해서 더 뛰어난 것으로 알려져 있기 때문이다. 하지만 오픈서치를 운영 환경에 적용할 때 일래스틱서치에 비해 자료가 아직 충분하지 않은 것 또한 사실이다.

이제까지 그라파나를 사용해서 관측 가능성을 구현하였다. 지금부터 또 다른 오픈소스인 오픈서치를 사용해서 관측 가능성을 구현하도록 하겠다. 제공되는 소스는 자바로 개발된 `analytics-service`를 제외하면, 파이썬으로 개발된 모든 서비스는 수동 계측을 한다. `analytics-service`는 오픈텔레메트리 자바 에이전트로 자동 계측된다.

관측 가능성 애플리케이션은 에러를 자동적으로 생성한다. 이는 유용한 기능이다. 에러가 발생하지 않는다면 근본 원인 분석이 필요하지 않기 때문이다. 소스 내 에러 비율을 조절함으로써 발생하는 에러와 문제점을 분석할 수 있다.

지금부터 소개할 데모는 추적, 메트릭, 로그가 마이크로서비스와 잘 결합되어 있으며, 오픈서치를 사용해서 관측 가능성을 데모하기에 좋은 예제다. 이 데모를 통해 데모는 어떻게 개발하고, 구축하며, 문제를 해결할 것인지 설명한다. 이번 절에서는 다음과 같은 사항을 중점적으로 살펴본다.

- 오픈텔레메트리 수동 계측과 자동 계측을 사용해서 마이크로서비스를 구축한다.

- 오픈서치를 사용해서 메트릭, 로그, 추적을 수집하고 관측 가능성을 구현한다. 또한 오픈서치로 구현하는 상관관계도 이해한다.

- 다양한 카오스 엔지니어링 시나리오를 구성할 수 있다. 문제를 발생시키고, 원인을 분석한다. 다양한 결과를 비교하면서 차이점을 이해한다.

1 데모 아키텍처

데모 애플리케이션의 아키텍처는 그림 6.16과 같다. 파이썬으로 개발한 것으로, 다수의 마이크로서비스로 이루어져 있다.

- 오픈텔레메트리를 사용해서 개발되었으며, 추적과 로그를 지원한다.

- 파이썬 플라스크 기반으로 작동하며, 쿠버네티스 파드로 동작한다.

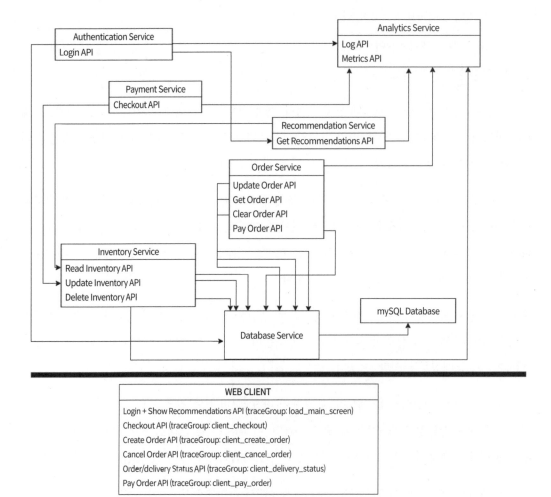

그림 6.16 **오픈텔레메트리 데모 구성도**

데모에서 제공하는 서비스는 다음과 같다. 클라이언트를 포함해서 총 8개의 마이크로서비스로 구성되어 있다.

- inventoryService.py

- databaseService.py

- paymentService.py

- authenticationService.py

- recommendationService.py

- orderService.py

- analytics-service

- otel-collector

클라이언트는 다음과 같이 다양한 API를 제공한다.

- load_main_screen

- client_checkout

- client_create_order

- client_cancel_order

- client_delivery_status

- client_pay_order

개별 마이크로 서비스에서 제공하는 API와 처리 흐름은 다음과 같다.

- /server_request_login (autheticationService:8085) → /recommend (recommendationService:8086) → /read_inventory

- (inventoryService:8082) → /get_inventory (databaseService:8083) → 데이터베이스

- /checkout (paymentService:8084) → /update_inventory (inventoryService:8082) → /update_item (databaseService:8083) → 데이터베이스

- /update_order (orderService:8088) → /add_item_to_cart or /remove_item_from_cart (databaseService:8083) → 데이터베이스

- /clear_order (orderService:8088) → /cart_empty (databaseService:8083) → 데이터베이스

- /get_order (orderService:8088) → /get_cart (databaseService:8083) → 데이터베이스

- /pay_order (orderService:8088) → /cart_sold (databaseService:8083) → 데이터베이스

모든 API는 analytics-service의 /logs (analytics-service:8087) 엔드포인트를 호출해서 로그 정보를 기록한다.

❷ 데모 프로세스

또한, 다음과 같은 특징을 가지고 있다.

- 오픈텔레메트리를 사용해서 개발되었으며, 추적과 로그를 지원한다.
- 웹 클라이언트 애플리케이션은 대략 7개의 REST API를 호출한다.
- MySQL에는 주문에 필요한 다양한 테이블이 정의되어 있다.
- analytics-service는 로그와 메트릭 API를 제공한다.
- 다수의 추적 정보를 생성하는데, load_main_screen, client_checkout, client_create_order, client_cancel_order, client_delivery_status, client_pay_order 등의 추적을 생성한다.

데모 애플리케이션은 간단한 주문 시나리오를 구현하고 있다. 상품 선택 후 결제를 하고, 최종적으로 주문을 완료한다. 그림 6.17에서 나타나는 것처럼 3개의 상품이 카테고리에 등록되어 있으며, 웹 화면을 통해서 제공해준다.

그림 6.17에서 호출하는 API는 다음과 같다.

```
/server_request_login (autheticationService:8085) -> /recommend (recommendationService:8086)
-> /read_inventory
(inventoryService:8082) -> /get_inventory (databaseService:8083) -> 데이터베이스
```

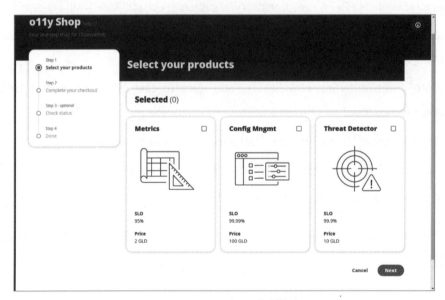

그림 6.17 o11y shop 시작 화면

주문 시나리오는 여러 단계로 구성되어 있으며, 각 단계를 처리할 때마다 추적, 로그 정보를 생성한다. 쿠버네티스 파드 로그와 오픈텔레메트리 컬렉터 로그를 분석하면 상세한 텔레메트리를 출력하는 것을 확인할 수 있다.

그림 6.18에서 호출하는 API는 다음과 같다.

```
/pay_order (orderService:8088) -> /cart_sold (databaseService:8083) -> 데이터베이스
```

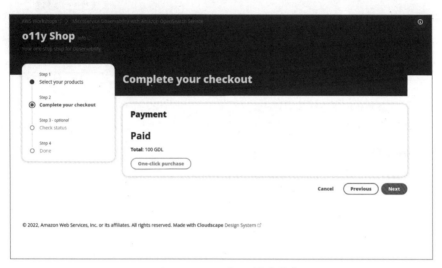

그림 6.18 o11y shop 결제 화면

그림 6.19에서 주문 상태를 변경할 수 있다. **[Get order status]** 버튼을 클릭하면 주문 상태를 출력한다. **[Cancel order]**를 클릭하면 주문을 취소할 수 있다.

그림 6.19에서 호출하는 API는 다음과 같다.

```
/get_order (orderService:8088) -> /get_cart (databaseService:8083) -> 데이터베이스

/clear_order (orderService:8088) -> /cart_empty (databaseService:8083) -> 데이터베이스

/update_order (orderService:8088) -> /add_item_to_cart or /remove_item_from_cart
(databaseService:8083) -> 데이터베이스
```

그림 6.19 주문 상태 확인 화면

지불이 완료되면 그림 6.20과 같은 화면이 나온다. 오픈텔레메트리 API를 사용해서 구현한 것으로, 컬렉터를 통해 백엔드에 있는 다양한 관측 가능성과 연계할 수 있다.

그림 6.20에서 호출하는 API는 다음과 같다.

```
/checkout (paymentService:8084) -> /update_inventory (inventoryService:8082) ->
/update_item (databaseService:8083) -> 데이터베이스
```

그림 6.20 주문 완료 화면

❸ 소스 설명

다음의 패키지를 임포트한다.

```
from opentelemetry import trace
from opentelemetry.instrumentation.logging import LoggingInstrumentor
from opentelemetry.instrumentation.flask import FlaskInstrumentor
from opentelemetry.exporter.otlp.proto.grpc.trace_exporter import OTLPSpanExporter
from opentelemetry.instrumentation.requests import RequestsInstrumentor
from opentelemetry.sdk.resources import Resource
from opentelemetry.sdk.trace import TracerProvider
from opentelemetry.sdk.trace.export import (
    ConsoleSpanExporter,
    SimpleSpanProcessor,
)
```

TraceProvider를 구성하고 애플리케이션에 맞게 설정한다. 여기에는 포트 55680과 OTLP 프로토콜을 통해 로그를 오픈텔레메트리 컬렉터로 내보내는 작업이 포함된다.

```
trace.set_tracer_provider(
    TracerProvider(
        resource=Resource.create(
            {
                "service.name": "payment",
                "service.instance.id": str(id(app)),
                "telemetry.sdk.name": "opentelemetry",
                "telemetry.sdk.language": "python",
                "telemetry.sdk.version": pkg_resources.get_distribution(
"opentelemetry-sdk").version,
                "host.hostname": socket.gethostname(),
            }
        )
    )
)
```

LoggingInstrumentor를 사용하여 애플리케이션을 계측한다. 상관관계를 위해 로그 내에 추적 ID, 스팬 ID, 서비스 이름을 삽입한다.

```
LoggingInstrumentor().instrument(set_logging_format=True)
```

FlaskInstrumentor는 플라스크 애플리케이션에서 웹 요청을 추적한다.

- 플라스크 URL 규칙 패턴은 스팬 이름으로 사용된다.

- `http.route span` 속성은 리퀘스트_{request}와 일치하는 URL 규칙만 볼 수 있도록 설정된다.

```
FlaskInstrumentor().instrument_app(app)
```

파이썬 리퀘스트 라이브러리에 의해 추적 HTTP 요청이 생성된다.

```
RequestsInstrumentor().instrument(tracer_provider=tracerProvider)
```

처리 중인 트랜잭션을 추적하려면 다음과 같이 소스 내에 정의한다. 분산 추적은 다음과 같은 이름으로 스팬을 시작한다.

```
with tracer.start_as_current_span("checkout"):
```

주요 파이썬 코드는 깃을 참고한다. 다른 서비스도 유사한 방법으로 계측을 구현하였다.

오픈텔레메트리 컬렉터의 구성 파일은 다음과 같다.

```yaml
apiVersion: v1
kind: ConfigMap
metadata:
  name: otel-collector-config
  namespace: otel-collector
data:
  otel-collector-config.yml: |
    receivers:
      otlp:
        protocols:
          grpc:
            endpoint: 0.0.0.0:55680

    exporters:
      otlp/data-prepper:
        endpoint: data-prepper.data-prepper.svc.cluster.local:21890
        tls:
          insecure: true

    service:
      pipelines:
        traces:
          receivers: [otlp]
          exporters: [otlp/data-prepper]
```

그림 6.21처럼 도커 허브에는 위에서 사용한 도커 이미지들이 등록되어 있다.

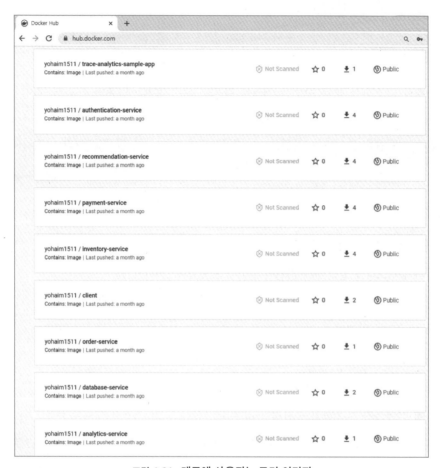

그림 6.21 데모에 사용되는 도커 이미지

도커 이미지뿐만 아니라 모든 소스는 깃에서 제공한다. 오픈텔레메트리 개발에 관심이 있는 독자는 미디엄 기술 블로그를 적극 활용하기 바란다. 미디엄 기술 블로그에는 다양한 오픈텔레메트리 소스가 있으며, 자주 업데이트를 진행하므로 새로운 소식을 접할 수 있다. 사실 오픈텔레메트리가 아직은 불안정하다는 느낌을 자주 받는다. 가장 큰 이유는 잦은 업데이트 탓에 버전 간 호환성 이슈와 버그가 있기 때문이다. 그리고 상용 혹은 타 오픈소스와 비교해서 아키텍처가 다른 점도 제법 있다. 향후 어떠한 방향으로 발전할 것인지 궁금하다.

관측 가능성 마이크로서비스는 에러를 생성할 수 있어야 한다. 8개의 마이크로서비스는 에러를 내부적으로 생성할 수 있도록 구성하는 것이 가능하다. 예를 들어, payment 서비스는 `ERROR_RATE_THRESHOLD` 구성함으로써 에러 비율을 조절할 수 있다.

```
logger = logging.getLogger(__name__)

ERROR_RATE_THRESHOLD = 100

app = Flask(__name__)
```

관측 가능성을 학습하는 좋은 방법은 에러를 만들어보는 것이다. 일종의 카오스 엔지니어링이 필요한 셈이다. 장애가 발생하는 것을 전제로 문제를 생성한다. 그리고 관측 가능성을 사용해서 문제를 발견하고 원인을 분석하는 과정을 반복하는 것이다. 이러한 과정을 여러 번 경험하는 것을 추천한다.

문제가 발생하는 경우를 예로 들어보면 다음과 같다.

1. 스팬의 처리 시간이 오래 걸리거나 실패하는 경우
2. 트랜잭션이 과도하게 발생해서 지연이 일어나는 경우
3. 타임아웃에 걸리는 경우
4. 다수의 재시도가 발생하는 경우
5. 로그에 에러가 표시되거나 예외 처리가 되는 경우
6. 인프라의 메트릭에 이상치가 발견되는 경우
7. 인프라에 리소스가 부족하고 불안정한 경우
8. 특정 마이크로서비스에 과도한 트래픽이 발생하여 장애가 일어나고 다른 마이크로서비스에 장애를 전파하는 경우

위 문제점들은 제공되는 데모 애플리케이션과 오픈서치에서 직접 재연하고 테스트가 가능하다. 다양한 장애를 발생시키면 오픈서치에서는 **근본 원인을 분석**할 수 있도록 유의미한 데이터를 출력한다.

마이크로서비스는 쿠버네티스에서 운영되므로 다양한 형태로 신뢰성, 복원성, 가용성을 제공한다.

1. 오토스케일 설정은 되어 있지 않지만, 수동으로 파드의 개수를 증가시키고 트래픽을 분산할 수 있다.
2. 임의의 파드를 삭제하면 일부 트랜잭션의 손실은 발생하지만 자동적으로 파드를 재생성하면서 복구한다.

3. 프록시 서버를 추가하면 재시도와 서킷 브레이커 기능도 쉽게 추가할 수 있다.

기본적으로 쿠버네티스는 대규모 트래픽을 안정적으로 처리할 수 있도록 기능을 제공한다.

❹ 데모 설치

시스템을 구성한다. 다음과 같은 순서로 진행한다.

- 미니쿠베 시작
- 오픈서치 설치
- 오픈서치 대시보드 설치
- 데이터 프레퍼 설치
- 플루언트비트 설치
- 오픈텔레메트리 컬렉터 설치
- 9개의 마이크로서비스 설치

설치 스크립트는 YAML로 제공한다. 헬름 차트로 설치하는 것을 권장한다. 깃을 통해서 헬름 차트를 제공할 예정이며, 더 쉽게 설치할 수 있도록 가이드라인을 제공할 것이다. 그럼, 이제 단계별로 진행해보자.

미니쿠베에서 쿠버네티스 1.20을 시작한다.

```
minikube start --vm-driver=none --kubernetes-version v1.23.0 --memory=12000 --cpus=4
```

현재 설치 스크립트는 일반적인 YAML로 제공된다. 깃에서 다운받을 수 있다. 추후에는 헬름 차트를 제공하고 자동화할 것이다.

오픈서치를 설치한다.

```
kubectl apply -f 01-config.yaml
kubectl apply -f 02-deployment.yaml
```

오픈서치 대시보드를 설치한다.

```
kubectl apply -f 12-deployment.yaml
```

데이터 프레퍼를 설치한다. 상세한 구성은 깃을 참고하라.

```
kubectl apply -f 21-config.yaml
kubectl apply -f 22-deployment.yaml
```

메트릭을 위한 오픈텔레메트리 컬렉터를 설치한다.

```
kubectl apply -f 30-roles.yaml
kubectl apply -f 31-config.yaml
kubectl apply -f 32-deployment.yaml
```

추적을 위한 오픈텔레메트리 컬렉터와 애플리케이션을 설치한다.

```
chmod 755 apply-k8s-manifests.sh
./apply-k8s-manifests.sh
```

도커 허브에 애플리케이션은 이미 등록되어 있다. https://hub.docker.com/repositories/yohaim1511을 참고하면 등록된 도커 이미지를 확인할 수 있다. YAML에 등록된 도커 레지스트리를 확인할 수 있다.

로그 파이프라인을 설치한다. 설치된 플루언트비트는 오픈서치와 직접적으로 연계되지 않고, 데이터 프레퍼를 통해서 연계된다. 플루언트비트의 OUTPUT에 설정된 구성을 확인할 수 있다.

```
output-data-prepper.conf: |
    [OUTPUT]
        Name            http
        Match           *
        Host            data-prepper.data-prepper.svc.cluster.local
        Port            2021
        tls             Off
        tls.verify      Off
        Format          json
        URI             /log/ingest
```

일반적으로 오픈서치는 플루언트비트를 사용해서 로그와 메트릭을 수집한다. 데모는 메트릭과 이벤트를 수집하는 파이프라인과 로그를 수집하는 파이프라인을 분리하였다. 메트릭을 수집하는 파이프라인은 데이터 프레퍼를 사용해서 오픈서치에 적재하고, 로그를 수집하는 파이프라인은 플루언트비트와 데이터 프레퍼를 사용해서 오픈서치에 적재한다.

다음과 같이 로그를 수집하도록 기능을 쉽게 추가할 수 있다.

```
./apply-k8s-manifests.sh
```

오픈서치에서도 상관관계를 구성할 수 있다. 하지만 그라파나와 비교하면 상관관계 기능은 부족하다. 데이터독, 그라파나 화면에 익숙하다면 오픈서치의 화면이 부족하다고 느낄 것이다. 하지만 이 둘은 사용 목적이 다르다는 것을 이해해야 한다.

5 오픈서치 사용 방법

오픈서치에서 결과를 확인해야 한다. 그라파나와 오픈서치는 관측 가능성 프로세스도 제공한다. 그라파나 관측 가능성은 검색을 활용해서 신호 간 **상관관계**에 집중한다. 오픈서치 관측 가능성은 로그를 중심으로 다양한 분석 기능에 초점을 맞추어야 한다.

데모는 3개의 파이프라인을 구성하였다.

- 오픈텔레메트리 컬렉터를 사용한 추적 파이프라인
- 오픈텔레메트리 컬렉터를 사용한 메트릭 파이프라인
- 플루언트비트를 사용한 로그 파이프라인

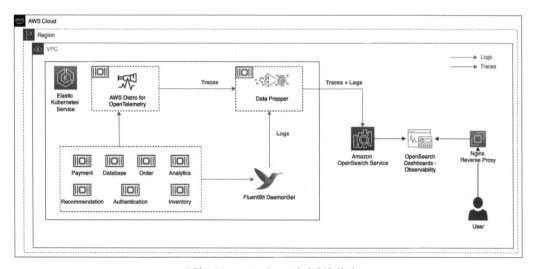

그림 6.22　**o11y shop 아키텍처 화면**

데모는 쿠버네티스에서 구성된다.

- 오픈텔레메트리 컬렉터는 메트릭과 추적을 수집해서 데이터 프레퍼에게 전달한다. 데이터 프레퍼는 오픈서치에 적재한다.
- 플루언트비트는 마이크로서비스의 로그를 수집해서 데이터 프레퍼에게 전달한다. 데이터 프레퍼는 오픈서치에 적재한다.
- 오픈서치의 파이프라인 아키텍처는 데이터 프레퍼에게 전달되도록 구성해야 한다.

olly 애플리케이션에서 여러 번 주문을 생성한 다음, 오픈서치에서 추적, 로그를 확인할 수 있다. 먼저 추적의 결과를 확인한다.

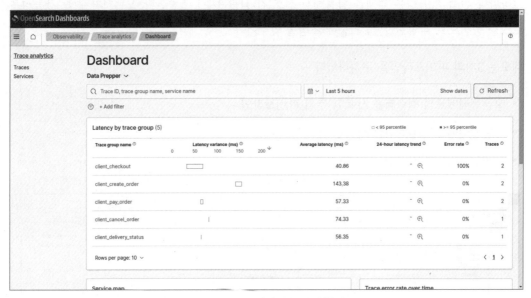

그림 6.23 오픈서치 추적 메인 화면

오픈서치 관측 가능성은 상세한 추적 정보와 서비스 맵을 제공한다. 그림 6.24의 서비스 맵 화면에서 서비스별 상세 성능을 확인할 수 있다.

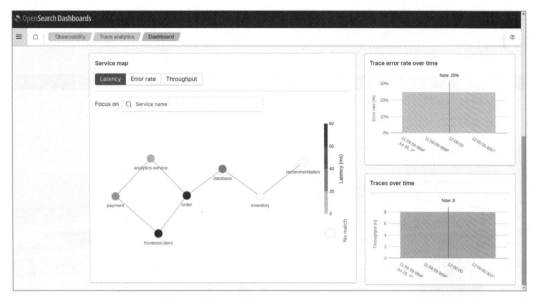

그림 6.24 오픈서치 서비스 맵 화면

처리된 추적의 상태를 제공한다.

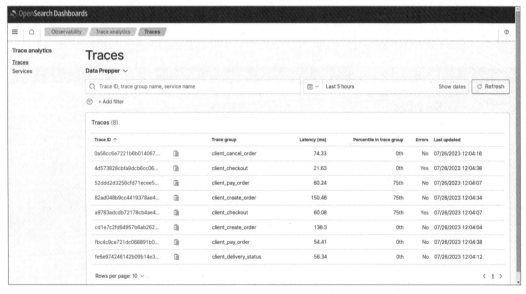

그림 6.25 오픈서치 추적 화면

추적의 상세한 정보를 출력한다. 스팬의 개수, 처리 시간, 추적 메시지, 비율 등에 대한 상세한 정보를 출력한다.

그림 6.26 오픈서치 추적 상세 화면

개별 추적에 대한 정보뿐만 아니라, 서비스별로 통계 정보를 제공한다.

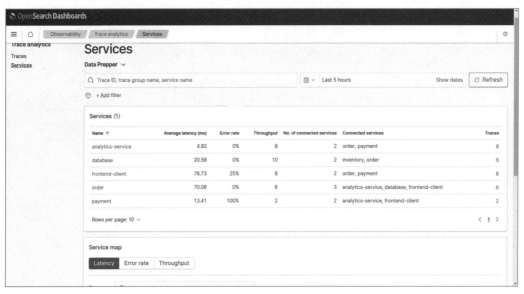

그림 6.27 오픈서치 서비스 화면

주요 SLO 지표인 지연시간, 에러 비율, 처리량에 대한 상세한 정보를 제공한다.

그림 6.28 오픈서치 서비스 상세 화면

로그의 결과를 확인한다. 단순한 로그 정보뿐만 아니라, 대략적인 패턴과 이상 탐지 정보를 출력한다.

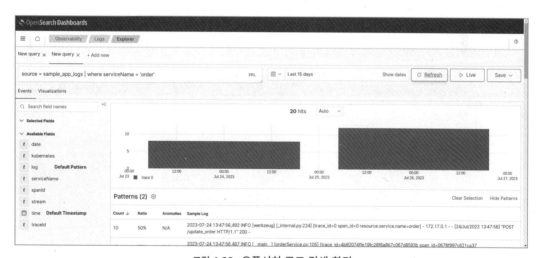

그림 6.29 오픈서치 로그 검색 화면

오픈서치는 대시보드와 알람을 생성할 수 있는 기능을 제공한다. 우선 그림 6.30의 화면을 저장한다. 그리고 대시보드 구성 화면에서 다른 차트와 함께 복잡한 대시보드를 구성할 수 있다.

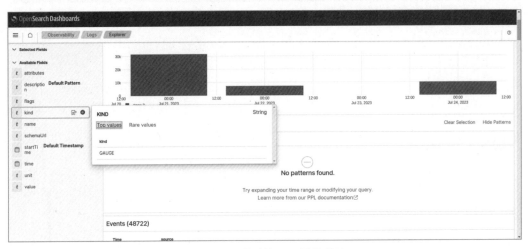

그림 6.30 오픈서치 로그 분석 화면

프로메테우스에 메트릭을 적재하면 메모리와 디스크 문제로 곤란한 상황을 맞닥뜨리기 십상이다. 오픈서치로 보다 확장성 있게 관리하는 것도 좋은 방법이다.

이제 메트릭의 결과를 확인한다. 별도의 익스포터를 사용하지 않는다. 오픈텔레메트리 컬렉터를 통해서 메트릭을 수집하고, 데이터 프레퍼를 거쳐 오픈서치에 적재하고 있다.

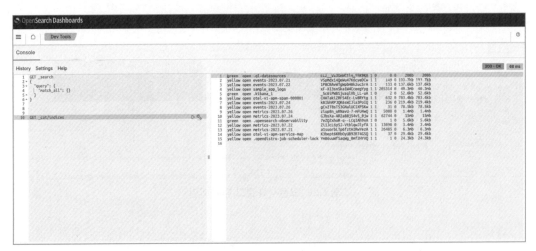

그림 6.31 오픈서치 인덱스 조회 화면

그림 6.32는 그림 6.31의 오픈서치에서 상관관계를 구현하는 화면이다. 그라파나와 비교해서 부족한 상관관계 기능을 제공한다.

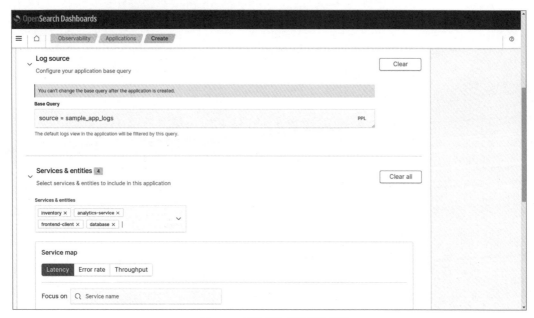

그림 6.32 오픈서치 상관관계 화면

상관관계를 구현하려면 그라파나를 사용하는 것이 좋다. 만약 ChatGPT, AIOps, 데이터 분석 등이 목적이라면 오픈서치를 사용하는 것을 권장한다. 그라파나 대시보드를 사용하면 오픈서치와 템포를 사용해서 로그와 추적 간의 상관관계를 구현할 수 있다. 그리고 예거와 로키 간의 상관관계를 구현하는 것도 가능하다. 설루션에 종속적이지 않고 다양한 방식으로 상관관계의 구현이 가능한 점은 큰 장점이다.

오픈텔레메트리는 관측 가능성의 미래다. 추가적인 자료는 블로그를 참고하길 바란다.

7

관측 가능성을 넘어 자동화로

7.1 IT 운영 자동화

다양한 자동화 기술의 발전은 실제로 ITOps(IT 운영)의 부담을 어느 정도 덜어주었다. 하지만 단순 자동화만으로 점점 더 복잡해지는 대규모 운영 시스템을 관리하는 것은 역부족이다. 인프라와 애플리케이션이 클라우드 네이티브로 진화하면서 운영자의 부담이 증가하고 있다. 액센츄어Accenture 의 연구에 따르면 고객 지원 직무는 티켓을 관리하는 데 업무 시간의 12%를 할애하고 있으며, IT 서비스 데스크 응답자의 43%가 티켓을 할당하기 위해 100개나 되는 그룹 중에서 올바른 선택을 해야 한다는 부담을 안고 있다고 답했다. 한마디로 IT와 서비스 부서에서 효율적으로 처리해야 하는 데이터와 정보가 너무 많다는 의미다.

IT 운영에서 많은 업무가 로그 등 다양한 데이터를 분석하고 의미를 해석하거나 추론하는 일과 관련이 있다. 때로는 반복적이고 오랜 시간이 걸리는 일이기도 하다. 예를 들면 시스템 증설을 위한 용량capacity 계획, 문제 관리, 사고 관리 등이다. 거대하고 끊임없이 증가하는 이벤트의 양은 운영자가 정적인 규칙을 적용하기 어렵고, 정책을 분석하고 작성하는 것을 거의 불가능하게 만든다.

기업은 관리하는 IT 시스템의 규모가 증가해도 그에 비례하여 IT 운영자를 채용하지 않는다. 운영자의 수를 늘리는 것이 좋은 해결책이 아니라는 것을 알기 때문이다. 시간이 많이 걸리고 복잡한 데이터 전처리, 필터링과 분석 작업을 위해서 인공지능 도입 쪽으로 눈을 돌리기 시작했다. 일부에서는 데이터 과학자를 채용하여 IT 운영을 자동화하고, 문제점과 수요를 예측하려고 한다. 과연 저비용, 고효율적인 방법은 무엇이 있을까? AIOps는 IT 직원과 데이터 과학자를 채용하는 것보다 비용 효율적인 대안이다.

AIOpsArtificial Intelligence for IT Operation는 AI(인공지능)과 Ops(운영)라는 두 가지 단어가 결합한 용어다. 특히, 이 용어는 IT 운영 문제를 자동으로 파악하여 해결하기 위해 머신러닝, 분석, 데이터 과학을 적용하는 기술 플랫폼을 의미한다. AIOps라는 용어는 2016년 가트너Gartner가 처음 사용했으며, 중앙화된 IT에서 전 세계 클라우드와 온프레미스에서의 운영을 관리하고, 보다 자동화할 수 있는 혁신적인 변화라는 개념에서 발전했다. 클라우드 네이티브와 빅데이터 혁신의 속도가 빨라지면서 기술의 복잡성도 증가했다. 이러한 변화는 광범위한 새로운 시스템과 장치의 관리, 서비스를 담당하는 IT 운영에 심각한 부담을 불러왔다.

운영자와 AI가 협업하면 개별적으로 제공할 수 없는 수준의 서비스를 제공할 수 있다. AI와 운영자는 AIOps 모델에서 IT 운영 서비스를 제공하는 부분에서 긴밀하게 연결되어 있다. 그림 7.1처럼 더 나은 IT 운영 서비스를 제공하기 위해 AI 에이전트와 운영자가 협업하는 방법과 어떤 기능이 어디에 속하는지 알아보자.

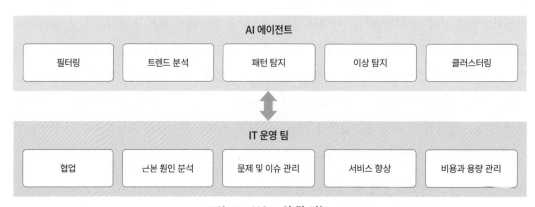

그림 7.1 AIOps의 각 기능

AIOps는 운영자가 경험하는 IT 운영의 어려움을 해결할 수 있는 방법을 제공한다. AIOps의 목적이 데이터 과학자와 운영자를 대체하는 것은 아니다. 바람직한 AIOps는 운영자, 데이터 과학자와 함께 협업할 수 있는 체계를 만드는 것이다.

AIOps 사용이 가져다주는 몇 가지 주요 장점은 다음과 같다.

- **비용 절감**

  IT 운영 팀이 일상적인 작업과 중요하지 않은 경고에 투자하는 시간을 크게 줄여준다. 이는 효율성의 증가와 전반적인 비용의 감소로 이어진다.

- **원활한 IT 운영**

  AIOps는 신속하게 오류 비율을 줄이는 동시에 문제의 해결 시간을 단축한다. AIOps의 성능 모니터링과 데이터 분석으로 인해서 정확한 의사 결정이 가능하다.

- **개선된 사용자 경험**

  운영자는 업무를 효율적으로 처리할 수 있는 올바른 도구를 가지고 있을 때 큰 만족감을 느낀다. AIOps는 반복적이고 시간이 오래 걸리는 작업을 자동화한다. 직원의 생산성을 높이고 경험을 개선한다.

- **숨은 인사이트 발견**

  AIOps는 지능적인 자동화와 빅데이터를 결합하여 복잡한 리소스 간의 관계, 작업과 리소스 간의 관계를 식별할 수 있다.

- **개발자와 협업**

  개발 팀이 애플리케이션 가용성과 성능 문제를 사전에 찾고, 애플리케이션이 운영으로 배포되기 전에 이를 해결하는 데 도움이 된다.

- **빠른 문제 해결**

  AIOps는 최적의 용량 활용을 보장하고 다운타임을 방지한다. 문제가 발생하면 기존 도구보다 훨씬 빠르게 시스템을 가동할 수 있다. MTTR_{mean time to repair}(평균 수리 시간)을 개선하는 데 도움을 준다.

7.2 AIOps의 발전 단계

IT 운영의 자동화가 처한 문제와 자동화가 어려운 이유를 알아보자. AI를 사용한 예측이 등장하고 있으나 시스템별 예측값이 다양한 환경에서 발생하는 케이스를 반영하지 못하여 실제로는 단기간 예측에 제한적이다. 또한, 규칙적인 패턴의 부하를 가지는 시스템은 유의미한 정확도_{accuracy}를 가지지만, 불규칙한 값을 가지는 시스템에서는 시스템별 정확도가 일정하지 않아 신뢰성에 한계가 있다. 이 문제는 많은 서비스 시스템이 마치 주식 거래 시장 예측과 같이 불규칙한 시스템이 많이 존재하기 때문이며, 이는 영향을 주는 환경적 요인이 매우 다양하기 때문이다. 따라서 패턴이 일정한 시스템을 예측하고 관리하기에는 비교적 현재의 패턴 비교, 다이내믹 임곗값 관리 등의 방법이 효율적이지만, 불규칙 패턴을 가진 시스템의 경우 정확도가 많이 떨어진다.

IT 서비스 관리IT service management, ITSM와 같은 통합 관리는 과도한 이벤트를 발생시켜 노이즈를 증가시킴으로써 운영자의 피로를 가중시키고 있다. 이를 해결할 대안으로 이벤트 필터링, 이벤트 에스컬레이션escalation 등 이벤트 관리 기능이 고도화되었으나, 수동으로 패턴을 등록해야 하는 등의 복잡성이 발생하고 있다. 자동화의 도입이 늦어지면서 모든 장애의 조치는 수동으로 처리하고 있으며, 서비스를 정지, 재시작하고 문제를 해결하기 위한 배치 처리와 장애 이벤트를 연동하는 IT 자동화의 보급은 거의 전무한 편이다. IT 자동화의 보급이 느린 이유 중 하나는 자동화될 경우 운영자의 일자리에 대한 우려가 있으며, 유지 보수를 담당하는 업체의 입장에서도 이 부분의 도입을 상당히 부담스럽게 여긴다는 점이다. 따라서 운영 업무의 자동화는 진입 장벽이 높다.

시장이 점점 클라우드에서 운영되고 자동화될수록 생산성이 높은 관리 방식을 요구하고 있다. 위에서 언급했듯이 AIOps는 운영자, 데이터 과학자의 협업을 강조하며, 업무 규칙과 패턴보다 고도로 정교화된 인공지능을 사용한다. 인공지능이 학습하는 데이터는 관측 가능성을 기초로 한다. 이는 데이터 과학자의 일방적인 가설에 따르지 않고, 정교하게 설계된 추적, 메트릭, 추적 기반의 신뢰할 수 있는 고품질의 데이터를 사용한다는 뜻이다.

기업은 다양한 사용 사례를 해결하기 위해 AIOps를 사용하고 있다. 그림 7.2는 AIOps의 일반적인 사용 사례를 보여준다. 조직은 기본적인 근본 원인 분석을 수행할 수 있는 지능형 경고intelligent alerting로 시작한 다음, 다양한 시스템 간의 근본 원인을 식별할 수 있도록 상관관계correlation로 이동한다. 조직이 성숙도 곡선을 따라 이동하면서 이상 탐지anomaly detection와 같은 기능이 더해져 사후 대응에 그치지 않고 보다 능동적인 운영을 지향한다. 기업은 자가 치유self healing와 자동 해결 automated resolution 기술을 배포하여 문제의 인지부터 해결까지의 주기를 완전히 자동화했다. 이 책은 4단계 중에서 2단계인 개체 간 상관관계에 집중하였으며, 1단계인 지능적인 알람에 대해서는 간략하게 살펴보았다.

그림 7.2 AIOps 자동화의 단계

7.2.1 지능형 경고

많은 IT 팀은 변화하는 기술 요구 사항에 대처할 준비가 미흡한 것이 현실이다. 클라우드가 보편화되고 기업에서 하이브리드와 클라우드 네이티브 기술이 광범위하게 퍼져나가면서 전체 IT 환경이 빠르게 변화하고 있다. 대개 운영자는 경고를 평가하고 문제의 근본 원인을 파악할 충분한 시간이 없다. 이러한 상황에서 조직은 가용성과 다운타임의 위험을 안고 있다.

데브옵스DevOps와 인프라 운영 팀은 관측 가능성을 위한 데이터를 얻기 위해 많은 모니터링 도구를 배포했으며, 너무 많은 이벤트로 가득 차 있다. 조직에서는 데이터독Datadog, 앱다이내믹스Appdynamics, 다이나트레이스Dynatrace 등과 같은 다양한 모니터링 도구를 배포했다. 이러한 도구 외에도 기업은 클라우드 네이티브 모니터링 도구를 사용한다. 예를 들어, 클라우드 네이티브 PaaS 시스템을 모니터링하는 AWS의 클라우드 워치CloudWatch 등이다. 이러한 모든 모니터링 시스템은 관측 가능성 관점에서 엄청난 양의 데이터를 수집하고 있다. 많은 조직에서 네트워크부터 애플리케이션까지 전체 스택을 모니터링하고 있기 때문이다. 그러나 이러한 투자와 여러 도구에도 불구하고 조직은 통찰력과 실행 가능한 인텔리전스를 얻는 데 어려움을 겪고 있는 것이 사실이다. 운영자가 처리할 잘못된 경고와 티켓이 너무 많다.

기존의 IT 모니터링, 관리 솔루션은 엄청난 양의 모니터링 데이터를 생성하는 기술과 모니터링 깊이의 변화를 따라갈 수 없다. 끊임없이 변화하는 기술 환경은 로그 데이터와 추적 데이터가 계속해서 생성되고 있는데, 이것은 모니터링 시스템에서 모든 규칙을 정의할 수 없다는 걸 의미한다. AIOps는 SLO 목표 달성을 위한 핵심 작업에 집중하도록 도와준다. 데이터의 수집, 분석을 통해 운영 팀이 빠르게 이해하여 경고를 생성할 수 있도록 돕는 것이다.

데브옵스 모델에는 AIOps와 같은 기술이 없으면 데브옵스 팀이 경고와 티켓 지원에 압도되는 시나리오가 있다. AIOps를 혼합하면 실행 가능한 경고만 사고로 변환되고, 해결을 위해 관련 팀에 플래그가 지정된다. AIOps는 개발과 구성의 문제를 찾는 데 도움이 되며, 개발 팀과 운영 팀 간의 협업이 향상된다.

7.2.2 상관관계

2단계인 **개체 간 상관관계**cross entity correlation는 이 책에 가장 많이 언급하는 상관관계다. 로그, 메트릭, 추적의 상관관계를 떠나서 보다 폭넓은 관점에서 상관관계를 이해할 필요가 있다. 관측 가능성이 중요하고 신뢰할 수 있는 데이터셋인 것은 분명하지만, 관측 가능성 외에도 인프라와 애플리케이션 관리를 위해서는 다양하고 많은 시스템들이 필요하다. 전체 IT 운영 관점에서 보면 이 책에서 언급한 관측 가능성 상관관계는 작지만 중요한 영역 중의 하나이고, 많은 상관관계 중 일부분일 뿐이다. 관측 가능성(로그, 메트릭, 추적), 가시성(트래픽, 네트워크, 장애), 리소스(구성 정보), 서비스, 티켓 관리 등은 서로가 연관성을 가지고 있다. 연관성을 이해하면 근본 원인을 보다 신속하게 분석할 수 있지만, 이러한 상관관계는 쉽게 식별되지 않는다. 이를 수집하고 활용할 수 있는 거버넌스governance와 데이터 탐색 시스템이 있음에도 불구하고 잘 활용하지 못하는 경우가 많으며, 예전의 시스템은 현재의 관측 가능성을 지원하기에는 부족해 보인다.

2단계 상관관계는 3단계 이상 탐지를 구현하기 위해서는 필수적인 단계다. 이상 탐지에서 필요로 하는 데이터셋은 다양한 데이터를 조인하고 결합함으로써 생성되는데, 상관관계에 대한 이해 없이 이상 탐지를 위한 데이터셋을 만들 수 없기 때문이다. 데이터를 잘 활용하기 위해 다른 데이터와의 관계를 이해하여 조인함으로써 더 의미 있고 값지게 활용할 수 있다.

7.2.3 이상 탐지

이상 탐지는 일부 시스템을 업그레이드해야 하는지, 시스템이 현재와 미래에 트래픽을 감당할 수 있는지, 노드의 용량을 어떻게 증설해야 하는지 등을 결정하는 데도 관여할 수 있다. 이것은 운영 팀에게 매우 중요하기 때문에 1년 전에는 예측하지 못했던 추세가 현재 정상적인 동작과 비정상적인 동작에 영향을 미치고 있는지 이해할 수 있다. 이상 탐지는 오랜 시간 동안 수집된 데이터로 시스템을 학습시키기 때문에 비정상적인 활동을 탐지할 수 있다. 이런 데이터는 일반적인 사용 행위, 결제 패턴, 활성 사용자 수 그리고 특정 시점의 결제 금액, 결제 포털에 존재하는 계절적 행위와 기디 동향으로 구성되어 있다. 결제 포털에 갑자기 DOS 공격이 들어오면 이상 탐지 알고리즘이 이러한 활동을 탐지하여 다른 방화벽 규칙을 설정하거나, 더 나은 라우팅 규직 설정과 같은 조치를 취할 수 있는 인프라 운영 팀에 신속하게 통보한다.

이상 탐지를 위한 사용 사례는 사이버 보안이나 네트워킹이다. 실제로 이상 탐지를 위한 가장 최초의 사용 사례 중 하나는 수십 년 전 네트워크에 대한 침입 시도를 탐지하기 위해서 단지 통계 모델만 사용했던 것이다. 사이버 보안 공간에서는 많은 일들이 일어날 수 있다. 가장 일반적인 공격 중 하나는 서비스 거부 공격이다. 고객에 대한 서비스를 방해하기 위해 회사의 웹사이트나 포털에 대한 서비스 거부 공격이 발생하면 일반적으로 많은 수의 장치들이 포털에 대해 동시다발적인 접속과 임의의 무의미한 거래를 실행하기 위해 동원된다. 일반적으로 네트워크에는 사용 패턴이 있고,

잘 알려져 있거나 예상되는 행위를 오랜 시간 동안 관찰하다 보면 장치와 네트워크의 사용 방식에 대한 변화를 예상할 수 있다. 또한, 장치가 서로 통신하는 방식과 어떤 서비스와 포트를 사용하는지를 측정할 수 있다.

이상 탐지를 사용하면 특정 시스템이나 시스템의 특정 포트, 서비스가 비정상적인 속도로 연결되거나 처리되고 있는지 탐지할 수 있는데, 이는 어떤 침입자가 특정 시스템이나 다수의 시스템을 해킹하려고 하는, 일종의 침입 활동이 일어나고 있는 것을 파악할 수 있다는 것을 의미한다. 이 정보는 실제 상황을 파악하고 재활성화하는 것보다는 예방 또는 선제적인 조치를 취하는 데 사용할 수 있다. 이것이 사이버 보안 도메인이 딥러닝에 큰 관심을 가지는 이유이며, 딥러닝 기반의 이상 탐지를 수반하는 활용 사례는 요즘 시대의 사이버 보안이나 네트워킹 영역에서 가장 많이 사용되는 사용 사례다.

성공적인 이상 탐지 모델이 어떻게 만들어지고 어떤 종류의 모델을 사용해야 하는지 파악하는 것이 중요하다. 예를 들면, 사용 가능한 데이터 유형과 데이터에 이미 레이블이 지정되었는지 또는 식별되었는지에 따라 달라진다. 왜냐하면 이에 따라 지도, 준지도 또는 비지도 알고리즘 중 선택을 해야 하기 때문이다. 특정 사용 사례에 어떤 유형의 이상 탐지가 가장 적합할 것인지를 결정하는 데 데이터 포인트의 이상 징후, 상황의 이상 징후, 패턴의 이상 징후 중 하나가 영향을 미친다 . 또한, 우리는 이 데이터가 특정 시점의 즉각적인 스냅숏인지, 아니면 데이터가 지속적으로 진화하고 있는지, 끊임없이 변화하고 있는 실시간의 시계열 데이터인지도 살펴봐야 한다. 더불어 데이터의 특정 특성 또는 속성이 범주형, 숫자형, 명목형, 서수형, 이진형, 이산형, 연속형인지의 여부 역시 중요한 부분이다.

7.3 AIOps의 기술들

AIOps는 관측 가능성과 다양한 데이터를 수집하고, 이를 분석하고 추론하며, 결과를 실행하기 위해 다양한 시스템과 인터페이스를 필요로 한다. 이를 위한 다섯 가지 주요 기술은 다음과 같다.

- **데이터 관리**

  엄청난 양의 IT 데이터를 결합하고 평가해 중요한 데이터를 식별한다. AIOps는 데이터를 식별하고 관리하기 위한 거버넌스 기능을 제공해야 한다.

- **패턴 검색**

  AIOps는 관련 데이터를 자세히 들여다보고 추가 분석이 가능하도록 데이터 요소 간의 상관관계를 찾아 그룹화한다.

- **추론**

  심층 분석을 통해 AIOps 플랫폼은 문제의 근본 원인, 이벤트, 트렌드를 분명하게 파악해 작업에 영향을 미칠 수 있는 명확한 통찰을 생성할 수 있다.

- **공동 작업**

  AIOps는 공동 작업 플랫폼으로 기능하여 적절한 팀이나 개인에게 알리고, 관련 정보를 제공하며, 운영자와 개발자의 효율적인 공동 작업을 촉진한다.

- **자동화**

  AIOps는 데이터를 식별하고 관리하기 위한 거버넌스 기능을 제공해야 한다. 마지막으로 AIOps는 문제에 자동으로 대응하고 직접 문제를 중재하여 IT 운영의 속도와 정확도를 향상시킨다.

위에서 언급한 기술들을 활용하여 조금 더 구체적으로 AIOps 시스템이 어떻게 작동하는지, 전체적인 흐름을 살펴보자.

그림 7.3 **AIOps의 전체 스택**

▶ **데이터 수집**

메트릭, 추적, 로그를 포함한 다양한 모니터링 도구의 데이터는 추가 처리를 위해 수집, 저장, 인덱싱된다. 또한, 구성 관리 시스템의 데이터와 토폴로지topology 데이터도 AIOps 엔진에 저장되어 CMDBconfiguration management database와 토폴로지 관계를 기반으로 상관관계를 제공한다.

▶ **머신러닝과 데이터 분석**

AIOps는 데이터를 분석하여 패턴과 이상치를 찾기 위해 다양한 유형의 접근 방식을 사용한다. 예전에는 정형화된 규칙을 개발하여 사용했다면 근래에는 머신러닝 알고리즘을 이용하고 있다. 기본적인 머신러닝 알고리즘은 클러스터링, 상관과 분류를 사용하는 통계 분석이며, 아웃라이어outlier, 드리프트drift 등 고도화된 알고리즘을 사용한다. 이벤트 데이터에서 이상을 감지하는 이상 감지, 패턴을 기반으로 가까운 미래에 일어날 수 있는 일을 찾기 위한 예측 분석, 토폴로지와 CMDB 기반 상관관계를 지원한다. 모든 이벤트 데이터에서 문제의 근본 원인root cause을 분석하고, 지능형 경고로 변환하여 운영 팀에 할당한다. 운영자가 중요한 문제에 더 집중하고 적시에 사고를 해결할 수 있도록 하는 것이다.

▶ 자동화된 진단과 복구

오늘날 대부분의 AIOps 도구는 분석 기능까지만 집중해서 제공한다. 자가 치유는 대다수 AIOps 도구의 일부가 아니다. 자가 치유가 간단한 API 호출로 가능한 경우도 있지만, 대부분 복잡한 개발이 필요하고 내부 시스템에 대한 정확한 이해가 필요하기 때문에 SaaS 관리형 서비스만으로 자가 치유를 하는 것은 무리가 있어 보인다. 하지만 앞으로 출시될 AIOps 솔루션은 가능한 원인을 입력으로 받아 자동으로 개선을 실행할 것이다. 또한, 그 결과 자동화된 복구가 이루어지고 완전한 종단 간 워크플로가 실현될 것이다.

7.4 앞으로 더 배울 내용

7.4.1 다섯 가지 텔레메트리

이번 책에서는 메트릭, 로그, 추적에 대해서 기술하고, 후속작에서 나머지 두 가지 신호인 프로파일과 RUM을 추가해서 이들 신호 간의 상관관계를 정의한다. 오픈텔레메트리는 RUM에 대한 초기 개발 결과를 공유하고 있으며, 지속적인 프로파일링continuous profiling이라는 용어를 소개하면서 프로파일에 대한 결과물을 발표하고 있다.

▶ RUM

RUMReal User Monitoring은 자바스크립트 기반으로 개발된 프런트엔드 프레임워크에서 생성하는 신호를 다룬다. 이 책에서 다루는 텔레메트리 API를 사용한 수동 계측은 프런트엔드를 포함하지 않는다. API 서버가 관측 가능성의 진입점이라고 가정하고 백엔드의 추적과 관측 가능성에 집중하였다. RUM을 사용하면 프런트엔드부터 시작해서 백엔드까지, 모든 구간에 관측 가능성을 구현할 수 있다.

▶ 프로파일

상용 APM에서는 프로파일을 제공하며, 특히 자바는 훌륭한 프로파일 기능을 제공한다. 하지만 개발 언어가 다양하고 다양한 오픈소스를 지원해야 하는 근래 상황에서 완벽한 프로파일을 지원하는 것은 어려운 작업이다. 이를 위한 프로파일의 표준이 eBPF다. 호환성과 표준 기반의 프로파일은 eBPF에 기반해서 프로파일을 제공하고, 애플리케이션 내에서 처리되는 메모리, 리소스 처리 문제에 대해서 상세히 분석할 수 있도록 도와준다. 사실 운영 환경에서는 추적과 로그만으로 해결하기 어려운 하위 수준의 에러와 장애가 많다는 것을 감안할 때 프로파일을 추적하고 로그와 연계하여, 이를 통해 하위 수준의 문제점을 해결할 수 있다면 큰 도움이 될 것이다.

7.4.2 이상 탐지

이상 탐지는 여러 가지 방법으로 구현할 수 있다. 근래에는 머신러닝 기반의 이상 탐지를 많이 사용하며, 후속작에서는 RCF 알고리즘, LSTM AE, ARIMA 알고리즘을 사용해서 이상 탐지를 구현한다. 이상 탐지의 주제는 애플리케이션의 지연과 장애 예측, 비용 이상 탐지, 네트워크 보안 이상 탐지, 시스템 증설의 예측에 초점을 맞추었다. 사용자에게 서비스하는 동안 순간적으로 지연이 발생하거나 갑자기 애플리케이션이 다운되는 경우가 발생할 수 있다. 이러한 문제점이 발생하기 이전에, 혹은 드물게 발생하는 서비스 장애에 대응하기 위해서 애플리케이션 인프라와 서비스를 대상으로 지속적인 이상 탐지를 수행하고 사전에 예방할 수 있어야 한다.

이상 탐지는 실시간과 배치, 두 가지 유형의 이상 탐지 기능을 제공한다. 실시간 이상 탐지는 정해진 윈도(일반적으로 1-5분 주기로 실행)마다 준실시간으로 이상치를 탐지하는 방식이다. 오픈서치는 실시간 이상 탐지를 위해서 RCF 알고리즘을 제공하며, 높은 정확도로 이상치를 식별할 수 있다. 또한, 실시간 데이터의 특징인 변동성이 높고 예상치 못한 이상치에 대비해서 새로운 모델의 학습이 없이도 즉각적으로 대응이 가능하다. RCF 이상 탐지는 비지도 학습에 해당한다. 이상 탐지의 결과는 오픈서치 내부 테이블에 저장되고, 운영자는 SQL 쿼리를 통해서 상세한 분석과 추가적인 후속 처리 개발이 가능하다. RCF를 사용해서 이상치를 수집하고, 후속 작업으로 수집된 이상치를 학습해서 지도 학습 모델을 생성할 수 있다. 지도 학습과 결합한 준지도 학습을 사용하면 이상 탐지의 정확도를 더욱 향상시킬 수 있다.

한 가지 알고리즘을 사용하는 것보다 다양한 알고리즘을 사용해서 이상치를 식별하는 것이 좋다. 후속작에서는 LSTM과 오토인코더를 결합해서 비용과 애플리케이션의 이상치를 탐지한다. RCF만으로 모든 이상치를 식별하고 정확도를 높이는 것이 어려운 상황이 종종 발생한다. 또한 잘못 식별된 이상치를 검증하는 과정이 필요하다. LSTM 알고리즘으로 보강하고, 이미 식별된 이상치를 반영하기 위한 방법으로 오토인코더를 결합하여 정확도를 좀 더 향상시킬 수 있다.

알고리즘 기반의 이상 탐지는 여러 가지 한계를 가지고 있다. 예를 들어, 정확한 이상치를 알 수 없다는 점이다. 전자 상거래 주문을 예로 들면 주문 ID를 알아야만 이를 통해서 특정 주문이 이상치라는 것을 이해할 수 있는데, 알고리즘 기반의 이상 탐지는 정확한 주문 ID를 제공하지 않으며 발생한 시간만 알려준다. 이것이 알고리즘의 한계다. 만약 초당 1000건의 주문이 일어난다면 이 중에서 이상치를 찾는 과정은 간단하지 않다. 하지만 범주(주문자 성별, 지역, 연령대 등)를 사용해서 이상치 대상을 한정할 수 있다. 그리고 SQL을 사용해서 후속 처리를 한다. 예를 들어, SQL 내 z-socre 등 다양한 함수를 사용해서 알고리즘 기반 이상 탐지의 약점을 보완하고 정확도를 향상시키는 것이다.

7.4.3 근본 원인 분석

이상 탐지, 알람 등은 문제를 발견한 것일 뿐 해결한 것은 아니다. 문제의 원인을 정확히 이해하고 해결을 하는 것은 더 중요한 작업이다. 예를 들어, 이상 탐지가 단순히 이상치의 범위를 추정하는 수준에 그친다면 유용성이 떨어진다. 왜냐하면 정확한 이상치를 선정하고 근본 원인을 이해하는 후속 처리가 배제되었기 때문이다. 이상 탐지의 프로세스는 다음과 같이 설계해야 한다.

- 머신러닝을 사용해서 이상치를 식별
- 규칙을 사용해서 이상치를 측정하고 알람을 전송
- SQL을 사용해서 정확한 이상치를 선정하고 평가
- SQL을 사용해서 근본 원인을 분석하고 해결
- 이상치를 정규화하고 이상치를 모니터링

근본 원인을 분석하기 위한 다양한 방안들이 나오고 있다. 후속작에서는 SQL을 사용해서 근본 원인을 분석한다. SQL을 사용하기 위해서는 텔레메트리 신호 데이터가 테이블에 저장되어야 하며, 쿼리를 처리할 수 있는 수준으로 스키마가 명확하게 정의되어야 한다. 추적, 메트릭의 백엔드 저장소는 다양한 방법으로 구축할 수 있으며, SQL을 사용해서 원하는 텔레메트리 데이터를 쉽게 조회하고 가공할 수 있다.

백엔드 저장소를 구축하는 첫 번째 방법은 객체 스토리지에 오픈텔레메트리 스키마 형태로 텔레메트리를 저장하는 것이다. AWS 데이터 카탈로그에 하이브와 호환되는 테이블을 구축하고, 중첩

이 되는 복잡한 JSON 데이터를 S3에 적재한다. 그리고 SQL로 원하는 결과를 조회할 수 있다. 백엔드 저장소를 구축하는 두 번째 방법은 관계형 데이터베이스를 사용해서 백엔드 저장소를 구축하는 것이다. 그러므로 백엔드 저장소에 직접 SQL을 사용해서 원하는 결과를 조회할 수 있다. 이러한 방식과 유사하게 근본 원인 분석을 처리한다.

이상 탐지와 알람을 사용하면 시스템에 문제가 발생했다는 것을 이해할 수 있다. 이를 구체화하고 문제를 해결할 수 있도록 도와주는 후속 처리가 바로 근본 원인 분석이다. 이상 탐지는 시작점이고, 근본 원인을 분석함으로써 이상 탐지를 해결할 수 있다. 알람을 보내는 경우에도 단순하게 보내는 것보다는 근본 원인을 보다 상세하게 기술해서 보낸다면 여러모로 유용할 것이다.

근본 원인 분석을 자동화하고 시스템화하는 방법을 고민해야 한다. 경험 많은 시니어 개발자가 가지고 있는 노하우를 시스템에 담아내는 것은 의미 있는 작업이다. 단순히 대시보드를 클릭해가면서 근본 원인을 분석하면 노하우가 축적되지 않는다. SQL로 자동화하고 다양한 근본 원인을 유형화하여 패턴화하는 방법을 고민해야 한다. 후속작의 근본 원인 분석에서는 근본 원인 분석의 자동화와 근본 원인을 유형화하고 패턴화하는 과정을 데모한다.

7.4.4 데이터 파이프라인

관측 가능성, 이상 탐지는 대용량 트래픽을 안정적으로 처리해야 한다. 이를 위해서 다양한 유형의 파이프라인이 필요하다. 카프카, 프레스토, 오픈텔레메트리 컬렉터 등이다. 후속작에서는 AWS S3 객체 스토리지와 글루Glue 데이터 카탈로그를 기반으로 데이터 레이크를 구축하고, 다양한 파이프라인을 개발하는 데모를 진행한다.

7.4.5 오픈서치 관측 가능성

이 책에서는 그라파나 오픈소스를 사용해서 관측 가능성을 구현하였다. AWS에서 오픈소스로 제공하는 오픈서치는 유용한 기능을 제공하는데, 그중 하나가 관측 가능성이다. 후속작에서는 **오픈서치**를 사용해서 관측 가능성을 구현하는 데모를 진행한다. 특정 솔루션에 의존성을 갖는 것을 피하는 것이 좋다. 오픈텔레메트리와 표준 기술을 사용해서, 가능하면 의존성 없이 향후에 플러그인 형태로 추가와 삭제가 가능하도록 관측 가능성을 구현해야 한다. 메트릭, 로그, 추적, 프로파일, RUM이 상관관계로 연계되는 과정에서 서로 다른 시스템에 의존성을 가진다면 향후 유지 보수와 운영 과정에서 어려움에 부딪치게 될 것이다. 어떻게 하면 오픈서치, 그라파나, 또 다른 오픈소스와 상용 솔루션을 상호 운용하고 의존성 없이 운영할 수 있는지 데모를 통해 알아본다.

멀티 클러스터와 멀티 테넌트

이 책에서는 인프라에 대해서 자세히 언급하지 않았지만, 후속작에서는 본격적으로 클라우드 네이티브와 쿠버네티스 네이티브에 대해서 설명한다.

▶ **멀티 클러스터의 필요성**

일정 규모 이상의 대규모 서비스를 운영 중이라면 다수의 쿠버네티스 클러스터가 필요하다. 확장성과 성능을 보장하기 위해서 단일 클러스터만으로는 부족하다. 또한 쿠버네티스 클러스터의 유지보수가 빈번하므로 1개의 클러스터만으로는 연중무휴 글로벌 서비스에 필요한 가용성을 제공할 수가 없다. 가용성과 확장성을 제공하기 위해서 멀티 클러스터를 운영해야 하는 이유는 많다. 또한 지리적인 위치에 따른 네트워크 속도에 민감한 서비스라면 멀티 리전을 지원하고 멀티 클러스터로 구성하는 것이 바람직하다.

▶ **실리움 멀티 클러스터의 기능**

단일 클러스터에는 노드 개수가 500개 정도가 적합하다. 보다 더 안정적인 관측 가능성을 구현하고 싶다면 멀티 클러스터가 필요하다. 일반적인 운영 환경에서 쿠버네티스 클러스터의 버전 업그레이드와 파드 업그레이드 등을 고려하면 멀티 클러스터가 해결책이 될 수 있다. 실리움은 멀티 클러스터를 지원한다. 실리움 외에도 이스티오 등은 멀티 클러스터를 지원하지만, 별도의 사이드카 없이도 리눅스 커널 레벨에서 멀티 클러스터를 구현할 수 있으므로 성능과 비용 측면에서 실리움은 많은 이점을 가져다준다.

▶ **멀티 테넌트의 필요성**

쿠버네티스는 어떤 다양한 유형의 애플리케이션이든 실행할 수 있는 환경을 제공한다. 유연하고 자유도가 높으며 다양하게 커스터마이징이 가능하다. 예를 들어, 태그를 추가하거나 네임스페이스로 구분하는 것이 일반적이다. 테넌트는 일종의 영역과 비슷하며 분리isolation가 가능하다. 쿠버네티스는 요구 사항에 따라 다양한 테넌트를 정의할 수 있다. 단일 클러스터 내에 여러 유형의 테넌트를 구성하는 것이 일반적이다. 수십 개 이상의 마이크로서비스를 운영하거나 다수의 도메인을 쿠버네티스에서 운영 중인 고객이라면 멀티 클러스터와 함께 멀티 테넌트를 필요로 할 것이다. SaaS 애플리케이션을 서비스하는 회사라면 고객별로 애플리케이션과 데이터를 분리해서 서비스할 필요성이 있다. 네트워크 등 자원을 격리하거나 보다 효율적으로 제한하고 활용하기 위해서 멀티 테넌트는 유용한 기술이다.

▶ 쿠베스피어의 멀티 테넌트 기능

기본적으로 쿠버네티스는 멀티 테넌트의 지원과 더불어 유저와 네트워크를 구분하고 격리할 수 있다. 그라파나 멀티 테넌트는 그라파나 대시보드에 대한 접근 제어와 권한 관리, 그리고 객체 스토리지에 저장되는 신호(텔레메트리)에 대한 테넌트 기능을 제공한다. 쿠버네티스가 제공하는 멀티 테넌트는 그라파나 멀티 테넌트와는 다른 유형의 테넌트다. 데브옵스 운영자는 쿠버네티스 클러스터와 테넌트를 관리하기 위한 관리 툴이 필요하다. 쿠베스피어Kubesphere는 쿠버네티스 멀티 테넌트를 잘 구현한 오픈소스 쿠버네티스 관리 툴이다. 예를 들어, 쿠버네티스를 사용하는 조직은 애플리케이션을 담당하는 데브옵스 팀과 데이터 파이프라인/머신러닝을 운영하는 데이터 엔지니어링 팀이 있다. 두 조직(데브옵스 팀과 데이터 엔지니어링 팀)은 분리된 조직이고 서로 다른 역할을 필요로 한다. 이러한 조직 구조에 적합하도록 쿠버네티스 권한과 접근 제어를 구성해야 한다. 이것은 쿠베스피어를 사용해서 멀티 테넌트를 구현하는 좋은 예다.

▶ 그라파나의 멀티 테넌트 기능

그라파나는 멀티 테넌트를 지원한다. 테넌트별로 객체 스토리지 버킷에 구분해서 신호를 저장할 수 있다. 그라파나 대시보드는 메트릭, 추적 등의 신호를 데이터 소스로 관리한다. 그라파나 클라우드는 데이터 소스 권한 관리를 제공함으로써 유저별로 대시보드와 데이터 소스에 대한 접근 제어와 권한 관리를 구현한다. 이는 유료에 해당하는 기능이다. 다수의 대시보드에 데이터 소스를 작게 설정하면, 그라파나 오픈소스로도 마이크로서비스의 전파를 고려한 접근 제어와 권한 관리의 구현이 가능하다. 유료 라이선스를 지불하지 않고 오픈소스로 구현한 접근 제어와 권한 관리는 유용하다.

마이크로서비스 간에는 전파가 발생하므로 테넌트의 경계를 구분하는 것이 어렵다. 그리고 도메인 내에는 다수의 테넌트가 운영될 수도 있다. 그라파나 관측 가능성 오픈소스는 멀티 테넌트를 구현함으로써 마이크로서비스 전파에 따른 경계를 설정할 수 있다. 오픈소스 그라파나 대시보드 사용자는 제한된 범위와 테넌트 내에서만 신호를 이해하고 분석하는 등의 설정이 가능하다.

쿠베스피어와 그라파나의 예처럼 멀티 테넌트는 사용자의 경험을 효과적으로 향상시킬 수 있도록 다양한 형식으로 테넌트 구현이 가능하다. 후속작에서는 실리움, 그라파나, 쿠베스피어를 사용해서 멀티 테넌트와 멀티 클러스터를 구성하도록 한다.

7.4.7 자동 계측

관측 가능성을 구축하는 대부분의 운영자는 다양한 레거시를 운영하고 있으며, 소스 수정을 필요로 하지 않는 자동 계측을 선호한다. 이 책에서는 API를 사용해서 수동 계측만을 다루었지만, 후속작에서는 자동 계측에 대해서 설명하고 장단점을 분석하도록 한다. 자동 계측을 하면 다른 신호 간의 상관관계를 구현하는 데 어려움이 발생할 수 있다. 일반적으로 추적을 기반으로 로그와 메트릭을 자동으로 생성하는 것이 가능하다. 이러한 방법을 사용하면 단기간에 좋은 품질의 관측 가능성을 구현할 수 있다.

7.4.8 SLO 규칙과 시각화

규칙은 메트릭 기반으로 개발하는 것을 추천한다. 추적, 로그, 프로파일, RUM에서 알람이 발생할 경우에는 메트릭으로 변환 후 메트릭에 저장하고 관리해야 한다. 저장되는 메트릭은 테넌트 구조에 적합한 형태여야 한다. 향후 멀티 테넌트를 고려한 규칙의 라이프 사이클 관리가 필요하다.

SLO 규칙을 개발할 경우에는 가용성, 에러, 처리 시간 등 3개 유형에 대한 SLO를 개발한다. 데이터 소스는 AWS 클라우드 워치, 데이터독 등이 될 수 있지만, 개인적으로는 가장 효과적인 프로메테우스 기반의 메트릭을 추천한다. 그리고 다양한 윈도 주기를 고려해서 Error Budget, 번 레이트를 측정해보자. 규칙은 세 가지 상태(노멀, 펜딩, 파이어링)의 라이프 사이클을 가지므로, 이를 시계열로 시각화하면 상태에 대해서 더 잘 이해할 수 있다. SLO를 시각화하기 위해서 다양한 차트를 사용한다. 후속작에서는 이 책에서 설명한 기본적인 알람과 시각화 기능을 바탕으로 SLO 대시보드를 구현하는 것을 데모한다.

후속작이 출간되기 전까지 기술 블로그(https://yohaim.medium.com)를 참고하기 바란다. 이 책은 개념 설명이 많은 비중을 차지하지만, 블로그는 실습 위주로 진행한다. 기술 블로그에서 실습을 위한 유용한 다수의 자료를 확인할 수 있다.

용어 설명 _____

가시성visibility: 관측 가능성은 인프라와 애플리케이션을 모니터링하는 데 집중하는 반면, 가시성은
네트워크 모니터링에 집중한다. 이 책에서 이 둘의 개념을 분리한 이유는 분산 시스템에서 네
트워크의 복잡성을 다루기 위해서 이에 특화된 다른 방법과 솔루션이 필요하기 때문이다. 관측
가능성에 필요한 추적, 메트릭, 로그 외에 서비스 메시, 프록시 서버, 쿠버네티스 CNI 등을 통해
네트워크와 관련된 신호를 수집하고 분석해 가시성을 얻을 수 있다.

가용성availability: 가용성은 복원력의 일부이며 워크로드를 사용할 수 있는 시간의 비율로, 복원력
을 양적으로 측정하는 데 사용되는 지표이자 대상 복원력의 목표(수치)다. 이 비율은 월, 연 또
는 이후 3년과 같이 특정 기간에 걸쳐 계산된다. 가장 엄격한 해석을 적용하면, 예정된 중단 및
예정되지 않은 중단을 포함하여 애플리케이션이 정상적으로 작동하지 않는 모든 시간을 감소
해 계산한다.

계측instrumentation: 계측은 측정보다 더 포괄적인 의미를 갖는다. 간단한 측정 과정뿐만 아니라 상
황에 따라 가장 적합한 측정 방법을 연구하여 이를 실현하는 데 필요한 장치와 실비를 설계하
고 제작하는 것을 포함한다. 나아가 측정 결과에 따른 연산과 필요한 정보를 얻고, 이 정보를
기반으로 필요한 조치를 취하는 과정도 포함한다. 다시 말해, 측정을 위한 시스템을 구성하고
이를 통해 얻은 결과를 분석하여 조치를 취하는 것도 계측에 포함되는 것이다. 텔레메트리는
측정 대신 계측이라는 용어를 사용한다.

관측 가능성observability 혹은 o11y: 이 책의 주제인 관측 가능성은, 시스템과 애플리케이션을 계측하여
메트릭, 로그, 추적 등의 지표를 통해 상황(이슈나 장애 등)에 대한 다차원적이고 깊이 있는 이해
및 그 근본 원인을 파악하는 것이다. 영문 표기인 'observability'를 줄여서 'o11y'라고도 표현한

다. 첫 글자인 o와 마지막 글자인 y 사이에 11개의 글자가 있기 때문이다(마치 Kubernetes를 K8s라고 하는 것과 같다). 또한 o11y는 동시에 오픈소스 관측 가능성 서비스를 전문으로 하는 회사명이기도 하다.

그라파나Grafana: 다양한 관측 가능성 오픈소스를 제공하는 업체다. 그라파나 대시보드를 시작으로 추적, 메트릭, 로그, 프로파일 등의 솔루션을 개발한다. 다수의 CNCF 오픈소스 컨트리뷰터가 직원으로 근무하고 있다. 현재 개발 중인 솔루션은 대부분 프로메테우스의 소스를 근간으로 하고 있다.

서비스 메시service mesh: 서비스 메시는 추적과 비슷한 기술이다. 메시는 프록시를 사용해서 네트워크 엔드포인트 간에 트래픽을 모니터링하는 반면, 추적은 애플리케이션을 계측하고 애플리케이션 간의 처리 속도와 지연시간을 모니터링한다. 즉, 서비스 메시는 네트워크에, 추적은 애플리케이션에 초점을 맞춘다.

신호signal: 신호는 추적, 메트릭, 로그, 프로파일을 지칭하는 용어다. IT 시스템은 다양한 신호를 생성하도록 설계/개발하고, 문제 발생 시 신호마다 적합한 방식으로 그 문제를 표현해야 한다. 신호의 출력 주기, 표현 양식, 출력 데이터 등은 일관성 있고 표준화되어야 하며, 문제 발생 전후를 유추할 수 있도록 문맥에 대한 풍부한 정보를 제공해야 한다. 여기서 말하는 문맥은 출력 시간, 키워드, 상관관계, 인과관계 등을 의미하는 것으로, 다른 행위, 사건과 관계, 의미 있는 데이터를 포함하여 충분한 문맥(콘텍스트)으로 표현되어야 한다. 로그와 추적은 이러한 다양한 문맥 정보를 포함해야 한다.

오픈서치OpenSearch: 일래스틱서치Elasticsearch와 라이선스 분쟁 후 AWS는 일래스틱서치와 갈라서고 오픈서치라는 일래스틱서치 오픈소스를 제공하고 있다. 오픈서치는 일래스틱서치의 상업 라이선스를 제외한 기본 기능을 훌륭하게 지원한다. 또한, AWS는 오픈서치에 많은 투자를 진행하고 있으며, 새로운 기능을 추가적으로 공개하는 로드맵을 가지고 있다.

이상 탐지anomaly detection: 시계열 데이터에서 과거의 보편적인 패턴에서 벗어나는 것(그럴 만한 징후)을 예측하도록 데이터를 분석하는 것이다. 특정 임계치를 기준으로 장애에 대한 발생 가능성을 통지할 수 있으며, AIOps의 기능 중 하나다.

측정measurement: 측정의 공학적 정의는 물리계로부터 어떠한 정보를 합의된 표준 단위에 맞춰서 수집하는 것을 뜻한다. 실생활에서는 어떤 물체가 몇 미터인지 길이를, 혹은 몇 킬로그램인지 무게를 재는 것이라 할 수 있다.

텔레메트리telemetry(원격 측정): 관측 대상에서 먼 거리나 접근할 수 없는 지점에서 다양한 관측을 수행하고 그 데이터를 취득하는 기술로, 관측 지점에 상주하기에 물리적·경제적 또는 안전에 문제가 있거나, 관측 대상이 이동하는 경우에 사용된다. 텔레메트리와 신호의 정의에는 차이가 있다. 텔레메트리를 '해서' 신호(추적, 메트릭, 로그)를 수집하는 것으로, 텔레메트리는 행위이고, 신호는 주체에 가깝지만, 이 책에서는 이 둘을 동일한 의미로 사용했다.

파이프라인pipeline: 다수의 행위를 여러 단계로 나누어 순서대로 처리되도록 하는 것이다. 이전 단계의 출력물을 다음 단계에 입력하여 각각의 단계를 연결시키고, 이러한 여러 단계가 서로 동시에 혹은 병렬적으로 수행되도록 함으로써 효율성을 높일 수 있다.

포화도: 포화도는 애플리케이션의 실시간 용량을 나타내는 것으로, 포화도가 높으면 대개 성능이 저하된다. 사이트 신뢰성 엔지니어는 포화도를 모니터링하여 특정 임곗값 미만인지 확인한다.

해시hash**와 샤딩**sharding: 해시는 데이터를 다루는 기법 중의 하나로, 검색과 저장을 아주 빠르게 하는 자료구조다. 분산 시스템에는 다양한 방식으로 데이터를 저장하고 검색하는데, 이때 해시 알고리즘을 사용한다. 샤딩은 동일한 스키마를 가지고 있는 여러 대의 데이터베이스 서버에 데이터를 작은 단위로 나누어 분산 저장하는 기법이다.

AIOpsArtificial Intelligence for IT Operation: IT 운영 관리 간소화/자동화의 목적으로 IT 운영에 AI(인공지능)를 적용하는 방법이다.

MTTRmean time to repair(평균 수리 시간): MTTR은 시스템(일반적으로 기술적 또는 기계적)을 수리하는 데 걸리는 평균 시간으로, 수리 시간과 테스트 시간을 모두 포함한다. MTTR 메트릭은 시스템이 다시 완전히 작동할 때까지의 시간을 측정해 나타낸다.

SLIservice level indicater(서비스 수준 지표): SLI는 SLO가 정의하는 지표의 실제 측정치다. 실제 상황에서는 SLO 값과 일치하거나 다를 수 있다. 예를 들어, 애플리케이션이 99.92%의 시간 동안 실행되었다면 이 수치는 약속된 SLO보다 낮다.

SLOservice level objective(서비스 수준 목표): SLO는 소프트웨어가 다음과 같은 다른 지표에 대해 합리적인 비용으로 달성할 수 있다고 확신하는 구체적이고 정량화 가능한 목표다.

- 가동 시간 또는 시스템 작동 시간
- 시스템 처리량 또는 출력
- 다운로드 속도 또는 애플리케이션 로드 속도

예를 들어, 음식 배달 앱의 가동 시간을 99.95%로 설정하는 것이다.

SPOFsingle point of failure(단일 장애점): 단일 고장점, 단일 실패점이라고도 하는 SPOF는 시스템 구성 요소 중에 동작하지 않을 시 전체 시스템이 중단되는 요소를 말한다. 예를 들어 이더넷 케이블과 전원, 이더넷 허브HUB, 접속 단말들의 NICnetwork interface controller 등으로 이루어진 간단한 이더넷Ethernet 네트워크 시스템에 있어서 네트워크 허브 장치의 전원 등이 SPOF다. 허브의 전원이 차단됨과 동시에 나머지 모든 요소들은 네트워크를 사용할 수 없게 되기 때문이다. 높은 가용성을 추구하는 네트워크, 소프트웨어 애플리케이션, 상용 시스템에 단일 장애점이 있는 것은 바람직하지 않다. 잠재적인 단일 장애점을 평가하여 오작동 시 전체 시스템 중단을 야기하는 치명적인 컴포넌트를 판별할 수 있다. 높은 신뢰성을 요구하는 시스템은 단일 컴포넌트에 의존하지 않는 것이 좋다.

SREsite reliability engineering(사이트 신뢰성 공학): SRE는 구글의 시니어senior VP인 벤 트레이너 슬로스 Ben Treynor Sloss가 창안한 개념이다. 그는 SRE를 '소프트웨어 엔지니어에게 운영이라는 작업이 주어졌을 때 발생하는 일'이라고 정의했다. 기능이 출시 준비를 마치자마자 이를 릴리스하기 원하는 개발 팀과, 해당 기능이 어떤 부분에 부정적 영향을 미치지 않거나 최종 사용자에게 불편을 주지 않도록 노력하는 운영 팀 간의 구글의 베스트 프랙티스를 통해 창안했다. SRE는 데브옵스의 구현이라 간주할 수 있다.

찾아보기